新建设工程司法解释一解读与实务

徐文东　王忠　梁勤勤　吴咸亮　等　编著

中国建筑工业出版社

图书在版编目（CIP）数据

新建设工程司法解释一解读与实务 / 徐文东等编著
. —北京：中国建筑工业出版社，2021.12（2023.1重印）
ISBN 978-7-112-26837-5

Ⅰ.①新⋯　Ⅱ.①徐⋯　Ⅲ.①建筑法—法律解释—
中国　Ⅳ.① D922.297.5

中国版本图书馆 CIP 数据核字（2021）第 240268 号

责任编辑：周娟华
责任校对：李美娜

新建设工程司法解释一
解读与实务
徐文东　王忠　梁勤勤　吴咸亮　等　编著
*
中国建筑工业出版社出版、发行 (北京海淀三里河路 9 号)
各地新华书店、建筑书店经销
北京雅盈中佳图文设计公司制版
北京建筑工业印刷厂印刷
*
开本：787 毫米 ×1092 毫米　1/16　印张：18　字数：349 千字
2021 年 12 月第一版　2023 年 1 月第二次印刷
定价：**69.00** 元
ISBN 978-7-112-26837-5
(38634)

编委会成员

《中华人民共和国民法典》出台后，新司法解释密集出台，让人应接不暇，新旧司法解释的梳理和对比，让人疲惫不堪，大有"往之所学，毁于一典"之感。法律服务市场日臻成熟，要求律师及相关法律工作者提供更专业的法律服务，打造专业化的个人和专业化的团队，进行专业化分工已经成为大势所趋。

建设工程法律业务有着广阔的前景，从事建设工程法律业务需要将建设工程专业知识与法律专业相融合，而现实是懂法律的不懂工程，懂工程的不懂法律。一方面，初接触工程纠纷的法律人，对工程案件的复杂性和专业性望而生畏；另一方面，工程案件争议结果的不确定性对法律人又极具挑战性。

本书在对《最高人民法院关于审理建设工程施工合同纠纷案件适用法律问题的解释（一）》（简称《新建设工程司法解释一》）的历史演变、体系结构、新的变化以及具体条款的内容和实务运用进行详细解读的同时，汇总了近年来与之相关的法律、法规、解释、各高级人民法院对建设工程专业问题的解答及文件，以及相关案例，便于读者适用时准确查找。

本书的条款对照解读部分，把《新建设工程司法解释一》与《最高人民法院关于审理建设工程施工合同纠纷案件适用法律问题的解释》（以下简称《原建设工程司法解释一》）、《最高人民法院关于审理建设工程施工合同纠纷案件适用法律问题的解释（二）》（以下简称《原建设工程司法解释二》）的每个条款进行了对照，从建设工程专业实务角度深入浅出地进行了解读分析，便于读者准确地理解和把握司法解释条文的立法原意和应用。延伸阅读部分，扩大了建设工程专业知识领域。相关案例部分，精选和精简大量的相关案例，使读者结合真实的案例，更直观地掌握对司法解释具体条款的应用。

本书专业性强，同时不乏趣味性，简单实用，既是一本从事建设工程施工、管理、造价等的工程人必备的工具书，又是初办工程案件的法律人的入门秘籍。

编者

一、法律

全称	简称
《中华人民共和国民法典》（中华人民共和国主席令第 45 号）	《民法典》
《中华人民共和国立法法》（中华人民共和国主席令第 20 号）	《立法法》
《中华人民共和国民法通则》（中华人民共和国主席令第 18 号）	《民法通则》
《中华人民共和国民法总则》（中华人民共和国主席令第 66 号）	《民法总则》
《中华人民共和国建筑法》（中华人民共和国主席令第 29 号）	《建筑法》
《中华人民共和国城乡规划法》（中华人民共和国主席令第 29 号）	《城乡规划法》
《中华人民共和国合同法》（中华人民共和国主席令第 15 号）	《合同法》
《中华人民共和国物权法》（中华人民共和国主席令第 62 号）	《物权法》
《中华人民共和国招标投标法》（中华人民共和国主席令第 86 号）	《招标投标法》
《中华人民共和国民事诉讼法》（中华人民共和国主席令第 71 号）	《民事诉讼法》
《中华人民共和国土地管理法》（中华人民共和国主席令第 32 号）	《土地管理法》
《中华人民共和国标准化法》（中华人民共和国主席令第 78 号）	《标准化法》
《中华人民共和国担保法》（中华人民共和国主席令第 50 号）	《担保法》
《中华人民共和国侵权责任法》（中华人民共和国主席令第 21 号）	《侵权责任法》
《中华人民共和国预算法》	《预算法》
《中华人民共和国公司法》	《公司法》
《中华人民共和国继承法》	《继承法》
《中华人民共和国审计法》（中华人民共和国主席令第 48 号）	《审计法》

二、行政法规、规章

全称	简称
《建设工程质量管理条例》（中华人民共和国国务院令第 279 号）	《建设工程质量管理条例》
《中华人民共和国招标投标法实施条例》（中华人民共和国国务院令第 613 号）	《招标投标法实施条例》
《工程建设项目招标范围和规模标准规定》（中华人民共和国国家发展计划委员会令第 3 号）	《工程建设项目招标范围和规模标准规定》

全称	简称
《必须招标的基础设施和公用事业项目范围规定》（发改法规规〔2018〕843号）	《必须招标的基础设施和公用事业项目范围规定》
《建设工程质量保证金管理办法》（建质〔2017〕138号）	《建设工程质量保证金管理办法》
《建设工程价款结算暂行办法》（财建〔2004〕369号）	《建设工程价款结算暂行办法》
《房屋建筑工程质量保修办法》（中华人民共和国建设部令第80号）	《房屋建筑工程质量保修办法》
《建筑工程施工发包与承包计价管理办法》（中华人民共和国住房和城乡建设部令第16号）	《建筑工程施工发包与承包计价管理办法》
《建筑业企业资质管理规定》（中华人民共和国住房和城乡建设部令第22号）	《建筑业企业资质管理规定》
《建筑业企业资质等级标准》（建建〔2001〕82号）	《建筑业企业资质等级标准》
《工程总承包企业资质管理暂行规定》（建施字第189号）	《工程总承包企业资质管理暂行规定》
《建筑工程施工发包与承包违法行为认定查处管理办法》（建市规〔2019〕1号）	《建筑工程施工发包与承包违法行为认定查处办法》
《必须招标的工程项目规定》（国家发展改革委2018年第16号令）	《必须招标的工程项目规定》

三、司法解释、各地法院裁判指导意见

全称	简称
《最高人民法院关于适用〈中华人民共和国民法典〉时间效力的若干规定》（法释〔2020〕15号）	《最高院关于民法典时间效力的规定》
《最高人民法院关于审理建设工程施工合同纠纷案件适用法律问题的解释（一）》（法释〔2020〕25号）	《新建设工程司法解释一》
《最高人民法院关于审理建设工程施工合同纠纷案件适用法律问题的解释（二）》（法释〔2018〕20号）	《原建设工程司法解释二》
《最高人民法院关于审理建设工程施工合同纠纷案件适用法律问题的解释》（法释〔2004〕14号）	《原建设工程司法解释一》
《最高人民法院关于建设工程价款优先受偿权问题的批复》（法释〔2002〕16号）	《建设工程价款优先受偿权批复》
《最高人民法院关于装修装饰工程款是否享有合同法第二百八十六条规定的优先受偿权的函复》（〔2004〕民一他字第14号）	《最高院关于装修装饰工程款优先受偿权的函复》
《最高人民法院关于适用〈中华人民共和国民事诉讼法〉的解释》（法释〔2020〕20号）	《民诉法解释》
《最高人民法院关于民事诉讼证据的若干规定》（法释〔2019〕19号）	《新证据规定》
《最高人民法院关于人民法院办理执行异议和复议案件若干问题的规定》（法释〔2020〕21号）	《最高院执行异议和复议规定》
《最高人民法院关于适用〈中华人民共和国合同法〉若干问题的解释（一）》	《合同法司法解释一》
《全国法院民商事审判工作会议纪要》（法〔2019〕254号）	《九民会议纪要》

全称	简称
《北京市高级人民法院关于审理建设工程施工合同纠纷案件若干疑难问题的解答》(京高法发〔2012〕245号)	《北京高院解答》
《江苏省高级人民法院关于审理建设工程施工合同纠纷案件若干问题的意见》	《江苏高院意见》
《江苏省高级人民法院建设工程施工合同案件审理指南》	《江苏高院指南》
《江苏省高级人民法院关于审理建设工程施工合同纠纷案件若干问题的解答》	《江苏高院解答》
《江苏省高级人民法院建设工程施工合同纠纷案件委托鉴定工作指南》(江苏省高级人民法院审判委员会纪要〔2019〕5号)	《江苏高院鉴定工作指南》
《浙江省高级人民法院关于审理建设工程施工合同纠纷案件若干疑难问题的解答》	《浙江高院解答》
《浙江省高级人民法院民事审判第一庭关于审理建设工程施工合同纠纷案件若干疑难问题的解答》	《浙江高院民一庭疑难问题解答》
《浙江省高级人民法院执行局执行中处理建设工程价款优先受偿权有关问题的解答》(浙高法执〔2012〕2号)	《浙江高院优先受偿权的解答》
《四川省高级人民法院关于审理建设工程施工合同纠纷案件若干疑难问题的解答》(川高法民一〔2015〕3号)	《四川高院解答》
《深圳市中级人民法院关于建设工程施工合同纠纷案件的裁判指引》	《深圳中院指引》
《河北省高级人民法院建设工程施工合同案件审理指南》(冀高法〔2018〕44号)	《河北高院指南》
《山东高院民一庭关于审理建设工程施工合同纠纷案件若干问题的解答》	《山东高院解答》
《广东省高级人民法院全省民事审判工作会议纪要》(粤高法〔2012〕240号)	《广东高院会议纪要》
《广东省高级人民法院关于审理建设工程合同纠纷案件疑难问题的解答》(粤高法〔2017〕151号)	《广东高院疑难问题解答》
《广东省高级人民法院关于审理建设工程施工合同纠纷案件若干问题的指导意见》(粤高法发〔2011〕37号)	《广东高院意见》
《安徽省高级人民法院关于审理建设工程施工合同纠纷案件适用法律问题的指导意见(二)》	《安徽高院意见》
《重庆市高级人民法院关于建设工程造价鉴定若干问题的解答》(渝高法〔2016〕260号)	《重庆高院造价解答》

目 录

第一章
出台背景及历史演变

第一节 《新建设工程司法解释一》的出台背景

《新建设工程司法解释一》于 2020 年 12 月 25 日，由最高人民法院审判委员会第 1825 次会议通过，自 2021 年 1 月 1 日起施行。

《原建设工程司法解释一》于 2004 年 9 月 29 日，由最高人民法院审判委员会第 1327 次会议通过，自 2005 年 1 月 1 日起施行。

《原建设工程司法解释二》于 2018 年 10 月 29 日，由最高人民法院审判委员会第 1751 次会议通过，自 2019 年 2 月 1 日起施行。

《原建设工程司法解释一》《原建设工程司法解释二》是依据当时的《民法通则》《民法总则》《合同法》《招标投标法》《建筑法》《民事诉讼法》等相关法律而制定的。《民法典》自 2020 年 1 月 1 日起施行，同时废止了《合同法》《民法总则》《担保法》《侵权责任法》《物权法》等多部法律。

最高人民法院为切实实施《民法典》，保证国家法律统一正确适用，根据《民法典》等法律规定，结合审判实际，决定废止《最高人民法院关于适用〈中华人民共和国民法总则〉诉讼时效制度若干问题的解释》等 116 件司法解释及相关规范性文件。

《最高人民法院关于废止部分司法解释及相关规范性文件的决定》（法释〔2020〕16 号）已于 2020 年 12 月 23 日由最高人民法院审判委员会第 1823 次会议通过，自 2021 年 1 月 1 日起施行。最高人民法院决定废止的司法解释包括：《建设工程价款优先受偿权批复》《原建设工程司法解释一》《原建设工程司法解释二》。

为正确审理建设工程施工合同纠纷案件，依法保护当事人合法权益，维护建筑市场秩序，促进建筑市场健康发展，根据《民法典》《建筑法》《招标投标法》《民事诉讼法》等相关法律规定，结合审判实践。最高人民法院审判委员会第 1825 次会议通过了《新建设工程司法解释一》，自 2021 年 1 月 1 日起施行。

第二节 《新建设工程司法解释一》的历史演变

《新建设工程司法解释一》的历史演变，可以用"废三合二为一"来概括。"废三"指的是以下三个文件废止：《建设工程价款优先受偿权批复》《原建设工程司法解释一》《原建设工程司法解释二》。"合二"指的是《原建设工程司法解释一》《原建设工程司法解释二》经过修改删除，进行了整合。"为一"指的是对上述司法解释修改整合而形成了《新建设工程司法解释一》。

废止的条款和内容都去哪儿了？下面介绍一下如何理解废止。

一、废止的理解

1. 废止的是《建设工程价款优先受偿权批复》《原建设工程司法解释一》《原建设工程司法解释二》本身，里面的具体条款并不是全部废止，而是推倒重来。

2. 条款和内容的去向。

（1）留用：保留下来，继续用。

（2）改用：修改一下，继续用。

（3）删用：《新建设工程司法解释一》不再规定的原因是与其他规定重复，条款虽然删除，但是内容继续使用。

（4）废除：彻底废除，不再使用。

二、以《建设工程价款优先受偿权批复》为例

最高人民法院关于建设工程价款优先受偿权问题的批复

上海市高级人民法院：

你院沪高法〔2001〕14号《关于〈合同法〉第二百八十六条理解与适用问题的请示》收悉。经研究，答复如下：

一、人民法院在审理房地产纠纷案件和办理执行案件中，应当依照《中华人民共和国合同法》第二百八十六条的规定，认定建筑工程的承包人的优先受偿权优于抵押权和其他债权。

二、消费者交付购买商品房的全部或者大部分款项后，承包人就该商品房享有的工程价款优先受偿权不得对抗买受人。

三、建筑工程价款包括承包人为建设工程应当支付的工作人员报酬、材料款等实际支出的费用，不包括承包人因发包人违约所造成的损失。

四、建设工程承包人行使优先权的期限为六个月，自建设工程竣工之日或者建设工程合同约定的竣工之日起计算。

五、本批复第一条至第三条自公布之日起施行，第四条自公布之日起六个月后施行。

此复。

《建设工程价款优先受偿权批复》第一条规定的是"工程价款优先受偿权更优先"，第二条规定的是"购房消费者生存权最优先"，第三条规定的是"建设工程优先受偿权的范围"，第四条规定的是"建设工程优先受偿权的期限"。该批复废止后，这四个条款都去哪儿了呢？

1. 改用：《建设工程价款优先受偿权批复》第一条经过修改继续使用，成为《新建设工程司法解释一》的第三十六条。

（1）条款比较

《建设工程价款优先受偿权批复》第一条规定："人民法院在审理房地产纠纷案件和办理执行案件中，应当依照《中华人民共和国合同法》第二百八十六条的规定，认定建筑工程的承包人的优先受偿权优于抵押权和其他债权。"

《新建设工程司法解释一》第三十六条规定："承包人根据民法典第八百零七条规定享有的建设工程价款优先受偿权优于抵押权和其他债权。"

（2）变化解读

《合同法》条款修改为《民法典》条款。《民法典》第八百零七条规定："发包人未按照约定支付价款的，承包人可以催告发包人在合理期限内支付价款。发包人逾期不支付的，除根据建设工程的性质不宜折价、拍卖外，承包人可以与发包人协议将该工程折价，也可以请求人民法院将该工程依法拍卖。建设工程的价款就该工程折价或者拍卖的价款优先受偿。"《合同法》第二百八十六条规定："发包人未按照约定支付价款的，承包人可以催告发包人在合理期限内支付价款。发包人逾期不支付的，除按照建设工程的性质不宜折价、拍卖的以外，承包人可以与发包人协议将该工程折价，也可以申请人民法院将该工程依法拍卖。建设工程的价款就该工程折价或者拍卖的价款优先受偿。"

2. 删用：《建设工程价款优先受偿权批复》第二条因为在其他地方有所规定，所以没有出现在《新建设工程司法解释一》条款中。

《最高院执行异议和复议规定》于 2014 年 12 月 29 日由最高人民法院审判委员会第 1638 次会议通过，自 2015 年 5 月 5 日起施行。

第二十九条　金钱债权执行中，买受人对登记在被执行的房地产开发企业名下的商品房提出异议，符合下列情形且其权利能够排除执行的，人民法院应予支持：

（一）在人民法院查封之前已签订合法有效的书面买卖合同；

（二）所购商品房系用于居住且买受人名下无其他用于居住的房屋；

（三）已支付的价款超过合同约定总价款的百分之五十。

3. 留用:《建设工程价款优先受偿权批复》第三条先演变成为《原建设工程司法解释二》的第二十一条,又继续保留成为《新建设工程司法解释一》的第四十条。

（1）条款比较

《建设工程价款优先受偿权批复》第三条规定:"建筑工程价款包括承包人为建设工程应当支付的工作人员报酬、材料款等实际支出的费用,不包括承包人因发包人违约所造成的损失。"

《新建设工程司法解释一》第四十条规定:"承包人建设工程价款优先受偿的范围依照国务院有关行政主管部门关于建设工程价款范围的规定确定。承包人就逾期支付建设工程价款的利息、违约金、损害赔偿金等主张优先受偿的,人民法院不予支持。"（与《原建设工程司法解释二》第二十一条的内容相同）

（2）变化解读

优先受偿权的范围:《建设工程价款优先受偿权批复》规定的是"包括承包人为建设工程应当支付的工作人员报酬、材料款等实际支出的费用",《新建设工程司法解释一》规定的有限受偿权的范围是"依照国务院有关行政主管部门关于建设工程价款范围的规定确定"。

优先受偿权不包括的部分:《建设工程价款优先受偿权批复》规定的是"不包括承包人因发包人违约所造成的损失",《新建设工程司法解释一》规定的是"承包人就逾期支付建设工程价款的利息、违约金、损害赔偿金等主张优先受偿的,人民法院不予支持"。

4. 改用:《建设工程价款优先受偿权批复》第四条经过修改继续使用,期限由"六个月"修改成"十八个月",起算时间"自建设工程竣工之日或者建设工程合同约定的竣工之日起计算"修改为"自发包人应当给付建设工程价款之日起算"。

（1）条款比较

《建设工程价款优先受偿权批复》第四条规定:"建设工程承包人行使优先权的期限为六个月,自建设工程竣工之日或者建设工程合同约定的竣工之日起计算。"

《新建设工程司法解释一》第四十一条规定:"承包人应当在合理期限内行使建设工程价款优先受偿权,但最长不得超过十八个月,自发包人应当给付建设工程价款之日起算。"

（2）变化解读

期限延长:优先权的期限为六个月改为最长不得超过十八个月。

起算时间:"自建设工程竣工之日或者建设工程合同约定的竣工之日起计算"修改为"自发包人应当给付建设工程价款之日起算"。

　　《原建设工程司法解释一》《原建设工程司法解释二》经过整合修改变成了《新建设工程司法解释一》，其中废止的条款将在《新建设工程司法解释一》的条款变化与条款解读中进行详细解析。

第二章
结构体系解读

第一节 结构体系

《新建设工程司法解释一》涉及 11 个问题，共 45 个条文。

第一，关于建设工程施工合同效力的认定（第一~五条）；

第二，关于合同无效情形下损害赔偿的裁判规则（第六~七条）；

第三，关于工期及工期顺延的认定（第八~十条）；

第四，关于工程质量争议的裁判规则（第十一~十六条）；

第五，关于质保金及保修责任的裁判规则（第十七~十八条）；

第六，关于工程计价与结算的裁判规则（第十九~二十四条）；

第七，关于工程价款利息的认定（第二十五~二十七条）；

第八，关于司法鉴定的申请及处理（第二十八~三十四条）；

第九，关于工程价款优先受偿权的处理（第三十五~四十二条）；

第十，实际施工人的权利保护及代位权的行使（第四十三~四十四条）；

第十一，附则（第四十五条）。

第二节 体系解读

体系解读	
九个板块	体系合理，便于理解
第一~七条：合同效力 第八~十条：工程工期 第十一~十八条：工程质量 第十九~二十四条：价款结算 第二十五~二十七条：价款利息 第二十八~三十四条：司法鉴定 第三十五~四十二条：工程优先权 第四十三~四十四条：实际施工人 第四十五条：生效时间	第一步：签约 第二步：施工——工期、质量 第三步：结算——价款、利息 第四步：鉴定——价款有争议，走鉴定 第五步：优先权和实际施工人特殊保护 第六步：生效时间

如果只想记住体系的 9 个部分，可以记住下面这句话：我们俩签个施工合同（1），签了合同后你在工期（2）内给我建造一个质量（3）合格的工程，我给你支付工程款（4）并支付利息（5）；如果咱俩算不清，咱就进行司法鉴定（6），涉及工程优先权（7）和实际施工人（8）的特殊保护。

如果想记住每个部分一共有几条，可以按照下面的方法来进行记忆：我和你协商了 7 天签了一个施工合同；约定你 3 天工期给我建好一幢 8 层质量合格的大楼，我给你工程款 600 万，另加利息 3 分；后来发生纠纷打官司花了 7 年进行鉴定，结果你拍卖我的大楼行使优先权拿到了 800 万，你给实际施工人 200 万。

第三章
主要变化解读

第一节 主要变化

《原建设工程司法解释一》共计 28 个条文，保留了第十二条、第十五条、第十九条、第二十条、第二十三条、第二十五条、第二十七条；修改了第一条及第四条、第五条、第六条、第七条、第十一条、第十三条、第十四条、第十六条、第十七条、第十八条、第二十二条、第二十六条；删除了第二条、第三条、第八条、第九条、第十条、第二十一条、第二十四条。

《原建设工程司法解释二》共计 26 个条文，保留了第一～十条、第十二～十六条、第十九～二十一条、第二十三条、第二十四条；修改了第十一条、第十七条、第十八条、第二十二条、第二十五条。另，对《建设工程价款优先受偿权批复》修改后新增 1 条，即《新建设工程司法解释一》的第三十六条。

第二节 变化解读

一、十大变化的内容

《新建设工程司法解释一》的十大变化，可以用"四个回归，三个优先权，两个更精准，一个新时代"来概括。具体含义如下。

（一）四个回归

1. 司法的回归司法，行政的回归行政：非法所得，不再没收。

四个回归之1：行政的回归行政，非法所得不再没收	
《新建设工程司法解释一》	《原建设工程司法解释一》
第一条　建设工程施工合同具有下列情形之一的，应当依据民法典第一百五十三条第一款的规定，认定无效： （一）承包人未取得建筑业企业资质或者超越资质等级的； （二）没有资质的实际施工人借用有资质的建筑施工企业名义的； （三）建设工程必须进行招标而未招标或者中标无效的。 第四条　承包人因转包、违法分包建设工程与他人签订的建设工程施工合同，应当依据民法典第一百五十三条第一款及第七百九十一条第二款、第三款的规定，认定无效。人民法院可以根据《民法通则》第一百三十四条规定，收缴当事人已经取得的非法所得	第一条　建设工程施工合同具有下列情形之一的，应当根据合同法第五十二条第（五）项的规定，认定无效： （一）承包人未取得建筑施工企业资质或者超越资质等级的； （二）没有资质的实际施工人借用有资质的建筑施工企业名义的； （三）建设工程必须进行招标而未招标或者中标无效的。 第四条　承包人非法转包、违法分包建设工程或者没有资质的实际施工人借用有资质的建筑施工企业名义与他人签订建设工程施工合同的行为无效。人民法院可以根据民法通则第一百三十四条规定，收缴当事人已经取得的非法所得

（1）条款比较

《新建设工程司法解释一》第一条规定："建设工程施工合同具有下列情形之一的，应当依据民法典第一百五十三条第一款的规定，认定无效：（一）承包人未取得建筑业企业资质或者超越资质等级的；（二）没有资质的实际施工人借用有资质的建筑施工企业名义的；（三）建设工程必须进行招标而未招标或者中标无效的。承包人因转包、违法分包建设工程与他人签订的建设工程施工合同，应当依据民法典第一百五十三条第一款及第七百九十一条第二款、第三款的规定，认定无效。"

《原建设工程司法解释一》第一条规定："建设工程施工合同具有下列情形之一的，应当根据合同法第五十二条第（五）项的规定，认定无效：（一）承包人未取得建筑施工企业资质或者超越资质等级的；（二）没有资质的实际施工人借用有资质的建筑施工企业名义的；（三）建设工程必须进行招标而未招标或者中标无效的。"第四条："承包人非法转包、违法分包建设工程或者没有资质的实际施工人借用有资质的建筑施工企业名义与他人签订建设工程施工合同的行为无效。人民法院可以根据《民法通则》第一百三十四条规定，收缴当事人已经取得的非法所得。"

（2）变化解读

解读1：多活了4年的"收缴非法所得"，存在依据4年前就被废除。

收缴非法所得，这是《原建设工程司法解释一》第四条，本来在2017年《民法总则》实施后就失去存在的基础，2018年颁布《原建设工程司法解释二》的时候就应该删除的，结果直到2020年的最后一天才被删除，2021年的第一天才算正式废止，多"活"了4年。

《民法通则》第一百三十四条规定："承担民事责任的方式主要有：（一）停止侵害；（二）排除妨碍；（三）消除危险；（四）返还财产；（五）恢复原状；（六）修理、重作、更换；（七）赔偿损失；（八）支付违约金；（九）消除影响、恢复名誉；（十）赔礼道歉。以上承担民事责任的方式，可以单独适用，也可以合并适用。人民法院审理民事案件，除适用上述规定外，还可以予以训诫、责令具结悔过、收缴进行非法活动的财物和非法所得，并可以依照法律规定处以罚款、拘留。"

2017年10月1日施行的《民法总则》第一百七十九条对《民法通则》第一百三十四条进行了修改，并删除了民事责任条款中有关收缴非法所得的规定，《原建设工程司法解释一》第四条的适用前提也就不复存在。

解读2：删除收缴非法所得后，司法机关如何处理非法所得。

《新建设工程司法解释一》将该权力回放至行政机关，但是司法机关仍可依法行使司法建议权，发出司法建议书。此外，因无效合同造成的损失也可以依据过错大小、根据案件具体情况等行使自由裁量权。

2. 商事的回归商事：民事讲过错，商事讲违约；"过错"改成"原因"。

四个回归之2： 商事的回归商事，过错改为原因	
《新建设工程司法解释一》	《原建设工程司法解释一》
第十二条　因承包人的原因造成建设工程质量不符合约定，承包人拒绝修理、返工或者改建，发包人请求减少支付工程价款的，人民法院应予支持	第十一条　因承包人的过错造成建设工程质量不符合约定，承包人拒绝修理、返工或者改建，发包人请求减少支付工程价款的，应予支持

（1）条款比较

《新建设工程司法解释一》第十二条规定："因承包人的原因造成建设工程质量不符合约定，承包人拒绝修理、返工或者改建，发包人请求减少支付工程价款的，人民法院应予支持。"

《原建设工程司法解释一》第十一条规定："因承包人的过错造成建设工程质量不符合约定，承包人拒绝修理、返工或者改建，发包人请求减少支付工程价款的，应予支持。"

（2）变化解读："过错"改成"原因"，两个字之差的重大意义在哪里？

解读1：违约责任还是过错责任？

过错责任变成违约责任。合同签订后，承包人负有按合同约定和法律规定的质量标准，完成施工、竣工和交付的合同义务，只要承包人的交付不符合约定和法律规定的质量标准，就构成违约并应承担违约责任。本来好好的违约责任，怎么变成了过错责任了呢？

解读2：举证责任大不相同。

免除了发包人对于"承包人的过错"的举证责任。我给你钱，让你给我一个合格的工程，你不合格，还要我举证证明你有过错。这太不讲理了。注意加重了承包人的举证责任。

3. 无效的回归无效：无效合同的法律后果是折价补偿而不是参照有效合同结算，"参照合同结算"改为"参照合同关于工程价款的约定折价补偿"。

四个回归之3： 无效的回归无效，参照结算改成折价补偿	
《新建设工程司法解释一》	《原建设工程司法解释二》
第二十四条　当事人就同一建设工程订立的数份建设工程施工合同均无效，但建设工程质量合格，一方当事人请求参照实际履行的合同关于工程价款的约定折价补偿承包人的，人民法院应予支持。 实际履行的合同难以确定，当事人请求参照最后签订的合同关于工程价款的约定折价补偿承包人的，人民法院应予支持	第十一条　当事人就同一建设工程订立的数份建设工程施工合同均无效，但建设工程质量合格，一方当事人请求参照实际履行的合同结算建设工程价款的，人民法院应予支持。 实际履行的合同难以确定，当事人请求参照最后签订的合同结算建设工程价款的，人民法院应予支持

（1）条款比较

《新建设工程司法解释一》第二十四条规定："当事人就同一建设工程订立的数份建设工程施工合同均无效，但建设工程质量合格，一方当事人请求参照实际履行的合同关于工程价款的约定折价补偿承包人的，人民法院应予支持。实际履行的合同难以确定，当事人请求参照最后签订的合同关于工程价款的约定折价补偿承包人的，人民法院应予支持。"

《原建设工程司法解释二》第十一条规定："当事人就同一建设工程订立的数份建设工程施工合同均无效，但建设工程质量合格，一方当事人请求参照实际履行的合同结算建设工程价款的，人民法院应予支持。实际履行的合同难以确定，当事人请求参照最后签订的合同结算建设工程价款的，人民法院应予支持。"

（2）变化解读

解读1：无效合同参照有效合同结算的提法成为历史，"无效合同参照或按照有效合同结算"，这是工程款结算方面多年来的提法。

①支持者：这一提法得到很多人的赞成，认为这是建筑行业特殊情况，将人、材、机物化到工程中，虽然合同无效，但是工程质量合格，而且被实际使用，所以只能参照有效的合同来结算工程款。

②反对者：同时遭到很多人的质疑，本来合同因为违法而无效，不仅不予以法律制裁，反而按照有效合同来对待，那不是鼓励违法吗？价值取向错误。

③本来面目：合同无效的法律后果是互相返还，无法返还的折价补偿；"折价补偿"四个字才是合同无效的应有之义；即便按照合同约定支付工程款，那也是折价补偿；折价补偿反映了无效合同的法律后果。

解读2：质量合格，无需竣工。

明确了在建设工程施工合同无效的情形下，建设工程只要经验收合格即通过分部分项验收或发包人确认合格后即可主张折价补偿工程价款，无须再等待工程竣工验收，提前了承包人权利主张的时间，也解决了未完工程要求折价补偿工程款的问题。

解读3：为什么要参照实际履行或最后签订的合同？

因为要尊重当事人的意思表示！尊重当事人意思表示是商事活动或商事审判要遵循的最重要的原则。对每个当事人而言，法律只有两部：一部是国家为当事人制定的法律，另一部是当事人给自己制定的法律即通过协商签订的合同。这两部法律相比而言，只要不违反国家法律的强制性规定，就要尊重当事人给自己制定的那一部法律。

实际履行的合同是当事人的意思表示——这是法院查明的事实。

最后一次签订的合同是当事人的意思表示——这是法院推定的事实。

解读4：参照实际履行或最后签订的合同的前提是什么？

参照实际履行或最后一次签订的合同作为折价补偿工程款的前提，必须是存在多份合同，而且多份合同均无效。

如果只存在一份合同，那么无论这份合同有效还是无效，都不存在实际履行或最后一次签订的区分。

如果存在多份合同，而且多份合同中有的有效、有的无效，那么有效的合同应当作为结算的依据。

解读5：最后一次签订的合同无法查明怎么办？

这个问题是新旧司法解释都没有规定的问题，在无法可循、无法可依的情况下，法官又不能拒绝裁判，那怎么办呢？可以参看下面的案例。

典型案例： 多份施工合同均无效且无法确定实际履行的合同时，如何结算工程款？

【案例来源】《最高人民法院公报》2018年第6期

【案号】（2017）最高法民终175号

【裁判规则】在当事人存在多份施工合同且均无效的情况下，一般应参照符合当事人真实意思表示（坚持尊重真实意思）并实际履行的合同（坚持尊重事实）作为工程价款结算依据；在无法确定实际履行的合同时，可以根据两份争议合同之间的差价，结合工程质量、当事人过错、诚实信用原则等予以合理分配（尽量追求公平正义）

---

4. 有效的回归有效：有效合同如果不履行或不完全履行，承担的应该是违约责任，而不再参照无效处理。

四个回归之4： 有效的归有效，有效合同不履行应承担违约责任

《新建设工程司法解释一》	《原建设工程司法解释一》
第十九条 当事人对建设工程的计价标准或者计价方法有约定的，按照约定结算工程价款。 因设计变更导致建设工程的工程量或者质量标准发生变化，当事人对该部分工程价款不能协商一致的，可以参照签订建设工程施工合同时当地建设行政主管部门发布的计价方法或者计价标准结算工程价款。 建设工程施工合同有效，但建设工程经竣工验收不合格的，依照民法典第五百七十七条规定处理。 《民法典》第五百七十七条："当事人一方不履行合同义务或者履行合同义务不符合约定的，应当承担继续履行、采取补救措施或者赔偿损失等违约责任。"	第十六条 当事人对建设工程的计价标准或者计价方法有约定的，按照约定结算工程价款。 因设计变更导致建设工程的工程量或者质量标准发生变化，当事人对该部分工程价款不能协商一致的，可以参照签订建设工程施工合同时当地建设行政主管部门发布的计价方法或者计价标准结算工程价款。 建设工程施工合同有效，但建设工程经竣工验收不合格的，工程价款结算参照本解释第三条规定处理。 （本解释第三条："建设工程施工合同无效，且建设工程经竣工验收不合格的，按照以下情形分别处理：（一）修复后的建设工程经竣工验收合格，发包人请求承包人承担修复费用的，应予支持；（二）修复后的建设工程经竣工验收不合格，承包人请求支付工程价款的，不予支持。因建设工程不合格造成的损失，发包人有过错的，也应承担相应的民事责任。"）

（1）条款比较

《新建设工程司法解释一》第十九条规定："当事人对建设工程的计价标准或者计价方法有约定的，按照约定结算工程价款。因设计变更导致建设工程的工程量或者质量标准发生变化，当事人对该部分工程价款不能协商一致的，可以参照签订建设工程施工合同时当地建设行政主管部门发布的计价方法或者计价标准结算工程价款。建设工程施工合同有效，但建设工程经竣工验收不合格的，依照民法典第五百七十七条规定处理。"

《原建设工程司法解释一》第十六条规定："当事人对建设工程的计价标准或者计价方法有约定的，按照约定结算工程价款。因设计变更导致建设工程的工程量或者质量标准发生变化，当事人对该部分工程价款不能协商一致的，可以参照签订建设工程施工合同时当地建设行政主管部门发布的计价方法或者计价标准结算工程价款。建设工程施工合同有效，但建设工程经竣工验收不合格的，工程价款结算参照本解释第三条规定处理。"

（2）变化解读

解读1：有效合同，有自己的处理规则，即如果不履行或不完全履行承担的是违约责任，有效合同参照无效合同处理的提法不妥，在法理上说不通。

《民法典》第五百七十七条规定："当事人一方不履行合同义务或者履行合同义务不符合约定的，应当承担继续履行、采取补救措施或者赔偿损失等违约责任。"

《原建设工程司法解释一》第三条规定："建设工程施工合同无效，且建设工程经竣工验收不合格的，按照以下情形分别处理：（一）修复后的建设工程经竣工验收合格，发包人请求承包人承担修复费用的，应予支持；（二）修复后的建设工程经竣工验收不合格，承包人请求支付工程价款的，不予支持。因建设工程不合格造成的损失，发包人有过错的，也应承担相应的民事责任。"

《新建设工程司法解释一》第十九条仍然为3款，其中前2款沿用《原建设工程司法解释一》第十六条的规定，但第三款发生了两点变化：一是删除了"工程价款结算"的表述；二是适用法律依据的变化，原为参照"合同无效"的情形处理，现为依照"违约责任"的情形处理。

合同无效参照有效合同结算工程款被诟病多年，有效合同参照无效合同处理同样不可思议。《新建设工程司法解释一》终于回归正确道路，法理不再混乱，无效合同不再参照有效合同结算工程款；有效合同情形下的不合格工程也不再参照无效合同处理而是按照有效合同承担违约责任。

虽然"参照结算"和"折价补偿"对案件处理结果差不太多，但是法理、规则以及法言法语不一样。需要说明的是，建设工程具有自己的特殊性和复杂性，有时候确实不好处理，在下面的条款解读中还会看到有效合同参照无效合同处理的影子。

解读 2：有约按约，无约才适用。

该条款规定，因设计变更导致建设工程的工程量或者质量标准发生变化，当事人对该部分工程价款不能协商一致的，可以参照签订建设工程施工合同时当地建设行政主管部门发布的计价方法或者计价标准结算工程价款。

上述情况指的是在当事人无约定的情形。因设计变更原因发生变化，如果当事人对建设工程的计价标准或者计价方法有约定的，则应当按照约定结算工程价款。有约从约，这是尊重当事人意思的体现，也是商事活动的最重要规则。

（二）三个优先权

三个优先权
1. 明确声明，工程优先权更优先：工程优先权优先于抵押权、其他债权。
2. 不再区别，装饰装修工程优先权取消限制：取消发包人不是建筑物所有人的限制。
3. 结合实际，延长优先受偿权期限：延长到 18 个月，6 个月太短

1. 明确规定，工程价款优先权更优先：工程价款优先权优先于抵押权、其他债权。

（1）条款比较

《建设工程价款优先受偿权批复》第一条规定："人民法院在审理房地产纠纷案件和办理执行案件中，应当依照《中华人民共和国合同法》第二百八十六条的规定，认定建筑工程的承包人的优先受偿权优于抵押权和其他债权。"

《新建设工程司法解释一》第三十六条规定："承包人根据民法典第八百零七条规定享有的建设工程价款优先受偿权优于抵押权和其他债权。"

（2）变化解读

解读 1：明确了承包人的建设工程价款优先受偿权优于抵押权和其他债权，这在破产清算和破产重整程序中尤为重要。

解读 2："更优先"与"最优先"的比较。

购房消费者的优先权和建设工程价款优先受偿权比较起来，建设工程价款优先受偿权只能属于"更优先"，购房消费者的优先权才是"最优先"。其依据是《最高院执行异议和复议规定》第二十九条："金钱债权执行中，买受人对登记在被执行的房地产开发企业名下的商品房提出异议，符合下列情形且其权利能够排除执行的，人民法院应予支持：（一）在人民法院查封之前已签订合法有效的书面买卖合同；（二）所购商品房系用于居住且买受人名下无其他用于居住的房屋；（三）已支付的价款超过合同约定总价款的百分之五十。"

2. 不再区别，取消发包人不是建筑物所有人的限制。

（1）条款比较

《原建设工程司法解释二》第十八条规定："装饰装修工程的承包人，请求装饰装修工程价款就该装饰装修工程折价或者拍卖的价款优先受偿的，人民法院应予支持，但装饰装修工程的发包人不是该建筑物的所有权人的除外。"

《新建设工程司法解释一》第三十七条规定："装饰装修工程具备折价或者拍卖条件，装饰装修工程的承包人请求工程价款就该装饰装修工程折价或者拍卖的价款优先受偿的，人民法院应予支持。"

（2）变化解读

解读1：本条款的适用条件之一是装饰装修合同须为建设工程施工合同。

建设工程价款优先受偿权是基于建设工程施工合同，以承包人的物化劳动成果对其债权进行担保的法定担保物权。因此本条适用前提是装饰装修工程合同为建设工程施工合同，而家庭装饰合同、装修设计合同等显然不能适用。

解读2：本条款的适用条件之二是装饰装修工程具备折价或者拍卖条件。

如果装饰装修工程不具备折价或拍卖条件，也不能行使优先受偿权。比如，办公楼租赁合同约定，租赁期间承租人可以进行装饰装修，但是合同到期后承租人必须恢复原状。那么，承租人为了自己使用而与他人签订装饰装修合同，如果欠付装修款，装饰装修工程的承包人也不能行使优先受偿权。

3. 结合实际，延长工程价款优先受偿权的期限：延长至不超过18个月。

（1）条款比较

《建设工程价款优先受偿权批复》第四条规定："建设工程承包人行使优先权的期限为六个月，自建设工程竣工之日或者建设工程合同约定的竣工之日起计算。"

《原建设工程司法解释二》第二十二条规定："承包人行使建设工程价款优先受偿权的期限为六个月，自发包人应当给付建设工程价款之日起算。"

《新建设工程司法解释一》第四十一条规定："承包人应当在合理期限内行使建设工程价款优先受偿权，但最长不得超过十八个月，自发包人应当给付建设工程价款之日起算。"

（2）变化解读

解读1：期限延长，6个月改为最长不超过18个月。

解读2：起算时间由"自建设工程竣工之日或者建设工程合同约定的竣工之日起计算"修改为"自发包人应当给付建设工程价款之日起算"。

（三）两个更精准

两个更精准
1.法言法语方面："非法转包"不再"非法"，"建筑施工企业资质"改成"建筑企业资质"。 2.句法语法方面："不予支持""应予支持"前面增加了主语"人民法院"，"人身、财产损害"改为"人身损害、财产损失"，"当事人"不仅仅只有"双方"

1.法言法语方面："非法转包"改为"转包"。

（1）条款比较

《原建设工程司法解释一》第四条规定："承包人非法转包、违法分包建设工程或者没有资质的实际施工人借用有资质的建筑施工企业名义与他人签订建设工程施工合同的行为无效。人民法院可以根据民法通则第一百三十四条规定，收缴当事人已经取得的非法所得。"

《新建设工程司法解释一》第一条规定："建设工程施工合同具有下列情形之一的，应当依据《民法典》第一百五十三条第一款的规定，认定无效：（一）承包人未取得建筑业企业资质或者超越资质等级的；（二）没有资质的实际施工人借用有资质的建筑施工企业名义的；（三）建设工程必须进行招标而未招标或者中标无效的。承包人因转包、违法分包建设工程与他人签订的建设工程施工合同，应当依据民法典第一百五十三条第一款及第七百九十一条第二款、第三款的规定，认定无效。"

（2）变化解读

建设工程严禁转包，所有的转包都是违法的，不存在"合法转包"与"非法转包"之分，所以"转包"前面加上"非法"没有必要，而且容易造成误解。

2.句法语法方面："当事人"前面删除"双方"，"人身、财产损害"改为"人身损害、财产损失"。

（1）条款比较

《原建设工程司法解释二》第十五条规定："人民法院准许当事人的鉴定申请后，应当根据当事人申请及查明案件事实的需要，确定委托鉴定的事项、范围、鉴定期限等，并组织双方当事人对争议的鉴定材料进行质证。"

《新建设工程司法解释一》第三十三条规定："人民法院准许当事人的鉴定申请后，应当根据当事人申请及查明案件事实的需要，确定委托鉴定的事项、范围、鉴定期限等，并组织当事人对争议的鉴定材料进行质证。"

《原建设工程司法解释一》第二十七条规定："因保修人未及时履行保修义务，导致建筑物毁损或者造成人身、财产损害的，保修人应当承担赔偿责任。"

《新建设工程司法解释一》第十八条规定："因保修人未及时履行保修义务，导致建筑物毁损或者造成人身损害、财产损失的，保修人应当承担赔偿责任。"

（2）变化解读

建设工程施工合同案件中有的是只是发包人和承包人双方。但是更多情况下当事人不仅仅只有双方，还有三方或更多方。删除"双方"，表达起来更加精准。

人身与损害、财产与损失，搭配更恰当。

（四）一个新时代

一个新时代： 民法典新时代，与时俱进，随典变法
1.法律名称随典改变：《民法总则》《合同法》改为《民法典》。 2.法条内容随典改变：关于代位权的规定中，"同期同类贷款利率"改为"同类贷款利率或者同期贷款市场报价利率"。 3.《民法典》中已经明确规定的，《新建设工程司法解释一》不再重复，如合同解除权、纠纷管辖地等

《民法典》新时代，与时俱进，随典变法。最高人民法院分管日常工作的副院长贺荣表示："凡是与民法典规定不一致的，坚决废止；同时，立足司法审判实践，该修改的修改，该重新制定的重新制定。确保司法解释符合民法典规定，确保法律适用标准统一。"

1.法条内容随典改变："同期同类贷款利率"改为"同类贷款利率或者同期贷款市场报价利率"。

（1）"同期同类贷款利率"改为"同类贷款利率或者同期贷款市场报价利率"

《原建设工程司法解释一》第十七条规定："当事人对欠付工程价款利息计付标准有约定的，按照约定处理；没有约定的，按照中国人民银行发布的同期同类贷款利率计息。"

《新建设工程司法解释一》第二十六条规定："当事人对欠付工程价款利息计付标准有约定的，按照约定处理。没有约定的，按照同期同类贷款利率或者同期贷款市场报价利率计息。"

（2）实际施工人代位权

《原建设工程司法解释二》第二十五条规定："实际施工人根据《合同法》第七十三条规定，以转包人或者违法分包人怠于向发包人行使到期债权，对其造成损害为由，提起代位权诉讼的，人民法院应予支持。"

《民法典》第五百三十五条规定："因债务人怠于行使其债权或者与该债权有关的从权利，影响债权人的到期债权实现的，债权人可以向人民法院请求以自己的名义代位行使债务人对相对人的权利，但是该权利专属于债务人自身的除外。代位权的行使范围以债权人的到期债权为限。债权人行使代位权的必要费用，由债务人负担。相对人对债务人的抗辩，可以向债权人主张。"

《新建设工程司法解释一》第四十四条规定："实际施工人依据民法典第五百三十五条规定，以转包人或者违法分包人怠于向发包人行使到期债权或者与该债权有关的从权利，影响其到期债权实现，提起代位权诉讼的，人民法院应予支持。"

2.《民法典》中已经明确规定的，《新建设工程司法解释一》不再重复如合同解除权、纠纷管辖地等。

（1）合同解除权

《原建设工程司法解释一》第八条规定："承包人具有下列情形之一，发包人请求解除建设工程施工合同的，应予支持：（一）明确表示或者以行为表明不履行合同主要义务的；（二）合同约定的期限内没有完工，且在发包人催告的合理期限内仍未完工的；（三）已经完成的建设工程质量不合格，并拒绝修复的；（四）将承包的建设工程非法转包、违法分包的。"就发包人的合同解除权的行使进行了规定。

《原建设工程司法解释一》第九条规定："发包人具有下列情形之一，致使承包人无法施工，且在催告的合理期限内仍未履行相应义务，承包人请求解除建设工程施工合同的，应予支持：（一）未按约定支付工程价款的；（二）提供的主要建筑材料、建筑构配件和设备不符合强制性标准的；（三）不履行合同约定的协助义务的。"就承包人的合同解除权的行使进行了规定。

《原建设工程司法解释一》第十条规定："建设工程施工合同解除后，已经完成的建设工程质量合格的，发包人应当按照约定支付相应的工程价款；已经完成的建设工程质量不合格的，参照本解释第三条规定处理。因一方违约导致合同解除的，违约方应当赔偿因此而给对方造成的损失。"就合同解除后，发承包双方合同的处理进行了规定。

《民法典》实行后，就前述合同解除权的行使及行使后的法律后果进行了统一性的规定。《民法典》第五百六十三条规定："有下列情形之一的，当事人可以解除合同：（一）因不可抗力致使不能实现合同目的；（二）在履行期限届满前，当事人一方明确表示或者以自己的行为表明不履行主要债务；（三）当事人一方迟延履行主要债务，经催告后在合理期限内仍未履行；（四）当事人一方迟延履行债务或者有其他违约行为致使不能实现合同目的；（五）法律规定的其他情形。以持续履行的债务为内容的不定期合同，当事人可以随时解除合同，但是应当在合理期限之前通知对方。"第八百零六条规定："承包人将建设工程转包、违法分包的，发包人可以解除合同。发包人提供的主要建筑材料、建筑构配件和设备不符合强制性标准或者不履行协助义务，致使承包人无法施工，经催告后在合理期限内仍未履行相应义务的，承包人可以解除合同。合同解除后，已经完成的建设工程质量合格的，发包人应当按照约定支付相应的工程价款；已经完成的建设工程质量不合格的，参照本法第七百九十三条的规定处理。"故本次《新建设工程司法解释一》未就合同解除的问题进行重复性规定。

（2）删除建设工程施工合同纠纷管辖的规定

《原建设工程司法解释一》第二十四条规定："建设工程施工合同纠纷以施工行为地为合同履行地。"因纠纷管辖问题属于程序法所解决的问题，应由程序法予以规范，故《新建设工程司法解释一》不再予以涉及。

（3）取消建设工程施工合同备案规定

近年来，住房和城乡建设部大力推进工程建设项目审批制度改革，取消了建设工程合同备案制度，建设工程合同不再需要报项目所在地建设主管部门备案。

（4）删除合同无效但工程合格参照合同约定结算条款

《原建设工程司法解释一》第二条规定："建设工程施工合同无效，但建设工程经竣工验收合格，承包人请求参照合同约定支付工程价款的，应予支持"。这次《新建设工程司法解释一》对该条进行了删除。其原因有两个：一是《民法典》中有明确规定，《民法典》第七百九十三条第一款规定："建设工程施工合同无效，但是建设工程经验收合格的，可以参照合同关于工程价款的约定折价补偿承包人"；二是《新建设工程司法解释一》在多份合同无效如何结算条款中也包含了该条内容，如果再规定也显得重复。

3. 其他删除的条款

《原建设工程司法解释一》第三条规定："建设工程施工合同无效，且建设工程经竣工验收不合格的，按照以下情形分别处理：（一）修复后的建设工程经竣工验收合格，发包人请求承包人承担修复费用的，应予支持；（二）修复后的建设工程经竣工验收不合格，承包人请求支付工程价款的，不予支持。因建设工程不合格造成的损失，发包人有过错的，也应承担相应的民事责任。"《原建设工程司法解释一》第二十八条规定："本解释自 2005 年 1 月 1 日起施行。施行后受理的第一审案件适用本解释。施行前最高人民法院发布的司法解释与本解释相抵触的，以本解释为准。"《原建设工程司法解释二》第二十六条规定："本解释自 2019 年 2 月 1 日起施行。本解释施行后尚未审结的一审、二审案件，适用本解释。本解释施行前已经终审、施行后当事人申请再审或者按照审判监督程序决定再审的案件，不适用本解释。最高人民法院以前发布的司法解释与本解释不一致的，不再适用。"对以上规定进行了删除。

第四章
溯及力解读

《新建设工程司法解释一》的溯及力参照《民法典》的溯及力，其基本原则是法不溯及既往，例外情形有：有利例外、空白例外、模糊例外、再审例外。

一、基本原则：法不溯及既往

1. 条款

《最高院关于民法典时间效力的规定》第一条规定：民法典施行后的法律事实引起的民事纠纷案件，适用民法典的规定。民法典施行前的法律事实引起的民事纠纷案件，适用当时的法律、司法解释的规定，但是法律、司法解释另有规定的除外。民法典施行前的法律事实持续至民法典施行后，该法律事实引起的民事纠纷案件，适用民法典的规定，但是法律、司法解释另有规定的除外。

2. 解析

"法不溯及既往"是法律的基本原则，《立法法》第九十三条规定了法不溯及既往原则，以有利溯及既往为例外。《民法典》也遵循了法不溯及既往的原则，即以法律事实的发生时间节点为判定标准，向前溯及原则可以有例外，但是要有明确规定。

对法律事实的理解和认定，实践中运用起来常常会引发争议。以建设工程为例，签订施工合同、施工、竣工交付、支付工程款等是否可理解为法律事实？《民法典》施行之前工程完工且应该支付工程款而未付，因欠付工程款而提起诉讼或仲裁，是适用《民法典》和《新建设工程司法解释一》，还是适用之前的法律和司法解释的规定来进行处理？关于以上问题，实践中出现了不同的观点和判决。

新疆某建筑工程有限公司与梁某建设工程施工合同纠纷案（〔2020〕新43民终655号）中一审法院认定事实：2015年10月23日，禹王工公司以3338677.43元的价格中标2600亩林地灌溉项目；2015年11月21日结算单工程价款为1111134.39元；拖欠工程款至《民法典》施行后。二审法院认为，根据《最高院关于民法典时间效力的规定》第一条第二款的规定，《民法典》施行前的法律事实引起的民事纠纷案件，适用当时的法律、司法解释的规定，但是法律、司法解释另有规定的除外。案涉建设工程施工法律关系发生在《民法典》施行前，本案适用《民法典》施行前的法律、司法解释。

而魏某与被告宁夏某建设有限公司、石嘴山市某劳务公司建设工程施工合同纠纷案，西吉法院首例适用《民法典》宣判的案件中，法院则认为，魏某与石嘴山市某劳务公司签订《建筑工程施工劳务分包合同》，其履行大部分合同义务的时间虽然都在《民法典》及相应司法解释正式实施之前，但在工程竣工验收完毕后，双方对工程款支付的事实存在争议。石嘴山市某劳务公司未按合同约定支付魏某工程款的法律事实持续至《民法典》及相应司法解释实施之后，故法院根据《最高院关于民法典时间效力的规定》第一条第三款"民法典施行前的法律事实持续至民法典施行后，该法律事实引起的民事纠纷案件，适用民法典的规定，但是法律、司法解释另有规定的除外"规定，作出前述判决。

二、例外情形

1. 有利例外（三个有利于）

（1）条款

《最高院关于民法典时间效力的规定》第二条规定："民法典施行前的法律事实引起的民事纠纷案件，当时的法律、司法解释有规定，适用当时的法律、司法解释的规定，但是适用民法典的规定更有利于保护民事主体合法权益，更有利于维护社会和经济秩序，更有利于弘扬社会主义核心价值观的除外。"

（2）解析

《立法法》第九十三条规定"从旧兼有利"。比如《民法典》施行前成立的合同，按照当时的法律、司法解释的规定，合同无效，而《民法典》规定合同有效的，应当适用《民法典》的规定。

如何理解"更有利于保护当事人合法权益"？《民法典》第六百八十六条规定：保证方式约定不明的，为一般保证。之前规定约定不明是连带责任。《民法典》的规定对保证人有利，但是对债权人不利，因此也不能适用《民法典》的规定，即不能溯及既往。

如何理解"更有利于维护社会和经济秩序"？以合同效力问题为例，为什么依据《合同法》的规定合同无效，依据《民法典》的规定合同有效，那就要适用《民法典》而让合同有效呢？其原因是符合当事人的本意和真实意思表示。一般而言，签合同的时候当事人都是希望合同有效，并希望对事实发生效力的。比如流押、流质条款。《物权法》禁止流押、流质，实践中也一般认定相关条款无效，而《民法典》第四百零一条和第四百二十八条认可了流押、流质条款的担保效力，债权人可以就抵押、质押财产优先受偿。因此在处理流押、质押问题的时候应当适用《民法典》的规定。

如何理解"有利于弘扬社会主义核心价值观"？《民法典》第一百八十四条为紧急救助条款，第一百八十五条为英烈名誉、荣誉保护条款，第一千二百五十四条为高空抛物、坠物条款，第一千二百一十七条为好意同乘条款，以及《民法典》中有关绿色原则的规定及相关条款，都是有利于弘扬核心价值观的体现。

2. 空白例外

（1）条款

《最高院关于民法典时间效力的规定》第三条规定："民法典施行前的法律事实引起的民事纠纷案件，当时的法律、司法解释没有规定而民法典有规定的，可以适用民法典的规定，但是明显减损当事人合法权益、增加当事人法定义务或者背离当事人合理预期的除外。"

（2）解析

"空白例外"就是"漏洞填补"规则。比如：胎儿的民事主体资格，之前法律没有规定，仅仅是《继承法》有特留份规定，而《民法典》有规定。

3. 模糊例外

（1）条款

《最高院关于民法典时间效力的规定》第四条规定："民法典施行前的法律事实引起的民事纠纷案件，当时的法律、司法解释仅有原则性规定而民法典有具体规定的，适用当时的法律、司法解释的规定，但是可以依据民法典具体规定进行裁判说理。"

（2）解析

比如：格式条款，原来仅仅规定有提示说明义务，但是没有规定其相关后果，而《民法典》则有具体的规定。

4. 再审例外

（1）条款

《最高院关于民法典时间效力的规定》第五条规定："民法典施行前已经终审的案件，当事人申请再审或者按照审判监督程序决定再审的，不适用民法典的规定。"

（2）解析

该条是指《民法典》不适用于施行时已经终审的案件，但适用于《民法典》施行时尚未审结的案件，遵循了既判力优先于溯及力原则，涉及法院判决的既判力与溯及力关系的案件，再审不能依据《民法典》的规定推翻已经生效的判决。

第五章
条款解读与实务运用

第一节　合同效力条款解读（第一～七条）

第一条　建设工程施工合同具有下列情形之一的，应当依据《民法典》第一百五十三条第一款的规定，认定无效：

（一）承包人未取得建筑业企业资质或者超越资质等级的；

（二）没有资质的实际施工人借用有资质的建筑施工企业名义的；

（三）建设工程必须进行招标而未招标或者中标无效的。

承包人因转包、违法分包建设工程与他人签订的建设工程施工合同，应当依据《民法典》第一百五十三条第一款及第七百九十一条第二款、第三款的规定，认定无效。

1. 新旧条款对比

《新建设工程司法解释一》	《原建设工程司法解释一》
第一条　建设工程施工合同具有下列情形之一的，应当依据《民法典》第一百五十三条第一款的规定，认定无效： （一）承包人未取得建筑业企业资质或者超越资质等级的； （二）没有资质的实际施工人借用有资质的建筑施工企业名义的； （三）建设工程必须进行招标而未招标或者中标无效的。 承包人因转包、违法分包建设工程与他人签订的建设工程施工合同，应当依据《民法典》第一百五十三条第一款及第七百九十一条第二款、第三款的规定，认定无效	第一条　建设工程施工合同具有下列情形之一的，应当根据《合同法》第五十二条第（五）项的规定，认定无效： （一）承包人未取得建筑施工企业资质或者超越资质等级的； （二）没有资质的实际施工人借用有资质的建筑施工企业名义的； （三）建设工程必须进行招标而未招标或者中标无效的。 第四条　承包人非法转包、违法分包建设工程或者没有资质的实际施工人借用有资质的建筑施工企业名义与他人签订建设工程施工合同的行为无效。人民法院可以根据民法通则第一百三十四条规定，收缴当事人已经取得的非法所得

本条由《原建设工程司法解释一》第一条、第四条合并而来。"非法转包"修改为"转包"；认定"行为无效"修改为认定合同无效；增加认定合同无效的依据，即"应当依据《民法典》第一百五十三条第一款及第七百九十一条第二款、第三款的规定"判断合同是否无效；删除"人民法院可以根据民法通则第一百三十四条规定，收缴当事人已经取得的非法所得"。

2. 关联法条

（1）《民法典》

第一百五十三条　违反法律、行政法规的强制性规定的民事法律行为无效。但是，该强制性规定不导致该民事法律行为无效的除外。

违背公序良俗的民事法律行为无效。

第七百九十一条　发包人可以与总承包人订立建设工程合同，也可以分别与勘察人、设计人、施工人订立勘察、设计、施工承包合同。发包人不得将应当由一个承包人完成的建设工程支解成若干部分发包给数个承包人。

总承包人或者勘察、设计、施工承包人经发包人同意，可以将自己承包的部分工作交由第三人完成。第三人就其完成的工作成果与总承包人或者勘察、设计、施工承包人向发包人承担连带责任。承包人不得将其承包的全部建设工程转包给第三人或者将其承包的全部建设工程支解以后以分包的名义分别转包给第三人。

禁止承包人将工程分包给不具备相应资质条件的单位。禁止分包单位将其承包的工程再分包。建设工程主体结构的施工必须由承包人自行完成。

（2）《建筑法》

第六十六条　建筑施工企业转让、出借资质证书或者以其他方式允许他人以本企业的名义承揽工程的，责令改正，没收违法所得，并处罚款，可以责令停业整顿，降低资质等级；情节严重的，吊销资质证书。

第六十七条第一款　承包单位将承包的工程转包的，或者违反本法规定进行分包的，责令改正，没收违法所得，并处罚款，可以责令停业整顿，降低资质等级；情节严重的，吊销资质证书。

（3）《招标投标法》

第五十条　招标代理机构违反本法规定，泄露应当保密的与招标投标活动有关的情况和资料的，或者与招标人、投标人串通损害国家利益、社会公共利益或者他人合法权益的，处五万元以上二十五万元以下的罚款；对单位直接负责的主管人员和其他直接责任人员处单位罚款数额百分之五以上百分之十以下的罚款；有违法所得的，并处没收违法所得；情节严重的，禁止其一年至二年内代理依法必须进行招标的项目并予以公告，直至由工商行政管理机关吊销营业执照；构成犯罪的，依法追究刑事责任。给他人造成损失的，依法承担赔偿责任。

前款所列行为影响中标结果的，中标无效。

第五十二条　依法必须进行招标的项目的招标人向他人透露已获取招标文件的潜在投标人的名称、数量或者可能影响公平竞争的有关招标投标的其他情况的，或者泄露标底的，给予警告，可以并处一万元以上十万元以下的罚款；对单位直接负责的主管人员和其他直接责任人员依法给予处分；构成犯罪的，依法追究刑事责任。

前款所列行为影响中标结果的，中标无效。

第五十三条　投标人相互串通投标或者与招标人串通投标的，投标人以向招标人或者评标委员会成员行贿的手段谋取中标的，中标无效，处中标项目金额千分之五以上千分之十以下的罚款，对单位直接负责的主管人员和其他直接责任人员处单位罚款数额百分之五以上百分之十以下的罚款；有违法所得的，并处没收违法所得；情节严重的，取消其一年至二年内参加依法必须进行招标的项目的投标资格并予以公告，直至由工商行政管理机关吊销营业执照；构成犯罪的，依法追究刑事责任。给他人造成损失的，依法承担赔偿责任。

第五十四条第一款　投标人以他人名义投标或者以其他方式弄虚作假，骗取中标的，中标无效，给招标人造成损失的，依法承担赔偿责任；构成犯罪的，依法追究刑事责任。

第五十五条　依法必须进行招标的项目，招标人违反本法规定，与投标人就投标价格、投标方案等实质性内容进行谈判的，给予警告，对单位直接负责的主管人员和其他直接责任人员依法给予处分。

前款所列行为影响中标结果的，中标无效。

第五十七条　招标人在评标委员会依法推荐的中标候选人以外确定中标人的，依法必须进行招标的项目在所有投标被评标委员会否决后自行确定中标人的，中标无效，责令改正，可以处中标项目金额千分之五以上千分之十以下的罚款；对单位直接负责的主管人员和其他直接责任人员依法给予处分。

3. 条款精解

（1）删除了收缴非法所得。

新旧司法解释最大变化之一就是删除了收缴非法所得的规定。关于收缴非法所得的规定，在司法实践中极少被适用，且有逾越司法权界限之嫌，故取消了收缴当事人的非法所得的规定。

（2）法言法语、语法结构更准确。

"建筑施工企业资质"改成"建筑业企业资质"。规范法律用语，将"建筑施工企业资质"修改为"建筑业企业资质"，更为准确。

删除"转包"前面的"非法"。因为转包本身即是非法的，不存在非法转包与合法转包的区分，转包前面加上"非法"属于多余，也容易使人误解为转包还有"合法"与"非法"之分。

（3）《民法典》时代，与时俱进，随典变法。

《新建设工程司法解释一》调整了上位法依据，将引用的《合同法》修改为《民法典》。由于《民法典》于2021年1月1日起实施，《物权法》《合同法》等法律同时废止，新司法解释的相关上位法依据也需要进行相应的调整。本轮司法解释的大规模废旧立新，主要是为了推进《民法典》实施，因此，尽管上位法依据的修改并未对条文内容造成实质性影响，但体现了法的规范性、系统性，有助于促进法的统一适用。

（4）《民法典》关于民事法律行为无效的规定。

《新建设工程司法解释一》第一条明确规定：无资质、超越资质、借用资质、应招标未招标情况下所签订的施工合同无效，并将认定合同无效的依据进行了统一，统一明确为无资质、超越资质、借用资质、应招标未招标情况下签订的合同因违反《民法典》第一百五十三条第一款的规定而无效。同时，明确了转包、违法分包与他人签订合同无效的依据为《民法典》第一百五十三条第一款及第七百九十一条第二款、第三款，明确了法律适用的问题。

（5）关于合同无效的法律规定，如何理解和记忆？

关于合同无效的法律规定，《合同法》规定得较为集中，《合同法》第五十二条规定："有下列情形之一的，合同无效：（一）一方以欺诈、胁迫的手段订立合同，损害国家利益；（二）恶意串通，损害国家、集体或者第三人利益；（三）以合法形式掩盖非法目的；（四）损害社会公共利益；（五）违反法律、行政法规的强制性规定。"而《民法典》的规定比较分散，散见于不同的条款，给我们法律人学习和记忆带来了的困难，为了帮助读者学习，我们总结窍门如下，只要一句话就可以记住《民法典》中规定的关于合同无效的行为。

【记住算式】1+2+3=7

【算式注解】1 个无民事行为能力的人 +2 种虚假意思表示 +3 种不好的行为 =7 种无效情形。

【意思详解】2 种虚假意思表示：一种意思表示是虚伪通谋，另一种意思表示是恶意串通。3 种不好的行为：第一种是违法行为，违反法律法规的强制性规定；第二种行为是恶俗行为，违背了社会公序良俗；第三种行为是霸道行为，又包括两种，即格式条款和免责条款。并不是所有的霸道行为都无效，只是部分太霸道的行为才无效。

① 一个无民事行为能力的人

《民法典》第一百四十四条规定："无民事行为能力人实施的民事法律行为无效。"根据《民法典》第二十条、第二十一条的规定，不能辨认自己行为的八周岁以上未成年人、成年人和不满八周岁的人为无民事行为能力人。

② 两种虚假的意思表示

一是虚伪通谋。《民法典》第一百四十六条规定："行为人与相对人以虚假的意思表示实施的民事法律行为无效。以虚假的意思表示隐藏的民事法律行为的效力，依照有关法律规定处理。"提醒读者注意的是，法律并没有规定虚伪同谋必然无效！比如，让与担保合同，表面上订立房屋买卖合同并将房屋过户，但该转让行为实质是为债务提供担保。其中房屋买卖是双方虚假的意思表示，真实的意思表示为过户只是一种担保方式。房屋买卖合同无效，双方存在的担保合同是有效的。又如，挂靠行为，发包人与承包人表面上签订的是施工合同，实际上是挂靠施工。这一点在发包人明知的情况下表现最明显，三个人一起协商的挂靠。

二是恶意串通。《民法典》第一百五十四条规定："行为人与相对人恶意串通，损害他人合法权益的民事法律行为无效。"

③三种不好的行为

一是违法行为，即违反法律法规效力性强制性规定的行为。《民法典》第一百五十三条第一款规定："违反法律、行政法规的强制性规定的民事法律行为无效。但是，该强制性规定不导致该民事法律行为无效的除外。"

二是恶俗行为，即违背公序良俗的行为。《民法典》第一百五十三条第二款规定："违背公序良俗的民事法律行为无效。"

三是霸道行为。该行为又包括两种，一种是格式条款行为，《民法典》第四百九十七条规定："有下列情形之一的，该格式条款无效：（一）具有本法第一编第六章第三节和本法第五百零六条规定的无效情形；（二）提供格式条款一方不合理地免除或者减轻其责任、加重对方责任、限制对方主要权利；（三）提供格式条款一方排除对方主要权利。"另一种是免责条款行为，《民法典》第五百零六条规定："合同中的下列免责条款无效：（一）造成对方人身损害的；（二）因故意或者重大过失造成对方财产损失的。"

（6）本条规定的7种导致施工合同无效的情形。

无效合同是指合同虽然已经成立，但因其在内容和形式上违反了法律、行政法规的强制性规定和社会公共利益，因此应被确认无效。无效合同有两种情况，一种是合同违反法律、行政法规的强制性规定和公序良俗，法律规定此类合同无效。另一种是法律、行政法规没有直接规定此类合同无效，合同是否有效需要经过人民法院裁判认定。无效的合同对当事人无拘束力，不能产生当事人预期的法律效果，合同无效是国家对当事人签订的合同进行否定性的评价，除解决争议条款有效外，其余条款无效。如质量标准、工期、违约责任等。

①承包人未取得建筑业企业资质或者超越资质等级

工程质量是建设工程的生命，关系到广大人民群众的生命财产安全，社会公共利益。为保证工程质量，《建筑法》规定建筑业实行强制资质管理制度，《建筑业企业资质等级标准》《工程总承包企业资质管理暂行规定》对建筑企业的资质等级划分作出了明确的规定。

《建筑法》第二十六条规定："承包建筑工程的单位应当持有依法取得的资质证书，并在其资质等级许可的业务范围内承揽工程。禁止建筑施工企业超越本企业资质等级许可的业务范围或者以任何形式用其他建筑施工企业的名义承揽工程。"该条规定属于法律的强制性规定。因此，若企业未取得建筑业企业资质或者超越资质等级与他人签订建设工程施工合同，则该合同可被认定为无效合同。

②没有资质的实际施工人借用有资质的建筑施工企业名义

借用的文义为借别人的东西来使用。借用资质，又称为挂靠，《建筑工程施工发包与承包违法行为认定查处办法》第九条规定："本办法所称挂靠，是指单位或个人以其他有资质的施工单位的名义承揽工程的行为。前款所称承揽工程，包括参与投标、订立合同、办理有关施工手续、从事施工等活动。"在目前的建筑市场中，没有资质的自然人、法人或非法人组织借用资质进行施工较为普遍，严重扰乱了建筑市场的正常秩序，不仅给工程质量和安全带来了诸多隐患，也是导致建筑市场混乱的重要原因之一。《建筑法》第二十六条规定："禁止建筑施工企业以任何形式允许其他单位或者个人使用本企业的资质证书、营业执照，以本企业的名义承揽工程。"该条是法律的强制性规定，新司法解释将借用资质的行为规定为无效民事法律行为。借用资质承包工程的情形有挂靠、联营、内部承包、将包工头聘为承包人的项目经理等。《建筑工程施工发包与承包违法行为认定查处办法》第十条规定："存在下列情形之一的，属于挂靠：（一）没有资质的单位或个人借用其他施工单位的资质承揽工程的；（二）有资质的施工单位相互借用资质承揽工程的，包括资质等级低的借用资质等级高的，资质等级高的借用资质等级低的，相同资质等级相互借用的；（三）本办法第八条第一款第（三）至（九）项规定的情形，有证据证明属于挂靠的。"司法实践中也通常依照上述法律规定认定借用资质无效。

③建设工程必须进行招标而未招标或者中标无效

《招标投标法》第一条规定："为了规范招标投标活动，保护国家利益、社会公共利益和招标投标活动当事人的合法权益，提高经济效益，保证项目质量，制定本法。"第三条规定："在中华人民共和国境内进行下列工程建设项目包括项目的勘察、设计、施工、监理以及与工程建设有关的重要设备、材料等的采购，必须进行招标：（一）大型基础设施、公用事业等关系社会公共利益、公众安全的项目；（二）全部或者部分使用国有资金投资或者国家融资的项目；（三）使用国际组织或者外国政府贷款、援助资金的项目。前款所列项目的具体范围和规模标准，由国务院发展计划部门会同国务院有关部门制订，报国务院批准。法律或者国务院对必须进行招标的其他项目的范围有规定的，依照其规定。"因此，《招标投标法》的立法目的是通过规范工程建设项目的招标投标活动，来保护国家利益、社会公共利益和公共安全。因此，《招标投标法》第三条的规定属于强制性规定，在建设工程必须进行招标而未招标的情况下所签订的合同无效。

《招标投标法》第五十条、第五十二条、第五十三条、第五十四条、第五十五条、第五十七条规定了中标无效的六种情形。根据《招标投标法》第四十六条规定，中标通知书是签订建设工程施工合同的依据，只有合法中标，根据中标通知书签订的建设工程施工合同才能有效。也就是说，中标无效，必然导致建设工程施工合同无效。本条规定符合《招标投标法》的立法目的。

④建设工程转包

建设工程层层转包问题屡见不鲜，转包的违法行为不仅扰乱建筑市场正常秩序，更为严重的是直接导致建设工程质量缺陷，危及人民生命财产安全。因此，本条明确规定转包的建设工程施工合同无效。

关于转包的定义及认定，《建设工程质量管理条例》第七十八条第三款规定："本条例所称转包，是指承包单位承包建设工程后，不履行合同约定的责任和义务，将其承包的全部建设工程转给他人或者将其承包的全部建设工程肢解以后以分包的名义分别转给其他单位承包的行为。"《建筑法》《建筑工程施工发包与承包违法行为认定查处办法》对转包的定义及认定做了相同的规定。

《建筑工程施工发包与承包违法行为认定查处办法》第八条规定："存在下列情形之一的，应当认定为转包，但有证据证明属于挂靠或者其他违法行为的除外：（一）承包单位将其承包的全部工程转给其他单位（包括母公司承接建筑工程后将所承接工程交由具有独立法人资格的子公司施工的情形）或个人施工的；（二）承包单位将其承包的全部工程肢解以后，以分包的名义分别转给其他单位或个人施工的；（三）施工总承包单位或专业承包单位未派驻项目负责人、技术负责人、质量管理负责人、安全管理负责人等主要管理人员，或派驻的项目负责人、技术负责人、质量管理负责人、安全管理负责人中一人及以上与施工单位没有订立劳动合同且没有建立劳动工资和社会养老保险关系，或派驻的项目负责人未对该工程的施工活动进行组织管理，又不能进行合理解释并提供相应证明的；（四）合同约定由承包单位负责采购的主要建筑材料、构配件及工程设备或租赁的施工机械设备，由其他单位或个人采购、租赁，或施工单位不能提供有关采购、租赁合同及发票等证明，又不能进行合理解释并提供相应证明的；（五）专业作业承包人承包的范围是承包单位承包的全部工程，专业作业承包人计取的是除上缴给承包单位'管理费'之外的全部工程价款的；（六）承包单位通过采取合作、联营、个人承包等形式或名义，直接或变相将其承包的全部工程转给其他单位或个人施工的；（七）专业工程的发包单位不是该工程的施工总承包或专业承包单位的，但建设单位依约作为发包单位的除外；（八）专业作业的发包单位不是该工程承包单位的；（九）施工合同主体之间没有工程款收付关系，或者承包单位收到款项后又将款项转拨给其他单位和个人，又不能进行合理解释并提供材料证明的。两个以上的单位组成联合体承包工程，在联合体分工协议中约定或者在项目实际实施过程中，联合体一方不进行施工也未对施工活动进行组织管理的，并且向联合体其他方收取管理费或者其他类似费用的，视为联合体一方将承包的工程转包给联合体其他方。"

⑤建设工程违法分包

关于违法分包的含义，《建筑工程施工发包与承包违法行为认定查处办法》第十一条规定："本办法所称违法分包，是指承包单位承包工程后违反法律法规规定，把单位工程或分部分项工程分包给其他单位或个人施工的行为。"

关于违法分包的认定，《建筑工程施工发包与承包违法行为认定查处办法》第十二条规定："存在下列情形之一的，属于违法分包：（一）承包单位将其承包的工程分包给个人的；（二）施工总承包单位或专业承包单位将工程分包给不具备相应资质单位的；（三）施工总承包单位将施工总承包合同范围内工程主体结构的施工分包给其他单位的，钢结构工程除外；（四）专业分包单位将其承包的专业工程中非劳务作业部分再分包的；（五）专业作业承包人将其承包的劳务再分包的；（六）专业作业承包人除计取劳务作业费用外，还计取主要建筑材料款和大中型施工机械设备、主要周转材料费用的。"

上面的情况，如何理解和记忆呢？只要一句话：3个资质有缺陷的人不走招标2条正道，违法包了2个小工程。资质问题有3种：没有资质、超越资质等级（竣工前取得相应资质可以有效）、借用资质（无借有、低借高、分借总、高借低、平等借）。招标投标问题有2种：建设工程必须进行招标而未招标（必招未招）、中标无效。违法承包问题有2种：承包人转包建设工程（转包）、承包人违法分包建设工程（违法分包）。

此外，施工合同无效的情形还有：无建设工程规划许可证签订的建设工程施工合同（但可补正）、低于成本价签订的建设工程施工合同。

4. 延伸阅读

（1）建设工程企业资质管理制度改革方案

《建筑法》第二十六条规定："承包建筑工程的单位应当持有依法取得的资质证书，并在其资质等级许可的业务范围内承揽工程。禁止建筑施工企业超越本企业资质等级许可的业务范围或者以任何形式用其他建筑施工企业的名义承揽工程。禁止建筑施工企业以任何形式允许其他单位或者个人使用本企业的资质证书、营业执照，以本企业的名义承揽工程。"

为贯彻落实 2019 年全国深化"放管服"改革优化营商环境电视电话会议精神和李克强总理重要讲话精神，按照《国务院办公厅关于印发全国深化"放管服"改革优化营商环境电视电话会议重点任务分工方案的通知》（国办发〔2019〕39号）要求，深化建筑业"放管服"改革，做好建设工程企业资质（包括工程勘察、设计、施工、监理企业资质，以下统称企业资质）认定事项压减工作，住房和城乡建设部于 2020 年11月30日颁布了《建设工程企业资质管理制度改革方案》（建市〔2020〕94号）。此次改革力度更大、协同性更好、企业的获得感更强。

最大的改革举措在于新改革方案精简资质类别，归并等级设置。在施工资质方面，主要有如下措施。

10 类施工总承包企业特级资质调整为施工综合资质，可承担各行业、各等级施工总承包业务。

保留 12 类施工总承包资质，分别为：①建筑工程施工总承包；②公路工程施工总承包；③铁路工程施工总承包；④港口与航道工程施工总承包；⑤水利水电工程施工总承包；⑥市政公用工程施工总承包；⑦电力工程施工总承包；⑧矿山工程施工总承包；⑨冶金工程施工总承包；⑩化工石油工程施工总承包；⑪通信工程施工总承包；⑫机电工程施工总承包。另外，将民航工程的专业承包资质整合为施工总承包资质。

将 36 类专业承包资质整合为 18 类：①地基基础工程专业承包；②起重设备安装工程专业承包；③预拌混凝土专业承包；④模板脚手架专业承包；⑤桥梁工程专业承包；⑥隧道工程专业承包；⑦将环保工程、特种专业工程专业承包合并为通用专业承包；⑧将建筑装修装饰工程、建筑幕墙工程专业承包合并为建筑装修装饰工程专业承包；⑨防水防腐保温工程专业承包；⑩将电子与智能化工程、建筑机电安装工程、城市及道路照明工程专业承包合并为建筑机电工程专业承包；⑪消防设施工程专业承包；⑫古建筑工程专业承包；⑬公路路面工程、公路路基工程、公路交通工程专业承包合并为公路工程类专业承包或公路工程施工总承包；⑭将铁路电务工程、铁路电气化工程专业承包合并为铁路电务电气化工程专业承包；⑮将港口与海岸工程、航道工程、通航建筑物工程、港航设备安装及水上交管工程专业承包合并为港口与航道工程类专业承包；⑯将水工金属结构制作与安装工程、水利水电机电安装工程专业承包合并为水利水电工程类专业承包；⑰输变电工程专业承包；⑱核工程专业承包。

另将钢结构工程专业承包并入建筑施工总承包；机场场道工程、民航空管及机场弱电系统工程、机场目视助航工程专业承包合并为民航工程施工总承包；铁路铺轨架梁工程专业承包并入铁路工程施工总承包；河湖整治工程专业承包并入水利水电施工总承包；海洋石油工程专业承包并入石油化工施工总承包。

将施工劳务企业资质（不分等级）改为专业作业资质，由审批制改为备案制。

综合资质和专业作业资质不分等级。

施工总承包资质、专业承包资质等级原则上压减为甲、乙两级（部分专业承包资质不分等级），其中，施工总承包甲级资质在本行业内承揽业务规模不受限制。

该方案相较于 2007 年 9 月 1 日施行的《建筑业企业资质管理规定》（中华人民共和国建设部令第 159 号）发生了较大的变化，为资质改革与建筑业发展指明方向，切实降低了企业准入门槛，激发了市场主体发展活力，进一步优化了建筑市场营商环境，促进了建筑业高质量发展。

（2）必须进行招标的工程范围

根据国家发展改革委 2020 年 10 月 23 日印发的通知即发改办法规〔2020〕770 号，结合《必须招标的工程项目规定》和《必须招标的基础设施和公用事业项目范围规定》的规定，可以看出我国必须进行招标工程的范围包含如下几个方面。

《招标投标法》第三条规定："在中华人民共和国境内进行下列工程建设项目包括项目的勘察、设计、施工、监理以及与工程建设有关的重要设备、材料等的采购，必须进行招标：（一）大型基础设施、公用事业等关系社会公共利益、公众安全的项目；（二）全部或者部分使用国有资金投资或者国家融资的项目；（三）使用国际组织或者外国政府贷款、援助资金的项目。前款所列项目的具体范围和规模标准，由国务院发展计划部门会同国务院有关部门制订，报国务院批准。法律或者国务院对必须进行招标的其他项目的范围有规定的，依照其规定。"

《必须招标的工程项目规定》第二条规定："全部或者部分使用国有资金投资或者国家融资的项目包括：（一）使用预算资金 200 万元人民币以上，并且该资金占投资额 10% 以上的项目；（二）使用国有企业事业单位资金，并且该资金占控股或者主导地位的项目。"第三条规定："使用国际组织或者外国政府贷款、援助资金的项目包括：（一）使用世界银行、亚洲开发银行等国际组织贷款、援助资金的项目；（二）使用外国政府及其机构贷款、援助资金的项目。"第四条："不属于本规定第二条、第三条规定情形的大型基础设施、公用事业等关系社会公共利益、公众安全的项目，必须招标的具体范围由国务院发展改革部门会同国务院有关部门按照确有必要、严格限定的原则制订，报国务院批准。"第五条规定："本规定第二条至第四条规定范围内的项目，其勘察、设计、施工、监理以及与工程建设有关的重要设备、材料等的采购达到下列标准之一的，必须招标：（一）施工单项合同估算价在 400 万元人民币以上；（二）重要设备、材料等货物的采购，单项合同估算价在 200 万元人民币以上；（三）勘察、设计、监理等服务的采购，单项合同估算价在 100 万元人民币以上。同一项目中可以合并进行的勘察、设计、施工、监理以及与工程建设有关的重要设备、材料等的采购，合同估算价合计达到前款规定标准的，必须招标。"本规定第二条第（一）项所称的"预算资金"，是指《预算法》规定的预算资金，包括一般公共预算资金、政府性基金预算资金、国有资本经营预算资金、社会保险基金预算资金。第（二）项所称的"占控股或者主导地位"，参照《公司法》第二百一十六条关于控股股东和实际控制人的理解执行，即"其出资额占有限责任公司资本总额百分之五十以上或者其持有的股份占股份有限公司股本总额百分之五十以上的股东；出资额或者持有股份的比例虽然不足百分之五十，但依其出资额或者持有的股份所享有的表决权已足以对股东会、股东大会的决议产生重大影响的股东"为控股股东；国有企业事业单位通过投资关系、协议或者其他安排，能够实际支配项目建设的，也属于占控股或者主导地位。项目中国有资金的比例，应当按照项目资金来源中所有国有资金之和计算。

根据《必须招标的工程项目规定》第四条的规定，国家发展改革委于2018年6月6日发布《必须招标的基础设施和公用事业项目范围规定》，对必须招标的大型基础设施和公用事业项目范围进行了规定。其中第二条规定：不属于《必须招标的工程项目规定》第二条、第三条规定情形的大型基础设施、公用事业等关系社会公共利益、公众安全的项目，必须招标的具体范围包括：（一）煤炭、石油、天然气、电力、新能源等能源基础设施项目；（二）铁路、公路、管道、水运，以及公共航空和A1级通用机场等交通运输基础设施项目；（三）电信枢纽、通信信息网络等通信基础设施项目；（四）防洪、灌溉、排涝、引（供）水等水利基础设施项目；（五）城市轨道交通等城建项目。本条规定的不属于《必须招标的工程项目规定》第二条、第三条规定情形的大型基础设施、公用事业等关系社会公共利益、公众安全的项目，是指不属于全部或者部分使用国有资金投资或者国家融资的项目，也不属于使用国际组织或者外国政府贷款、援助资金的项目，其资金来源一般是指国内的社会投资类项目。

与被废止的2000年5月1日发布的《工程建设项目招标范围和规模标准规定》相比，国家发展改革委于2018年6月6日发布的《必须招标的基础设施和公用事业项目范围规定》将必须招标的工程项目范围进行了明显地限缩，将原规定的12大类必须招标的基础设施和公用事业项目，压缩到能源、交通、通信、水利、城建5大类。具体修改如下：一是删除了民间资本投资较多的生态环境保护项目，供水、供电、供气、供热等市政工程项目，科教文卫体和旅游项目，商品住宅项目等；二是删除了"其他基础设施项目"和"其他公用事业项目"的兜底条款，避免这一范围在执行中被任意扩大；三是对保留的5大类，特别是水利类和城建类项目，与原规定相比也做了较大缩减。显然，新规定大幅缩小必须招标的大型基础设施、公用事业项目范围，大幅放宽对市场主体特别是民营企业选择发包方式的限制，进一步扩大了市场主体特别是民营企业自主权。

以上规定，对于必须招标的工程范围进行了明确，实务中在理解和适用该规定的过程中，应注意关注以下几个方面的问题。

第一，关于建设项目必须进行招标的范围，不仅仅包括建设项目的施工招标，还涵盖了建设项目的勘察、设计、监理以及与工程建设有关的重要设备、材料、服务等采购的招标；不仅仅包括建筑物的新建，还包括建筑物和构筑物的改建、扩建及其相关的装修、拆除、修缮等。

第二，关于建设项目必须进行招标的规模，不仅仅从具体范围方面进行了明确，还从规模标准的角度进行了规定。建设项目须同时满足规定的范围类别以及达到法定的规模标准才属于必须进行招标的工程范围，不满足这两个条件的，可以不进行招标。

第三，关于依法必须进行招标项目的招标方式的确定，对于全部使用国有资金投资或者国有资金投资占控股或者主导地位的，应当公开招标，而不能邀请招标。但同时需要注意的是，《招标投标法实施条例》对于例外情形进行了规定。其中，第八条第一款规定："国有资金占控股或者主导地位的依法必须进行招标的项目，应当公开招标；但有下列情形之一的，可以邀请招标：（一）技术复杂、有特殊要求或者受自然环境限制，只有少量潜在投标人可供选择；（二）采用公开招标方式的费用占项目合同金额的比例过大。"第九条第一款："除招标投标法第六十六条规定的可以不进行招标的特殊情况外，有下列情形之一的，可以不进行招标：（一）需要采用不可替代的专利或者专有技术；（二）采购人依法能够自行建设、生产或者提供；（三）已通过招标方式选定的特许经营项目投资人依法能够自行建设、生产或者提供；（四）需要向原中标人采购工程、货物或者服务，否则将影响施工或者功能配套要求；（五）国家规定的其他特殊情形。"

第四，关于可不进行招标投标和可不适用《招标投标法》的例外情形。《招标投标法》第六十六条对于可不进行招标投标的情况进行了规定，即"涉及国家安全、国家秘密、抢险救灾或者属于利用扶贫资金实行以工代赈、需要使用农民工等特殊情况，不适宜进行招标的项目，按照国家有关规定可以不进行招标"。《招标投标法》第六十七条对于可不适用《招标投标法》的情形进行了例外规定，即"使用国际组织或者外国政府贷款、援助资金的项目进行招标，贷款方、资金提供方对招标投标的具体条件和程序有不同规定的，可以适用其规定，但违背中华人民共和国的社会公共利益的除外"。

第五，关于规范规模标准以下工程建设项目的管控。对于工程项目未达到规定规模标准的，项目企业可以依法自主选择发包方式，任何单位和个人不得违法干涉。同时，各地方亦应当按照上述规定的项目范围和规模标准确定必须招标的项目，不得另行制定必须进行招标的范围和规模标准，持续推进深化招标投标领域"放管服"改革，努力营造良好市场环境。

5. 相关案例

（1）【案例索引】（2017）最高法民终 575 号余某某、彭某某与青海某煤电有限责任公司（以下简称某煤电公司）、青海某矿产资源开发有限公司（以下简称某矿产公司）建设工程施工合同纠纷案

【裁判要旨】综合治理工程关系到社会公共利益，属于必须招标的项目，未经招标投标程序所签订的合同无效。

【裁判摘要】一审法院认为，《招标投标法》第三条规定：在中华人民共和国境内进行下列工程建设项目包括项目的勘察、设计、施工、监理以及与工程建设有关的重要设备、材料等的采购，必须进行招标：（一）大型基础设施、公用事业等关系社会公共利益、公众安全的项目。《原建设工程司法解释一》第一条规定：建设工程施工合同具有下列情形之一的，应当根据合同法第五十二条第（五）项的规定，认定无效：（一）承包人未取得建筑施工企业资质或者超越资质等级的……（三）建设工程必须进行招标而未招标或者中标无效的。第四条规定：承包人非法转包、违法分包建设工程或者没有资质的实际施工人借用有资质的建筑施工企业名义与他人签订建设工程施工合同的行为无效。该案中，甲方某煤电公司与乙方某矿产公司签订《综合治理协议》，合同性质为建设工程施工合同，当事人之间的纠纷应适用建设工程方面的法律法规，案涉综合治理工程为关系社会公共利益的大型综合治理工程项目，某煤电公司将综合治理工程未经招标投标即承包给某矿产公司，签订的合同无效。某矿产公司将承包的综合治理工程项目又转包给了余某某、彭某某，转包合同无效。

（2）【案例索引】（2021）苏 08 民终 478 号淮安市某开发建筑工程公司（以下简称某开发公司）与仇某、田某某建设工程分包合同纠纷案

【裁判要旨】将项目工程转包给无资质的个人施工，或者违法分包给他人进行施工，所签订的转包、分包合同因违反法律的禁止性规定均无效。

【裁判摘要】二审法院认为，某开发公司将案涉工程转包给无资质的田某某，田某某又将水电项目违法分包给仇某，某开发公司与田某某之间的转包合同以及田某某与仇某之间的分包合同均因违反法律禁止性规定而无效。某开发公司与田某某对合同无效具有共同过错，应对田某某所欠工程债务承担连带责任。某开发公司实际收到仇某交纳的保证金 25 万元，田某某已向仇某退还保证金 10 万元并认可应当向仇某退还剩余保证金 15 万元，故一审认定田某某应再给付仇某 15 万元，并由某开发公司承担

连带清偿责任并无不当。

（3）【案例索引】（2020）黔 0303 民初 3929 号杨某某与某建设靖江有限公司（以下简称某靖江公司）、某炼化工程有限公司建设工程施工合同纠纷案

【裁判要旨】承包人未取得建筑业企业资质或者超越资质等级承接项目，所签订的施工合同无效。

【裁判摘要】从原告提起本案诉讼的事实和理由及其对诉讼请求的说明可以看出，原告是以其与被告某靖江公司签订的《土方工程分包合同》作为提起本案诉讼的请求权基础，因此本案首先要考虑《土方工程分包合同》的效力问题。根据住房和城乡建设部印发的《建筑业企业资质标准》的规定，建筑业企业资质分为施工总承包、专业承包和施工劳务三个序列。也就是说，施工劳务也应当具备相应的建筑业企业资质，与《建筑业企业资质等级标准》相比，新版资质标准对于施工劳务序列不再区分类别和等级。原告杨某某作为不具备劳务资质的承包人，其与被告某靖江公司签订的《土方工程分包合同》，因违反了《建筑法》第二十六条第一款"承包建筑工程的单位应当持有依法取得的资质证书，并在其资质等级许可的业务范围内承揽工程"之规定，根据《民法典》第一百五十三条第一款"违反法律、行政法规的强制性规定的民事法律行为无效。但是，该强制性规定不导致该民事法律行为无效的除外"和《新建设工程司法解释一》第一条第一款第（一）项"建设工程施工合同具有下列情形之一的，应当依据民法典第一百五十三条第一款的规定，认定无效：（一）承包人未取得建筑业企业资质或者超越资质等级的……"之规定，应当认定为无效合同。但是，合同虽然无效，鉴于案涉建设工程经验收合格并已交付使用，依照《民法典》第七百九十三条第一款"建设工程施工合同无效，但是建设工程经验收合格的，可以参照合同关于工程价款的约定折价补偿承包人"之规定，原告杨某某有权请求发包人参照合同关于工程价款的约定进行折价补偿。

（4）【案例索引】（2020）豫 17 民终 3505 号翁某某与驻马店市某置业有限公司合同纠纷

【裁判要旨】没有资质的实际施工人借用有资质的建筑施工企业名义签订施工合同，该施工企业并未实际参与施工，该施工合同应为无效合同。

【裁判摘要】《原建设工程司法解释一》第一条第（二）项规定："建设工程施工合同具有下列情形之一的，应当根据合同法第五十二条第（五）项的规定，认定无效：……（二）没有资质的实际施工人借用有资质的建筑施工企业名义的。"本案中，翁某某以海南某建设有限公司的名义与驻马店市某置业有限公司签订《建设工程施工合同》一份，并加盖海南某建设有限公司郑州第六分公司的印章，而海南某建设有限公司、海南某建设有限公司郑州第六分公司并未实际参与施工，翁某某系挂靠和借用海南某建

设有限公司、海南某建设有限公司郑州第六分公司的资质与驻马店市某置业有限公司签订施工合同，故该施工合同应为无效合同。

第二条 招标人和中标人另行签订的建设工程施工合同约定的工程范围、建设工期、工程质量、工程价款等实质性内容，与中标合同不一致，一方当事人请求按照中标合同确定权利义务的，人民法院应予支持。

招标人和中标人在中标合同之外就明显高于市场价格购买承建房产、无偿建设住房配套设施、让利、向建设单位捐赠财物等另行签订合同，变相降低工程价款，一方当事人以该合同背离中标合同实质性内容为由请求确认无效的，人民法院应予支持。

1. 新旧条款对比

《新建设工程司法解释一》	《原建设工程司法解释二》
第二条 招标人和中标人另行签订的建设工程施工合同约定的工程范围、建设工期、工程质量、工程价款等实质性内容，与中标合同不一致，一方当事人请求按照中标合同确定权利义务的，人民法院应予支持。 招标人和中标人在中标合同之外就明显高于市场价格购买承建房产、无偿建设住房配套设施、让利、向建设单位捐赠财物等另行签订合同，变相降低工程价款，一方当事人以该合同背离中标合同实质性内容为由请求确认无效的，人民法院应予支持	第一条 招标人和中标人另行签订的建设工程施工合同约定的工程范围、建设工期、工程质量、工程价款等实质性内容，与中标合同不一致，一方当事人请求按照中标合同确定权利义务的，人民法院应予支持。 招标人和中标人在中标合同之外就明显高于市场价格购买承建房产、无偿建设住房配套设施、让利、向建设单位捐赠财物等另行签订合同，变相降低工程价款，一方当事人以该合同背离中标合同实质性内容为由请求确认无效的，人民法院应予支持

本条是对《原建设工程司法解释二》第一条的承继，内容没有发生变化和调整。

从《招标投标法》到《原建设工程司法解释二》，再到《新建设工程司法解释一》的规定来看，《招标投标法》第四十六条没有规定哪些内容属于"实质性内容"，为明确和统一法律的适用，解决实践中一直所存在的争议性问题，《原建设工程司法解释二》对实质性内容进行了补充规定，《新建设工程司法解释一》进行了沿用。

2. 关联法条

（1）《建筑法》

第十七条 发包单位及其工作人员在建筑工程发包中不得收受贿赂、回扣或者索取其他好处。

承包单位及其工作人员不得利用向发包单位及其工作人员行贿、提供回扣或者给予其他好处等不正当手段承揽工程。

（2）《招标投标法》

第四十六条　招标人和中标人应当自中标通知书发出之日起三十日内，按照招标文件和中标人的投标文件订立书面合同。招标人和中标人不得再行订立背离合同实质性内容的其他协议。

第五十五条　依法必须进行招标的项目，招标人违反本法规定，与投标人就投标价格、投标方案等实质性内容进行谈判的，给予警告，对单位直接负责的主管人员和其他直接责任人员依法给予处分。

前款所列行为影响中标结果的，中标无效。

第五十九条　招标人与中标人不按照招标文件和中标人的投标文件订立合同的，或者招标人、中标人订立背离合同实质性内容的协议的，责令改正；可以处中标项目金额千分之五以上千分之十以下的罚款。

（3）《招标投标法实施条例》

第五十七条　招标人和中标人应当依照招标投标法和本条例的规定签订书面合同，合同的标的、价款、质量、履行期限等主要条款应当与招标文件和中标人的投标文件的内容一致。招标人和中标人不得再行订立背离合同实质性内容的其他协议。

招标人最迟应当在书面合同签订后5日内，向中标人和未中标的投标人退还投标保证金及银行同期存款利息。

3. 条款精解

（1）《招标投标法》第四十六条规定："招标人和中标人应当自中标通知书发出之日起三十日内，按照招标文件和中标人的投标文件订立书面合同。招标人和中标人不得再行订立背离合同实质性内容的其他协议。"未规定何为实质性内容，本条规定的工程范围、工程工期、工程质量、工程价款等为《招标投标法》第四十六条规定的实质性内容。实务中，对实质性内容的理解争议较大，即对该条中的等是等内还是等外，存在较大分歧。

第一种观点：等外。该观点认为，此处的"等"为列举式，目的在于解释"权利义务"的"实质性"改变，如果其他内容也构成对权利义务的实质性改变，也应该属于"等"的内容。实质性内容中不仅只有合同中约定的工程范围、建设工期、工程质量、工程价款，还包括了其他内容，例如计价方式、支付方式、工程款付款时间、违约责任等。甚至有人认为，争议方式也属于实质性变更。

第二种观点：等内。工程范围、建设工期、工程质量、工程价款四大方面包含了合同的基本条款和内容，不应再做扩大解释。工程价款本已包括价款的数量和支付方式。理由是应当确定统一的实质性内容的范围，将实质性内容的范围扩大可能会导致法官自由裁量权过大，有一个确定的实质性内容的范围是非常有必要的。

合同内容变更到底是否属于实质性变更，判断标准是什么，还是要具体情况具体分析，结合立法目的，考虑公平正义的原则和最终目的。判断的标准在于是不是能够影响到当事人利益。该条中"等"是不完全列举，表明本条中的实质性内容包括但不限于工程范围、建设工期、工程质量、工程价款，还包括了计价方式、支付方式、工程款付款时间等其他能够影响到当事人利益的相关情况。

本条是以中标合同有效为前提，如果中标合同无效应依据本解释第二十四条的规定处理，以实际履行合同为结算依据。另外，必须招标的建设工程经过合法有效的招标投标，签订的建设工程施工合同适用本条，司法实践中没有异议。但非必须招标的建设工程经过合法有效的招标投标，签订的建设工程施工合同是否适用本条，司法实践中存在争议。《招标投标法》第二条规定："在中华人民共和国境内进行招标投标活动，适用本法"，并没有区分必须招标的建设工程和非必须招标的建设工程，因此，以上两种情况均适用本条。

（2）本条第二款以列举方式对"变相降低工程价款"的情形作出规定，明确规定明显高于市场价格购买承建房产、无偿建设住房配套设施、让利、向建设单位捐赠财物等另行签订合同，变相降低工程价款的，发承包双方任意一方以该合同背离中标合同实质性内容为由请求确认无效的，人民法院应予支持。

在《原建设工程司法解释二》出台以前，部分省高院就对变相降低工程价款的情形作了明确规定。例如，《北京高院解答》规定："16.'黑白合同'中如何认定实质性内容变更？招标投标双方在同一工程范围下另行签订的变更工程价款、计价方式、施工工期、质量标准等中标结果的协议，应当认定为《解释》第二十一条规定的实质性内容变更。中标人作出的以明显高于市场价格购买承建房产、无偿建设住房配套设施、让利、向建设方捐款等承诺，亦应认定为变更中标合同的实质性内容。"

备案的中标合同实际履行过程中，工程因设计变更、规划调整等客观原因导致工程量增减、质量标准或施工工期发生变化，当事人签订补充协议、会谈纪要等书面文件对中标合同的实质性内容进行变更和补充的，属于正常的合同变更，应以上述文件作为确定当事人权利义务的依据。

《四川高院解答》规定："9.如何认定'黑白合同'实质性内容不一致？招标投标双方在同一工程合同范围和条件下，另行订立的建设工程施工合同变更经过备案的中标合同约定的工程价款、计价方式、工程期限、工程质量标准等内容的，应当认定为《建设工程司法解释》第二十一条规定的与经过备案的中标合同实质性内容不一致。当事人主张按照该变更后的合同结算工程价款的，不予支持。中标合同备案后，承包人作出的明显高于市场价格购买承建房产、无偿建设住房配套设施、向建设方捐款、让利等承诺应当认定为变更经过备案的中标合同的实质性内容。发包人主张按照该承诺内容结算工程价款的，不予支持。"

2018 年 5 月 14 日国务院发布的《国务院办公厅关于开展工程建设项目审批制度改革试点的通知》规定了"取消施工合同备案、建筑节能设计审查备案等事项"，2019 年 2 月 1 日实施的《原建设工程司法解释二》对此有所体现。2021 年 1 月 1 日实施的《新建设工程司法解释》也没有关于备案的规定。

4. 延伸阅读

【建筑业"黑白合同"的由来】

我国建筑施工市场是按照法律规定实行强制招标投标的项目领域，发包人与承包人之间针对同一个工程项目签订两份甚至多份合同的情况时常发生。其中，一份是招标人与中标人根据中标文件签订的合同，即中标合同，另外一份或几份则是内容与中标合同不一致的合同。通常将经过备案的中标合同称为"白合同"，将另行订立的与"白合同"实质性内容不一致的建设工程施工合同称为"黑合同"。

"黑白合同"由来已久，在建筑业中更是屡见不鲜，在合同管理中是最棘手的问题，其产生的危害也不容小觑。各级政府职能及行业监管部门在"黑白合同"的管理上费了一番工夫，采取各种措施，多管齐下，但实践中往往收效甚微。

实践中，当事人就施工类的建设工程经招标投标程序签订了两份以上内容不同的合同，其签订时间呈现多种情况。"黑白合同"的适用对象既包括强制性招标项目，也包括非强制性招标但当事人履行了招标投标程序的项目。只要当事人按照《招标投标法》的规定，通过招标投标方式签订建设工程施工合同，就应当根据中标通知书签订，不得另行签订与中标合同实质性内容不一致的合同，即"黑合同"。

当前业界的共识是，"黑白合同"的产生与建筑产业结构不合理、供求关系失衡、恶性竞争严重等问题紧密相关，"黑合同"与"白合同"的区别大多表现在改变工期、付款等主要合同履行方式上。

探究其由来，"黑白合同"的出现本质是为了逃避监管，合同双方通谋作出与备案或公示合同截然不同的意思表示。一方面，是因为在建筑业全面快速发展的同时，由于多方面因素的影响，施工企业承揽工程须向建设单位垫资的现象愈演愈烈。该现象广泛存在于建筑业企业中，于是垫资、以房抵款等条款的签订成就了"黑合同"，"黑白合同"则顺势产生。另一方面，招标人和投标人的信息不对称是工程建设项目活动中的一大特点。尤其是从招标人的角度来看，招标人通常希望其在交易中掌握主动，将价格控制在最低。压价干扰了工程建设市场的正常交易秩序，易诱发不正当竞争。

可能出现先行"白合同"以招标投标价格中标，其后签订"黑合同"约定的价格较"白合同"往往大幅降低，施工方竞相以低价中标而不顾成本来排挤其他对手；同时，为弥补标价过低的损失，往往想办法偷工减料，工程质量难以得到保障。

"黑白合同"形成的原因是多方面的，在建筑业中集中体现在发包人的利益最大化要求与政府监管之间的矛盾冲突。

5. 相关案例

（1）【案例索引】（2020）鄂 01 民终 11643 号武汉某康居发展有限公司（以下简称武汉某康居公司）与武汉某宏业建设集团有限公司（以下简称武汉某宏业公司）建设工程施工合同纠纷案

【裁判要旨】招标人和中标人另行签订的建设工程施工合同约定的工程范围、建设工期、工程质量、工程价款等实质性内容，与中标合同不一致，或当事人就同一建设工程另行订立的建设工程施工合同与经过备案的中标合同实质性内容不一致的，应当以备案的中标合同作为结算工程价款的根据。

【裁判摘要】二审法院认为，《湖北省建设工程施工合同》（合同编号：主体 2010–041）系经过备案的中标合同。根据《原建设工程司法解释一》第二十一条"当事人就同一建设工程另行订立的建设工程施工合同与经过备案的中标合同实质性内容不一致的，应当以备案的中标合同作为结算工程价款的根据"及《原建设工程司法解释二》第一条第一款"招标人和中标人另行签订的建设工程施工合同约定的工程范围、建设工期、工程质量、工程价款等实质性内容，与中标合同不一致，一方当事人请求按照中标合同确定权利义务的，人民法院应予支持"的规定，一审法院以《湖北省建设工程施工合同》（合同编号：主体 2010–041）作为结算工程价款的根据，符合法律规定。《湖北省建设工程施工合同》（合同编号：主体 2010–041）中载明的招标投标文件为合同重要组成部分，评估鉴定过程中，兴达公司提供了两版投标文件，对于以何种版本作为鉴定依据，双方无法形成一致意见，且经向项目招标代理机构调查，亦无法提供招标投标文件，考虑到武汉某康居公司所提交协议约定的工程总价与备案合同预估总价一致，该协议确认的单价亦为双方合意后签订，故武汉某宏业公司申请以武汉某康居公司所提交协议确认的单价作为评估鉴定依据，未背离中标合同的实质性内容，也符合双方关于单价评判依据的真实意思表示，据此作出的司法鉴定意见书及补充鉴定意见可以作为认定案涉工程造价的依据。

（2）【案例索引】（2020）京 03 民终 14201 号北京某消防保安技术有限公司（以下简称北京某消防公司）与北京某集团有限责任公司（以下简称北京某集团公司）等建设工程施工合同纠纷案

【裁判要旨】招标人和中标人在中标合同之外以扣除总包管理费的方式，变相降低工程价款，符合司法解释中的无效情形。

【裁判摘要】《补充协议》第四条第 4.2 款的内容为：业主方支付给甲方月工程审核价款的 80% 后，甲方扣除总包管理费后将价款支付给乙方；待工程竣工验收合格，办理完结算手续且业主方审计完成及业主支付工程款至甲方后，甲方扣除管理费后向乙方支付其自行施工部分结算价款应得额的 95%；消防工程保修期满且业主支付相应资金给甲方后，余款一并无息支付。根据《原建设工程司法解释二》第一条的规定，招标人和中标人在中标合同之外就明显高于市场价格购买承建房产、无偿建设住房配套设施、让利、向建设单位捐赠财物等另行签订合同，变相降低工程价款，一方当事人以该合同背离中标合同实质性内容为由请求确认无效的，人民法院应予支持。双方签订的《补充协议》第四条第 4.2 款，以扣除总包管理费的方式，变相降低工程价款，符合司法解释中的无效情形，而本案件应适用此司法解释，故中山消防公司的此项诉讼请求，法院予以支持。《承诺函》第二条内容与此类似，亦应认定无效，即《补充协议》第四条第 4.2 款和《承诺函》第二条关于总包服务费的扣除部分无效。上述部分无效后，工程款的计算方式自然相应调整，即不扣减总包管理费，其他条款如第六条第 6.11 款等无需确认。

至于《补充协议》第六条第 6.4 款，内容为：乙方现场施工用水电费按结算总价的 0.7% 计取返还发包人。从庭审查明的情况来看，北京某集团公司对此进行了合理说明，北京某消防公司并未支付施工水电费，故此约定并不无效。

（3）【案例索引】（2020）鲁 02 民终 11975 号青岛市某检验检测中心（以下简称青岛某检测中心）与青岛某装饰装潢有限公司建设工程合同纠纷案

【裁判要旨】中标合同约定工程价款以审计局审计结算作为本项目的最终结算金额，双方通过补充协议的方式对工程价款的确定方式进行了调整，该约定与中标合同不一致，系变更了中标合同的实质性内容，该约定违反了相关法律规定，应属无效。

【裁判摘要】二审法院认为，根据《原建设工程司法解释二》第一条的规定，招标人和中标人另行签订的建设工程施工合同约定的工程范围、建设工期、工程质量、工程价款等实质性内容，与中标合同不一致，一方当事人请求按照中标合同确定权利义务的，人民法院应予支持。本案中，双方签订的《实验室整体建设施工合同》系经过招标投标方式签订的中标合同，该合同中约定工程价款以审计局审计结算作为本项目的最终结算金额。后双方签订的《实验室整体建设施工合同补充协议》约定新实验室装修建设总价格不得突破 621200 元，该约定与中标合同不一致，系变更了中标合同的实质性内容，该约定违反了上述法律规定，应属无效。关于青岛某检测中心主张案涉《实验室整体建设施工合同补充协议》系独立合同问题。本院认为，在该《实验室整体建设施工合同补充协议》中载明，"在原合同（《实验室整体建设施工合同》）基础上补充合同条款部分内容，特订立以下补充协议""2.工程标准：工程内容和标准严格按照'原合同'条款执行""4.合同价款的支付执行原合同条款""5.其他：本协议生效后，即成为原合同不可分割的组成部分，与原合同具有同等的法律效力"。上述协议内容均与青岛某检测中心所主张的《实验室整体建设施工合同补充协议》系独立协议不符。青岛某检测中心的上诉请求，无事实和法律依据，本院不予采纳。

第三条 当事人以发包人未取得建设工程规划许可证等规划审批手续为由，请求确认建设工程施工合同无效的，人民法院应予支持，但发包人在起诉前取得建设工程规划许可证等规划审批手续的除外。

发包人能够办理审批手续而未办理，并以未办理审批手续为由请求确认建设工程施工合同无效的，人民法院不予支持。

1. 新旧条款对比

《新建设工程司法解释一》	《原建设工程司法解释二》
第三条 当事人以发包人未取得建设工程规划许可证等规划审批手续为由，请求确认建设工程施工合同无效的，人民法院应予支持，但发包人在起诉前取得建设工程规划许可证等规划审批手续的除外。 发包人能够办理审批手续而未办理，并以未办理审批手续为由请求确认建设工程施工合同无效的，人民法院不予支持	第二条 当事人以发包人未取得建设工程规划许可证等规划审批手续为由，请求确认建设工程施工合同无效的，人民法院应予支持，但发包人在起诉前取得建设工程规划许可证等规划审批手续的除外。 发包人能够办理审批手续而未办理，并以未办理审批手续为由请求确认建设工程施工合同无效的，人民法院不予支持

本条是对《原建设工程司法解释二》内容的保留，条款没有发生变化。

2. 关联法条

（1）《土地管理法》

第四十四条 建设占用土地，涉及农用地转为建设用地的，应当办理农用地转用审批手续。

永久基本农田转为建设用地的，由国务院批准。

在土地利用总体规划确定的城市和村庄、集镇建设用地规模范围内，为实施该规划而将永久基本农田以外的农用地转为建设用地的，按土地利用年度计划分批次按照国务院规定由原批准土地利用总体规划的机关或者其授权的机关批准。在已批准的农用地转用范围内，具体建设项目用地可以由市、县人民政府批准。

在土地利用总体规划确定的城市和村庄、集镇建设用地规模范围外，将永久基本农田以外的农用地转为建设用地的，由国务院或者国务院授权的省、自治区、直辖市人民政府批准。

第五十三条　经批准的建设项目需要使用国有建设用地的，建设单位应当持法律、行政法规规定的有关文件，向有批准权的县级以上人民政府自然资源主管部门提出建设用地申请，经自然资源主管部门审查，报本级人民政府批准。

第五十六条　建设单位使用国有土地的，应当按照土地使用权出让等有偿使用合同的约定或者土地使用权划拨批准文件的规定使用土地；确需改变该幅土地建设用途的，应当经有关人民政府自然资源主管部门同意，报原批准用地的人民政府批准。其中，在城市规划区内改变土地用途的，在报批前，应当先经有关城市规划行政主管部门同意。

（2）《城乡规划法》

第四十条　在城市、镇规划区内进行建筑物、构筑物、道路、管线和其他工程建设的，建设单位或者个人应当向城市、县人民政府城乡规划主管部门或者省、自治区、直辖市人民政府确定的镇人民政府申请办理建设工程规划许可证。

申请办理建设工程规划许可证，应当提交使用土地的有关证明文件、建设工程设计方案等材料。需要建设单位编制修建性详细规划的建设项目，还应当提交修建性详细规划。对符合控制性详细规划和规划条件的，由城市、县人民政府城乡规划主管部门或者省、自治区、直辖市人民政府确定的镇人民政府核发建设工程规划许可证。

城市、县人民政府城乡规划主管部门或者省、自治区、直辖市人民政府确定的镇人民政府应当依法将经审定的修建性详细规划、建设工程设计方案的总平面图予以公布。

（3）《建筑法》

第七条　建筑工程开工前，建设单位应当按照国家有关规定向工程所在地县级以上人民政府建设行政主管部门申请领取施工许可证；但是，国务院建设行政主管部门确定的限额以下的小型工程除外。

按照国务院规定的权限和程序批准开工报告的建筑工程，不再领取施工许可证。

3. 条款精解

本条规定的是未取得建设工程规划许可证等规划审批手续所签订的建设工程施工合同的效力问题。本条规定包括三层含义：一是未取得建设工程规划许可证等审批手续的建设工程施工合同无效；二是发包人在起诉前取得审批手续的除外；三是发包人能办理而未办理审批手续，请求确认建设工程施工合同无效的，人民法院不予支持。

（1）未取得建设工程规划许可证等审批手续的建设工程施工合同无效。

按照《城乡规划法》《土地管理法》《建筑法》等的相关法律规定，进行工程建设，一般应当取得国有土地使用权证、建设用地规划许可证、建设工程规划许可证、建设工程施工许可证（俗称"四证"）。工程开工前，建设单位应当取得"四证"，否则就属于违法建设。但法律未对"四证"对合同效力的影响作出规定，在《原建设工程司法解释二》出台前，各地法院已有相应的指导意见，对未取得"四证"的合同效力做出规定。《北京高院解答》规定："1. 未取得建设审批手续的施工合同的效力如何认定？发包人就尚未取得建设用地规划许可证、建设工程规划许可证等行政审批手续的工程，与承包人签订的建设工程施工合同无效。但在一审法庭辩论终结前发包人取得相应审批手续或者经主管部门批准建设的，应当认定合同有效。发包人未取得建筑工程施工许可证的，不影响施工合同的效力。"

《广东高院会议纪要》规定："18. 建设工程没有取得建设工程规划许可证，属于违法建筑，就该违法建筑所签订的施工合同无效。但在一审法庭辩论终结前取得建设工程规划许可证或者经主管部门批准建设的，应当认定该施工合同有效。"《广东高院疑难问题解答》规定："3. 施工许可证是否影响建设工程施工合同的效力认定 建设工程施工许可证是行政主管部门对建设施工行为的行政管理措施，发包人未依法领取施工许可证的，不影响当事人签订的建设工程施工合同效力。"

《深圳中院指引》规定："三、建设工程未取得建设工程规划许可证的，就该工程签订的施工合同无效。但在一审法庭辩论终结前取得建设工程规划许可证或者经主管部门批准建设的，应当认定该施工合同有效。"《浙江高院民一庭疑难问题解答》规定："二、如何认定未取得'四证'而签订的建设工程施工合同的效力？发包人未取得建设用地规划许可证或建设工程规划许可证，与承包人签订建设工程施工合同的，应认定合同无效；但在一审庭审辩论终结前取得建设用地规划许可证和建设工程规划许可证或者经主管部门予以竣工核实的，可认定有效。发包人未取得建设用地使用权证或建筑工程施工许可证的，不影响建设工程施工合同的效力。"其他各地的法院也做了类似的指导性意见，从以上规定可以看出，各地法院基本认为施工许可证不影响合同效力，未取得建设工程规划许可证的合同无效。但对建设用地规划许可证、国有土地使用权证是否影响合同效力，各地法院没有明确或统一性意见。

《城乡规划法》第四十条第一款规定："在城市、镇规划区内进行建筑物、构筑物、道路、管线和其他工程建设的，建设单位或者个人应当向城市、县人民政府城乡规划主管部门或者省、自治区、直辖市人民政府确定的镇人民政府申请办理建设工程规划许可证。"建设工程规划许可证是城乡规划主管部门依法核发的建设工程的凭证，是工程合法建设的前提。《原建设工程司法解释二》吸收了各地的经验，结合我国工程建设的实际，明确规定，只有未取得建设工程规划许可证等规划审批手续的建设工程施工合同无效。

（2）起诉前，发包人取得建设工程规划许可证等规划审批手续的，合同有效。

本条规定未取得建设工程规划许可证等规划审批手续的施工合同无效，合同效力补正时间节点确定为"起诉前"。

《城镇房屋租赁合同司法解释》第二条规定："出租人就未取得建设工程规划许可证或未按照建设工程规划许可证的规定建设的房屋，与承租人订立的租赁合同无效。但在一审法庭辩论终结前取得建设工程规划许可证或者经主管部门批准建设的，人民法院应当认定有效。"第三条第一款规定："出租人就未经批准或者未按照批准内容建设的临时建筑，与承租人订立的租赁合同无效。但在一审法庭辩论终结前经主管部门批准建设的，人民法院应当认定有效。"

《合同法司法解释一》第九条第一款规定："依照合同法第四十四条第二款的规定，法律、行政法规规定合同应当办理批准手续，或者办理批准、登记等手续才生效，在一审法庭辩论终结前当事人仍未办理批准手续的，或者仍未办理批准、登记等手续的，人民法院应当认定该合同未生效；法律、行政法规规定合同应当办理登记手续，但未规定登记后生效的，当事人未办理登记手续不影响合同的效力，合同标的所有权及其他物权不能转移。"上述司法解释将合同效力补正时间规定在"一审法庭辩论终结前"。《最高人民法院关于审理涉及国有土地使用权合同纠纷案件适用法律问题的解释》第二条、第十三条等，以及《最高人民法院关于审理商品房买卖合同纠纷案件适用法律若干问题的解释》第二条将合同效力补正时间规定在"起诉前"。本条没有将合同效力补正时间规定为"一审法庭辩论终结前"，而是规定为"起诉前"。究其原因是建设工程施工合同纠纷案具有复杂性，可能涉及工程质量、工程价款、工期等争议，审理中许多事实往往需要通过司法鉴定才能确定，焦点多，审理周期长，将效力补正时间节点确定为"一审法庭辩论终结前"，会导致涉案合同效力在审理期间存在很大的不确定性，从公平、便于案件审理和法律价值判断角度，将效力补正时间确定为"起诉前"更加公平合理。

（3）发包人能办理而未办理审批手续，请求确认建设工程施工合同无效的，人民法院不予支持。

从文义内容上看，本条规定十分明确。如果发包人故意不办理建设工程规划许可证等规划审批手续，发包人无权请求确认合同无效。

但实务难点在于如何认定"发包人能办理而未办理审批手续"，由谁承担举证责任。

根据《城乡规划法》第四十条的规定，办理建设工程规划许可手续是发包人的法定义务。发包人应在签订建设工程施工合同前积极办理建设工程规划许可证等规划许可手续。发包人能办理而未办理审批手续的前提应该是建设工程项目完全具备办理建设工程规划许可手续的条件。如果不具备办理条件，则不能认定为发包人拖延不办。

《民事诉讼法》第六十四条第一款规定：当事人对自己提出的主张，有责任提供证据。因此，承包人主张发包人故意拖延不办理建设工程规划许可手续，应当提供证明建设工程项目完全具备办理建设工程规划许可手续的条件，但发包人拖延不予办理的相关证据。

4. 延伸阅读

（1）建设工程规划许可证办理的条件

根据《城乡规划法》第四十条的规定，申请办理建设工程规划许可证，应当提交使用土地的有关证明文件、建设工程设计方案等材料。需要建设单位编制修建性详细规划的建设项目，还应当提交修建性详细规划。对符合控制性详细规划和规划条件的，由城市、县人民政府城乡规划主管部门或者省、自治区、直辖市人民政府确定的镇人民政府核发建设工程规划许可证。

城市县人民政府城乡规划主管部门或者省、自治区、直辖市人民政府确定的镇人民政府应当依法将经审定的修建性详细规划、建设工程设计方案的总平面图予以公布。

（2）实践中建设工程规划许可证的核发流程

建设工程规划许可核发流程图

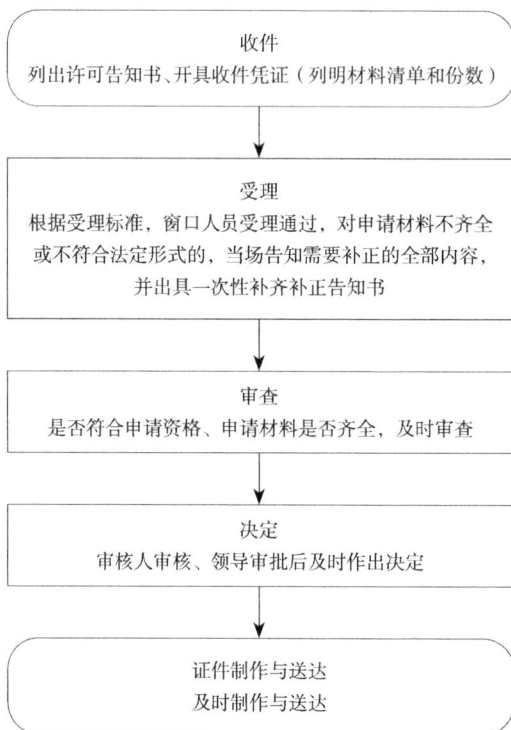

收件
列出许可告知书、开具收件凭证（列明材料清单和份数）

↓

受理
根据受理标准，窗口人员受理通过，对申请材料不齐全或不符合法定形式的，当场告知需要补正的全部内容，并出具一次性补齐补正告知书

↓

审查
是否符合申请资格、申请材料是否齐全，及时审查

↓

决定
审核人审核、领导审批后及时作出决定

↓

证件制作与送达
及时制作与送达

5. 相关案例

（1）【案例索引】（2020）桂 12 民终 1856 号某建工三建公司（以下简称某三建公司）与河池市宜州区某投资有限公司（以下简称某投资公司）建设工程施工合同纠纷案

【裁判要旨】承包人以发包人未取得建设工程规划许可证等规划审批手续为由，请求确认建设工程施工合同无效的，法院应予支持。但发包人能够办理审批手续而故意不予办理，恶意阻止办理规划审批手续条件成就的，则不能以此为由主张合同无效，承包人对此负担举证责任。

【裁判摘要】二审法院认为，关于某投资公司与某建工三建公司于 2017 年 10 月 23 日签订的《宜州市地下商业步行街工程施工合同》是否有效的问题，因为至本案起诉前，某投资公司仍未取得案涉工程的规划许可证等规划审批手续，故一审判决依照《原建设工程司法解释二》第二条第一款"当事人以发包人未取得建设工程规划许可证等规划审批手续为由，请求确认建设工程施工合同无效的，人民法院应予支持，但发包人在起诉前取得建设工程规划许可证等规划审批手续的除外"的规定，确认案涉《宜州市地下商业步行街工程施工合同》无效依法有据，二审法院予以维持。某建工三建公司在一审阶段及二审中均认为某投资公司存在"能够办理审批手续而未办理"的情形，应依照《原建设工程司法解释二》第二条第二款"发包人能够办理审批手续而未办理，并以未办理审批手续为由请求确认建设工程施工合同无效的，人民法院不予支持"的规定，不予认定案涉合同无效。对于某建工三建公司的前述抗辩，二审法院认为，某建工三建公司未能举出确实充分的证据证明某投资公司"能够办理审批手续而未办理"之事实，故其认为不能确认案涉合同无效的抗辩主张，二审法院不予支持。

（2）【案例索引】（2020）最高法民申 3545 号某经久实业有限公司（以下简称某经久公司）与某三建建设有限公司建设工程施工合同纠纷案

【裁判要旨】发包人以案涉工程没有取得建设用地规划许可、建设工程规划许可及工程施工许可，没有进行法定招标投标程序，主张案涉施工合同无效，由于办理上述审批手续的义务在发包方，发包方未提交其积极办理上述审批手续的证据，可以据此认定其能够办理审批手续而未办理，对发包人关于确认案涉施工合同无效的主张不予支持。

【裁判摘要】《原建设工程司法解释二》第二条第二款规定："发包人能够办理审批手续而未办理，并以未办理审批手续为由请求确认建设工程施工合同无效的，人民法院不予支持。"某经久公司在原审中虽然主张案涉工程没有取得建设用地规划许可、建设工程规划许可及工程施工许可，没有进行法定招标投标程序，案涉《陕西省建设工程施工合同》无效，但原审判决认为由于办理上述审批手续的义务在发包人某经久公司一方，某经久公司并未提交其积极办理上述审批手续的证据，据此认定其能够办理审批手续而未办理，对某经久公司关于确认案涉施工合同无效的主张不予支持，适用法律正确，并无不当。

（3）【案例索引】（2020）鄂 0302 民初 3701 号某昌业房地产开发有限公司（以下简称某昌业公司）与江苏扬州某建设集团有限公司建设工程施工合同纠纷案

【裁判要旨】发包人已具备办理建设工程规划许可证的法定条件，却迟迟未进行办理，综合案件全部事实，足以认定发包人存在怠于办理建设工程规划许可证的情形，案涉施工合同依法应认定为有效。

【裁判摘要】本院认为，某昌业公司已于 2011 年取得国有土地使用证，2014 年取得建设用地规划许可证，2014 年取得《十堰市规划局设计方案核准通知》，已具备办理建设工程规划许可证的法定条件，却迟迟未进行办理。对某昌业公司抗辩因拆迁问题导致无法就案涉项目进行方案设计，因其未举证证明，本院不予采信。且该理由也并不能导致案涉工程无法进行项目方案设计（项目方案设计属于某昌业公司单方可以完成的民事行为），也不是导致无法办理建设工程规划许可证的客观情况。综合本案全部事实，足以认定某昌业公司存在怠于办理建设工程规划许可证的情形，根据《新建设工程司法解释一》第三条第二款的规定，本案施工合同应属有效。

第四条 承包人超越资质等级许可的业务范围签订建设工程施工合同，在建设工程竣工前取得相应资质等级，当事人请求按照无效合同处理的，人民法院不予支持。

1. 新旧条款对比

《新建设工程司法解释一》	《原建设工程司法解释一》
第四条　承包人超越资质等级许可的业务范围签订建设工程施工合同，在建设工程竣工前取得相应资质等级，当事人请求按照无效合同处理的，人民法院不予支持	第五条　承包人超越资质等级许可的业务范围签订建设工程施工合同，在建设工程竣工前取得相应资质等级，当事人请求按照无效合同处理的，不予支持

本条是由《原建设工程司法解释一》第五条内容承继而来，内容没有变化。

2. 关联法条

（1）《民法典》

第七百九十一条　发包人可以与总承包人订立建设工程合同，也可以分别与勘察人、设计人、施工人订立勘察、设计、施工承包合同。发包人不得将应当由一个承包人完成的建设工程支解成若干部分发包给数个承包人。

总承包人或者勘察、设计、施工承包人经发包人同意，可以将自己承包的部分工作交由第三人完成。第三人就其完成的工作成果与总承包人或者勘察、设计、施工承包人向发包人承担连带责任。承包人不得将其承包的全部建设工程转包给第三人或者将其承包的全部建设工程支解以后以分包的名义分别转包给第三人。

禁止承包人将工程分包给不具备相应资质条件的单位。禁止分包单位将其承包的工程再分包。建设工程主体结构的施工必须由承包人自行完成。

（2）《建筑法》

第十二条　从事建筑活动的建筑施工企业、勘察单位、设计单位和工程监理单位，应当具备下列条件：

（一）有符合国家规定的注册资本；

（二）有与其从事的建筑活动相适应的具有法定执业资格的专业技术人员；

（三）有从事相关建筑活动所应有的技术装备；

（四）法律、行政法规规定的其他条件。

第十三条　从事建筑活动的建筑施工企业、勘察单位、设计单位和工程监理单位，按照其拥有的注册资本、专业技术人员、技术装备和已完成的建筑工程业绩等资质条件，划分为不同的资质等级，经资质审查合格，取得相应等级的资质证书后，方可在其资质等级许可的范围内从事建筑活动。

第十四条　从事建筑活动的专业技术人员，应当依法取得相应的执业资格证书，并在执业资格证书许可的范围内从事建筑活动。

（3）《建设工程质量管理条例》

第七条　建设单位应当将工程发包给具有相应资质等级的单位。

建设单位不得将建设工程肢解发包。

第十八条　从事建设工程勘察、设计的单位应当依法取得相应等级的资质证书，并在其资质等级许可的范围内承揽工程。

禁止勘察、设计单位超越其资质等级许可的范围或者以其他勘察、设计单位的名义承揽工程。禁止勘察、设计单位允许其他单位或者个人以本单位的名义承揽工程。

勘察、设计单位不得转包或者违法分包所承揽的工程。

第二十五条　施工单位应当依法取得相应等级的资质证书，并在其资质等级许可的范围内承揽工程。

禁止施工单位超越本单位资质等级许可的业务范围或者以其他施工单位的名义承揽工程。禁止施工单位允许其他单位或者个人以本单位的名义承揽工程。

施工单位不得转包或者违法分包工程。

第三十四条　工程监理单位应当依法取得相应等级的资质证书，并在其资质等级许可的范围内承担工程监理业务。

禁止工程监理单位超越本单位资质等级许可的范围或者以其他工程监理单位的名义承担工程监理业务。禁止工程监理单位允许其他单位或者个人以本单位的名义承担工程监理业务。

工程监理单位不得转让工程监理业务。

（4）《建设工程安全生产管理条例》

第十一条　建设单位应当将拆除工程发包给具有相应资质等级的施工单位。

建设单位应当在拆除工程施工 15 日前，将下列资料报送建设工程所在地的县级以上地方人民政府建设行政主管部门或者其他有关部门备案：

（一）施工单位资质等级证明；

（二）拟拆除建筑物、构筑物及可能危及毗邻建筑的说明；

（三）拆除施工组织方案；

（四）堆放、清除废弃物的措施。

实施爆破作业的，应当遵守国家有关民用爆炸物品管理的规定。

第二十条　施工单位从事建设工程的新建、扩建、改建和拆除等活动，应当具备国家规定的注册资本、专业技术人员、技术装备和安全生产等条件，依法取得相应等级的资质证书，并在其资质等级许可的范围内承揽工程。

（5）《建筑业企业资质管理规定》

第二条　在中华人民共和国境内申请建筑业企业资质，实施对建筑业企业资质监督管理，适用本规定。

本规定所称建筑业企业，是指从事土木工程、建筑工程、线路管道设备安装工程的新建、扩建、改建等施工活动的企业。

第三条　企业应当按照其拥有的资产、主要人员、已完成的工程业绩和技术装备等条件申请建筑业企业资质，经审查合格，取得建筑业企业资质证书后，方可在资质许可的范围内从事建筑施工活动。

第四条　国务院住房城乡建设主管部门负责全国建筑业企业资质的统一监督管理。国务院交通运输、水利、工业信息化等有关部门配合国务院住房城乡建设主管部门实施相关资质类别建筑业企业资质的管理工作。

省、自治区、直辖市人民政府住房城乡建设主管部门负责本行政区域内建筑业企业资质的统一监督管理。省、自治区、直辖市人民政府交通运输、水利、通信等有关部门配合同级住房城乡建设主管部门实施本行政区域内相关资质类别建筑业企业资质的管理工作。

第五条　建筑业企业资质分为施工总承包资质、专业承包资质、施工劳务资质三个序列。

施工总承包资质、专业承包资质按照工程性质和技术特点分别划分为若干资质类别，各资质类别按照规定的条件划分为若干资质等级。施工劳务资质不分类别与等级。

第六条　建筑业企业资质标准和取得相应资质的企业可以承担工程的具体范围，由国务院住房城乡建设主管部门会同国务院有关部门制定。

（6）《建设工程勘察设计资质管理规定》

第三条　从事建设工程勘察、工程设计活动的企业，应当按照其拥有的注册资本、专业技术人员、技术装备和勘察设计业绩等条件申请资质，经审查合格，取得建设工程勘察、工程设计资质证书后，方可在资质许可的范围内从事建设工程勘察、工程设计活动。

第四条　国务院住房城乡建设主管部门负责全国建设工程勘察、工程设计资质的统一监督管理。国务院铁路、交通、水利、信息产业、民航等有关部门配合国务院住房城乡建设主管部门实施相应行业的建设工程勘察、工程设计资质管理工作。

省、自治区、直辖市人民政府住房城乡建设主管部门负责本行政区域内建设工程勘察、工程设计资质的统一监督管理。省、自治区、直辖市人民政府交通、水利、信息产业等有关部门配合同级住房城乡建设主管部门实施本行政区域内相应行业的建设工程勘察、工程设计资质管理工作。

第五条　工程勘察资质分为工程勘察综合资质、工程勘察专业资质、工程勘察劳务资质。

工程勘察综合资质只设甲级；工程勘察专业资质设甲级、乙级，根据工程性质和技术特点，部分专业可以设丙级；工程勘察劳务资质不分等级。

取得工程勘察综合资质的企业，可以承接各专业（海洋工程勘察除外）、各等级工程勘察业务；取得工程勘察专业资质的企业，可以承接相应等级相应专业的工程勘察业务；取得工程勘察劳务资质的企业，可以承接岩土工程治理、工程钻探、凿井等工程勘察劳务业务。

第六条　工程设计资质分为工程设计综合资质、工程设计行业资质、工程设计专业资质和工程设计专项资质。

工程设计综合资质只设甲级；工程设计行业资质、工程设计专业资质、工程设计专项资质设甲级、乙级。

根据工程性质和技术特点，个别行业、专业、专项资质可以设丙级，建筑工程专业资质可以设丁级。

取得工程设计综合资质的企业，可以承接各行业、各等级的建设工程设计业务；取得工程设计行业资质的企业，可以承接相应行业相应等级的工程设计业务及本行业范围内同级别的相应专业、专项（设计施工一体化资质除外）工程设计业务；取得工程设计专业资质的企业，可以承接本专业相应等级的专业工程设计业务及同级别的相应专项工程设计业务（设计施工一体化资质除外）；取得工程设计专项资质的企业，可以承接本专项相应等级的专项工程设计业务。

第七条　建设工程勘察、工程设计资质标准和各资质类别、级别企业承担工程的具体范围由国务院住房城乡建设主管部门商国务院有关部门制定。

（7）《工程监理企业资质管理规定》

第三条　从事建设工程监理活动的企业，应当按照本规定取得工程监理企业资质，并在工程监理企业资质证书（以下简称资质证书）许可的范围内从事工程监理活动。

第四条　国务院住房城乡建设主管部门负责全国工程监理企业资质的统一监督管理工作。国务院铁路、交通、水利、信息产业、民航等有关部门配合国务院住房城乡建设主管部门实施相关资质类别工程监理企业资质的监督管理工作。

省、自治区、直辖市人民政府住房城乡建设主管部门负责本行政区域内工程监理企业资质的统一监督管理工作。省、自治区、直辖市人民政府交通、水利、信息产业等有关部门配合同级住房城乡建设主管部门实施相关资质类别工程监理企业资质的监督管理工作。

第五条　工程监理行业组织应当加强工程监理行业自律管理。

鼓励工程监理企业加入工程监理行业组织。

第六条　工程监理企业资质分为综合资质、专业资质和事务所资质。其中，专业资质按照工程性质和技术特点划分为若干工程类别。

综合资质、事务所资质不分级别。专业资质分为甲级、乙级；其中，房屋建筑、水利水电、公路和市政公用专业资质可设立丙级。

（8）《房地产开发企业资质管理规定》

第三条　房地产开发企业应当按照本规定申请核定企业资质等级。

未取得房地产开发资质等级证书（以下简称资质证书）的企业，不得从事房地产开发经营业务。

第四条　国务院建设行政主管部门负责全国房地产开发企业的资质管理工作；县级以上地方人民政府房地产开发主管部门负责本行政区域内房地产开发企业的资质管理工作。

第五条第一款　房地产开发企业按照企业条件分为一、二、三、四共四个资质等级。

3. 条款精解

本条的主旨是承包人虽超越资质等级承揽工程，但施工中取得相应资质的，合同按有效处理。

为了保障建筑工程的质量和安全，我国对建筑业实行资质管理制度。《建筑法》第十三条规定：建筑施工企业需要具备相应的注册资本、专业技术人员、技术装备和已完成的建筑工程业绩等条件，并经审查合格，取得相应等级的资质证书后，方可在其资质等级许可的范围内从事建筑活动，并明确规定禁止超越本单位资质等级承揽工程以及相应的法律责任。然而在建筑市场中，建筑施工企业为了业绩、利益等各方面的原因，往往超越本单位的资质等级承揽工程。此时发包人为了降低建设工程的成本，或发包单位人员为了私利等原因，也对建筑企业超越资质等级承揽工程，睁一只眼闭一只眼。超越资质等级承揽工程违反了《建筑法》的强制性规定，《新建设工程司法解释一》第一条明确规定超越资质等级签订的建设工程施工合同无效。同时考虑到我国建筑市场一定时期内不可避免地出现超越资质等级承揽工程的现象，建筑业资质等级的取得需要一定的审批时间，如果建筑企业在建设工程竣工前取得相应资质等级，说明其具备了《建筑法》规定的相应资质条件，不会影响到建设工程的质量和安全，因此，本条规定承包人超越资质等级许可的业务范围签订建设工程施工合同，在建设工程竣工前取得相应资质等级的，合同有效。

实务中，应注意本条规定的补正范围和补正时间。范围上，只有超越资质等级签订的施工合同，合同效力才可以补正；因无资质、借用资质签订的施工合同，合同效力不能补正。时间上，承包人只有在工程竣工前取得相应资质的，合同效力才允许补正。

（1）必须在工程竣工前取得相应的资质。本条中的工程竣工，是指工程完工后由建设单位组织勘察、设计、监理、施工单位根据国家验收标准或合同约定对已完工工程进行验收。承包人如在工程竣工后才取得相应的资质，建设工程施工合同无效。

（2）必须是承包人超越资质等级承揽工程，才能适用本条。从文义上讲，本条适用于低资质的建筑企业超越其资质范围承揽工程，在工程竣工前取得相应的资质时合同效力的补正。但如果承包人在承揽工程时没有任何资质，是否适用本条呢？从《建筑法》的立法目的以及本条司法解释的制定目的，本条不宜做扩张解释，如果承包人在承揽工程时没有任何资质，即使在工程竣工前取得相应的资质，建设工程施工合同仍应认定无效。

（3）不同情形下效力补正时间不同规定的背后含义。

①"超越资质等级"的情形，合同效力的补正时间为什么规定在"工程竣工前"？理由是，"干活需要资质，干不同的活需要不同的资质等级"。工程施工需要相应的资

质等级，开始施工的时候资质等级达不到，可以从宽处理，如果在工程竣工之前取得了相应资质，也可以视为具有相应资质等级，可以确认合同是有效的。所以《新建设工程司法解释一》才规定了"超越资质等级许可的业务范围签订建设工程施工合同，在建设工程竣工前取得相应资质等级，当事人请求按照无效合同处理的，人民法院不予支持。"需要注意的是只有"超越资质等级"的情况在工程竣工之前取得了相应的资质等级这种情况，而不包括"没有资质"的情况。

② "未取得建设工程规划许可证等规划审批手续"的情形，合同效力的补正时间为什么规定是"起诉前"？理由是：是否具有规划许可手续涉及所建工程是违法建筑还是合法建筑，当事人起诉的时候需要在诉讼请求中确定是要求继续履行合同、解除合同、支付工程款、请求违约责任等，还是要求确认合同无效、折价补偿、赔偿损失等等重大系列问题。所以涉及是否具有建设工程规划许可手续的合同效力补正时间规定是起诉前，即《新建设工程司法解释一》第三条规定："当事人以发包人未取得建设工程规划许可证等规划审批手续为由，请求确认建设工程施工合同无效的，人民法院应予支持"。大家试想一下，一个建设工程案件，往往需要多次开庭。如果不把合同效力的补正时间规定在起诉前，就会造成前几次开庭刚刚研究过合同无效，然后再一次开庭的时候，当事人把规划许可证办好了，合同又有效了，如此将会给案件的处理带来很大的不确定性。

③ "房屋租赁"的情形，合同效力补正的时间为什么是"一审辩论终结前"？理由是，房屋租赁合同纠纷相对简单，处理起来也不复杂，可以适当放宽期限，所以才规定一审辩论终结前取得建设工程规划许可证或者经主管部门批准建设的应当认定有效。

4. 相关案例

（1）【案例索引】（2020）粤民申 11002 号广东某建设集团有限公司（以下简称广东某建设公司）与恩平某酒店有限公司（以下简称恩平某酒店）建设工程施工合同纠纷案

【裁判要旨】承包人未能提供证据证明其在案涉工程竣工前已经取得承接工程项目所需要的相应资质等级，应承担举证不能的后果，所签订的施工合同为无效合同。

【裁判摘要】关于双方事人签订的《君悦酒店工程合同书》《协议》《建设工程施工补充合同》效力问题。根据原审查明的事实，本案恩平某酒店加建的一层为钢结构，承建该工程应具有相应的钢结构工程专业承包资质，广东某建设公司虽在二审中提交了资质证书的复印件供法庭参考，但未能提交原件予以核对，故广东某建设公司未能提供证据证明其在案涉工程竣工前已经取得装饰装修及钢结构工程承包等的相应资质等级，应承担举证不能的后果，依据《新建设工程司法解释一》第一条、第五条的规定，上述《君悦酒店工程合同书》《协议》《建设工程施工补充合同》应为无效合同，一、二审法院对此认定正确。

（2）【案例索引】（2020）吉02民终2420号某广融空调工程有限公司（以下简称某广融公司）与某万利房地产开发有限公司（以下简称某万利公司）、吉林某建设有限公司建设工程施工合同纠纷案

【裁判要旨】承包人虽在签订合同时未取得建筑资质，在工程竣工前取得相应资质证书，但因不属于适用《原建设工程司法解释一》第五条规定的前提条件即施工企业超越资质等级签订的合同，而属于在签订合同时未取得资质，因此，所签订的施工合同仍作无效认定。

【裁判摘要】关于合同效力问题。《原建设工程司法解释一》第一条规定："建设工程施工合同具有下列情形之一的，应当根据合同法第五十二条第（五）项的规定，认定无效……（二）没有资质的实际施工人借用有资质的建筑施工企业名义的。"第五条规定："承包人超越资质等级许可的业务范围签订建设工程施工合同，在建设工程竣工前取得相应资质等级，当事人请求按照无效合同处理的，不予支持。"本案某广融公司与某万利公司于2013年7月9日签订《工程合同》时未取得建筑资质，故依据上述法律规定，双方签订的《工程合同》无效。某广融公司虽抗辩于2014年8月12日取得机电设备安装工程专业承包三级资质证书，而此时工程尚未竣工，故根据司法解释第五条规定，《工程合同》应当有效，因上述司法解释第五条规定适用的前提条件是签订施工合同时施工企业超越资质等级许可的业务范围，而某广融公司签订合同时，未取得资质，不应适用司法解释第五条，故双方签订的《工程合同》无效，某广融公司关于《工程合同》有效的上诉请求，本院不予支持。

（3）【案例索引】（2020）云01民终8640号昆明某土地房屋开发经营有限公司、云南某门窗装饰工程有限公司（以下简称云南某装饰公司）建设工程合同纠纷案

【裁判要旨】承包人在承揽合同时并未取得资质证书，取得资质证书后仍存在超越资质等级承揽工程的行为，将案涉建设工程分包给不具备建设资质的他人进行施工，违反了法律法规的强制性规定，案涉《建设工程施工合同》应当认定为无效。

【裁判摘要】关于案涉《建设工程施工合同》应否认定为无效。案涉合同为昆明高新生物企业孵化器项目门窗及外立面装修装饰施工工程合同，因该合同引发的纠纷属于《建筑法》的调整范畴，本案双方应为建设工程施工合同的法律关系。根据《合同法》第五十二条第（五）项"有下列情形之一的，合同无效……（五）违反法律、行政法规的强制性规定"以及《原建设工程司法解释一》第一条"建设工程施工合同具有下列情形之一的，应当根据合同法第五十二条第（五）项的规定，认定无效：（一）承包人未取得建筑施工企业资质或者超越资质等级的；（二）没有资质的实际施

工人借用有资质的建筑施工企业名义的；（三）建设工程必须进行招标而未招标或者中标无效的"之规定，本案中，被上诉人云南某装饰公司及案外人云南某金属结构公司共同作为承包方与上诉人签订了案涉《建设工程施工合同》，结合云南省住房和城乡建设厅出具的云建行罚字（2014）26号《住房和城乡建设行政处罚决定书》，可以认定云南某装饰公司在承揽合同时并未取得资质证书，取得资质证书后仍存在超越资质等级承揽工程的行为，上诉人将案涉建设工程分包给不具备建设资质的被上诉人云南某装饰公司进行施工，违反了法律法规的强制性规定，故本案中涉及的《建设工程施工合同》应当认定无效，一审对合同效力的认定并无不当，应予维持。

第五条 具有劳务作业法定资质的承包人与总承包人、分包人签订的劳务分包合同，当事人请求确认无效的，人民法院依法不予支持。

1. 新旧条款对比

《新建设工程司法解释一》	《原建设工程司法解释一》
第五条 具有劳务作业法定资质的承包人与总承包人、分包人签订的劳务分包合同，当事人请求确认无效的，人民法院依法不予支持	第七条 具有劳务作业法定资质的承包人与总承包人、分包人签订的劳务分包合同，当事人以转包建设工程违反法律规定为由请求确认无效的，不予支持

本条源于《原建设工程司法解释一》第七条。《新建设工程司法解释一》与《原建设工程司法解释一》相比较，删除了"以转包建设工程违反法律规定为由"这一条件。将《原建设工程司法解释一》第七条中的"不予支持"，修改为"依法不予支持"。

2. 关联法条

（1）《民法典》

第一百五十三条第一款 违反法律、行政法规的强制性规定的民事法律行为无效。但是，该强制性规定不导致该民事法律行为无效的除外。

第七百九十一条 发包人可以与总承包人订立建设工程合同，也可以分别与勘察人、设计人、施工人订立勘察、设计、施工承包合同。发包人不得将应当由一个承包人完成的建设工程支解成若干部分发包给数个承包人。

总承包人或者勘察、设计、施工承包人经发包人同意，可以将自己承包的部分工作交由第三人完成。第三人就其完成的工作成果与总承包人或者勘察、设计、施工承包人向发包人承担连带责任。承包人不得将其承包的全部建设工程转包给第三人或者将其承包的全部建设工程支解以后以分包的名义分别转包给第三人。

禁止承包人将工程分包给不具备相应资质条件的单位。禁止分包单位将其承包的工程再分包。建设工程主体结构的施工必须由承包人自行完成。

（2）《建筑法》

第二十九条　建筑工程总承包单位可以将承包工程中的部分工程发包给具有相应资质条件的分包单位；但是，除总承包合同中约定的分包外，必须经建设单位认可。施工总承包的，建筑工程主体结构的施工必须由总承包单位自行完成。

建筑工程总承包单位按照总承包合同的约定对建设单位负责；分包单位按照分包合同的约定对总承包单位负责。总承包单位和分包单位就分包工程对建设单位承担连带责任。

禁止总承包单位将工程分包给不具备相应资质条件的单位。禁止分包单位将其承包的工程再分包。

（3）《房屋建筑和市政基础设施工程施工分包管理办法》

第五条　房屋建筑和市政基础设施工程施工分包分为专业工程分包和劳务作业分包。

本办法所称专业工程分包，是指施工总承包企业（以下简称专业分包工程发包人）将其所承包工程中的专业工程发包给具有相应资质的其他建筑业企业（以下简称专业分包工程承包人）完成的活动。

本办法所称劳务作业分包，是指施工总承包企业或者专业承包企业（以下简称劳务作业发包人）将其承包工程中的劳务作业发包给劳务分包企业（以下简称劳务作业承包人）完成的活动。

3. 条款精解

本条规定的是劳务分包合同效力的认定问题。劳务作业分包，又称劳务分包，是指施工总承包企业或者专业承包企业将其承包工程中的劳务作业发包给劳务分包企业完成的活动。《建筑业企业资质标准》（建市〔2014〕159号）规定，取得施工劳务资质的企业可以承接具有施工总承包资质或专业承包资质的企业分包的劳务作业。因此，劳务分包属于合法分包。劳务作业分包人既可以是施工总承包企业，又可以是专业承包企业。施工总承包人将专业工程分包给他人，而专业分包人又将专业工程中的劳务工程分包给他人的这种情况不属于转包，属于劳务分包合同。劳动分包不需要经过发包人或总承包人的同意。劳务分包企业不得将承包的劳务作业转包或再分包。

建设部发布的《建筑业企业资质等级标准》对劳务分包的种类以及各种类企业的资质标准做了明确的规定，其中劳务作业分包括13种：木工作业、砌筑作业、抹灰作业、石制作、油漆作业、钢筋作业、混凝土作业、脚手架作业、模板作业、焊接作业、水暖电安装作业、钣金作业和架线作业。每种作业的承包人都分别应当具备相应的资质等级及作业具体范围。

根据住房城乡建设部《关于批准浙江、安徽、陕西3省开展建筑劳务用工制度改革试点工作的函》（建市函〔2016〕75号），安徽省于2016年5月19日发布《安徽省建筑劳务用工制度改革试点方案》（建市函〔2016〕902号），明确取消建筑劳务资质。自试点工作开始之日起，取消建筑劳务企业资质和安全生产行政许可管理，各级住房城乡建设主管部门不再将建筑劳务资质列入建筑市场监督执法检查违法分包打击范围。2020年11月11日国务院常务会议审议通过的《建设工程企业资质管理制度改革方案》（建市〔2020〕94号），明确将施工资质分为综合资质、施工总承包资质、专业承包资质和专业作业资质，将施工劳务企业资质改为专业作业资质，由审批制改为备案制，将施工劳务企业资质改为专业作业资质，由审批制改为备案制。综合资质和专业作业资质不分等级。因此，劳务作业仍然需要法定资质。

劳务分包与转包、专业分包具有本质区别，劳务分包只负责施工及辅助性材料（以下简称辅材），不负责主要材料及施工管理，也不与总承包人或者专业分包人共同向发包人承担连带责任。劳务分包不可以再分包，再分包的构成违法分包。本条删除"以转包建设工程违反法律规定为由"更为合理，构成转包或者违法分包的，应当直接适用《新建设工程司法解释一》第一条第二款认定建设工程施工合同无效。

总承包人与劳务作业承包人及分包人与劳务作业承包人之间既不是劳务关系也不是劳动合同关系，而是建设工程施工合同关系，劳务分包合同纠纷是建设工程施工合同纠纷。但是实务中就此问题仍有不同理解，而且分歧较大。

建设工程施工合同纠纷和劳务合同纠纷的区别和认定如下：

（1）看原告身份：农民工个人追索个人的工资、劳务费用属于劳务合同纠纷，包工头追索本班组工费、劳务费用则属于建设工程施工合同纠纷。

（2）看工作内容：有的是纯劳务，有的甚至包工包料，包工包料则一般并属于劳务，纯劳务的也不必然属于劳务，班组劳务与个人劳务仍有所不同，故班组劳务产生的纠纷理解为建设工程施工合同纠纷更为合适。

（3）看被告身份：只有实际施工人才可以突破合同相对性，如果根据合同相对性仅仅起诉上一手转包人，理解为劳务合同纠纷勉强也可，如果突破合同相对性起诉承包人、发包人，应该认定为建设工程施工合同纠纷。

4. 延伸阅读

（1）如何区分合法的劳务分包与违法工程分包？

区分是合法的劳务分包还是违法的工程分包，关键是看包的什么，如果承包的范围仅仅为劳务内容，或者加上一些建筑材料的辅材，则为合法的劳务分包。如果承包的范围不仅仅包含劳务，还包括建筑材料的主要材料，则合同可理解为名为劳务分包，实为违法的工程转包。

（2）扩大的劳务分包与单纯的劳务分包有什么区别？

单纯的劳务分包和扩大的劳务分包并不是法律用语，实践中有的把只提供劳务而不提供小型器具以及辅材的，称之为单纯的劳务分包；除了单纯的劳务之外还提供辅材以及小型器具的，称之为扩大的劳务分包。也有的把除了单纯的劳务之外还提供辅材以及小型器具的，称之为单纯的劳务分包，把包工、包料、包质量、包安全等全包，称之为扩大的劳务分包。后一种情形下，扩大的劳务分包显然是违法的工程分包。

5. 相关案例

（1）【案例索引】（2020）豫 13 民再 38 号谭某某与南阳市某劳务分包有限公司（以下简称某劳务公司）承揽合同纠纷案

【裁判要旨】具有劳务作业法定资质的企业可以以劳务大清包的形式与总承包方签订劳务分包合同，并不违背国家法律法规的强制性规定，该合同依法认定为有效。

【裁判摘要】欣某某公司与某劳务公司 2014 年 10 月 26 日签订《建筑施工劳务承包合同》。该劳务承包合同关于承包方式约定：劳务大清包，乙方包施工技术管理、安全管理；乙方包安全、包施工质量、包进度、包文明施工，均要达到合格标准；乙方提供所有周转材料、一切施工机械设备机具测量仪器、所有安全防护用品及劳保用品；乙方承担本工程项目内所发生的一切零星用工等，承包范围包含欣某某公司承接的全部土建工程。同时，该合同第三条第四项约定：钢筋（包括二次结构植筋）、混凝土、模板砌体、楼地面、内外粉刷、内外墙体、屋面、散水、台阶、预理件加工安装和脚手架等工程、各种安装防护工程、文明施工及施工区域内的场地清理、工作面清理维护等所有零星用工，施工中适用的所有耗材及安全防护设施材料。从天某公司与欣某某公司之间、欣某某公司与某劳务公司之间达成的工程合同以及原审认定的谭某某施工内容来看，欣某某公司只是将部分附属工程以劳务大清包的形式交给某劳务公司施工，而某劳务公司系具有劳务作业法定资质的企业，《原建设工程司法解释一》第七条规定：具有劳务作业法定资质的承包人与总承包人、分包人签订的劳务分包合同，当事人以转包建设工程违反法律规定为由请求确认无效的，不予支持。故欣某某公司与某劳务公司签订的劳务承包合同并不违背国家法律法规的强制性规定。

（2）【案例索引】（2020）黔 02 民终 1380 号云南某建筑劳务分包有限公司、张某某建设工程施工合同纠纷案

【裁判要旨】施工合同虽名为劳务承包合同，但其承包范围不仅仅只包含劳务，还包括建筑施工，在承包人不具有相应建筑企业资质的情况下，所签订的合同依法应认定为无效。

【裁判摘要】关于案涉《公路工程施工劳务承包合同》是否有效的问题。经查，《公路工程施工劳务承包合同》载明工程承包范围为混凝土道路路面结构工程施工范围内的所有施工内容，该施工内容不仅包含劳务，还包含道路建筑施工，被上诉人张某某、曾某某系自然人，无建筑施工企业资质，根据《原建设工程司法解释一》第一条"建设工程施工合同具有下列情形之一的，应当根据合同法第五十二条第（五）项的规定，认定无效：（一）承包人未取得建筑施工企业资质或者超越资质等级的"的规定，一审法院认定案涉《公路工程施工劳务承包合同》无效并无不当。

（3）【案例索引】（2020）湘01民终11755号长沙市芙蓉区某建筑劳务分包服务部（以下简称某建筑服务部）与魏某某建设工程施工合同纠纷案

【裁判要旨】不具备劳务施工资质的承包方所签订的劳务分包合同，因违反了法律的强制性规定，故属于无效合同。

【裁判摘要】二审法院认为，上诉人某建筑服务部与原审被告中某公司签订的《方盛博大制药铜官园区项目一期工程脚手架劳务施工合同》及上诉人某建筑服务部与被上诉人魏某某《架工班劳务分包合同》，因某建筑服务部及魏某某均无劳务施工资质，违反了法律的强制性规定，故均属于无效合同。

第六条　建设工程施工合同无效，一方当事人请求对方赔偿损失的，应当就对方过错、损失大小、过错与损失之间的因果关系承担举证责任。

损失大小无法确定，一方当事人请求参照合同约定的质量标准、建设工期、工程价款支付时间等内容确定损失大小的，人民法院可以结合双方过错程度、过错与损失之间的因果关系等因素作出裁判。

1. 新旧条款对比

《新建设工程司法解释一》	《原建设工程司法解释二》
第六条　建设工程施工合同无效，一方当事人请求对方赔偿损失的，应当就对方过错、损失大小、过错与损失之间的因果关系承担举证责任。 损失大小无法确定，一方当事人请求参照合同约定的质量标准、建设工期、工程价款支付时间等内容确定损失大小的，人民法院可以结合双方过错程度、过错与损失之间的因果关系等因素作出裁判	第三条　建设工程施工合同无效，一方当事人请求对方赔偿损失的，应当就对方过错、损失大小、过错与损失之间的因果关系承担举证责任。 损失大小无法确定，一方当事人请求参照合同约定的质量标准、建设工期、工程价款支付时间等内容确定损失大小的，人民法院可以结合双方过错程度、过错与损失之间的因果关系等因素作出裁判

本条是对《原建设工程司法解释二》第三条的承继，内容没有变化。

2. 关联法条

《民法典》

第一百五十七条　民事法律行为无效、被撤销或者确定不发生效力后，行为人因该行为取得的财产，应当予以返还；不能返还或者没有必要返还的，应当折价补偿。有过错的一方应当赔偿对方由此所受到的损失；各方都有过错的，应当各自承担相应的责任。法律另有规定的，依照其规定。

第七百九十三条　建设工程施工合同无效，但是建设工程经验收合格的，可以参照合同关于工程价款的约定折价补偿承包人。

建设工程施工合同无效，且建设工程经验收不合格的，按照以下情形处理：

（一）修复后的建设工程经验收合格的，发包人可以请求承包人承担修复费用；

（二）修复后的建设工程经验收不合格的，承包人无权请求参照合同关于工程价款的约定折价补偿。

发包人对因建设工程不合格造成的损失有过错的，应当承担相应的责任。

3. 条款精解

本条规定了建设工程施工合同无效的情形下，当事人的损失赔偿责任如何认定。承包人没有资质或超越资质、借用资质、建设工程应招标未招标或中标无效等情形下签订的建设工程施工合同无效，转包、违法分包的建设工程施工合同无效。依据《民法典》第一百五十七条的规定，有过错的一方应当赔偿对方由此所受到的损失；各方都有过错的，应当各自承担相应的责任。在建设工程施工合同被认定无效的情况下，承包人或发包人因合同无效造成的损失，有权要求对方予以赔偿。根据本条的规定，当事人损失赔偿请求权包括以下构成要件。

（1）对方过错。当事人的过错，一般根据导致建设工程施工合同无效的原因来认定，一方的原因导致合同无效，另一方没有尽到合理的审查注意义务的，也存在过错。实务中如何认定"双方过错"程度、"过错与损失之间的因果关系"等因素有很大的争议，认定的标准由法官自由裁量。一般情况下，承包人未取得建筑施工企业资质、超越资质等级承揽工程导致合同无效的，发包人和承包人均有过错。借用资质的，承包人亦存在过错。但如果发包人明知承包人借用资质承揽工程，则双方均有过错。必须招标建设工程而未招标的，发包人存在过错，但如承包人对此是明知的，承包人亦有过错。中标无效的，结合中标无效的具体情形加以分析，可能是发包人过错、承包人过错或双方均有过错。工程转包、违法分包的，则过错一方主要为承包人。

建设工程未取得建设工程规划许可证等审批手续导致合同无效的，发包人承担主要过错责任，承包人承担次要过错责任。

本条中的"过错"包括两个方面：一是导致施工合同无效的过错；二是无效施工合同履行中的过错。任何一方有过错都应承担相应的责任，在具体的案件中需要对过错的原因、过错与损失之间的因果关系进行分析论证。过错程度应为合同约定的义务，也包括在施工过程中的配合义务。

（2）损失大小。合同无效后的赔偿责任是缔约过失责任，因此，本条中的损失是指当事人因合同无效导致的实际损失，不包括合同履行后可以获得的利益。

（3）损失的范围。根据《民法典》第八百零三条、第八百零四条等相关法律规定，承包人有权向发包人主张损失赔偿的范围包括：①实际支出损失，比如办理招标投标手续的费用、订立合同的费用、准备和履行合同的费用等；②停工、窝工损失，比如承包人通知发包人检查隐蔽工程而发包人未及时检查给承包人造成的窝工损失和工期损失；③发包人未按照合同约定提供原材料、设备、场地、资金、技术资料等给承包人造成的窝工损失和工期损失；④发包人不履行协作义务导致的损失，比如不及时告知变更后的施工方案、不及时完善施工条件等给承包人造成的窝工损失和工期损失。

根据《民法典》第八百零一条、第八百零二条等法律法规的规定，发包人有权向承包人主张损失赔偿的范围包括：①实际支出的费用，比如办理招标投标手续的费用、订立合同的费用、准备和实际履行合同的费用等；②工期延误所造成的损失；③工程质量问题导致的损失。

（4）举证责任的承担。《民事诉讼法》第六十四条、第六十五条规定：当事人对自己提出的主张，有责任提供证据并应当及时提供证据。从该规定可以看出，因履行无效合同受到损失的，有权请求赔偿损失，主张损害赔偿的一方应对对方具有过错、损失的大小、对方的过错同损害结果之间存在因果关系承担举证责任。如果举证不能，则面临相应的损失得不到法院支持的风险。

损失大小无法确定时，参照合同约定的质量标准、建设工期、工程价款支付时间等内容，即可计算损失大小。比如，质量存在缺陷，可参照合同约定的质量标准主张修复费用；工期延误，可参照合同约定的工期主张工程迟延交付造成的损失（经营损失或者租金损失）；价款迟延支付，可参照合同约定的付款时间主张损失等。参考无效施工合同约定确定损失大小时，应考虑约定是否合理。比如参考工期约定时，对任意压缩合理工期的，不能简单参考合同工期，应结合定额工期、工程类别、各地允许下浮率、专家论证意见、季节影响、顺延情形等因素，综合判断。

（5）过错与损失之间的因果关系。本条中的因果关系，是指一方当事人因合同无效所受损失是另一方当事人导致合同无效的过错造成，损失和过错二者之间是原因和结果的关系。

4. 延伸阅读

关于建设工程折价补偿的计价方式

在建设工程合同被确认无效的情形下，是参照合同约定的计价方式结算工程造价，还是参照合同约定的支付条件、支付方式、违约等条款，不同人对参照的范围认识有所不同。

一种观点认为，"合同约定"既包括合同约定的工程款计价方法和计算标准，也包括工程款的支付条件。

另一种观点认为，"合同约定"不包括工程款的支付条件。《民法典》第七百九十三条的规定应当理解为仅应对工程款计价方法、计价标准等与工程价款数额有关的约定，对于工程价款支付条件等约定，应不属于可以参照适用的合同约定内容。

不同法院对此问题也有不尽相同的理解和判断，具体如下。

《江苏高院解答》规定："4.建设工程施工合同无效，建设工程经竣工验收合格的，发包人或承包人请求参照合同约定支付工程价款的，如何处理？建设工程施工合同无效，建设工程经竣工验收合格的，发包人和承包人均可以请求参照合同约定支付工程价款。（备注：最高人民法院2011年6月29日给我院的关于常州长兴集团房地产开发有限公司与南通新华建筑集团公司建设工程施工合同纠纷请示一案的答复指出：《建设工程司法解释》第2条确立了建设工程施工合同无效，但建设工程经竣工验收合格时的折价补偿原则，即参照合同约定支付工程价款。该条的本意并不是赋予承包人选择参照合同约定或工程定额标准进行结算的权利。根据该条规定精神，建设工程施工合同无效，但建设工程经竣工验收合格，发包人也可以请求参照合同约定支付工程价款。）
5.建设工程施工合同无效，建设工程经竣工验收合格的，合同约定的哪些条款可以参照适用？建设工程施工合同无效，建设工程经竣工验收合格的，当事人主张工程价款或确定合同无效的损失时请求将合同约定的工程价款、付款时间、工程款支付进度、下浮率、工程质量、工期等事项作为考量因素的，应予支持。"

《河北高院指南》规定："6.建设工程施工合同无效，发包人与承包人均有权请求参照合同约定支付工程价款；承包人要求另行按照定额结算或者据实结算的，人民法院不予支持。"

《北京高院解答》规定："7.当事人在诉讼前已就工程价款的结算达成协议，一方要求重新结算的，如何处理？当事人在诉讼前已就工程价款的结算达成协议，一方在诉讼中要求重新结算的，不予支持，但结算协议被法院或仲裁机构认定为无效或撤销的除外。建设工程施工合同无效，但工程经竣工验收合格，当事人一方以施工合同无效为由要求确认结算协议无效的，不予支持。"

《山东高院解答》规定："1.施工合同无效，当事人主张参照合同约定结算工程价款，如何处理？施工合同无效，建设工程经竣工验收合格的，可以将合同中关于工程价款、付款时间、工程款支付进度、下浮率、质保金等约定条款作为折价补偿的依据。"

《最高人民法院新建设工程施工合同司法解释（一）理解与适用》一书中明确，在《原建设工程司法解释一》第二条、《民法典》第七百九十三条的规定中，"参照合同约定"只是确定折价标准的一种方式而已，"参照合同约定"不等同于"按照合同约定"，不是按有效合同处理。对"参照合同约定"应进行限制性的理解，仅限于合同中对计价标准的约定，对于合同约定的付款条件、付款时间、付款方式、工程款扣减事由以及质保金的扣留及返还等事项，不属于该条司法解释规定的参照范围[①]。

5. 相关案例

（1）【案例索引】（2020）最高法民申 6385 号某亿同合力房地产开发有限公司（以下简称某亿同公司）与某第二建筑工程公司建设工程施工合同纠纷案

【裁判要旨】建设工程施工合同无效，一方当事人请求对方赔偿损失的，应当就对方过错、损失大小、过错与损失之间的因果关系承担举证责任，举证不能的不利后果自行承担。

【裁判摘要】关于驳回某亿同公司案涉工程工期逾期经济损失的诉讼请求是否妥当的问题。《原建设工程司法解释二》第三条第一款规定："建设工程施工合同无效，一方当事人请求对方赔偿损失的，应当就对方过错、损失大小、过错与损失之间的因果关系承担举证责任。"根据原审法院查明的事实，案涉工程实际施工 21 个月又 12 天，超出合同约定的 18 个月的工期，案涉工程存在某亿同公司未取得施工许可证、当地行政机关执法检查，某亿同公司通知停工 8 天，大雨天气影响施工，图纸变更设计、增加临时工程量等影响施工的情形。而某亿同公司虽主张吴某某因过错行为造成工期延长，产生逾期损失，但却未能提供证据予以证明，故再审法院对其该项主张，不予支持。

（2）【案例索引】（2020）闽民终 1514 号福建省某航道疏浚工程有限公司（以下简称某航道公司）与某广州工程局集团有限公司（以下简称某广州工程局）、宁德三某港口发展有限公司（以下简称三某港口）确认合同效力纠纷案

【裁判要旨】当事人一方对于建设工程施工合同无效存在明显过错，应承担缔约过失责任。

【裁判摘要】二审法院认为，某广州工程局对案涉《劳务分包合同》的无效存在明显过错，理由如下。首先，炸礁工程涉及水下爆破危险作业及炸药审批等专业事项，某广州工程局将本案炸礁和清礁工程承包给某航道公司之前应充分审查某航道公司是

---

① 最高人民法院民事审判第一庭. 最高人民法院新建设工程施工合同司法解释（一）理解与适用 [M]. 北京：人民法院出版社，2021.

否具有水下爆破资质，在某航道公司无法提供水下爆破资质的情况下，某广州工程局与具有爆破资质的福某公司签订《专业分包合同》，试图借用福某公司的爆破资质完成本案的炸礁任务，并以此解决某航道公司缺少爆破资质问题。《专业分包合同》与《劳务分包合同》的签订时间均为 2015 年 6 月 12 日，两份合同主要条款基本一致，某航道公司与某广州工程局二审一致确认《专业分包合同》是为了爆破备案而签订。由此可以认定某广州工程局明知某航道公司没有水下爆破资质仍与其签订《劳务分包合同》，对该合同无效具有过错。其次，关于炸药审批问题。《劳务分包合同》虽然约定了炸药审批在内的整个爆破工程均由某航道公司承包，但炸药审批所需的安全评估合同、立项报告、环评报告等材料需要由发包人某广州工程局协助提供，否则，某航道公司无法办理炸药审批手续。原审仅依据《劳务分包合同》的约定认定炸药审批义务人为某航道公司，未认定某广州工程局有义务提供炸药审批相关材料，属于认定事实错误，本院予以纠正。再次，鉴于案涉炸礁工程无法按时开工的原因除了炸药库问题外，还涉及三某港口未及时对炸礁基岩面标高及工程量进行复核，未及时确认炸礁工程量等原因，即未能提供炸药库仅为炸礁工程未能如期开工的原因之一，但并非唯一原因。根据《劳务分包合同》的约定，某广州工程局全面负责与设计单位、业主、监理的联系和协调工作。在三某港口未及时对炸礁基岩面标高及工程量进行复核和确认的情况下，某广州工程局有义务与设计单位和业主协调解决上述问题以确保炸礁工程顺利开工。因此，某广州工程局对于炸礁工程未能如期开工负有一定责任。最后，《合同法》第六十条第二款规定：当事人应当遵循诚实信用原则，根据合同的性质、目的和交易习惯履行通知、协助、保密等义务。本案中，炸礁工程因故不能如期开工，某广州工程局应当采取适当措施防止船舶滞留时间过长。原审法院以案涉《劳务分包合同》无效与船舶长时间进场待工造成的损失之间缺乏因果关系为由判决驳回某航道公司的诉讼请求，未审理某广州工程局的合同缔约过失责任，也未全面查清炸礁工程没有如期开工的原因，导致作出的判决结果有失公允，再审法院二审予以纠正。

（3）【案例索引】（2020）豫民再 327 号某城投集团第六工程局有限公司（以下简称某城投公司）与某园林实业发展有限责任公司（以下简称园林公司）建设工程施工合同纠纷案

【裁判要旨】施工合同无效，当事人一方请求对方赔偿损失，损失大小无法确定的，人民法院可以结合双方过错程度、过错与损失之间的因果关系等因素，结合公平原则酌定各方责任比例的承担。

【裁判摘要】关于工期延误问题。由于双方签订的两份工程施工合同均属无效，实际履行的是 2014 年 4 月 29 日签订的合同，对于施工工期应当按照 2014 年 4 月 29 日签订的合同有关约定予以认定。依据 2014 年 4 月 29 日签订的合同约定以及某城投公司的工期计划，某城投公司确实存在延误工期的事实。因某城投公司 2015 年 7 月中旬撤出全部施工人员，香江帝景项目停工。后园林公司另找其他公司完成了后续工程。现该工程已完工，部分房屋也已售出，但因双方出现矛盾，某城投公司没有向某园林公司移交全部建设施工手续，房屋售出后，购房者未能办理产权证。某城投公司工期延误确实给某园林公司造成损失，应当承担赔偿责任。某城投公司认为按照 2014 年 8 月 15 日签订的合同的约定计算施工工期，即合法的开工时间应为 2014 年 8 月 26 日，竣工时间为 2016 年 1 月 10 日，没有延误工期的理由与事实不符。关于工期延误损失计算及责任承担问题。《原建设工程司法解释二》第三条第二款规定：损失大小无法确定，一方当事人请求参照合同约定的质量标准、建设工期、工程价款支付时间等内容确定损失大小的，人民法院可以结合双方过错程度、过错与损失之间的因果关系等因素作出裁判。某园林公司反诉请求某城投公司赔偿因工期延误给其造成的损失，由于实际损失难以确定，鉴定机构参照合同约定的工期违约责任确定损失适当。某园林公司作为房地产开发企业、某城投公司作为建筑企业，均应熟知建筑行业的法律、法规，但双方违反《招标投标法》的相关规定，致使合同无效。在施工过程中，某城投公司开挖地基时，遇到前期勘验未勘验到的岩石层，对增加的费用，双方各持己见。随后双方对工程款是否按节点支付，工程质量是否合格，外部发生的群众封门封路事件的责任等事项产生争议。在发生纠纷后，某城投公司于 2015 年 7 月 20 日下达停工令，撤走工程施工人员，所建工程全部停工，造成工期延误，对此某城投公司应承担主要责任。一审判决工期延误损失全部由某城投公司承担不当，二审予以纠正，对延误工期的损失酌定某城投公司承担 70%（649×70% = 454.3 万元）的责任。

第七条 缺乏资质的单位或者个人借用有资质的建筑施工企业名义签订建设工程施工合同，发包人请求出借方与借用方对建设工程质量不合格等因出借资质造成的损失承担连带赔偿责任的，人民法院应予支持。

1. 新旧条款对比

《新建设工程司法解释一》	《原建设工程司法解释二》
第七条 缺乏资质的单位或者个人借用有资质的建筑施工企业名义签订建设工程施工合同，发包人请求出借方与借用方对建设工程质量不合格等因出借资质造成的损失承担连带赔偿责任的，人民法院应予支持	第四条 缺乏资质的单位或者个人借用有资质的建筑施工企业名义签订建设工程施工合同，发包人请求出借方与借用方对建设工程质量不合格等因出借资质造成的损失承担连带赔偿责任的，人民法院应予支持

本条是对《原建设工程司法解释二》第四条的承继，内容没有变化。

2. 关联法条

（1）《民法典》

第一百七十八条 二人以上依法承担连带责任的，权利人有权请求部分或者全部连带责任人承担责任。

连带责任人的责任份额根据各自责任大小确定；难以确定责任大小的，平均承担责任。实际承担责任超过自己责任份额的连带责任人，有权向其他连带责任人追偿。

连带责任，由法律规定或者当事人约定。

第七百九十一条 发包人可以与总承包人订立建设工程合同，也可以分别与勘察人、设计人、施工人订立勘察、设计、施工承包合同。发包人不得将应当由一个承包人完成的建设工程支解成若干部分发包给数个承包人。

总承包人或者勘察、设计、施工承包人经发包人同意，可以将自己承包的部分工作交由第三人完成。第三人就其完成的工作成果与总承包人或者勘察、设计、施工承包人向发包人承担连带责任。承包人不得将其承包的全部建设工程转包给第三人或者将其承包的全部建设工程支解以后以分包的名义分别转包给第三人。

禁止承包人将工程分包给不具备相应资质条件的单位。禁止分包单位将其承包的工程再分包。建设工程主体结构的施工必须由承包人自行完成。

第八百零一条 因施工人的原因致使建设工程质量不符合约定的，发包人有权请求施工人在合理期限内无偿修理或者返工、改建。经过修理或者返工、改建后，造成逾期交付的，施工人应当承担违约责任。

（2）《建筑法》

第二十六条 承包建筑工程的单位应当持有依法取得的资质证书，并在其资质等级许可的业务范围内承揽工程。

禁止建筑施工企业超越本企业资质等级许可的业务范围或者以任何形式用其他建筑施工企业的名义承揽工程。禁止建筑施工企业以任何形式允许其他单位或者个人使用本企业的资质证书、营业执照，以本企业的名义承揽工程。

（3）《建筑工程施工发包与承包违法行为认定查处管理办法》

第十条 存在下列情形之一的，属于挂靠：

（一）没有资质的单位或个人借用其他施工单位的资质承揽工程的；

（二）有资质的施工单位相互借用资质承揽工程的，包括资质等级低的借用资质等级高的，资质等级高的借用资质等级低的，相同资质等级相互借用的；

（三）本办法第八条第一款第（三）至（九）项规定的情形，有证据证明属于挂靠的。

3. 条款精解

本条规定了出借和借用资质的单位应对出借资质造成的损失承担连带责任。借用资质，又称为挂靠，是指单位或个人以其他有资质的施工单位的名义承揽工程的行为。上文所称承揽工程，包括参与投标、订立合同、办理有关施工手续、从事施工等活动。借用资质不仅严重扰乱了国家对建筑市场和施工企业资质的管理秩序，而且给工程质量和施工安全带来诸多的隐患。由于借用资质人是以出借方的名义进行施工，在施工过程中，人工的雇佣、材料设备的购买、机械的租赁、工程的分包等往往都是以被挂靠人的名义实施的，一旦发生纠纷或对外债务不能清偿等，因涉及主体众多、法律关系复杂，若处理不好，极有可能影响社会稳定与和谐。借用资质方为承揽工程、顺利验收，在施工中获得更大的利益，往往可能会采用非常手段来拉拢相关部门的工作人员，进而产生权钱交易等行为，滋生腐败。为此，《建筑法》明确禁止借用资质。该法第二十六条明确规定：禁止建筑施工企业超越本企业资质等级许可的业务范围或者以任何形式用其他建筑施工企业的名义承揽工程。禁止建筑施工企业以任何形式允许其他单位或者个人使用本企业的资质证书、营业执照，以本企业的名义承揽工程。《违法行为认定查处办法》第十条规定：存在下列情形之一的，属于挂靠：（一）没有资质的单位或个人借用其他施工单位的资质承揽工程的；（二）有资质的施工单位相互借用资质承揽工程的，包括资质等级低的借用资质等级高的，资质等级高的借用资质等级低的，相同资质等级相互借用的；（三）本办法第八条第一款第（三）至（九）项规定的情形，有证据证明属于挂靠的。司法实践中可以依照上述法律规定认定借用资质。

《建筑法》第六十六条规定：建筑施工企业转让、出借资质证书或者以其他方式允许他人以本企业的名义承揽工程的，对因该项承揽工程不符合规定的质量标准造成的损失，建筑施工企业与使用本企业名义的单位或者个人承担连带赔偿责任。而本条规定突破了《建筑法》第六十六条的规定，明确出借方与借用方对建设工程质量不合格等因出借资质造成的损失承担连带赔偿责任。但对究竟何谓"因出借资质造成的损失"没有作出明确的规定。如工期延误造成的损失是否为因出借资质造成的损失，会成为司法实践中的争议焦点。

本条规定的工程质量等损失应与借用资质存在因果关系，出借人与借用人承担连带赔偿责任。那么，应由谁来举证证明损失和出借资质之间的因果关系？发包人有时对挂靠并不知情，如果由发包人承担举证责任，他们对此往往很难予以证明。但挂靠人和被挂靠人对挂靠是明知且追求挂靠的结果发生，我们认为应由挂靠人与被挂靠人承担举证责任。如果挂靠人和被挂靠人能够证明发包人明知挂靠，那么发包人也有过错，应对因出借资质造成的损失承担相应的责任。如果挂靠人和被挂靠人不能证明发包人对挂靠知情，则出借方与借用方应当对发包人的全部损失承担责任。

鉴于发包方对自身的实际损失难以举证，因此在签订施工合同时，应当在条款中明确约定损失的计算方法。比如：发包人与承包人在签订建设工程施工合同时，可以约定若出现出借资质等挂靠行为，由承包人承担因出借资质而产生的所有损失以及损失的计算方法。

鉴于转包与挂靠难以区分，因此承包方应当对印章、合同、委托书等加强管理，避免产生因管理疏漏造成被认定为挂靠的风险。

4. 延伸阅读

【工程勘察资质标准】

（一）工程勘察综合资质

1-1 资历和信誉

（1）符合企业法人条件，具有 10 年及以上工程勘察资历。

（2）净资产不少于 1000 万元人民币。

（3）社会信誉良好，近 3 年未发生过一般及以上质量安全责任事故。

（4）近 5 年内独立完成过的工程勘察项目应满足以下要求：岩土工程勘察、设计、物探测试检测监测甲级项目各不少于 5 项，水文地质勘察或工程测量甲级项目不少于 5 项，且质量合格。

1-2 技术条件

（1）专业配备齐全、合理。主要专业技术人员数量不少于"工程勘察行业主要专业技术人员配备表"规定的人数。

（2）企业主要技术负责人或总工程师应当具有大学本科以上学历、10 年以上工程勘察经历，作为项目负责人主持过本专业工程勘察甲级项目不少于 2 项，具备注册土木工程师（岩土）执业资格或本专业高级专业技术职称。

（3）在"工程勘察行业主要专业技术人员配备表"规定的人员中，注册人员应作为专业技术负责人主持过所申请工程勘察类型乙级以上项目不少于 2 项；主导专业非注册人员中，每个主导专业至少有 1 人作为专业技术负责人主持过相应类型的工程勘察甲级项目不少于 2 项，其他非注册人员应作为专业技术负责人主持过相应类型的工程勘察乙级以上项目不少于 3 项，其中甲级项目不少于 1 项。

1-3 技术装备及管理水平

（1）有完善的技术装备，满足"工程勘察主要技术装备配备表"规定的要求。

（2）有满足工作需要的固定工作场所及室内试验场所，主要固定场所建筑面积不少于3000m²。

（3）有完善的技术、经营、设备物资、人事、财务和档案管理制度，通过ISO9001质量管理体系认证。

（二）工程勘察专业资质

1. 甲级

1-1 资历和信誉

（1）符合企业法人条件，具有5年及以上工程勘察资历。

（2）净资产不少于300万元人民币。

（3）社会信誉良好，近3年未发生过一般及以上质量安全责任事故。

（4）近5年内独立完成过的工程勘察项目应满足以下要求：

岩土工程专业资质：岩土工程勘察甲级项目不少于3项或乙级项目不少于5项、岩土工程设计甲级项目不少于2项或乙级项目不少于4项、岩土工程物探测试检测监测甲级项目不少于2项或乙级项目不少于4项，且质量合格。

岩土工程（分项）专业资质、水文地质勘察专业资质、工程测量专业资质：完成过所申请工程勘察专业类型甲级项目不少于3项或乙级项目不少于5项，且质量合格。

1-2 技术条件

（1）专业配备齐全、合理。主要专业技术人员数量不少于"工程勘察行业主要专业技术人员配备表"规定的人数。

（2）企业主要技术负责人或总工程师应当具有大学本科以上学历、10年以上工程勘察经历，作为项目负责人主持过本专业工程勘察甲级项目不少于2项，具备注册土木工程师（岩土）执业资格或本专业高级专业技术职称。

（3）在"工程勘察行业主要专业技术人员配备表"规定的人员中，注册人员应作为专业技术负责人主持过所申请工程勘察类型乙级以上项目不少于2项；主导专业非注册人员作为专业技术负责人主持过所申请工程勘察类型乙级以上项目不少于2项，其中，每个主导专业至少有1名专业技术人员作为专业技术负责人主持过所申请工程勘察类型甲级项目不少于2项。

1-3 技术装备及管理水平

（1）有完善的技术装备，满足"工程勘察主要技术装备配备表"规定的要求。

（2）有满足工作需要的固定工作场所及室内试验场所。

（3）有完善的质量、安全管理体系和技术、经营、设备物资、人事、财务、档案等管理制度。

2. 乙级

2-1 资历和信誉

（1）符合企业法人条件。

（2）社会信誉良好，净资产不少于150万元人民币。

2-2 技术条件

（1）专业配备齐全、合理。主要专业技术人员数量不少于"工程勘察行业主要专业技术人员配备表"规定的人数。

（2）企业主要技术负责人或总工程师应当具有大学本科以上学历、10年以上工程勘察经历，作为项目负责人主持过本专业工程勘察乙级项目不少于2项或甲级项目不少于1项，具备注册土木工程师（岩土）执业资格或本专业高级专业技术职称。

（3）在"工程勘察行业主要专业技术人员配备表"规定的人员中，注册人员应作为专业技术负责人主持过所申请工程勘察类型乙级以上项目不少于2项；主导专业非注册人员作为专业技术负责人主持过所申请工程勘察类型乙级项目不少于2项或甲级项目不少于1项。

2-3 技术装备及管理水平

（1）有与工程勘察项目相应的能满足要求的技术装备，满足"工程勘察主要技术装备配备表"规定的要求。

（2）有满足工作需要的固定工作场所。

（3）有较完善的质量、安全管理体系和技术、经营、设备物资、人事、财务、档案等管理制度。

3. 丙级

3-1 资历和信誉

（1）符合企业法人条件。

（2）社会信誉良好，净资产不少于80万元人民币。

3-2 技术条件

（1）专业配备齐全、合理。主要专业技术人员数量不少于"工程勘察行业主要专业技术人员配备表"规定的人数。

（2）企业主要技术负责人或总工程师应当具有大专以上学历、10年以上工程勘察经历；作为项目负责人主持过本专业工程勘察类型的项目不少于2项，其中，乙级以上项目不少于1项；具备注册土木工程师（岩土）执业资格或中级以上专业技术职称。

（3）在"工程勘察行业主要专业技术人员配备表"规定的人员中，主导专业非注册人员作为专业技术负责人主持过所申请工程勘察类型的项目不少于2项。

3-3 技术装备及管理水平

（1）有与工程勘察项目相应的能满足要求的技术装备，满足"工程勘察主要技术装备配备表"规定的要求。

（2）有满足工作需要的固定工作场所。

（3）有较完善的质量、安全管理体系和技术、经营、设备物资、人事、财务、档案等管理制度。

（三）工程勘察劳务资质

1. 工程钻探

1-1 资历和信誉

（1）符合企业法人条件。

（2）社会信誉良好，净资产不少于50万元人民币。

1-2 技术条件

（1）企业主要技术负责人具有5年以上从事工程管理工作经历，并具有初级以上专业技术职称或高级工以上职业资格。

（2）具有经考核或培训合格的钻工、描述员、测量员、安全员等技术工人，工种齐全且不少于12人。

1-3 技术装备及管理水平

（1）有必要的技术装备，满足"工程勘察主要技术装备配备表"规定的要求。

（2）有满足工作需要的固定工作场所。

（3）质量、安全管理体系和技术、经营、设备物资、人事、财务、档案等管理制度健全。

2. 凿井

2-1 资历和信誉

（1）符合企业法人条件。

（2）社会信誉良好，实缴注册资本不少于50万元人民币。

2-2 技术条件

（1）企业主要技术负责人具有5年以上从事工程管理工作经历，并具有初级以上专业技术职称或高级工以上职业资格。

（2）具有经考核或培训合格的钻工、电焊工、电工、安全员等技术工人，工种齐全且不少于13人。

2-3技术装备及管理水平

（1）有必要的技术装备，满足"工程勘察主要技术装备配备表"规定的要求。

（2）有满足工作需要的固定工作场所。

（3）质量、安全管理体系和技术、经营、设备物资、人事、财务、档案等管理制度健全。

5. 相关案例

（1）【案例索引】（2020）赣民终882号吴某与江西某建设工程集团公司（以下简称江西某建设公司）、江西某置业有限公司（以下简称江西某置业公司）建设工程施工合同纠纷案

【裁判要旨】缺乏资质的个人借用有资质的建筑施工企业名义签订建设工程施工合同，发包人请求出借方与借用方对建设工程质量修复费用承担连带赔偿责任的，应予以支持。

【裁判摘要】关于一审判决对案涉工程质量维修费用的数额、承担主体的认定问题。根据一审就案涉工程质量修复的鉴定意见，案涉工程存在质量问题需进行的修复包括：外墙修复，屋面渗水修复，地下、地下室顶板、墙面四周、电梯井渗水修复，地下、地下室顶板修复问题导致路面及绿化修复。判决依据鉴定机构出具的工程质量原因分析，并结合吴某的施工情形，确定吴某承担的修复费用有：外墙修复费用1181923.80元，屋面渗水修复费用457239.70元，地下室顶板防水修复、底板防水修复、墙面防水修复费用970417.05元，路面绿化修复费用535906.40元，共计3145486.95元。吴某上诉主张仅承担外墙修复费用的一半即590961.90元，江西某置业公司要求吴某承担全面维修费用21426440.87元。由于案涉工程于2016年7月7日竣工验收合格，并交付使用，而一审鉴定于2019年作出，该鉴定指出的案涉工程质量问题系吴某施工不当、设计的变更、其他施工人员的不规范施工、交付后的长期使用、自然气候等多方因素综合导致，吴某、江西某置业公司的上诉请求均与鉴定意见及本案客观事实不符，不能支持。一审判决基于案涉工程质量问题系多因一果所致，酌定吴某承担修复费用3145486.95元，二审法院予以维持。

吴某挂靠江西某建设公司签订案涉施工合同并实际施工，一审判决江西某建设公司与吴某对案涉工程修复费用承担连带赔偿责任，符合《原建设工程司法解释二》第四条的规定，应予维持。

（2）【案例索引】（2020）新42民终1171号新疆某建设工程有限责任公司（以下简称新疆某公司）与郑某某等建设工程施工合同纠纷案

【裁判要旨】工程承包人违法出借施工资质，允许不具备施工资质的单位或个人

以其公司的名义进行施工，应对工程质量，及对该个人或不具备资质的单位借用资质施工期间拖欠的分包工程款项承担连带责任。

【裁判摘要】关于连带责任问题，《原建设工程司法解释二》第四条规定：缺乏资质的单位或者个人借用有资质的建筑施工企业名义签订建设工程施工合同，发包人请求出借方与借用方对建设工程质量不合格等因出借资质造成的损失承担连带赔偿责任的，人民法院应予支持。新疆某公司作为工程承包人违法出借施工资质的事实存在，应当承担相应法律后果，即允许郑某某以其公司的名义进行施工，则郑某某分包工程的行为视为与该公司的共同行为。因此该公司、郑某某对工程质量承担连带责任，对郑某某借用资质施工期间拖欠的分包工程款项亦应承担连带责任。新疆某公司上诉称已向郑某某超付工程款，但未举证与郑某某就工程价款、已付款等予以结算，未举证证实向郑某某付清工程款，所以该公司此项上诉理由不成立，一审判决该公司承担案涉债务的连带给付责任正确。

（3）【案例索引】（2020）鄂 10 民终 1412 号荆州市某劳务有限公司（以下简称某劳务公司）与冉某某建设工程合同纠纷案

【裁判要旨】在建设工程施工活动中，出借资质的建筑施工企业应当就建设工程质量不合格等因出借资质造成的损失与借用方承担连带责任。在无明确约定的情况下，出借资质方并不必然需就实际施工人工程款的欠付承担支付责任。

【裁判摘要】关于某劳务公司与李某某之间的关系应当如何认定以及某劳务公司是否应当对冉某某工程欠款承担连带责任的问题。虽然某劳务公司于 2014 年 12 月 15 日出具了授权委托书，委托李某某以其名义负责中国葛洲坝集团股份有限公司荆州区还建房项目施工总承包工程项目部五台小区二期主体工程土建施工劳务分包等相关一切事务，但之后 2014 年 12 月 22 日李某某将工程部分分包给冉某某时，是以自己的名义与冉某某签订的《工程施工协议》。某劳务公司与冉某某签订有一份《班组劳务用工协议》，但该协议上的落款时间有明显更改痕迹，且从《工程施工协议》《班组劳务用工协议》两份协议的内容以及当事人的陈述来看，本案中实际履行的是李某某与冉某某签订的《工程施工协议》。李某某向冉某某收取保证金、与冉某某进行最终结算以及就欠付款项向冉某某出具欠条等一系列行为，均系以其个人名义作出。此外，某劳务公司于 2017 年 9 月 1 日向中国葛洲坝集团股份有限公司荆州区还建房项目施工总承包工程项目部发出的《关于提前支付五台还建小区 A 区主体劳务分包工程质保金的申请》中，亦明确陈述"我公司在贵部承建了五台还建小区 A 区主体工程的劳务分包工程，实际承包人为李某某"。从上述事实中可以看出，本案中李某某的行为符合挂靠的行为特征，因此，一审认定李某某与某劳务公司之间系借用资质的关系，并无不当。关于某劳务公司是否应对冉某某的工程欠款承担连带责任的问题，二审法院认为，连带责任，由法律规定或者当事人约定，不宜随意扩大。建筑施工企业出借资质属于《建筑法》第二十六条明确禁止的行为。同时《建筑法》第六十六就该行为规定了应当承担的行政责任。出借资质的建筑施工企业承担民事责任，应当依照法律的规定和当事人的约定，且其承担的责任应当与其过错相当。在建设工程施工活动中，出借资质的建筑施工企业过错在于向不具有相应施工资质的单位或个人出借资质，造成的损失主要是建设工程质量不合格。《原建设工程司法解释二》第四条就此规定了出借资质的责任承担问题，即出借方应当就建设工程质量不合格等因出借资质造成的损失与借用方承担连带责任。法律并无明文规定出借资质方需就实际施工人工程款的欠付承担支付责任。某劳务公司亦未向冉某某承诺其愿意就冉某某的工程欠款承担连带责任。且就本案而言，某劳务公司违反法律规定出借资质的行为也并不是导致冉某某的工程款未能得到支付的原因。因此，冉某某请求某劳务公司与李某某连带支付工程欠款，不能成立。一审判决某劳务公司与李某某共同向冉某某支付工程欠款缺乏法律依据与事实依据，本院对此予以纠正。

第二节　工程工期条款解读（第八～十条）

第八条　当事人对建设工程开工日期有争议的，人民法院应当分别按照以下情形予以认定：

（一）开工日期为发包人或者监理人发出的开工通知载明的开工日期；开工通知发出后，尚不具备开工条件的，以开工条件具备的时间为开工日期；因承包人原因导致开工时间推迟的，以开工通知载明的时间为开工日期。

（二）承包人经发包人同意已经实际进场施工的，以实际进场施工时间为开工日期。

（三）发包人或者监理人未发出开工通知，亦无相关证据证明实际开工日期的，应当综合考虑开工报告、合同、施工许可证、竣工验收报告或者竣工验收备案表等载明的时间，并结合是否具备开工条件的事实，认定开工日期。

1. 新旧条款对比

《新建设工程司法解释一》	《原建设工程司法解释二》
第八条 当事人对建设工程开工日期有争议的，人民法院应当分别按照以下情形予以认定：	第五条 当事人对建设工程开工日期有争议的，人民法院应当分别按照以下情形予以认定：
（一）开工日期为发包人或者监理人发出的开工通知载明的开工日期；开工通知发出后，尚不具备开工条件的，以开工条件具备的时间为开工日期；因承包人原因导致开工时间推迟的，以开工通知载明的时间为开工日期。	（一）开工日期为发包人或者监理人发出的开工通知载明的开工日期；开工通知发出后，尚不具备开工条件的，以开工条件具备的时间为开工日期；因承包人原因导致开工时间推迟的，以开工通知载明的时间为开工日期。
（二）承包人经发包人同意已经实际进场施工的，以实际进场施工时间为开工日期。	（二）承包人经发包人同意已经实际进场施工的，以实际进场施工时间为开工日期。
（三）发包人或者监理人未发出开工通知，亦无相关证据证明实际开工日期的，应当综合考虑开工报告、合同、施工许可证、竣工验收报告或者竣工验收备案表等载明的时间，并结合是否具备开工条件的事实，认定开工日期	（三）发包人或者监理人未发出开工通知，亦无相关证据证明实际开工日期的，应当综合考虑开工报告、合同、施工许可证、竣工验收报告或者竣工验收备案表等载明的时间，并结合是否具备开工条件的事实，认定开工日期

本条是关于建设工程开工日期确定方面的规定，由《原建设工程司法解释二》第五条内容承继而来，内容没有变化。

2. 关联法条

（1）《民法典》

第七百九十九条 建设工程竣工后，发包人应当根据施工图纸及说明书、国家颁发的施工验收规范和质量检验标准及时进行验收。验收合格的，发包人应当按照约定支付价款，并接收该建设工程。

建设工程竣工经验收合格后，方可交付使用；未经验收或者验收不合格的，不得交付使用。

（2）《建筑法》

第六十四条 违反本法规定，未取得施工许可证或者开工报告未经批准擅自施工的，责令改正，对不符合开工条件的责令停止施工，可以处以罚款。

（3）《建设工程质量管理条例》

第十三条 建设单位在开工前，应当按照国家有关规定办理工程质量监督手续，工程质量监督手续可以与施工许可证或者开工报告合并办理。

3. 条款精解

《建设工程施工合同（示范文本）》GF—2017—0201通用合同条款第1.1.4.1目规定：开工日期包括计划开工日期和实际开工日期。计划开工日期是指合同协议书约定的开工日期；实际开工日期是指监理人按照第7.3.2项〔开工通知〕约定发出的符合法律规定的开工通知中载明的开工日期。实务中关于工程工期的争议较为常见。开工日期是承包人履行合同义务的起算点，关系到承包人是否依约履行合同义务，是否承担违约责任。施工中，记载开工日期的文件通常有开工通知、开工报告、建设工程施工合同、施工许可证、竣工验收报告、竣工验收备案表等。那么，当事人对合同工期产生争议时，究竟以哪种文件作为开工日期，实务中争议很大。本条确定了原则上以发包人发出的开工通知载明的日期为准。如果发出开工通知时建设工程不具备开工条件，以开工条件具备时为开工日期。但如果开工条件的不具备是承包人的原因所致，以开工通知载明的时间为开工日期。如果没有签发开工通知，但承包人经发包人同意已经实际进场施工的，以实际进场施工的时间为开工日期。如果没有发出开工通知，也没有证据证明实际开工日期的，综合考虑开工报告、合同、施工许可证、竣工验收报告或竣工验收备案表等记载的时间，结合具备开工条件的事实，认定开工日期。

根据《建筑法》《建设工程质量管理条例》《建筑工程施工许可管理办法》等的规定，建设工程开工前，应当办理施工许可证或开工报告。一般而言，符合以下条件的，可以认定建设工程已具备开工条件：①取得国有土地使用权证，或已经办理该建筑工程用地批准手续；②取得建设用地规划许可证；③取得建设工程规划许可证；④施工场地平整、水通、电通、路通等基本施工条件具备；⑤已经确定施工企业；⑥有满足施工需要的技术资料，施工图设计文件已按规定审查合格；⑦有保证工程质量和安全的具体措施；⑧按照规定应当委托监理的工程已委托监理；⑨建设资金已经落实；⑩其他条件，比如材料设备、施工机械等能满足连续施工要求，临时设备能满足施工和生活的需要，施工器械经过检修能保证正常运转，劳动力已调集能满足施工需要，安全消防设备已经备齐等条件。在开工条件中，发包人需完善相关的行政审批手续，交付可以施工的现场，提供地质勘察资料、施工图纸等。因此，发包人和承包人都有义务积极完成开工应具备的条件，任何一方迟延履行义务，都会造成工程不能按期开工。《建设工程施工合同（示范文本）》GF—2017—0201通用合同条款第7.5.1项规定：合同履行过程中，因发包人原因导致工期（或）费用增加的，由发包人承担由此延误的工期和（或）增加的费用，其中与开工日期延误有关的情况主要有：①发包人未能按合同约定提供图纸或所提供图纸不符合合同约定的；②发包人未能按合同约定提供施工现场、施工条件、基础资料、许可、批准等开工条件的；③发包人未能在计划开工日期之日起7天内同意下达开工通知等。因发包人原因未按计划开工日期开工的，发包人应按实际开工日期顺延竣工日期，确保实际工期不低于合同约定的工期总日历天数。承包人不能按照合同约定提供施工材料设备、施工人员、施工机械不能及时进场等也可能会造成工程项目不能按期开工。此外，发包人在签订建设工程施工合同时，往往利用其强势地位将本应由其提供的施工条件部分委托承包人办理。如果不具备办理条件，承包人应及时通知发包人，否则，将承担不利后果。因承包人原因造成工期开工延误，承包人应采取合理的赶工措施并自行承担由此增加的费用，工期不予顺延。

若发包人强令承包人在不具备施工条件或未取得建设工程施工许可证的前提下进场施工，则承包人应保存相关证据，如现场施工的照片、发包人出具的有关函件。如承包人拖延或拒绝配合发包人办理开工的有关手续，则发包人应保存相关证据，作为日后索赔的依据，如要求承包人配合提供相关材料的函件、承包人的复函等。

八个开工日期的辨析如下：

①开工通知载明的开工日期：开工通知由发包人或者监理人发出，比如甲方准备完毕发出开工令。

②施工条件具备的日期：开工通知发出后，尚不具备开工条件的，以开工条件具备的时间为开工日期；因承包人原因导致开工时间推迟的，以开工通知载明的时间为开工日期。

③承包人实际进场施工的日期：承包人经发包人同意已经实际进场施工的，以实际进场施工时间为开工日期。

④开工报告载明的日期：承包人向发包人呈递的开工申请书（开工报告）。

⑤合同约定的开工日期：约定开工日期是计划开工日期，其具有不确定性，实际施工中，受政府政策、许可手续办理进度等影响，发包人可能迟迟无法确定开工日期，无法发出开工通知。

⑥施工许可证载明的开工日期：施工许可日只是关于开工合法性的文件，与开工日的认定并无直接关系；同时由于工程审批的严格及市场主体的逐利，经发包人许可，施工单位可能在施工许可之前，甚至施工条件不完全具备前，就先前进场施工。

⑦竣工验收报告或者竣工验收备案表载明的日期。

⑧综合认定的日期。

4. 延伸阅读

建设工程施工许可证办理流程

根据《建筑工程施工许可管理办法》第四条的规定，施工许可证的申领主体为建设单位，建设单位在申领施工许可证时，须具备以下条件：（一）依法应当办理用地批准手续的，已经办理该建筑工程用地批准手续；（二）依法应当办理建设工程规划许可证的，已经取得建设工程规划许可证；（三）施工场地已经基本具备施工条件，需要征收房屋的，其进度符合施工要求；（四）已经确定施工企业；（五）有满足施工需要的资金安排、施工图纸及技术资料，建设单位应当提供资金已经落实承诺书，施工图设计文件已按规定审查合格；（六）有保证工程质量和安全的具体措施。

根据《建筑工程施工许可管理办法》第五条的规定，建设单位在申领施工许可证时，应当按照如下程序来进行：（一）建设单位向发证机关领取《建筑工程施工许可证申请表》；（二）建设单位持加盖单位及法定代表人印鉴的《建筑工程施工许可证申请表》，并附本办法第四条规定的证明文件，向发证机关提出申请；（三）发证机关在收到建设单位报送的《建筑工程施工许可证申请表》和所附证明文件后，对于符合条件的，应当自收到申请之日起七日内颁发施工许可证；对于证明文件不齐全或者失效的，应当当场或者五日内一次告知建设单位需要补正的全部内容，审批时间可以自证明文件补正齐全后作相应顺延；对于不符合条件的，应当自收到申请之日起七日内书面通知建设单位，并说明理由。同时，建筑工程在施工过程中，如建设单位或者施工单位发生变更的，应当重新申请领取施工许可证。

5. 相关案例

（1）【案例索引】（2020）桂05民终522号广西某土地开发有限公司（以下简称广西某土地公司）与湛江市某建筑工程有限公司建设工程施工合同纠纷案

【裁判要旨】监理人发出开工通知后，尚不具备开工条件的，以开工条件具备的时间为开工日期。

【裁判摘要】关于案涉工程的开工日期认定。上诉人主张根据其一审提供的证据1的第2—4页的工程联系单、签证单、D栋基坑图，被上诉人提供的证据《关于催要工程款及进行工程结算的报告》，均证明本案实际的开工日期为2010年6月29日。而一审法院认定根据双方签订的中标备案合同所发出的2010年12月25日的A、B栋的开工令所载时间为进场时间。由于开工令是根据中标备案的合同所作出的，只是中标备案合同的组成部分，不是双方当事人真正履行的合同开工令，不能根据《原建设工程司法解释二》第五条第（一）项的规定认定工程开工日期，而应该根据第（二）项的规定即实际进场施工时间来认定开工日期。

对该主张，二审法院查明，案涉工程的监理方就案涉A栋、B栋工程发出开工通知的开工时间分别为2010年8月28日和2010年12月25日。但B栋工程因在未取得建设工程施工许可证的情况下擅自开工于2010年12月被北海市建设委员会出具广西建设行政执法（处罚）责令改正通知书，责令停止施工并改正。广西某土地公司于2010年12月24日取得桂润尚东海岸B栋住宅楼、地下室的建筑工程施工许可证，于2011年8月26日取得桂润尚东海岸A栋住宅楼、地下室的建筑工程施工许可证。无论是被上诉人自认的2010年6月29日实际进场施工，还是按上诉人监理方发出的开工令记载的时间开工，均因建设行为违法被责令停建改正，依据《原建设工程司法解释二》第五条第（一）项"当事人对建设工程开工日期有争议的，人民法院应当分别按照以下情形予以认定：（一）开工日期为发包人或者监理人发出的开工通知载明的开工日期；开工通知发出后，尚不具备开工条件的，以开工条件具备的时间为开工日期；因承包人原因导致开工时间推迟的，以开工通知载明的时间为开工日期"的规定，一审认定案涉 B 栋工程具备开工条件的时间即 2010 年 12 月 24 日为开工时间，A 栋具备开工条件的时间即 2011 年 8 月 26 日为开工时间并无不当。

（2）【案例索引】（2020）赣民终 529 号新余某建设工程有限公司（以下简称新余某公司）与江西某房地产开发有限公司（以下简称江西某房地产开发公司）建设工程施工合同纠纷案

【裁判要旨】发包人或者监理人发出开工通知后，如发包人未提供施工设计图纸，或未按照约定的时间和要求提供原材料、设备、场地、资金、技术资料等，承包人可以顺延工程日期，并有权要求停工、窝工等损失。尚不具备开工条件的，以开工条件具备的时间为开工日期。

【裁判摘要】新余某公司没有延误工期。案涉工程开工日期依法应确定为 2015 年 11 月 30 日。首先，根据《原建设工程司法解释二》第五条之规定，开工日期为发包人或者监理人发出的开工通知载明的开工日期；开工通知发出后，尚不具备开工条件的，以开工条件具备的时间为开工日期。本案中，江西某房地产开发公司于 2015 年 7 月 30 日取得建设用地规划许可证，于 2015 年 8 月 19 日取得建筑工程施工许可证，监理单位于 2015 年 8 月 19 日才下达开工令。根据双方合同约定，开工日期以收到发包方或监理公司的开工令后第二天开始计算。但开工令发出后，江西某房地产开发公司未提供给新余某公司施工设计图纸，不具备开工条件，即江西某房地产开发公司对设计图纸多次修改，双方与设计单位于 2015 年 11 月 25 日才进行图纸会审，江西某房地产开发公司于 2015 年 11 月 30 日才签字确认会审解决的问题。其次，根据《合同法》第二百八十三条的规定，发包人未按照约定的时间和要求提供原材料、设备、场地、资金、技术资料的，承包人可以顺延工程日期，并有权要求停工、窝工等损失。退一步讲，即使二审法院仍认定开工日期为 2015 年 8 月 20 日，2015 年 8 月 20 日至 11 月 30 日这段工期，因江西某房地产开发公司未按约定提供技术材料、完成图纸会审，也应依法应顺延，且江西某房地产开发公司应当向新余某公司支付相应停工、窝工的损失。最后，具体开工时间应以法律规定为准，而不是以江西某房地产开发公司推测为准，江西某房地产开发公司主张开工日期按竣工验收备案表所载明的 2015 年 3 月 18 日起算，没有事实和法律依据。

（3）【案例索引】（2020）闽 07 民终 565 号南平市某库区建设工程有限公司（以下简称南平某库区建设公司）与福建省某林业试验场（以下简称福建某林业场）建设

工程施工合同纠纷案

【裁判要旨】发承包双方签订的合同所涉工程开工日期的约定仅是预设，发包人或者监理人未发出开工通知，亦无相关证据证明实际开工日期的，应当综合考虑开工报告、合同、施工许可证、竣工验收报告或者竣工验收备案表等载明的时间，并结合是否具备开工条件的事实，认定开工日期。

【裁判摘要】首先，双方签订的合同所涉工程开工日期的约定仅是预设，南平某库区建设公司亦在本案诉讼中主张系福建某林业场的原因致使无法如期开工，故合同约定的日期不能作为实际开工日期认定。福建某林业场在本案中以已支付部分工程款及南平某库区建设公司出具税票来证明开工日期系合同约定的 2010 年 9 月 25 日，但工程竣工验收报告的形成时间迟于上述证据，故工程竣工验收报告的证明效力优于上述证据。《原建设工程司法解释二》第五条第（三）项规定："当事人对建设工程开工日期有争议的，人民法院应当分别按照以下情形予以认定……（三）发包人或者监理人未发出开工通知，亦无相关证据证明实际开工日期的，应当综合考虑开工报告、合同、施工许可证、竣工验收报告或者竣工验收备案表等载明的时间，并结合是否具备开工条件的事实，认定开工日期。"一审法院根据双方确认的《竣工验收报告》，认定案涉工程开工日期为 2010 年 11 月 17 日正确，福建某林业场主张以合同约定的日期为开工日期的理由不能成立。

第九条 当事人对建设工程实际竣工日期有争议的，人民法院应当分别按照以下情形予以认定：

（一）建设工程经竣工验收合格的，以竣工验收合格之日为竣工日期；

（二）承包人已经提交竣工验收报告，发包人拖延验收的，以承包人提交验收报告之日为竣工日期；

（三）建设工程未经竣工验收，发包人擅自使用的，以转移占有建设工程之日为竣工日期。

1. 新旧条款对比

《新建设工程司法解释一》	《原建设工程司法解释一》
第九条 当事人对建设工程实际竣工日期有争议的，人民法院应当分别按照以下情形予以认定： （一）建设工程经竣工验收合格的，以竣工验收合格之日为竣工日期； （二）承包人已经提交竣工验收报告，发包人拖延验收的，以承包人提交验收报告之日为竣工日期； （三）建设工程未经竣工验收，发包人擅自使用的，以转移占有建设工程之日为竣工日期	第十四条 当事人对建设工程实际竣工日期有争议的，按照以下情形分别处理： （一）建设工程经竣工验收合格的，以竣工验收合格之日为竣工日期； （二）承包人已经提交竣工验收报告，发包人拖延验收的，以承包人提交验收报告之日为竣工日期； （三）建设工程未经竣工验收，发包人擅自使用的，以转移占有建设工程之日为竣工日期

本条源自《原建设工程司法解释一》第十四条，其中个别文字予以调整，内容无变化。

2. 关联法条

（1）《民法典》

第七百九十九条　建设工程竣工后，发包人应当根据施工图纸及说明书、国家颁发的施工验收规范和质量检验标准及时进行验收。验收合格的，发包人应当按照约定支付价款，并接收该建设工程。

建设工程竣工经验收合格后，方可交付使用；未经验收或者验收不合格的，不得交付使用。

（2）《建筑法》

第六十一条　交付竣工验收的建筑工程，必须符合规定的建筑工程质量标准，有完整的工程技术经济资料和经签署的工程保修书，并具备国家规定的其他竣工条件。

建筑工程竣工经验收合格后，方可交付使用；未经验收或者验收不合格的，不得交付使用。

（3）《建设工程质量管理条例》

第十六条　建设单位收到建设工程竣工报告后，应当组织设计、施工、工程监理等有关单位进行竣工验收。

建设工程竣工验收应当具备下列条件：

（一）完成建设工程设计和合同约定的各项内容；

（二）有完整的技术档案和施工管理资料；

（三）有工程使用的主要建筑材料、建筑构配件和设备的进场试验报告；

（四）有勘察、设计、施工、工程监理等单位分别签署的质量合格文件；

（五）有施工单位签署的工程保修书。

建设工程经验收合格后，方可交付使用。

3. 条款精解

本条是关于当事人对实际竣工日期有争议时如何认定的规定，《新建设工程司法解释一》对竣工日期的认定情形未做修改，仅是文字表述修订，与第八条开工日期的"予以认定"用语一致，确保了用语的严谨和前后统一。

《建设工程施工合同（示范文本）》GF—2017—0201通用合同条款第13.2.3项规定："工程经竣工验收合格的，以承包人提交竣工验收申请报告之日为实际竣工日期。"本条规定与上述示范文本通用合同条款约定不一致。适用时应注意，工程经竣工验收合格的，司法上认定实际竣工日期应以本条规定为依据，除非发包人构成拖延验收。

　　工程实务中往往存在竣工验收未通过，承包人进行整改后再次申请竣工验收的情形。该种情形下，承包人提交竣工验收申请报告的时间应以整改后再次提交验收申请报告的时间为准。协商验收（带缺陷验收）后的整改，甩项验收后的继续施工，不影响实际竣工日期的认定。

　　交付质量合格的建设工程是承包人的主要合同义务。建设工程必须经验收合格，才能交付使用。《建设工程质量管理条例》第十六条、《民法典》第七百九十九条明确规定：建设工程竣工经验收合格后，方可交付使用；未经验收或者验收不合格的，不得交付使用。《建设工程施工合同（示范文本）》GF—2017—0201 通用合同条款第 13.2款 [竣工验收] 条款规定：工程具备以下条件的，承包人可以申请竣工验收：（1）除发包人同意的甩项工作和缺陷修补工作外，合同范围内的全部工程以及有关工作，包括合同要求的试验、试运行以及检验均已完成，并符合合同要求；（2）已按合同约定编制了甩项工作和缺陷修补工作清单以及相应的施工计划；（3）已按合同约定的内容和份数备齐竣工资料。因此，工程竣工后的验收，是对承包人履行义务是否符合合同约定进行的检验，也是承包人请求支付工程款的前提条件。建设工程完工后，承包人应当按照国家竣工验收的有关规定，向建设单位申请竣工验收，并提供完整的竣工资料、竣工验收报告。发包人收到竣工验收报告后，应及时组织有关勘察、设计、施工、监理单位参加竣工验收。

　　竣工验收是对已完工工程质量的综合检验，是判断工程质量是否合格的施工程序。实践中，工程完工之日和竣工验收合格之日有一个时间差。以哪一个时间作为竣工验收合同之日关涉工程款的结算时间、利息起算时间、是否工期违约等诸多问题，对发承包双方利益影响巨大。

　　（1）一般情况下，建设工程经竣工验收合格的，以竣工验收合格之日为竣工日期。

　　承包人完成建设工程施工合同的约定全部施工内容后，按照合同约定向发包人提出工程竣工验收申请报告，承包人收到申请报告后，组织勘察、设计、施工、监理等单位对工程进行竣工验收，工程验收合格的，验收合格之日为实际竣工日期，而非承包人提交竣工验收申请报告之日。需要引起注意的是，《建设工程施工合同（示范文本）》GF—2017—0201 通用合同条款第 13.2.3 项 "工程经竣工验收合格的，以承包人提交竣工验收申请报告之日为实际竣工日期" 的规定，与本条规定不一致，应以本条规定为准。

　　实践中，工程竣工验收报告包含以下几个日期：开工日期，工程完成日期，监理、勘察设计、施工验收等单位联合验收日期，专业管理部门验收同意通过验收日期，质量监督站提出意见日期。对以哪一个日期作为建设工程验收合格之日，实务中存在较大争议。《安徽省高级人民法院关于审理房屋买卖合同纠纷案件适用法律问题的指导意见》第 4 条规定：房屋买卖格式合同约定以"该商品房经验收合格"作为交付条件，一般应以出卖人（建设单位）组织勘察、设计、施工、监理等单位进行工程竣工验收并出具验收合格的意见作为认定房屋经验收合格的依据。但规划、公安消防、环保、城建档案管理等专门管理部门尚未出具认可性意见的，不应认定房屋已经验收合格。2010 年 7 月 15 日《盐城市中级人民法院关于审理建设工程施工合同纠纷案件若干问题的指导意见》第 11 条规定：建设工程竣工验收合格日期一般以当事人认可的工程竣工验收合格时间为竣工验收合格日期。《工程竣工验收报告》与《单位工程竣工验收证明书》载明的工程竣工验收日期不一致时，且当事人对建设工程竣工验收合格日期有争议的，应当以《工程竣工验收报告》中载明的工程竣工验收日期为准。

结合《建设工程质量管理条例》第十六条的规定，我们认为，工程竣工验收合格时间应以监理、勘察设计、施工验收等单位联合验收并出具验收合格意见的日期作为竣工验收合格日期。

（2）承包人已经提交竣工验收报告，发包人拖延验收的，以承包人提交验收报告之日为竣工日期。

根据《建设工程质量管理条例》第十六条的规定，建设单位收到建设工程竣工报告后，应当组织设计、施工、工程监理等有关单位进行竣工验收。也就是说，发包人是验收主体，在验收中处于主导地位。建设工程完工后，发包人收到承包人提交的竣工验收申请报告后，应及时组织验收。《建设工程施工合同（示范文本）》GF—2017—0201 规定：发包人收到承包人竣工验收申请报告且具备验收条件的，发包人应在 42 天内完成竣工验收。但发包人往往为了达到拖延支付工程款等目的，拖延验收。因此，本条规定承包人已经提交竣工验收报告，发包人拖延验收的，以承包人提交验收报告之日为竣工日期；当然，适用本条款的前提是承包人完工工程具备验收条件，如果发包人有证据证明不具备验收条件，则不能以承包人提交验收报告之日为竣工日期。

拖延验收的认定。根据《建设工程施工合同（示范文本）》GF—2017—0201 通用合同条款的规定，符合竣工验收条件后，承包人向监理人报送竣工验收申请报告，监理人应在收到竣工验收申请报告后 14 天内完成审查并报送发包人。监理人审查后认为尚不具备验收条件的，应通知承包人在竣工验收前承包人还需完成的工作内容，承包人应在完成监理人通知的全部工作内容后，再次提交竣工验收申请报告。监理人审查后认为已具备竣工验收条件的，应将竣工验收申请报告提交发包人，发包人应在收到经监理人审核的竣工验收申请报告后 28 天内审批完毕并组织监理人、承包人、设计人等相关单位完成竣工验收。因此，如果发包人收到竣工验收申请报告42天内没有完成竣工验收，且无正当理由，应认定发包人拖延验收，以承包人提交验收报告之日为竣工日期。

（3）建设工程未经竣工验收，发包人擅自使用的，以转移占有建设工程之日为竣工日期。

《建设工程质量管理条例》《民法典》等法律法规明确规定，建设工程经验收合格，才能交付使用。但实践中，发包人往往因为自己的需要，在工程未经验收合格的情况下，就擅自使用建设工程。发包人的擅自使用，意味着发包人接受了建设工程。《民法典》第六百零四条规定：标的物毁损、灭失的风险，在标的物交付之前由出卖人承担，交付之后由买受人承担，但是法律另有规定或者当事人另有约定的除外。因此，在发包人擅自使用建设工程后，建设工程的风险应发包人承担。即承包人完成的工程质量合格，发包人应按合同约定支付工程款。

关于擅自使用的认定，《建筑法》第六十一条规定：交付竣工验收的建筑工程，必须符合规定的建筑工程质量标准，有完整的工程技术经济资料和经签署的工程保修书，并具备国家规定的其他竣工条件。建筑工程竣工经验收合格后，方可交付使用；未经验收或者验收不合格的，不得交付使用。《合同法》第二百七十九条规定：建设工程竣工经验收合格后，方可交付使用；未经验收或者验收不合格的，不得交付使用。《建设工程质量管理条例》第五十八条规定：建设单位未组织竣工验收或验收不合格，擅自交付适用的，责令改正，处工程合同价款2%以上4%以下的罚款；造成损失的，依法承担赔偿责任。因此，未经验收或验收未通过即擅自使用，是法律禁止的行为。根据上述法律法规的规定，在建设工程的语境下，擅自使用的含义为，发包人为提前获得投资收益，违反法律规定，使用未经竣工验收或者虽经验收但不合格的建设工程的行为。在未经验收的情况下，即使承包人同意发包人使用，也构成本条的擅自使用。

另外，《新建设工程司法解释一》仍然沿用了《原建设工程司法解释一》第十四条、《原建设工程司法解释二》第八条的承包人提交"竣工验收报告"的错误表述。承包人申请竣工验收提交的报告应为"竣工验收申请报告"或者"竣工报告"，发包人组织竣工验收通过后，四方主体盖章形成的才是"竣工验收报告"。《新建设工程司法解释一》未予修正，稍有遗憾。

4. 延伸阅读

依据《房屋建筑和市政基础设施工程竣工验收规定》第五条的规定，工程符合下列要求方可进行竣工验收：（一）完成工程设计和合同约定的各项内容；（二）施工单位在工程完工后对工程质量进行了检查，确认工程质量符合有关法律、法规和工程建设强制性标准，符合设计文件及合同要求，并提出工程竣工报告，工程竣工报告应经项目经理和施工单位有关负责人审核签字；（三）对于委托监理的工程项目，监理单位对工程进行了质量评估，具有完整的监理资料，并提出工程质量评估报告，工程质量评估报告应经总监理工程师和监理单位有关负责人审核签字；（四）勘察、设计单位对勘察、设计文件及施工过程中由设计单位签署的设计变更通知书进行了检查，并提出质量检查报告，质量检查报告应经该项目勘察、设计负责人和勘察、设计单位有关负责人审核签字；（五）有完整的技术档案和施工管理资料；（六）有工程使用的主要建筑材料、建筑构配件和设备的进场试验报告，以及工程质量检测和功能性试验资料；（七）建设单位已按合同约定支付工程款；（八）有施工单位签署的工程质量保修书；（九）对于住宅工程，进行分户验收并验收合格，建设单位按户出具《住宅工程质量分户验收表》；（十）建设主管部门及工程质量监督机构责令整改的问题全部整改完毕；（十一）法律、法规规定的其他条件。

5. 相关案例

（1）【案例索引】（2020）鲁 06 民终 6277 号海阳市某房地产开发有限公司（以下简称某房地产开发有限公司）与海阳市某建筑公司（以下简称某建筑公司）建设工程施工合同纠纷案

【裁判要旨】建设工程未经竣工验收，发包人擅自使用的，以转移占有建设工程之日为竣工日期。

【裁判摘要】《原建设工程司法解释一》第十四条第（三）项规定：建设工程未经竣工验收，发包人擅自使用的，以转移占有建设工程之日为竣工日期。本案中，某房地产开发有限公司、某建筑公司双方虽未对案涉工程进行决算，但在某建筑公司施工完毕后，其他另外承包人承包的分项工程均陆续施工完毕，且有业主拿到了钥匙进行装修，此应视为某房地产开发有限公司擅自使用案涉工程。某建筑公司主张 2018 年 10 月再次撤场，某房地产开发有限公司主张 2019 年 5、6 月撤场，双方均无证据证明，双方亦无工程移交手续，且 2019 年 1 月某建筑公司将结算报告提交给了某房地产开发有限公司，应以某房地产开发有限公司主张的撤场时间即 2019 年 6 月作为工程交付时间。因案涉工程未进行竣工验收，且未验收的原因不在某建筑公司，因此，案涉工程质保期的起算时间应是工程交付之时，至某建筑公司 2019 年 8 月 7 日起诉时，尚未届满合同约定的 2 年或 5 年的质保期，质保金（8590873.22 元的 5% 为 429543.66 元）应在质保期届满后另行主张。

（2）【案例索引】（2020）苏 13 民终 2848 号肖某某与宿迁某建设有限公司（以下简称某建设公司）、宿迁市某置业有限公司（以下简称某置业公司）建设工程施工合同纠纷案

【裁判要旨】当事人对建设工程实际竣工日期有争议的，经竣工验收合格的，以竣工验收合格之日为竣工日期。

【裁判摘要】关于涉案工程竣工验收时间问题。某建设公司与肖某某签订的内部承包合同约定，肖某某代表某建设公司全面履行某建设公司与某置业公司签订的施工合同，故肖某某应受某建设公司与某置业公司签订的施工合同内容约束。某建设公司与某置业公司签订的施工合同第 12.4.1 条关于付款周期约定，苗木种植养护部分，工程完工并通过主管部门验收合格后支付至该部分合格工程量的 40%，管养一年且经审计完成后支付至该部分合格工程量的 70%，管养二年后支付至该部分合格工程量的 90%，管养到期根据最终验收情况及审计结果支付余款。故绿化工程的验收须以主管部门的验收作为最终验收，一审法院根据某置业公司提交的宿迁经济技术开发区建设局出具的绿化工程验收合格意见书，认定绿化工程于 2019 年 6 月 17 日验收合格并无不当。对于景观铺装、道路、管网、亮化等工程，肖某某仅提供雨污水管道竣工验收记录，未能提供其余部分的竣工验收记录，一审法院根据某置业公司提交的主管部门的工程专项验收合格意见书认定相关工程的竣工验收时间，并无不当。肖某某向政务服务热线咨询的问题为幼儿园收费标准，相关部门回复幼儿园于 2018 年 7 月 13 日开始招生，与工程使用时间并非同一问题，且案涉工程仅为三树新城幼儿园附属工程，不能以幼儿园招生时间确定案涉工程的使用时间。肖某某以此主张案涉工程竣工验收时间为 2018 年 7 月 13 日，不能成立。

（3）【案例索引】（2020）豫 04 民终 3707 号平顶山某煤业股份有限公司十矿、河南某建筑工程有限公司（以下简称某建筑公司）建设工程施工合同纠纷案

【裁判要旨】承包人已经提交竣工验收报告，发包人拖延验收的，以承包人提交验收报告之日为竣工日期。

【裁判摘要】关于工程竣工日期问题。虽然本案工程未经正式竣工验收，但某建筑公司提交了工程竣工报告、某房地产公司成本管理部文件接收登记簿、照片，能够证明本案工程已于 2016 年 1 月 14 日经监理单位平顶山市某工程监理有限公司竣工验收，出具验收报告，并于 2016 年 5 月 3 日向某房地产公司提交了有关资料，依照《原建设工程司法解释一》第十四条第（二）项"承包人已经提交竣工验收报告，发包人拖延验收的，以承包人提交验收报告之日为竣工日期"的规定，本案工程于 2016 年 5 月 3 日竣工。

第十条　当事人约定顺延工期应当经发包人或者监理人签证等方式确认，承包人虽未取得工期顺延的确认，但能够证明在合同约定的期限内向发包人或者监理人申请过工期顺延且顺延事由符合合同约定，承包人以此为由主张工期顺延的，人民法院应予支持。

当事人约定承包人未在约定期限内提出工期顺延申请视为工期不顺延的，按照约定处理，但发包人在约定期限后同意工期顺延或者承包人提出合理抗辩的除外。

1. 新旧条款对比

《新建设工程司法解释一》	《原建设工程司法解释二》
第十条　当事人约定顺延工期应当经发包人或者监理人签证等方式确认，承包人虽未取得工期顺延的确认，但能够证明在合同约定的期限内向发包人或者监理人申请过工期顺延且顺延事由符合合同约定，承包人以此为由主张工期顺延的，人民法院应予支持。 当事人约定承包人未在约定期限内提出工期顺延申请视为工期不顺延的，按照约定处理，但发包人在约定期限后同意工期顺延或者承包人提出合理抗辩的除外	第六条　当事人约定顺延工期应当经发包人或者监理人签证等方式确认，承包人虽未取得工期顺延的确认，但能够证明在合同约定的期限内向发包人或者监理人申请过工期顺延且顺延事由符合合同约定，承包人以此为由主张工期顺延的，人民法院应予支持。 当事人约定承包人未在约定期限内提出工期顺延申请视为工期不顺延的，按照约定处理，但发包人在约定期限后同意工期顺延或者承包人提出合理抗辩的除外

本条由《原建设工程司法解释二》第六条承继而来，内容无变化。

2. 关联法条

《民法典》

第八百零三条　发包人未按照约定的时间和要求提供原材料、设备、场地、资金、技术资料的，承包人可以顺延工程日期，并有权请求赔偿停工、窝工等损失。

3. 条款精解

本条是关于工期顺延的程序性规定，第一次在法律层面上正式规定索赔逾期失权问题。

（1）条款内容分解

关于"双方确认"与"单方申请"之间的关系，简单来说，就是双方确认太苛刻，申请过就行。对于工期顺延问题，虽然规定应当双方确认，但是能够证明申请过就行，无需太严格依照约定。即当事人约定顺延工期应当经发包人或者监理人签证等方式确认，承包人虽未取得工期顺延的确认，但能够证明在合同约定的期限内向发包人或者监理人申请过工期顺延且顺延事由符合合同约定，承包人以此为由主张工期顺延的，人民法院应予支持。

关于"逾期失权"与"合理抗辩"之间的关系，简单来说就是"逾期失权，有约定按约定，两点例外"。即约定未在约定期限内提出工期顺延申请视为工期不顺延的，按照约定处理，但发包人在约定期限后同意工期顺延或者承包人提出合理抗辩的除外。

在实务理解与使用的过程中，需要注意以下几个方面。

本条第一款规定与工程惯例存在冲突，加重了承包人的举证责任。依据《建设工程施工合同（示范文本）》GF—2017—0201通用合同条款第19.2款第（2）项的规定，发包人收到承包人索赔后逾期答复的，则视为认可承包人的索赔要求。而依据本条第一款规定，承包人在约定期限内申请工期顺延，发包人逾期答复的情况下，承包人仍需证明工期顺延事由符合合同约定，对承包人的要求更为严苛。

"承包人未在约定期限内提出工期顺延申请视为工期不顺延"的约定，属于"逾期索赔失权"条款。《建设工程施工合同（示范文本）》GF—2017—0201通用合同条款第19.1款第（1）项规定：承包人未在约定期限内发出索赔意向通知书的，丧失要求追加付款和（或）延长工期的权利。但司法实务中，法院对影响当事人重大权利义务的通用合同条款往往不认可，因此，建议"逾期索赔失权"应在专用合同条款或其他合同文件中特别约定。另外，仅约定工期索赔的期限，未明确"未在约定期限内提出工期顺延申请视为工期不顺延"的，承包人逾期索赔不产生失权的后果。

本条第二款在承认"逾期索赔失权"的前提下，又用但书设置了除外情形——"但发包人在约定期限后同意工期顺延或者承包人提出合理抗辩的除外"。所谓的"合理抗辩"，通常理解是承包人提出未能在约定期限内提出索赔的合理理由。

（2）承包人应如何申请工期顺延

根据该条第一款的规定，当事人约定顺延工期应当经发包人或者监理人签证等方式确认，承包人虽未取得工期顺延的确认，但能够证明在合同约定的期限内向发包人或者监理人申请过工期顺延且顺延事由符合合同约定，承包人以此为由主张工期顺延的，人民法院应予支持。对于这一规定，应当注意以下两个方面：①在约定的期限内向发包人或监理人申请过；②申请顺延的事由符合合同约定。

（3）逾期失权以及例外的情形

根据该条第二款的规定，当事人约定承包人未在约定期限内提出工期顺延申请视为工期不顺延的，按照约定处理，但发包人在约定期限后同意工期顺延或者承包人提出合理抗辩的除外。对于该规定，可以从以下几个方面理解。

①有约定，依约定。当事人在合同中约定"未在约定时间提出工期顺延申请视为不顺延"，根据意思自治原则，当事人的这一约定条款并不违反国家法律、行政法规的强制性规定，自愿达成，合法有效，应予遵守。

②例外情形。虽然逾期提出工期顺延，但是发包人同意或承包人提出合理抗辩的，应认定工期顺延。

a. 发包人同意。超过合同约定期限的，如承包人能够证明发包人在约定期限后仍同意工期顺延，则法院应认定工期顺延。比如会议纪要、往来函件、承诺书等文件中表明其同意工期顺延，应视为发包人与承包人变更了施工合同原来的约定，不再依照约定的索赔程序。

b. 合理抗辩。如工程变更，工程量增加，情势变更、不可抗力等导致停工，证明工期应该予以顺延，而且承包人对其未申请工期顺延有合理解释，应当结合相关证据予以认定工期顺延。注意合理抗辩的理解。并非未提出工期顺延申请就一概否决同意工期顺延，而是应区分工期延误的原因。比如发包人付款迟延、增加工程量等可以克服的情况，如承包人未提出工期顺延申请，此种情况有可能会被认为承包人能够克服而未对工期造成影响而无需顺延；比如施工场地拆迁未完成、不可预见的不利地质条件等无法克服的情况，这些情形属于无法逾越的施工障碍，则是否申请不再成为顺延的要件。

（4）如何认定"约定明确"？

所谓约定明确，应当包括两个方面：一是"条款有约定"，二是"约定有后果"。

①条款有约定。须在专用条款中有约定，如果仅在施工合同通用合同条款中约定"逾期索赔失权"及"逾期答复视为认可"，在专用合同条款未有约定的，难以得到司法支持。

②约定有后果。须有明确的后果，即当事人仅约定承包人提出工期顺延的申请期限，但并未明确约定未在约定时间内提出申请视为工期不顺延或者视为放弃顺延权利。这种情况下则不能视为约定"明确"，不能适用该条规定。需要提醒注意的是很多情况下当事人不知道还有后半句即当事人对法律后果未进行约定，从而导致无法适用该条款。最高人民法院明确，当事人仅约定承包人提出工期顺延申请的期限，但未明确约定未在约定时间内提出申请视为工期不顺延或者视为放弃权利，则不能直接认定承包人未申请顺延工期的后果是丧失主张工期顺延权利[1]。

（5）影响工期顺延的原因有哪些？

①工程量增加与工期顺延。实践中，经常发生设计变更、工程量增加。比如，超出原图纸施工范围，由此引起等待变更指令、协商、变更施工准备、材料采购、机械

---

[1] 最高人民法院民事审判第一庭. 最高人民法院新建设工程施工合同司法解释（一）理解与适用 [M]. 北京：人民法院出版社，2021.

设备准备等，承包人有权对增加的工作内容提出工期补偿。但是，有些工程增量并不会影响工期，对于大量工程变更，如承包人未提出顺延工期的书面申请，并经发包人或承包人认可，则难以确定顺延天数。所以及时提出工期顺延签证以及固定证据很重要。

②发包人另行分包与工期顺延。发包人另行分包的工程原则上不应当影响承包人施工。是否影响工期顺延，具体情况具体对待。在承包人收取分包配合费的情况下，收了钱就应该负责任，承包人应对分包的工程的施工进度予以合理的安排和监督，承担对工期合理延误的后果。所以，如果承包人未履行职责，未能合理安排配合分包工程，则承包人应当承担工期延误责任。如果因发包人延迟分包，分包延迟进场或分包施工延迟等原因致使工期延误，承包人有权主张工期顺延。实务中需要注意的是，如果承包人作为施工单位并无充分证据证明是由于发包人和分包人原因导致工期延误，承包人仍应对工期延误承担相应责任，所以及时签证和固定证据很重要。

③不可抗力。不可抗力是法律规定的免责事由，如果因不可抗力而未能在工期内完成工程，有权顺延工期。不可抗力事件主要有自然灾害，包括地震、海啸等；有政府行为，包括如重度雾霾天气发布停止施工命令、征收、征用等；有社会异常事件，如战争、骚乱、罢工等。

④恶劣气候条件。恶劣气候条件是指大雪、冰冻、低温、大风（扬沙）、高温炎热、降雨和连续降雨等天气条件。属于自然灾害和自然环境引起的气候条件的变化。针对恶劣气候条件会有许多防范措施，将恶劣气候的影响降到最低，对恶劣气候引起的后果也客观完全避免。恶劣气候可以构成不可抗力，但是并非所有的恶劣气候都构成不可抗力。不可抗力和恶劣气候条件可以从不可预见性、不可克服和不可避免去进行区分。对于恶劣气候条件是否构成不可抗力以及是否能够影响工期，当事人最好在合同中进行明确的约定。

⑤不可预见的不利地质条件。《建设工程施工合同（示范文本）》GF—2017—0201通用合同条款第3.4条规定：承包人应对施工现场和施工条件进行查勘，并充分了解工程所在地的气象条件、交通条件、风俗习惯以及其他与完成合同工作有关的资料。因承包人未能充分查勘、了解前述情况或未能充分估计前述情况所可能产生的后果的，承包人承担由此增加的费用和（或）延误的工期。地质条件是招标投标、报价、签订合同的重要依据之一。在报价和签订合同的时候，是根据已经知道的或可以预测预见的地质条件。在施工合同履行过程中，如果出现预见不到的地质条件，那么施工方案将会发生变化进行调整。合同基础发生变更了，工程款和工期应当发生改变。所以，根据是否可以预见，针对具体案件，要具体情况，区别对待。一是应当预见的情形，根据上述《建设工程施工合同（示范文本）》GF—2017—0201通用合同条款第3.4条

的规定，承包人有义务对施工现场和施工条件进行查勘。如果承包人应当预见到，则工期不能顺延。二是不可预见的情形，如果遇到不可预见的不利地质条件，承包人可以依据该情形采取合理措施，提出处理方案，必要时承包人可聘请地质专家对方案和措施进行论证。需要注意的是，承包人一定要报监理人和发包人批准，不要擅自改变施工方案，符合以上这些条件，承包人才可以主张工期顺延。

⑥不具备开工条件。《民法典》第八百零三条规定：发包人未按照约定的时间和要求提供原材料、设备、场地、资金、技术资料的，承包人可以顺延工程日期，并有权请求赔偿停工、窝工等损失。根据上述规定，由发包人提供场地的，发包人应当按照合同约定向承包人提供承包人施工、操作、运输、堆放材料设备的场地以及建设工作涉及的周围场地（包括一切通道）。由发包人提供工程建设所需资金的，发包人应当按照约定的时间和数额向承包人支付（这里的资金一般是指工程款）。由发包人提供有关工程建设的技术资料的，发包人应当按照合同约定的时间和份数向承包人提供符合约定要求的技术资料。这里的技术资料主要包括勘察数据、设计文件、施工图纸以及说明书等。因为根据法律、行政法规的规定，承包人必须按照国家规定的质量标准、技术规程和设计图纸、施工图等技术资料进行施工，如果发包人未能按照约定提供技术资料，承包人就不能正常进行工作，在这种情况下，承包人可以要求发包人在合理期限内提供建设工作所必需的技术资料并有权暂停工作，顺延工期，因此给承包人造成损失的，承包人还有权要求发包人承担因停工、窝工所造成的损失。可以看出，发包人未准备好材料、设备、场地、图纸等开工条件。如果发包人确实存在材料供应不及时等的现象，承包人有权主张工期顺延。

4. 延伸阅读

工程签证的注意事项

工程签证是建设工程合同履行过程中工程变更的具体体现，是工程发包及承包方在施工过程中对费用、工期、造价调整、赔偿损失等所达成的双方意思表示一致的文件载体。

（1）及时性

凡涉及经济费用支出的停工、窝工、用工、机械台班等，应在发生后第一时间与现场代表核实后签证，如果现场代表拒签，可退一步争取其签认事实及工期顺延情况。签证送达也要及时，无论是直接送达、邮寄送达或是公告送达，都要留下送达和签收的记录。

（2）规范化

签证没有明确的格式，行业内部的流通版本也较为随意。可能会表现为技术核定单、会议纪要、补充协议、来往函件等书面形式。建议签证的内容应包含工程名称、签证编号、分部分项、施工单位、监理单位、工程量计算等。

在签证时应对签署主体进行审核，确认其是否是合同的当事人或者在当事人授权范围内有签署权利的人。具体内容应当明确、翔实、尽量减少争议。

（3）部分签证规定

《建设工程价款结算暂行办法》第十四条第（六）项规定："发包人要求承包人完成合同以外零星项目，承包人应在接受发包人要求的7天内就工程量和单价、机械台班数量和单价、使用材料的金额等向发包人提出施工签证，发包人签证后施工。"

《建设工程工程量清单计价规范》GB 50500—2013 第 2.0.24 条将现场签证定义为发包人现场代表（或其授权的监理人、工程造价咨询人）与承包人现场代表就施工过程中涉及的责任事件所作的确认证明。根据该规范条文说明第 2.0.24 条，所谓"责任事件"，是指"由于发包人责任致使承包人在工程施工过程中于合同内容外发生了额外的费用或其他与合同约定事项不符的情况"。

5. 相关案例

（1）【案例索引】（2019）云民终 1405 号云南某建筑经营有限公司（以下简称云南某建筑公司）与昆明某建设投资有限公司（以下简称昆明某投资公司）建设工程施工合同纠纷案

【裁判要旨】发包人未按约定提供图纸或提供图纸不符合约定，未按约定提供施工现场、施工条件、基础资料、许可、批准等开工条件，未按约定日期支付工程预付款、进度款、结算款等事由导致工期延误的，发包人承担延误工期的责任。

【裁判摘要】关于案涉工程是否存可以顺延工期的情形。本案中，云南某建筑公司于 2015 年 10 月 23 日向昆明某投资公司发出《工作联系单》，云南某建筑公司以裙楼工作面移交迟延、施工蓝图提交迟延及寺瓦路侧基坑发生安全隐患被住建局下令停工为由，申请顺延案涉工程塔楼工期至 2016 年 6 月 30 日，顺延裙楼工期至 2016 年 9 月 14 日。2015 年 10 月 26 日，昆明某投资公司向云南某建筑公司发出《工作联系单》，对工期顺延申请不予同意。二审法院认为，《原建设工程司法解释二》第六条第一款规定：当事人约定顺延工期应当经发包人或者监理人签证等方式确认，承包人虽未取得工期顺延的确认，但能够证明在合同约定的期限内向发包人或者监理人申请过工期顺延且顺延事由符合合同约定，承包人以此为由主张工期顺延的，人民法院应予支持。按照案涉《建设工程施工合同》通用条款第 7.5.1 条约定，发包人未按约定提供图纸或提供图纸不符合约定，发包人未按约定提供施工现场、施工条件、基础资料、许可、批准等开工条件，发包人未按约定日期支付工程预付款、进度款、结算款等事由导致工期延误的，发包人承担延误工期的责任。结合上述约定，二审法院对工期应否顺延评判如下。第一，关于施工图纸提交。按照《建设工程施工合同》专用条款第1.6.1条约定，发包人应在开工15日前向承包人提供完整齐全的图纸3套，图纸范围为承包范围内所有图纸。本案中，双方均确认昆明某投资公司于2015年2月9日图纸会审时才向云南某建筑公司提供正式施工蓝图，故云南某建筑公司的该项工期顺延事由符合合同约定，自开工之日即2014年11月20日至2015年2月24日（蓝图提供后15日）的工期应予顺延。第二，关于施工场地移交。按照《建设工程施工合同》通用条款第2.4.1条约定，发包人最迟于开工日期7天前向承包人移交施工现场。从本案中云南某建筑公司提交的地基验槽检查记录来看，案涉工程塔楼地基于2014年11月27日完成验槽，昆明某投资公司将工作面移交给云南某建筑公司，裙楼地基于2015年9月14日完成验槽，昆明某投资公司将工作面移交给云南某建筑公司。据此，昆明某投资公司未按合同约定于开工前7日向云南某建筑公司移交具备施工条件的施工现场，相应工期应予顺延，塔楼工程自2014年11月20日至2014年12月4日的工期应予顺延，裙楼工程自2014年11月20日至2015年9月21日的工期应予顺延。第三，关于云南某建筑公司主张的因寺瓦路侧基坑安全存在隐患需要停工并顺延工期的主张，由于其无法提交有效证据，其该项主张不能成立。第四，案涉工程主体结构于2016年1月27日封顶。如前所述，昆明某投资公司在主体结构封顶后并未按约定于15日内支付6500万元工程进度款，而直至5月13日才付清该款。故自2016年1月27日至5月13日的工期应予顺延。第五，2016年4月12日，双方签订《建设工程施工合同会议纪要》，对主体工程完工后的复工工作作出安排，其中最后一项工作的完成节点为2016年10月30日，并明确了因甲方（昆明某投资公司）原因影响工期计划则工期顺延。如前所述，昆明某投资公司于2016年5月13日才付清6500万元工程进度款，且昆明某投资公司于2016年11月1日就向云南某建筑公司发出了《解除合同通知书》，故主体工程完工后的后续工程未能按《建设工程施工合同会议纪要》约定时间完工也不能归责于云南某建筑公司，云南某建筑公司不承担相应的工期延误责任。综上，案涉工程施工过程中，扣除因昆明某投资公司责任而应顺延的工期后，云南某建筑公司不存在工期违约，不应承担相应违约责任。昆明某投资公司要求云南某建筑公司承担工期延误违约金的诉讼请求不能成立，本院不予支持。

（2）【案例索引】（2020）吉民申1477号辽源市某建筑安装有限责任公司（以下简称辽源市某建筑公司）与辽源市某房地产开发集团有限公司（以下简称辽源市某房地产开发公司）建设工程合同纠纷案

【裁判要旨】在承包方实际竣工时间晚于计划竣工时间的情况下，承包方须就其逾期竣工存在合理理由以及其曾向发包方提出过延长工期申请不构成违约承担证明责任，若其所举证据不足以证明就相关问题应当顺延工期或顺延工期的明确时长，应承担举证不能的法律后果。

【裁判摘要】关于辽源市某建筑公司是否应当承担延误工期违约责任的问题。辽源市某房地产开发公司与辽源市某建筑公司签订的《施工合同》第二条约定，"计划竣工日期为 2016 年 8 月 15 日"，《建设工程竣工验收备案表》显示案涉工程竣工验收日期为 2017 年 5 月 20 日，晚于约定计划竣工日期。双方签订的《补充协议》第十六条第一款第二项第一目约定："承包人违约。当发生下列情况时：（1）因承包人原因不能按照本合同约定工程施工节点工期要求完工，延误工期超过 5 天，从第 6 天起，每延误一天承包人向发包人支付违约金 10000 元"。竣工时间亦是施工节点之一，辽源市某建筑公司关于"合同未约定工期节点"的再审申请理由，再审法院不予支持。故辽源市某建筑公司实际竣工时间晚于计划竣工时间，且双方对于延误工期的违约责任承担有明确约定。

辽源市某建筑公司为证明其逾期竣工存在合理理由以及向辽源市某房地产开发公司提出过延长工期申请故不构成违约的抗辩，向法院提交的主要证据如下。①《2016 年 6 月 20 日会议纪要（土建方面）》。该纪要有建设单位、监理单位、施工单位三方签字，从内容上看，仅第二条"待定项确认"第 3 项中"1F、2F 窗样式 2016 年 6 月 21 日甲方提供，合同工期相应顺延，水电及安装工程工期相应顺延"的部分提及了工期顺延问题，但并未明确约定工期顺延多少工日。②《2016 年 6 月 20 日水暖会议纪要》。该纪要有建设单位、监理单位、施工单位三方签字，但从内容上看，对于工期是否顺延并未提及。③《2016 年 4 月 22 日工程联系单》。该联系单上有监理单位、施工单位两方签字盖章，没有建设单位签章，监理单位意见为"请施工单位与建设单位充分协商此事"，但该联系单上没有建设单位的答复意见。从内容上看仅能体现辽源市某建筑公司就市政统一修路影响施工一事向建设单位和监理单位反映，体现不出施工单位向建设单位、监理单位提出明确的顺延工期、顺延多久的请示意见。④《2015 年 8 月 9 日工程联系单》。该联系单上有监理单位、施工单位两方签字，没有建设单位签章。从内容上看仅体现辽源市某建筑公司反映要求建设单位提前协调夜间施工扰民及环卫等问题，以避免工期延误，但该联系单非系就工期顺延的明确请示。⑤《2016 年 6 月 6 日现场变更单》及《2016 年 6 月 6 日现场变更（签证）单》。该两份变更单虽能体现出工程有部分变更，但并未提及工期是否顺延问题。辽源市某建筑公司所举以上证据，不足以证明就相关问题应当顺延工期或顺延工期的明确时长，辽源市某建筑公司应承担举证不能的法律后果，故二审法院对于以上证据未予采信，并无不当。

《2016 年 10 月 10 日工程联系单》《附图》及《情况说明》均有建设单位及施工单位的签字及盖章，具体内容为："1.甲方（辽源市某房地产开发公司）要 8 号楼东侧、南侧原围墙拆除、拆除用工 18 个（120/工日），拆除的建筑垃圾外运 5km；2.围墙南侧做混凝土排水沟，长 89m，宽 1m，20mm 厚 1：2 水泥砂浆硬化地面；3.地下室车库顶板上北侧，原有防水层需拆除，用 4 个工日；原有钢筋混凝土凿除 200mm 宽（现有防水需要与原防水搭接），用 10 个工日；4.车库周边做防水需要挖掘机挖土，80 挖掘机一个台班 960 元；5.围墙及地下室顶板做法，见附图。"其中建设单位签章处手写"工程量待审核"，故二审法院采信该份证据，认定"辽源市某房地产开发公司同意增加工程量，同意最少增加 10 个工日"，并据此认定自辽源市某房地产开发公司同意工期顺延至 2016 年 10 月 20 日，并无明显不当。

（3）【案例索引】（2020）皖民终 176 号合肥某建筑安装工程有限责任公司（以下简称合肥某建筑公司）与芜湖某房地产开发有限公司（以下简称芜湖某房地产开发公司）建设工程施工合同纠纷案

【裁判要旨】在工程经全部竣工验收合格，施工工期确已超过合同约定工期天数的情况下，施工人欲免除其逾期竣工的违约责任，应当举证证明工程逾期系发包人、不可抗力等不可归责于施工方的原因所致，否则须承担逾期竣工的违约责任。

【裁判摘要】关于合肥某建筑公司是否存在逾期竣工行为，应否承担逾期竣工违约金的问题。一审查明，案涉工程于 2009 年 3 月 10 日开工，2011 年 10 月 8 日全部竣工验收合格，确已超过合同约定的工期天数。作为施工人的合肥某建筑公司欲免除其逾期竣工的违约责任，应当举证证明工程逾期系发包人、不可抗力等不可归责于施工方的原因所致。一审中，合肥某建筑公司提交部分工程核定单，芜湖某房地产开发公司经核定同意顺延工期 52 天，对该 52 天一审法院已经扣除。合肥某建筑公司上诉称因芜湖方特主题公园施工现场出现安全事故，芜湖市住建委要求停工以及因芜湖某房地产开发公司等原因导致工期延误，但合肥某建筑公司并未向芜湖某房地产开发公司申请工期顺延，也未提供证据证明供电、外墙保温等工程必然导致工期延误。另一方面，一审法院在计算工期违约金时已经根据合同履行的具体情况予以酌情考虑，合肥某建筑公司上诉称其不应承担延期竣工违约金，不予支持。

（4）【案例索引】（2011）浙民提字第 83 号浙江某建设有限公司（以下简称浙江某建设公司）与潘某某建设工程施工合同纠纷案

【裁判要旨】雨雪天气的发生虽属正常，但气象资料显示，连续低温雨雪冰冻天气为 50 年一遇，故该雨雪冰冻天气对施工的影响是毋庸置疑的，应属不可抗力。在发生不可抗力的情况下，施工单位虽未向发包人提出顺延工期的申请，但并不影响施工单位提出工期顺延的要求，且该要求亦属合理。

【裁判摘要】关于雨雪天气是否属于不可抗力，工期是否可以顺延的问题。双方签订的《建设工程施工合同》专用条款第 39 款约定，双方关于不可抗力的约定为通用条款。通用条款第十一条第 39.1 款规定，不可抗力包括专用条款约定的风、雨、雪、洪、震等自然灾害。根据湖州市气象观测站资料显示，2008 年 1 月中旬起到 2 月初，湖州市连遭暴雪袭击，出现了罕见的连续低温雨雪冰冻天气，为 50 年一遇。2007 年 12 月至 2008 年 2 月，这一时段中 0℃以下天数为 38 天（其中 -3℃以下为 12 天），雨日为 43 天（其中雨夹雪和降雪天数为 19 天），最大积雪深度为 32cm（刷新历史纪录），积雪日数为 20 天。再审法院认为，由于案涉工程的实际开工时间为 2007 年 12 月 4 日，潘某某未能提交证据证明开工时间延误系浙江某建设公司原因所致；尽管进入冬季，雨雪天气的发生属于正常，但气象资料显示，连续低温雨雪冰冻天气为 50 年一遇，故该雨雪冰冻天气对施工的影响是毋庸置疑的，应属于不可抗力。关于不可抗力，双方在补充合同中也约定，若遇不可抗力造成工期延误的，由双方协商延长。虽然浙江某建设公司未向发包人潘某某提出顺延工期的申请，但并不影响浙江某建设公司提出工期顺延的要求，且该要求亦属合理。故二审法院采纳浙江某建设公司提出的工期顺延的理由，并根据实际情况，酌情确定顺延工期 20 天，应为得当。潘某某再审认为雨雪冰冻天气并非不可抗力，不应顺延 20 天工期的理由，不能成立；浙江某建设公司在再审中主张工期应顺延 38 天的主张，再审法院不予采纳。

（5）【案例索引】（2014）民一终字第 310 号某建筑股份有限公司（以下简称某建筑公司）与昆山某投资发展有限公司（以下简称某投资公司）建设工程施工合同纠纷案

【裁判要旨】施工单位虽然未按合同约定在索赔事件发生后 28 天内向工程师送交索赔损失及相关资料，但结合其他施工资料能够证明施工单位曾多次提及因发包方原因导致工期延误的问题，足以表明施工方并未放弃对损失赔偿的主张，施工方有权就因工期延误造成的实际损失主张赔偿。

【裁判摘要】根据合同通用条款的相关规定，因发包人未按合同约定履行义务或发生错误以及应由发包人承担责任的其他情况造成工期延误，承包人不能及时得到合同价款及产生其他经济损失，承包人应在索赔事件发生后 28 天内向工程师发出索赔意向通知并提交补偿经济损失的索赔报告及有关资料。工程师应在 28 天内给予答复或要求承包人进一步补充索赔理由和证据。28 天未予答复或未对承包人作进一步的要求，视为该项索赔已经认可。当该项索赔事件持续进行时，承包人应当阶段性向工程师发出索赔意向，在索赔事件终了后 28 天内，向工程师送交索赔的有关资料和最终索赔报告。

本案工程除材差之外，其他损失均发生在不同施工阶段，某建筑公司虽然未按合同约定在索赔事件发生后28天内向工程师送交索赔损失及相关资料，但多次在工地例会中提及因某投资公司原因造成工期延误的问题，并于2007年9月19日、2007年10月29日、2008年1月25日、2008年3月10日、2008年7月31日、2009年5月12日分别向超华公司提交报告，并抄送监理工程师。报告中指出因土方工程延误、高温天气等严重影响工程进度，要求顺延工期，并在2008年7月31日的报告中提到"目前我项目部非生产性支出及工作量不饱满而造成的损失累计达六七百万，而且由于现在的市场物价上通货膨胀严重，更加重了我司的负担及损失，届时希望能在结算中得到解决"，表明某建筑公司并未放弃对损失赔偿的主张。某投资公司虽否认收到某建筑公司送交的2009年5月12日报告，对其他5份报告也未作出书面答复意见，但对某建筑公司索赔意向是明知的，其仅以某建筑公司未及时申报为由主张某建筑公司丧失索赔权无法律依据，亦有违公平原则，该辩解理由不能成立。某建筑公司有权就因工期延误造成的实际损失主张赔偿。

第三节　工程质量条款解读（第十一～十八条）

第十一条　建设工程竣工前，当事人对工程质量发生争议，工程质量经鉴定合格的，鉴定期间为顺延工期期间。

1. 新旧条款对比

《新建设工程司法解释一》	《原建设工程司法解释一》
第十一条　建设工程竣工前，当事人对工程质量发生争议，工程质量经鉴定合格的，鉴定期间为顺延工期期间	第十五条　建设工程竣工前，当事人对工程质量发生争议，工程质量经鉴定合格的，鉴定期间为顺延工期期间

本条是由《原建设工程司法解释一》第十五条承继而来，内容无变化。

2. 关联法条

（1）《民法典》

第七百九十九条　建设工程竣工后，发包人应当根据施工图纸及说明书、国家颁发的施工验收规范和质量检验标准及时进行验收。验收合格的，发包人应当按照约定支付价款，并接收该建设工程。

建设工程竣工经验收合格后，方可交付使用；未经验收或者验收不合格的，不得交付使用。

（2）《建筑法》

第六十一条　交付竣工验收的建筑工程，必须符合规定的建筑工程质量标准，有完整的工程技术经济资料和经签署的工程保修书，并具备国家规定的其他竣工条件。

建筑工程竣工经验收合格后，方可交付使用；未经验收或者验收不合格的，不得交付使用。

3. 条款精解

本条是关于承包人顺延工期请求权的规定。建设工程施工中，发包人和承包人对工程质量发生争议，由此导致工期延误。经鉴定工程质量合格的，由此延误的工期由发包人承担，承包人请求顺延工期的，应予支持。

《建设工程质量管理条例》未规定工程质量的定义。《建设工程质量管理办法》规定：本办法所称建设工程质量是指在国家现行的有关法律、法规、技术标准、设计文件和合同中，对工程的安全、适用、经济、美观等特性的综合要求。该办法虽已失效，但该规定可作为理解建设工程质量的定义的参考。建设工程质量问题可能发生在施工过程中，也可能发生在竣工验收后。施工中发生质量问题，因造成质量问题的原因较为复杂，当事人通常需要借助第三方中介机构的专业知识——质量鉴定来解决质量争议，而质量鉴定期间一般较长，质量鉴定期间能否作为工期顺延的理由，对双方利益关系较大，实践中存在争议。

《民法典》第八百零一条规定：因施工人的原因致使建设工程质量不符合约定的，发包人有权请求施工人在合理期限内无偿修理或者返工、改建。经过修理或者返工、改建后，造成逾期交付的，施工人应当承担违约责任。但未规定非因承包人原因导致质量不符合约定，造成交付的，如何处理。

《建设工程施工合同示范文本》GF—2017—6201 通用条款第 5.3.3 项 [重新检查] 规定："承包人覆盖工程隐蔽部位后，发包人或监理人对质量有疑问的，可要求承包人对已覆盖的部位进行钻孔探测或揭开重新检查，承包人应遵照执行，并在检查后重新覆盖恢复原状。经检查证明工程质量符合合同要求的，由发包人承担由此增加的费用和（或）延误的工期，并支付承包人合理的利润；经检查证明工程质量不符合合同要求的，由此增加的费用和（或）延误的工期由承包人承担。"第 5.3.4 项 [承包人私自覆盖] 规定："承包人未通知监理人到场检查，私自将工程隐蔽部位覆盖的，监理人有权指示承包人钻孔探测或揭开检查，无论工程隐蔽部位质量是否合格，由此增加的费用和（或）延误的工期均由承包人承担。"本条司法解释将建筑行业的交易习惯上升为法律，明确规定工程质量经鉴定合格的，鉴定期间为顺延工期期间。

本条的质量合格是指符合建设工程施工合同的约定。建设工程施工合同约定的质量标准高于建设工程强制性标准的，是指符合合同约定的质量标准。建设工程施工合同约定的质量标准低于建设工程强制性标准的，是指工程质量符合建设工程强制性标准。

本条未明确鉴定期间的起止点。鉴定期间是从当事人对质量问题发生争议时起算，还是从提交质量鉴定申请的时间，或是委托质量鉴定的时间起算。《最高人民法院新建设工程施工合同司法解释（一）理解与适用》中明确规定：本条所涉鉴定期间，应指因鉴定而影响施工人施工的合理期间，而不仅指鉴定机构进行鉴定实际需要的时间[1]。我们认为，鉴定期间不应简单地理解为将质量问题提交鉴定机构的时间至鉴定机构出具合格报告之日，应从发包人提出质量异议暂停施工之日起，至鉴定机构出具合格报告后重新开工之日止。

本条中的鉴定期间是否包括起诉前发包人或承包人单方委托或者共同委托相关单位进行质量鉴定的鉴定期间？我们认为，如果建设工程施工合同中已明确约定出现质量争议时的专业鉴定机构，则出现质量争议时，单方或者共同委托质量鉴定的时间均应为本条规定的鉴定期间。如合同中没有约定，事后又未达成补充约定，如共同委托，为本条中规定的鉴定期间。如果单方委托鉴定，而另一方不认可的，不能作为本条中的鉴定期间。

4.延伸阅读

（1）必须实行监理的建设工程

①国家重点建设工程；

②大中型公用事业工程；

③成片开发建设的住宅小区工程；

④利用外国政府或者国际组织贷款、援助资金的工程；

⑤国家规定必须实行监理的其他工程。

（2）工程监理单位的质量责任和义务

实行监理的建设工程，建设单位应当委托具有相应资质等级的工程监理单位进行监理，也可以委托具有工程监理相应资质等级并与被监理工程的施工承包单位没有隶属关系或者其他利害关系的该工程的设计单位进行监理。

工程监理单位应当选派具备相应资格的总监理工程师和监理工程师进驻施工现场。

未经监理工程师签字，建筑材料、建筑构配件和设备不得在工程上使用或者安装，施工单位不得进行下一道工序的施工。未经总监理工程师签字，建设单位不拨付工程

---

[1] 最高人民法院民事审判第一庭.最高人民法院新建设工程施工合同司法解释（一）理解与适用[M].北京：人民法院出版社，2021.

款，不进行竣工验收。

监理工程师应当按照工程监理规范的要求，采取旁站、巡视和平行检验等形式，对建设工程实施监理。

5. 相关案例

（1）【案例索引】（2021）豫 01 民终 3010 号江苏某建设实业集团有限责任公司与河南省某电子技术有限公司建设工程合同纠纷案

【裁判要旨】因承包人原因造成工程质量未达到合同约定的标准的，发包人有权要求承包人返工直至工程质量达到合同约定的标准为止，并由承包人承担由此增加的费用和延误的工期；因承包人原因造成工程质量不合格的，发包人有权随时要求承包人采取补救措施，直至达到合同要求的标准，由此增加的费用和延误的工期由承包人承担。

【裁判摘要】庭审中查明，河南省某检验技术股份有限公司对案涉工程质量出具检测报告书显示，案涉工程质量存在多项不合格。《建设工程施工合同》约定：因承包人原因造成工程质量未达到合同约定的标准的，发包人有权要求承包人返工直至工程质量达到合同约定的标准为止，并由承包人承担由此增加的费用和延误的工期；因承包人原因造成工程不合格的，发包人有权随时要求承包人采取补救措施，直至达到合同要求的标准，由此增加的费用和延误的工期由承包人承担。无法补救的，按照拒绝接受全部或者部分工程约定执行。现河南省某电子技术有限公司主张江苏某建设实业集团有限责任公司返还工程款 1935500 元，有据、合法，原审法院予以支持。

（2）【案例索引】（2020）鲁 15 民终 4395 号上海某数字科技集团股份有限公司（以下简称某科技公司）与聊城某旅游文化有限公司建设工程施工合同纠纷案

【裁判要旨】当事人对于鉴定报告中的鉴定意见内容不予认可，应及时向鉴定机构进行说明，或及时向鉴定机构提供证据予以证明，否则将承担举证不能的不利后果。

【裁判摘要】某科技公司主张混凝土不在其施工范围，但在发现混凝土垫层存在问题时，其项目经理郭某某认可进行修复，且某科技公司在报价时也备注了"水泥、黄砂"等，故由某科技公司施工混凝土垫层之事实，能够达到高度可能性。某科技公司对此予以否认，但未提供充分证据，且未申请重新鉴定，本院不予支持。防潮防水层由某科技公司施工，其自身掌握防潮防水材料，若其使用的确系渗透性材料，应向鉴定机构说明，但其要求复检后没有向鉴定机构提供证据证明其使用的防水材料是渗透性的，应当自行承担举证不能的法律后果，现以渗透性材料鉴定不出为由否认鉴定报告，二审法院不予支持。

第十二条 因承包人的原因造成建设工程质量不符合约定，承包人拒绝修理、返工或者改建，发包人请求减少支付工程价款的，人民法院应予支持。

1. 新旧条款对比

《新建设工程司法解释一》	《原建设工程司法解释一》
第十二条 因承包人的原因造成建设工程质量不符合约定，承包人拒绝修理、返工或者改建，发包人请求减少支付工程价款的，人民法院应予支持	第十一条 因承包人的过错造成建设工程质量不符合约定，承包人拒绝修理、返工或者改建，发包人请求减少支付工程价款的，应予支持

本条是对《原建设工程司法解释一》第十一条的承继，通过比较来看，本条仅在原规定基础上修改了两个字，即由"过错"改成了"原因"。两个字之差的重大意义在哪里？①违约责任还是过错责任。过错责任明确调整为违约责任。合同签订后，承包人负有按合同约定和法律规定的质量标准，完成施工、竣工和交付工程的合同义务，只要承包人的交付不符合约定和法律规定的质量标准，就构成违约并承担违约责任。②举证责任大不相同。免除了发包人对于"承包人的过错"的举证责任。

2. 关联法条

《民法典》

第八百零一条 因施工人的原因致使建设工程质量不符合约定的，发包人有权请求施工人在合理期限内无偿修理或者返工、改建。经过修理或者返工、改建后，造成逾期交付的，施工人应当承担违约责任。

第五百八十二条 履行不符合约定的，应当按照当事人的约定承担违约责任。对违约责任没有约定或者约定不明确，依据本法第五百一十条的规定仍不能确定的，受损害方根据标的性质以及损失的大小，可以合理选择请求对方承担修理、重作、更换、退货、减少价款或者报酬等违约责任。

3. 条款精解

本条规定了因承包人原因造成工程质量不符合约定,应如何处理的问题。《民法典》第八百零一条规定，因施工人的原因致使建设工程质量不符合约定的，发包人有权请求施工人在合理期限内无偿修理或者返工、改建。经过修理或者返工、改建后，造成逾期交付的，施工人应当承担违约责任。

承包人的主要合同义务是交付符合合同约定质量标准的建设工程，如交付的建设工程不符合合同约定，则承包人履行义务不符合约定，应承担违约责任。《民法典》第五百八十二条明确规定，履行不符合约定的，应当按照当事人的约定承担违约责任，没有约定或约定不明的，依据本法第五百一十条的规定仍不能确定的，受损害方可以要求对方承担修理、重作、更换、退货、减少价款或者报酬等违约责任。因此，本条进一步规定了承包人拒绝修理、返工或者改建的，发包人有权减少支付工程价款。

竣工交付使用的建设工程必须符合以下要求：①完成工程设计和合同中规定的各项工作内容，达到国家规定的竣工条件；②工程质量符合国家安全的标准，如符合房屋土建工程验收标准，按照工程验收标准等；③符合工程建筑设计和工程建设合同约定的内容；④有完整的并经有关部门审核的工程建设技术数据及档案图纸材料；⑤有建筑材料、设备、构配件的质量合格证件资料和试验检验报告；⑥有勘察、设计、施工、工程监理等单位签署的质量合格或优良等档案；⑦有工程施工单位签署的工程质量保修书；⑧有办理工程竣工交付使用的有关手续。侧重点在于审查归责的主体，而非过错与否。

本条适用的条件。一是因承包人原因造成工程质量不符合约定。本条中的建设工程质量不符合约定，不仅包括工程质量不符合发承包双方合同约定的质量标准，还包括不符合国家对建设工程质量所规定的强制性标准。《建设工程质量管理条例》专章规定了施工单位的质量义务。因承包人的原因造成工程质量不符合约定主要有以下情形：（1）未按照工程设计图纸和施工技术标准施工，擅自修改工程设计；（2）偷工减料；（3）使用不合格的建筑材料、建筑构配件、设备和商品混凝土等建筑材料设备的；（4）施工工序未按技术规定进行等。质量不符合约定，应由发包人承担举证责任。二是承包人拒绝修理、返工或者改建。拒绝修理包括因承包人的原因造成质量不符合约定时，发包人书面通知承包人无偿修理或返工、改建，承包人明确拒绝修复的，或承包人虽未明确拒绝但未在发包人要求的合理期限内进行修复的，亦包括承包人虽在发包人规定的期限内进行了修复，但经过2次以上修复仍不符合质量标准的。

本条的适用范围。本条是针对建设工程（包括在建工程）尚未竣工验收合格前，发现质量问题如何处理的规定。建设工程竣工验收合格后，发现质量问题的，应当按照建设工程质量缺陷责任、保修责任的约定处理。

适用本条需要注意关于发包人有权请求减少工程价款的理解，即发包人接受了承包人质量不符合约定的工程，发包人可自行修理、返工或改建，并有权要求减少支付工程价款。但这并不意味着可以免除承包人的质量验收义务，发包人自行完成修理、返工或改建后，应通知承包人参加工程竣工验收。承包人应当按照工程竣工验收的相关法律规定参与验收，提供相应的竣工资料，并依约承担保修义务。那么，在这种情况下，保修义务从何时开始起算？《建设工程质量管理条例》规定：建设工程的保修期，自竣工验收合格之日起计算。因此，保修义务应从发包人完成修理、返工或改建并竣工验收合格之日起计算。

承包人承担减少工程价款责任的，是否应当再承担合同约定的应当承担的质量违约责任，在实践中存在争议。有观点认为减价责任就是违约责任，承包人已承担了减价责任的，即无须再承担质量违约责任。我们认为，减价的本质是部分解除，目的是实现质价均衡，也就是说承包人承担了减价责任后，其交付的工程质量和其获得减价后的价款恢复到等价的关系上。因此，承包人承担减少价款责任的，发包人仍有权要求承包人承担合同约定的其应当承担的质量违约责任。

实务中存在不修理也不影响使用的情形，如合同约定了较高质量标准，承包人施工质量虽未能达到该标准，但已达到了国家强制性标准要求，且不影响重要使用功能，这种情形下可以合同约定质量标准的造价与实际施工质量标准的造价差额，作为减少价款的金额。

对于修理、返工费用过高，且质量不符合合同约定但不影响建筑物重要使用功能的，比如石材色差，也可以用减少价款来替代修理、返工义务。

"减少价款"数额的确定。减少价款的标准如何确定，本条没有规定。发包人主张减少支付工程价款，承包人对是否应该减少或者减少的数额均认可的，按照当事人协商一致的意思表示处理。承包人对是否应该减少或者减少的数额均有异议的，由人民法院或仲裁机构予以确定。法院或仲裁机构，可以委托鉴定机构进行鉴定，确定修理、返工或改建的费用，此费用作为应减少价款数额确定的依据。

4. 延伸阅读

施工单位的质量责任和义务

（1）必须按照工程设计图纸和施工技术标准施工，不得擅自修改工程设计，不得偷工减料。

（2）在施工过程中发现设计文件和图纸有差错的，应当及时提出意见和建议。

（3）必须按照工程设计要求、施工技术标准和合同约定，对建筑材料、建筑构配件、设备和商品混凝土进行检验，检验应当有书面记录和专人签字；未经检验或者检验不合格的，不得使用。

（4）必须建立、健全施工质量的检验制度，严格工序管理，做好隐蔽工程的质量检查和记录。隐蔽工程在隐蔽前，施工单位应当通知建设单位和建设工程质量监督机构。

（5）施工人员对涉及结构安全的试块、试件以及有关材料，应当在建设单位或者工程监理单位监督下现场取样，并送具有相应资质等级的质量检测单位进行检测。

（6）施工单位对施工中出现质量问题的建设工程或者竣工验收不合格的建设工程，应当负责返修。

（7）施工单位应当建立、健全教育培训制度，加强对职工的教育培训；未经教育培训或者考核不合格的人员，不得上岗作业。

5. 相关案例

（1）【案例索引】（2020）内民申 710 号四川某建筑工程有限公司（以下简称四川某建筑公司）与内蒙古某能源有限公司（以下简称内蒙古某能源公司）建设工程施工合同纠纷案

【裁判要旨】承包人虽主张项目工程未经竣工验收即擅自使用产生的质量责任应由发包人承担，但如有相应证据明确证明承包人认可项目工程存在质量问题，则承包人的质量责任并不免除。

【裁判摘要】四川某建筑公司主张内蒙古某能源公司未经竣工验收即擅自使用产生的质量责任不应由四川某建筑公司承担，但在 2015 年 6 月 25 日的竣工验收会议纪要中确认了四川某建筑公司需要维修的工程内容，由四川某建筑公司本案原审中的委托诉讼代理人赵某某签字确认。2015 年 11 月 12 日四川某建筑公司、内蒙古某能源公司与监理公司三方签订的《协议书》也确认了四川某建筑公司需要进行工程维修，因此四川某建筑公司的质量责任并未免除，直至一审法院于 2018 年 12 月 7 日组织双方当事人确认"内蒙古某能源公司需要整改维修的项目"范围时质量问题仍然存在，且范围并未超出会议纪要所列问题范围。因此，原审根据《原建设工程司法解释一》第十一条的规定，认定四川某建筑公司应当及时采取修理、返工及改建等方式消除工程质量瑕疵，如果拒绝修复、返工、改建，发包人可以请求减少工程价款或者请求其承担建设工程修复的合理费用并无不当。

（2）【案例索引】（2020）最高法民申 4864 号湖南某融资担保有限公司（以下简称某担保公司）与某住房和城乡建设局合同纠纷案

【裁判要旨】发承包双方虽未在合同中就质量保修期限和质量保修范围进行明确约定，也未就停工原因确定责任分担，但若根据相关事实能够证明案涉项目的质量问题发现在保修期内，且直至案涉项目关停，一直未得到妥善解决，作为施工单位对该问题负有保修义务，发包人有权请求减少支付工程价款。

【裁判摘要】2010 年 6 月 2 日，原某建设局（甲方）与某担保公司（乙方）签订《BT 投资合同》，约定"依照《中华人民共和国合同法》《中华人民共和国建筑法》及相关法律、行政法规"，采取 BT 合作模式建设嘉禾县生活垃圾无害化处理项目。在工程回购款的结算方式上，案涉双方约定了质保金和保修金等费用。在甲乙双方主要义务上，约定"乙方对工程质量保修、维修问题依照相关法律、法规进行"。《建筑法》第五十八条规定：建筑施工企业对工程的施工质量负责。第六十二条规定：保修的期限应当按照保证建筑物合理寿命年限内正常使用，维护使用者合法权益的原则确定。2012 年 7 月 6 日，嘉禾县生活垃圾无害化处理项目投入试运行。试运行 12 天后，即

2012 年 7 月 18 日，嘉禾县生活垃圾无害化处理建设领导小组向某担保公司出具《工作联系单》，称试运行时出现的焚烧锅炉蒸汽压力不足等问题未整改到位，要求某担保公司整改。2014 年 4 月 24 日，湖南省住建厅组织某担保公司、润某公司、天某公司、某人民政府、某城管局等单位召开生活垃圾 RD 湿解工艺技术整改座谈会，针对案涉项目试运行问题频发，有关专家提出了系统的整改意见。2014 年 6 月 25 日，上述单位通过了润某公司提供的整改方案，并对消能、除臭和锅炉省煤器泄漏等问题提出了建议。2015 年 6 月 13 日，某城管局发函要求某担保公司落实锅炉维修整改事宜。2017 年 3 月 15 日，某人民政府向某担保公司发函称，因生活垃圾无害化处理厂工艺设备，特别是锅炉存在巨大环保风险等问题，在上级部门要求下，某人民政府将于 2017 年 2 月 20 日关停垃圾处理厂，并要求某担保公司作出具体答复且提出技改方案。虽然案涉双方并未在《BT 投资合同》中就质量保修期限和质量保修范围进行明确约定，也未就停工原因确定责任分担，但根据已查明的事实，案涉项目在试运行 12 天后就出现锅炉焚烧等问题，经过整改座谈会，直到案涉项目关停，该问题仍然存在。由于案涉项目的焚烧锅炉的质量问题发现在保修期内，且直至案涉项目关停，该问题一直未得到妥善解决，某担保公司作为施工单位对该问题负有保修义务。但 2015 年 6 月 15 日，某担保公司向某城管局回复称，某担保公司并无焚烧锅炉维修整改的技术能力，要求某城管局自行安排有资质的公司进行整改，直至 2017 年案涉项目被关停，某担保公司也未就焚烧锅炉出现的问题承担维修义务。《原建设工程司法解释一》第十一条规定：因承包人的过错造成建设工程质量不符合约定，承包人拒绝修理、返工或者改建，发包人请求减少支付工程价款的，应予支持。综合考虑双方签订案涉项目《BT 投资合同》的目的、试运行以来反馈的问题和项目现状，二审法院不支持某担保公司要求某城管局支付 23094367.85 元项目工程回购款及违约金的诉讼请求，并无不当。

（3）【案例索引】（2020）最高法民终 1225 号抚顺某房地产开发有限公司（以下简称抚顺某房产公司）与江苏某二建集团有限公司（以下简称某二建公司）建设工程施工合同纠纷案

【裁判要旨】发包人就承包人的原因造成工程交付使用后工程质量不符合约定请求减少工程价款的，应就施工质量存在问题及承包人拒不履行维修义务承担举证责任，举证不能则须承担不利后果。

【裁判摘要】关于质保金是否应予扣除的问题。抚顺某房产公司主张案涉工程部分区域存在诸多质量问题，某二建公司拒不履行维修义务的行为已经构成违约，抚顺某房产公司有权拒付案涉工程款 5% 的质保金，具体金额为 4969151.819 元。《原建设工程司法解释一》第十一条规定："因承包人的过错造成建设工程质量不符合约定，承包人拒绝修理、返工或者改建,发包人请求减少支付工程价款的,应予支持。"第十三条:"建设工程未经竣工验收,发包人擅自使用后,又以使用部分质量不符合约定为由主张权利的,不予支持;但是承包人应当在建设工程的合理使用寿命内对地基基础工程和主体结构质量承担民事责任。"本案中,抚顺某房产公司主张存在施工质量问题,但其提交的《工程质量整改通知单》《督促函》《违约责任告知函》《告知函》《关于重申D区地下室施工要求的函》《工作联系函》等均系抚顺某房产公司单方出具,部分无某二建公司盖章或工作人员签字,部分有签字但无法证明系某二建公司的工作人员所签认。因此,一审法院认定在某二建公司不予认可的情况下,上述证据材料的真实性无法确认,无法证明某二建公司拒不履行维修义务,并无不当。另外,抚顺某房产公司主张从2014年1月起即发现案涉工程存有质量问题,但在2014年1月至2014年9月抚顺某房产公司与某二建公司就案涉工程款结算问题进行会议协商及对账工作期间,以及2015年至2016年向某二建公司支付工程款期间,抚顺某房产公司始终未对工程质量提出过任何异议,且抚顺某房产公司自认交付时间为2013年11月8日,已超过最长5年的质保期。因此,抚顺某房产公司关于应从工程款数额中再扣除4969151.819元质保金的上诉理由,缺乏事实依据,二审法院不予支持。

　　第十三条　发包人具有下列情形之一,造成建设工程质量缺陷,应当承担过错责任:

　　(一)提供的设计有缺陷;

　　(二)提供或者指定购买的建筑材料、建筑构配件、设备不符合强制性标准;

　　(三)直接指定分包人分包专业工程。

　　承包人有过错的,也应当承担相应的过错责任。

　　1. 新旧条款对比

《新建设工程司法解释一》	《原建设工程司法解释一》
第十三条　发包人具有下列情形之一,造成建设工程质量缺陷,应当承担过错责任: 　　(一)提供的设计有缺陷; 　　(二)提供或者指定购买的建筑材料、建筑构配件、设备不符合强制性标准; 　　(三)直接指定分包人分包专业工程。 　　承包人有过错的,也应当承担相应的过错责任	第十二条　发包人具有下列情形之一,造成建设工程质量缺陷,应当承担过错责任: 　　(一)提供的设计有缺陷; 　　(二)提供或者指定购买的建筑材料、建筑构配件、设备不符合强制性标准; 　　(三)直接指定分包人分包专业工程。 　　承包人有过错的,也应当承担相应的过错责任

　　本条内容承继了《原建设工程司法解释一》第十二条的规定,内容无变化。

2. 关联法条

（1）《建筑法》

第二十二条 建筑工程实行招标发包的，发包单位应当将建筑工程发包给依法中标的承包单位。建筑工程实行直接发包的，发包单位应当将建筑工程发包给具有相应资质条件的承包单位。

第二十四条 提倡对建筑工程实行总承包，禁止将建筑工程肢解发包。

建筑工程的发包单位可以将建筑工程的勘察、设计、施工、设备采购一并发包给一个工程总承包单位，也可以将建筑工程勘察、设计、施工、设备采购的一项或者多项发包给一个工程总承包单位；但是，不得将应当由一个承包单位完成的建筑工程肢解成若干部分发包给几个承包单位。

第二十五条 按照合同约定，建筑材料、建筑构配件和设备由工程承包单位采购的，发包单位不得指定承包单位购入用于工程的建筑材料、建筑构配件和设备或者指定生产厂、供应商。

第五十七条 建筑设计单位对设计文件选用的建筑材料、建筑构配件和设备，不得指定生产厂、供应商。

（2）《建设工程质量管理条例》

第七条 建设单位应当将工程发包给具有相应资质等级的单位。

建设单位不得将建设工程肢解发包。

第八条 建设单位应当依法对工程建设项目的勘察、设计、施工、监理以及与工程建设有关的重要设备、材料等的采购进行招标。

第九条 建设单位必须向有关的勘察、设计、施工、监理等单位提供与建设工程有关的原始资料。

原始资料必须真实、准确、齐全。

（3）《工程建设项目施工招标投标办法》

第六十六条 招标人不得直接指定分包人。

（4）《房屋建筑和市政基础设施工程施工分包管理办法》

第七条 建设单位不得直接指定分包工程承包人。任何单位和个人不得对依法实施的分包活动进行干预。

（5）《民法典》

第八百零三条 发包人未按照约定的时间和要求提供原材料、设备、场地、资金、技术资料的，承包人可以顺延工程日期，并有权请求赔偿停工、窝工等损失。

第八百零四条 因发包人的原因致使工程中途停建、缓建的，发包人应当采取措施弥补或者减少损失，赔偿承包人因此造成的停工、窝工、倒运、机械设备调迁、材料和构件积压等损失和实际费用。

第八百零五条 因发包人变更计划，提供的资料不准确，或者未按照期限提供必需的勘察、设计工作条件而造成勘察、设计的返工、停工或者修改设计，发包人应当按照勘察人、设计人实际消耗的工作量增付费用。

3. 条款精解

本条是关于发包人原因造成质量缺陷的责任承担的规定，包含三层含义：一是因发包人原因造成质量缺陷，其应承担过错责任；二是发包人承担过错责任的情形，如提供设计有缺陷、指定分包等；三是如承包人对此有过错的，亦应承担相应的责任。

（1）发包人提供的设计有缺陷。

建设工程施工涉及勘察、设计、施工、监理等多个环节，多个主体，其中一个环节或多个环节出现问题，都有可能导致质量缺陷。

根据《建设工程勘察设计管理条例》的规定，建设工程设计，是指根据建设工程的要求，对建设工程所需的技术、经济、资源、环境等条件进行综合分析、论证，编制建设工程设计文件的活动。《建筑工程设计文件编制深度规定（2016 版）》第 1.0.4 条规定：建筑工程一般应分为方案设计、初步设计和施工图设计三个阶段；对于技术要求相对简单的民用建筑工程，当有关主管部门在初步设计阶段没有审查要求，且合同中没有做初步设计的约定时，可在方案设计审批后直接进入施工图设计。

方案设计文件包括方案设计文件、设计说明书、设计图纸（总平面图、建筑设计图纸、热能动力设计图纸）。

初步设计文件包括初步设计文件、设计总说明、总平面专业设计文件、建筑专业设计文件、结构专业设计文件、建筑电气专业设计文件、给水排水专业设计文件、供暖通风与空气调节设计文件、热能动力专业设计文件、建设项目设计概算等。

施工图设计文件包括施工图设计文件、总平面专业设计文件、建筑专业设计文件、结构专业设计文件、建筑电气专业设计文件、给水排水专业设计文件、供暖通风与空调调节设计文件、热能动力专业设计文件、施工图预算文件等。

提供设计文件是发包人的合同义务和法定义务，如果发包人提供的设计有缺陷，由此导致工程质量缺陷，应当承担过错责任。其承担责任后，如果勘察人、设计人对勘察、设计亦有责任，发包人可再追究勘察人、设计人的责任。

（2）提供或者指定购买的建筑材料、建筑构配件、设备不符合强制性标准。

建筑材料、建筑构配件、设备是建设工程的构成部分，其质量不符合强制性标准，必然导致建设工程质量缺陷。根据合同约定，由发包人采购建筑材料、建筑构配件和设备的，建设单位应当保证建筑材料、建筑构配件和设备符合设计文件和合同要求。发包人不得要求承包人使用不合格的建筑材料、建筑构配件和设备。对于发包人提供的建筑材料、建筑构配件、设备和商品混凝土等，承包人在使用前必须进行检验。未经检验或者检验不合格的，不得使用。如果由于发包人提供或指定购买的建筑材料、建筑构配件、设备不符合强制性标准，导致工程质量缺陷，发包人有过错，应当承担质量责任。当然，如果承包人明知建筑材料、建筑构配件、设备不合格仍然使用，或者未经检验直接使用，承包人应当承担过错责任。

（3）发包人直接指定分包人分包专业工程。

根据《民法典》《建筑法》《建设工程质量管理》的规定，我国对建设工程允许有限制的分包。施工分包一般是指建筑业企业将其所承包的房屋建筑和市政基础设施工程中的专业工程或者劳务作业发包给其他建筑业企业完成的活动。《房屋建筑和市政基础设施工程施工分包管理办法》将房屋建筑和市政基础设施工程施工分包分为专业工程分包和劳务作业分包。其中，专业工程分包是指施工总承包企业将其所承包工程中的专业工程发包给具有相应资质的其他建筑业企业完成的活动。

本条中的分包是指专业工程分包。专业工程分包可以分两种情况：一种是合同对哪些专业工程可以分包，有约定的，承包人可以自行分包，另一种是合同对哪些专业工程可以分包没有约定，承包人分包应经发包人同意。《房屋建筑和市政基础设施工程施工分包管理办法》第七条规定：建设单位不得直接指定分包工程承包人。任何单位和个人不得对依法实施的分包活动进行干预。《工程建设项目施工招标投标办法》第六十六条规定：招标人不得直接指定分包人。因此，我国法律不允许发包人指定分包。但实践中，发包人指定分包的现象普遍存在。如果因发包人指定分包造成工程质量缺陷的，发包人应承担过错责任。

适用本条需要注意的是，根据《建筑法》的规定，施工单位对建设工程质量负有法定责任和义务。发包人如要对专业工程质量缺陷承担责任，承包人须首先证明发包人存在过错，其次，指定分包工程质量缺陷须与指定分包的行为之间存在相应的因果关系，而这种因果关系也需要承包人承担举证责任并予以证明。如果承包人不能证明两者之间存在因果关系，发包人不承担责任。但承包人未适当履行管理、配合义务，致使指定分包工程产生质量缺陷的，承包人存在过错，应当承担相应的过错责任。

如何认定承包人的过错责任？一方面要考虑合同约定，如合同中约定承包商有义务审查设计文件的，但是承包商对设计文件中明显存在的错误没有指出，即应视为承包商存在过错；另一方面要考虑注意义务，即承包商在履约过程中应尽到与其资质、业绩相适应的注意义务，须提示发包人的，应当及时提示，须审查发包人文件的应当善意及时审查。

4.延伸阅读

《民法典》第五百一十一条关于质量条款约定不明，对建设工程质量的影响

"标准"的含义是对重复性事物和概念所作的统一规定。它以科学、技术和实践经验的综合成果为基础，经有关方面协商一致，由主管机构批准，以特定形式发布，作为共同遵守的准则和依据。由此可见，标准并不属于法律规范的范畴，只有经法律确认必须强制执行的标准，才能纳入法律、成为法律规范的一部分，对民事合同的效力产生影响。

《民法典》第五百一十一条第一项与《合同法》第六十二条第（一）项的差别在于，《民法典》明确了质量标准推定适用的先后顺序。法律条文的上述修改，从理论上看，更加符合现行《标准化法》有关国家标准、行业标准的规定。

《标准化法》第二条第二款规定：国家标准分为强制性标准、推荐性标准，行业标准、地方标准是推荐性标准。为解决以往强制性标准制定主体分散、内容容易交叉重复矛盾的问题，《标准化法》以形成"一个市场、一条底线、一个标准"的市场技术规范体系为终极目标，废除了旧法中的强制性行业标准和强制性地方标准，将强制性国家标准、强制性行业标准和强制性地方标准整合为强制性国家标准，重构了统一的强制性标准体系。

《标准化法》第十条第五款规定：法律、行政法规和国务院决定对强制性标准的制定另有规定的，从其规定。

《国务院关于印发深化标准化工作改革方案的通知》（国发〔2015〕13号）规定：环境保护、工程建设、医药卫生强制性国家标准、强制性行业标准和强制性地方标准，按现有模式管理。安全生产、公安、税务标准暂按现有模式管理。核、航天等涉及国家安全和秘密的军工领域行业标准，由国务院国防科技工业主管部门负责管理。

《民法典》第五百一十一条存在与建设工程质量标准颁布的现实的冲突。2018年施行的《标准化法》将国家标准分为强制性标准、推荐性标准，行业标准、地方标准是推荐性标准。首次将强制性标准限定在国家标准中，而1988年起施行的原《标准化法》规定，国家标准、行业标准分为强制性标准和推荐性标准。涉及工业产品的安全、卫生要求的地方标准，在本行政区域内是强制性标准。为适应修订后的《标准化法》，此前已经颁布的数量众多的建设工程质量标准正在陆续修订，但是至今仍未完成。

在建设工程质量标准中为数不少的强制性标准仍存在于行业标准甚至地方标准的现状下，适用《民法典》第五百一十一条规定，可能出现法律判断的工程质量要求不符合行业标准、地方标准中的强制性规定的情况，对建设工程的质量产生不利影响。

5. 相关案例

（1）【案例索引】（2020）陕09民终853号湖北某建筑工程有限公司（以下简称湖北某建筑公司）与平利县某新材料有限公司（以下简称平利县某新材料公司）建设工程施工合同纠纷案

【裁判要旨】案涉工程存在质量问题，发包人提供的设计有缺陷应承担过错责任，承包人在无规范设计图纸的情况下未拒绝施工，亦应承担相应的过错责任。作为施工单位所承建的工程主体结构存在质量缺陷，应负主要责任，发包方作为使用单位未尽到合理使用义务，应负次要责任。

【裁判摘要】关于重晶石库房坍塌与工程质量有无关系，原因力比例如何认定。关于库房坍塌原因，第一次鉴定意见为施工不满足设计图纸要求和现场施工及钢结构加工质量差。第二次鉴定意见为：（1）该图纸无设计单位公章、无设计单位设计人员签字、无设计单位相关人员注册章、无审图专用章，不可用于指导施工；（2）施工单位施工质量存在严重缺陷及使用单位超载使用是导致钢结构倒塌的主要原因。通过两次鉴定，可以判定库房坍塌有多种原因：设计图纸有缺陷、施工质量存在严重缺陷、使用单位超载使用。关于导致库房坍塌的多种原因所占比例，根据《原建设工程司法解释一》第十二条"发包人具有下列情形之一，造成建设工程质量缺陷，应当承担过错责任：（一）提供的设计有缺陷……承包人有过错的，也应当承担相应的过错责任"之规定，发包人提供的设计有缺陷应承担过错责任，承包人在无规范设计图纸的情况下未拒绝施工，也应承担相应的过错责任。另外，根据第二次鉴定意见"施工单位施工质量存在严重缺陷及使用单位超载使用是导致钢结构倒塌的主要原因"，可见，对于重晶石库房的倒塌损害结果，平利县某新材料公司、湖北某建筑公司均有责任，湖北某建筑公司作为施工单位所承建的工程主体结构存在质量缺陷，应负主要责任，承担60%的赔偿责任。平利县某新材料公司作为使用单位未尽到合理使用义务，应负次要责任，自行承担40%的责任。湖北某建筑公司上诉认为平利县某新材料公司在使用中未尽保养义务及雨雪天气因素也构成倒塌原因，但鉴定意见认定大棚倒塌的主要原因是施工质量存在严重缺陷及施工单位超载使用，故对该上诉理由不予采纳。

（2）【案例索引】（2020）粤06民终1948号广东某科技有限公司（以下简称广东某科技公司）、邓某某与佛山市南海某水泥混凝土有限公司、佛山市三水区某建筑工程有限公司（以下简称三水区某建筑公司）建设工程施工合同纠纷案

【裁判要旨】实际施工人作为案涉工程的包工包料的承包人和导致工程质量问题的建筑材料商品混凝土的实际买受人，应依法对工程质量问题承担责任。发包人在明知承包人不具有合法的施工资质的情况下，仍然明确指定承包人作为案涉工程的分包

专业工程的承包主体，亦应对工程质量缺陷承担相应过错责任。

【裁判摘要】关于本案中损失赔偿责任的划分问题。广东某科技公司认为即使认定其自身存在过错，也不应当承担40%的责任，一审判决的责任认定明显不公。对此，二审法院认为，一方面，根据《原建设工程司法解释一》第一条的规定，虽然邓某某作为实际施工人因无相关的资质导致其与广东某科技公司所签订的《施工合同》无效，但其作为案涉工程的包工包料的承包人、实际施工人和导致工程质量问题的建筑材料商品混凝土的实际买受人，应当依法对工程质量问题承担责任。另一方面，就广东某科技公司而言，其在明知邓某某不具有合法的施工资质的情况下，仍然明确指定邓某某作为案涉工程的分包专业工程的承包主体，并允许其挂靠三水区某建筑公司，与其签订了《施工合同》，根据《原建设工程司法解释一》第三条"因建设工程不合格造成的损失，发包人有过错的，也应承担相应的民事责任"以及第十二条"发包人具有下列情形之一，造成建设工程质量缺陷，应当承担过错责任……（三）直接指定分包人分包专业工程"的规定，广东某科技公司也具有明显的过错。因此，在本案中，造成案涉工程质量问题的邓某某负有相当的过错责任，相应地，作为工程发包人的广东某科技公司因选任不当亦应对此承担一定的过错责任。基于双方当事人的过错程度，一审酌情确定由邓某某对案涉工程不合格造成的损失承担60%责任，广东某科技公司承担40%的责任，符合本案实际及公平原则，并无不当，二审法院予以维持。

（3）【案例索引】（2020）豫01民再40号河南某建设工程有限公司（以下简称河南某建设公司）与郑州某煤建有限公司（以下简称某煤建公司）建设工程施工合同纠纷案

【裁判要旨】建筑工程的质量是建立在建筑工程的勘察、设计、施工三个环节符合国家规定的安全标准、技术规范及合同约定的基础上，三者缺一不可。勘察、设计又是决定整个建筑工程质量的基础。发包人主张承包人应按蓝图进行施工，但若承包人即使完全按蓝图进行施工，也无法避免案涉工程质量缺陷的问题，且因施工图纸问题无法就工程质量委托司法鉴定，发包人应承担举证不利的法律后果。

【裁判摘要】某煤建公司称河南某建设公司已完成的工程存在严重质量问题，整幢建筑物系危房。经查，对于案涉工程河南某建设公司仅施工基础及1层部分，剩余2~7层系某煤建公司另行委托他方施工。再审法院认为，要保证建筑工程的质量，其必须在建筑工程的勘察、设计、施工三个环节上使建设工程质量符合国家规定的安全标准、技术规范及合同约定的要求，三者缺一不可。其中勘察、设计又是决定整个建筑工程质量的基础。《建设工程质量管理条例》第九条规定：建设单位必须向有关的勘察、设计、施工、工程监理等单位提供与建设工程有关的原始资料。原始资料必须真实、准确、齐全。2012 年 9 月 24 日郑州市工程质量监督站下发的整改通知书是根据建设单位即某煤建公司现场提供的图纸进行的抽测，因在钢筋数量、截面尺寸等方面与某煤建公司所提供的图纸不符，郑州市工程质量监督站亦要求建设单位明确现场施工图纸是否为图审通过的图纸。某煤建公司作为发包方，应向河南某建设公司提供符合要求的建筑工程技术资料，技术资料包括勘察数据、设计文件、施工图纸等。根据《原建设工程司法解释一》第十二条第一款第（一）项"发包人具有下列情形之一，造成建设工程质量缺陷，应当承担过错责任：（一）提供的设计有缺陷"之规定，某煤建公司坚持认为河南某建设公司应按 2002 年 6 月版蓝图进行施工，该图纸概述部分显示所建工程为主楼 6 层的住宅楼，但所建工程实际为 7 层，即使河南某建设公司完全按该份 2002 年 6 月版蓝图施工，也无法避免案涉工程质量缺陷的问题。原审中法院也多次就河南某建设公司已施工部分的工程质量委托司法鉴定，均因施工图纸问题而无法鉴定。故某煤建公司应承担举证不利的法律后果。

> **第十四条** 建设工程未经竣工验收，发包人擅自使用后，又以使用部分质量不符合约定为由主张权利的，人民法院不予支持；但是承包人应当在建设工程的合理使用寿命内对地基基础工程和主体结构质量承担民事责任。

1. 新旧条款对比

《新建设工程司法解释一》	《原建设工程司法解释一》
第十四条 建设工程未经竣工验收，发包人擅自使用后，又以使用部分质量不符合约定为由主张权利的，人民法院不予支持；但是承包人应当在建设工程的合理使用寿命内对地基基础工程和主体结构质量承担民事责任	第十三条 建设工程未经竣工验收，发包人擅自使用后，又以使用部分质量不符合约定为由主张权利的，不予支持；但是承包人应当在建设工程的合理使用寿命内对地基基础工程和主体结构质量承担民事责任

本条是由《原建设工程司法解释一》第十三条承继而来，内容未发生变化。

2. 关联法条

（1）《建筑法》

第六十一条第二款 建筑工程竣工经验收合格后，方可交付使用；未经验收或者验收不合格的，不得交付使用。

（2）《房屋建筑工程质量保修办法》

第四条 房屋建筑工程在保修范围和保修期限内出现质量缺陷，施工单位应当履行保修义务。

第七条 在正常使用条件下，房屋建筑工程的最低保修期限为：

（一）地基基础工程和主体结构工程，为设计文件规定的该工程的合理使用年限；

（二）屋面防水工程、有防水要求的卫生间、房间和外墙面的防渗漏，为 5 年；

（三）供热与供冷系统，为 2 个采暖期、供冷期；

（四）电气管线、给排水管道、设备安装为 2 年；

（五）装修工程为 2 年。

其他项目的保修期限由建设单位和施工单位约定。

第八条 房屋建筑工程保修期从工程竣工验收合格之日起计算。

第十三条 保修费用由质量缺陷的责任方承担。

3. 条款精解

本条是关于发包人擅自使用未经竣工验收的建设工程，工程质量问题的责任承担的规定。本条前段规定了发包人擅自使用未经竣工验收的建设工程，使用部分视为质量合格。后段规定了擅自使用建设工程的地基基础和主体结构出现的质量问题，只要在合理使用寿命内，承包人应当承担质量责任。

本条中的竣工验收是指建筑工程全部建成后，为检查工程质量而进行的一项工作程序，也是建设工程中最后一个工序，是全面考核基本建设工作，检查是否建筑工程合乎设计要求和工程质量标准的重要环节。《建筑法》第六十一条第二款规定："建筑工程竣工经验收合格后，方可交付使用；未经验收或者验收不合格的，不得交付使用"。《建设工程质量管理条例》《民法典》做了相同的规定。因此，未经验收或验收未通过即擅自使用，是法律禁止的行为。本条中的未经竣工验收，包括未经竣工验收和经验收不合格两种情形。

发包人擅自使用建设工程，视为使用部分建设工程质量合格，但并不免除承包人的质量保修责任。《新建设工程司法解释一》第九条第（三）项规定：建设工程未经竣工验收，发包人擅自使用的，以转移占有建设工程之日为竣工日期。承包人应从转移占有之日开始承担工程质量保修责任。保修期内发包人有权要求承包人对因承包人原因造成的工程质量缺陷进行修复，但是如何区分或确认是在擅自使用前发生的还是在擅自使用后发生的质量问题，实务中也是难点。擅自使用后发现承包人施工的工程质量不符合工程建设强制性标准、设计文件要求及合同约定的，发包人可否在缺陷责任期内要求承包人承担质量瑕疵担保责任，实务中存在争议。我们认为，承包人在缺陷责任期内仍应承担质量缺陷修复义务，理由是，依据《民法典》第五百八十二条的规定，"履行不符合约定的，应当按照当事人的约定承担违约责任。对违约责任没有约定或者约定不明确，依据本法第五百一十条的规定仍不能确定的，受损害方根据标的的性质以及损失的大小，可以合理选择请求对方承担修理、重作、更换、退货、减少价款或者报酬等违约责任"。第六百一十七条规定："出卖人交付的标的物不符合质量要求的，买受人可以依据本法第五百八十二条至第五百八十四条的规定请求承担违约责任"。第六百四十六条规定："法律对其他有偿合同有规定的，依照其规定；没有规定的，参照适用买卖合同的有关规定"。质量缺陷是承包人未按工程建设强制性标准、设计文件要求及合同约定施工造成的，承包人应当承担的是违约责任，不能因发包人的擅自使用行为而免除承包人违约责任，使承包人获得不当利益。

何为建筑物使用寿命？建筑物的合理使用寿命即设计年限。一般是指建筑物的设计单位按设计的建筑物的地基基础和主体结构形式、施工方式和工艺等技术条件所确定的保证该建筑物正常使用的最低年限。根据《民用建筑设计通则（试行）》，一般认为，按民用建筑的主体结构确定的建筑耐久年限分为四级：一级耐久年限为 100 年以上，适用于重要的建筑和高层建筑（十层以上住宅建筑、总高度超过 24 米的公共建筑及综合性建筑）；二级耐久年限为 50 ~ 100 年，适用于一般建筑；三级耐久年限为 20 ~ 25 年，适用于次要建筑；四级耐久年限为 15 年以下，适用于临时性建筑。耐久年限为工程合理使用年限，建设单位如有低于或高于工程合理使用年限要求的，应在合同中予以明确。

擅自使用的界定，我们理解为擅自是相对于法律规定，是未经法律同意，而不是未经对方同意。即便双方同意提前使用，也属于擅自使用。

"擅自使用"与"视为合格"的关系如何理解？未经验收，发包方擅自使用，则视为工程质量合格，如果在使用期间出现了质量问题，那么则属于保修范围。

"视为合格"与"部分责任免除"。发包方擅自使用，视为合格，也只是部分免除承包人的质量责任，承包人应当在建设工程的合理使用寿命内对地基基础工程和主体结构质量承担民事责任。

"视为合格""验收合格"与"质量抗辩"的关系是，擅自使用并不就意味着验收合格，不能当然推定为工程符合验收标准，只是丧失质量抗辩权。

偶尔或短时间进入，不能视为擅自使用。如果仅仅偶尔或短时间内进入建筑物，不应构成擅自使用。

未完工程另行发包给他人施工，可以认为擅自使用。如果发包人将未完工程另行发包给他人施工，也可认定为擅自使用。

4. 延伸阅读

地基基础和主体结构的界定

一、依据《建筑工程施工质量验收统一标准》GB 50300—2001 划分

1.1 依据《建筑工程施工质量验收统一标准》GB 50300—2001 第 4.0.3 条，分部工

程的划分应按专业性质、建筑部位确定；当分部工程较大或较复杂时，可按材料种类、施工特点、施工程序、专业系统及类别等划分若干子分部工程。

1.2 依据《建筑工程施工质量验收统一标准》GB 50300—2001 附录 B，地基与基础分部工程划分为土方、地基处理、桩基、地下防水、混凝土基础、砌体基础、劲钢（管）混凝土、钢结构子分部工程。

1.3 依据《建筑工程施工质量验收统一标准》GB 50300—2001 条文说明第 4.0.4 和 4.0.5 条，地基基础分部工程中的分项工程一般划分为一个检验批，有地下层的基础工程可按不同地下层划分检验批。

基于上述 3 条依据，有地下室的基础工程，应该含地下部分的混凝土柱、墙、梁、板结构，也应该含地下部分的砌体结构、钢结构。

二、依据《建筑工程施工质量验收统一标准》GB 50300—2013 划分

2.1 依据《建筑工程施工质量验收统一标准》GB 50300—2013 第 4.0.6 条，建筑工程的分部工程、分项工程划分宜按本标准附录 B 采用。第 4.0.7 条，对于附录 B 及相关验收规范未涵盖的分项工程及检验批，可由建设单位组织监理、施工等单位协商确定。

2.2 依据《建筑工程施工质量验收统一标准》GB 50300—2013 附录 B，地基与基础分部工程包括地基、基础、土方及支护等子分部工程，主体分部工程包括混凝土结构、砌体结构、钢结构等子分部工程。

基于以上 2 条依据，地基与基础分部和主体分部之间划分不再是以标高（±0.0）为标准而是以子分部的功能为标准进行区分。

三、地下室中梁板柱结构属于地基基础还是主体的问题

从《建筑工程施工质量验收统一标准》GB 50300—2001 条文说明第 4.0.4 和 4.0.5 条来看，有地下室的基础工程应属于地基基础分部。从《建筑工程施工质量验收统一标准》GB 50300—2013 与《建筑地基基础工程施工规范》GB 51004—2015、《建筑地基工程质量验收标准》GB 50202—2018 规范条文对应来看，基础子分部只包含各类基础，而不包括地下室中的梁板柱，地下室中的梁板柱混凝土结构特征与主体结构类似，与地基基础明显不同，应该划入主体结构。

5. 相关案例

（1）【案例索引】（2021）辽 01 民终 4401 号辽宁省某实业集团有限公司与沈阳某防水工程有限公司建设工程合同纠纷案

【裁判要旨】建设工程未经竣工验收，发包人擅自使用后，又以使用部分质量不

符合约定为由主张权利的，人民法院不予支持。

【裁判摘要】对于上诉人提出案涉工程存在质量问题，工程价款应予减少的上诉请求，因案涉工程在被上诉人施工后，上诉人已实际占有使用，依照《新建设工程司法解释一》第十四条"建设工程未经竣工验收，发包人擅自使用后，又以使用部分质量不符合约定为由主张权利的，人民法院不予支持；但是承包人应当在建设工程的合理使用寿命内对地基基础工程和主体结构质量承担民事责任"的规定，上诉人在未经竣工验收情况下，擅自使用案涉工程，故对其以质量问题为由主张减少支付工程价款的上诉请求，因法律依据不足，二审法院不予支持。

（2）【案例索引】（2021）晋05民终76号任某某与某房地产开发有限公司（以下简称某房地产公司）、某建设有限公司（以下简称某建设公司）建设工程施工合同纠纷案

【裁判要旨】发包人在尚未办理竣工验收手续的情况下，将案涉项目投入使用，应视为发包人放弃了主张质量抗辩的权利，工程质量应推定为合格。

【裁判摘要】发包人某房地产公司与承包人某建设公司就玉苑村2号、5号、7号楼的施工签订三份《建设工程施工合同》，因三份合同均系无施工资质的任某某个人借用某建设公司的名义签订，根据《新建设工程司法解释一》第一条的规定，三份合同均为无效合同。根据《民法典》第七百九十三条的规定，建设工程施工合同无效，但是建设工程经验收合格的，可以参照合同关于工程价款的约定折价补偿承包人。双方当事人均认可玉苑村2号、5号、7号楼完工后，在尚未办理竣工验收手续的情况下，居民已经入住，根据《新建设工程司法解释一》第十四条的规定，应视为发包人放弃了主张质量抗辩的权利，工程质量应推定为合格。某房地产公司作为发包人，应参照合同关于工程价款的约定折价补偿实际履行合同的实际施工人任某某。某房地产公司主张案涉项目至今尚未竣工验收亦未向发包人交付，故不应支付剩余价款，但因案涉项目已投入使用，故对于某房地产公司该主张二审法院不予支持。某房地产公司主张是村民强行开锁入住，并非发包人擅自使用，但村民入住并非发生在承包人照管工程期间，由此产生的后果不应由承包人承担，故对于某房地产公司该主张二审法院不予支持。

（3）【案例索引】（2021）湘01民终169号四海某传媒有限公司（以下简称四海某公司）与某邮电规划设计院有限公司建设工程施工合同纠纷案

【裁判要旨】发包人未经竣工验收即实际使用案涉工程及相关设备，后以使用部分质量不符合约定为由主张权利，并向法庭申请对案涉工程的质量问题进行鉴定，若所提供的质量问题的证据反映的仅是一些瑕疵问题，则一般不予支持。

【裁判摘要】上诉人认为一审法院未准予其进行工程质量鉴定的申请，违反法定

程序。经查，该案涉工程已经实际使用多年，依据《原建设工程司法解释一》第十三条的规定，建设工程未经竣工验收，发包人擅自使用后，又以使用部分质量不符合约定为由主张权利的，不予支持。本案中上诉人未按照合同约定进行竣工验收是导致双方目前就质量问题产生争议的主因，四海某公司向法庭申请对案涉工程的质量问题进行鉴定，不符合现实情况且没有法律依据，二审法院对上诉人主张一审法院违反法定程序的上诉意见不予支持。

> 第十五条 因建设工程质量发生争议的，发包人可以以总承包人、分包人和实际施工人为共同被告提起诉讼。

1. 新旧条文对比

《新建设工程司法解释一》	《原建设工程司法解释一》
第十五条 因建设工程质量发生争议的，发包人可以以总承包人、分包人和实际施工人为共同被告提起诉讼	第二十五条 因建设工程质量发生争议的，发包人可以以总承包人、分包人和实际施工人为共同被告提起诉讼

本条承继了《原建设工程司法解释一》第二十五条的内容，无新增和调整变化。

2. 关联法条

（1）《民法典》

第八百零一条 因施工人的原因致使建设工程质量不符合约定的，发包人有权请求施工人在合理期限内无偿修理或者返工、改建。经过修理或者返工、改建后，造成逾期交付的，施工人应当承担违约责任。

（2）《建筑法》

第五十五条 建筑工程实行总承包的，工程质量由工程总承包单位负责，总承包单位将建筑工程分包给其他单位的，应当对分包工程的质量与分包单位承担连带责任。分包单位应当接受总承包单位的质量管理。

（3）《建设工程质量管理条例》

第二十七条 总承包单位依法将建设工程分包给其他单位的，分包单位应当按照分包合同的约定对其分包工程的质量向总承包单位负责，总承包单位与分包单位对分包工程的质量承担连带责任。

3. 条款精解

本条是关于建设工程质量纠纷中，发包人选择起诉对象的程序性规定。本条中的总承包人是指建设工程施工总承包合同中的总承包人，不包括建设工程总承包人。建设工程施工总承包可能涉及发包人、总承包人、分包人、实际施工人、监理人等，那么建设工程出现质量争议时，谁应当对建设工程质量问题承担责任？根据《建筑法》第五十五条之规定，总承包单位将建筑工程分包给其他单位的，应当对分包工程的质量与分包单位承担连带责任。

在建设工程发承包关系中，转包、违法分包工程和借用资质承揽工程现象较为普遍，由此导致拖欠农民工工资现象非常严重。由于转包、分包及借用资质关系复杂，加上劳动关系不规范，一旦形成工资拖欠，追讨十分困难，农民工工资权益保护问题引起党中央、国务院的高度重视。为了保护农民工合法权益，2004年，《原建设工程司法解释一》第一条、第四条、第二十五条、第二十六条首次就实际施工人制度进行了规定。对于建设工程出现质量争议的，实际施工人应否承担责任，《建筑法》《建设工程质量管理条例》没有明确规定。实际施工人是建设工程的施工人，《建筑法》第五十八条第一款规定，建筑施工企业对工程的施工质量负责。实际施工人对工程质量承担责任是《建筑法》第五十八条规定的应有之义。

那么，实际施工人承担何种责任呢？是按份责任还是连带责任，实务中也存在一定的争议。《建设工程质量管理条例》第二十七条规定："总承包单位依法将建设工程分包给其他单位的，分包单位应当按照分包合同的约定对其分包工程的质量向总承包单位负责，总承包单位与分包单位对分包工程的质量承担连带责任"，《建筑法》第六十七条规定："承包单位将承包的工程转包的，或者违反本法规定进行分包的，责令改正，没收违法所得，并处罚款，可以责令停业整顿，降低资质等级；情节严重的，吊销资质证书。承包单位有前款规定的违法行为的，对因转包工程或者违法分包的工程不符合规定的质量标准造成的损失，与接受转包或者分包的单位承担连带赔偿责任"，本条明确规定发包人可以总承包人、分包人和实际施工人为共同被告提起质量纠纷诉讼，要求总承包人、分包人和实际施工人承担连带责任，也可以只向总承包人、分包人、实际施工人中的任意一人主张权利。

经发包人同意，承包人将工程转包时，诉讼主体如何确定，司法实践中有两种不同的理解。第一种观点认为，经发包人同意，承包人将工程转包的行为属于合同权利义务的概括转让，所以一经转包，承包人即退出合同关系，受让人（实际施工人）取得原承包人的法律地位，因此实际施工人起诉主张工程款的，应当以发包人为被告，与之相对应，发包人起诉主张质量问题的，应直接起诉实际施工人。另一种观点认为，应当严格按照法律的规定，即承担连带责任。

施工合同中约定仲裁条款的，发包人能否以质量问题为由，直接起诉分包人，司法实践中存在争议。针对这一问题，最高院有案例认为不可以，主要基于以下两个原因：一是发包人与分包人之间并无合同关系，其向分包人主张工程质量责任的权利，源于发包人与承包人之间的承包合同，因此施工合同中约定仲裁条款时，法院并无主管权；二是《新建设工程司法解释一》适用以法院有管辖权为前提，应为人民法院在有管辖权的前提下，发包人就建设工程质量发生的纠纷，可以总承包人、分包人和实际施工人为共同被告提起民事诉讼，并不意味着发包人可突破与总承包人达成的仲裁协议，直接向人民法院提起民事诉讼。

4. 延伸阅读

发包人、总承包人、违法分包人、转包人、实际施工人的概念辨析

（1）发包人。《民法典》第七百八十八条第一款规定：建设工程合同是承包人进行工程建设，发包人支付价款的合同。发包人就是建设工程施工合同中具有支付价款义务的一方合同当事人，一般来说，建设单位就是发包人。

（2）总承包人。一般来说，对于大型施工项目，建设单位将建设项目发包给具有法定资质的施工单位，从建设单位获得建设项目的施工单位即为总承包人。

（3）违法分包人。《建设工程质量管理条例》第七十八条第二款规定：本条例所称违法分包是指下列行为：总承包单位将建设工程分包给不具有相应资质条件的单位的；建设工程总承包合同中未有约定，又未经建设单位认可，承包单位将其承包的部分建设工程交由其他单位完成的；施工总承包单位将建设工程主体结构的施工发包给其他单位的；分包单位将其承包的建设工程再分包的。

（4）转包人。《建设工程质量管理条例》第七十八条第三款规定：本条例所称转包是指承包单位承包建设工程后，不履行合同约定的责任和义务，将其承包的全部建设工程转给他人或者将其承包的全部建设工程肢解以后以分包的名义分别转给其他单位承包的行为。转包主要有以下几种表现形式：一是将全部工程转包；二是将全部工程肢解后以分包的名义转包；三是总承包人违反分包合同约定，将工程的主要部分或者群体工程中大部分的单位工程转给其他单位施工的；四是分包单位违反分包规定，将承包的工程再次包给其他施工单位施工的。实施上述转包行为的承包单位即为转包人。

（5）实际施工人。实际施工人并非法律意义上的概念词语，而系最高人民法院为解决司法实践中的施工主体问题，在司法解释中出现的，我们认为"实际施工人"是指转包合同中承担实际施工义务的承包人，以及违法分包合同中承担实际施工义务的承包人，没有资质借用或挂靠有资质的建筑施工企业的名义与他人签订建设工程合同的承担实际施工义务的承包人等。实际施工人是无效施工合同下的产物，均实际参与到建设工程施工过程中，是直接参与一线施工的主体。

5. 相关案例

（1）【案例索引】（2021）兵 13 民终 5 号卫某某与新疆某建设工程有限公司（以下简称某建设公司）建设工程施工合同纠纷案

【裁判要旨】实际施工人对其身份负有举证责任，其提供的证据虽确实可以说明其在案涉工程中参与了大量工作，但是证据材料较为松散均属于间接证据且不能形成证据链条，无法证明其个人投入了全部建设成本，无法证明其作为挂靠人或实际施工人的身份，无法证实待证事实达到高度盖然性的证明标准，其应承担举证不能的不利后果。

【裁判摘要】关于卫某某与某建设公司之间是否存在挂靠关系，卫某某是否为案涉工程的实际施工人。挂靠是指没有资质或者资质较低的施工人借用有资质或者资质较高的建筑企业名义承揽工程的行为。挂靠的主要特征为，挂靠人从项目招标投标开始，到合同的签订、合同的履行直至价款的结算，实质性地主导了工程项目运作的全过程，工程施工的各项成本也由挂靠人承担。本案中，从某建设公司提供的证据材料来看，大部分物资采购、设备租赁和劳务外包等建设成本的投入，均以某建设公司的名义支出。在案涉合同的履行期间，卫某某的妻子田某某与某建设公司之间有三笔共计 403341 元账目往来，其中两笔是借款，事后某建设公司也将借款全数归还，另一笔 82800 元是某建设公司向田某某支付的代缴税款，不能证明该款项属于卫某某在案涉工程中的建设成本。卫某某与某建设公司不存在劳动关系的情况下，其在案涉工程中的施工管理以及垫付部分款项的行为，究竟是属于挂靠关系，还是合作经营或委托管理，真伪不明。综合全案证据材料，包括卫某某向本院提交了补强证据材料以及申请证人刘某某出庭作证，确实可以说明卫某某在案涉工程中参与了大量工作，但是这些证据材料较为松散均属于间接证据且不能形成证据链条，无法证明挂靠协议的具体内容，无法证明卫某某个人投入了全部建设成本，无法证明卫某某作为挂靠人或实际施工人的身份，无法证实挂靠关系的待证事实达到高度盖然性的证明标准，其应承担举证不能的不利后果。至于田某某及 225 团是否应当追加为本案当事人，虽然田某某在本案中与某建设公司有三笔账目往来，代缴纳相关税款，某建设公司对此也并未否认，但对查明挂靠事实来说作用不大，也并非本案必须参加诉讼的当事人或有独立请求权的第三人；同理，发包方 225 团也无必要参加本案诉讼，故一审程序并无不当。

（2）【案例索引】（2021）豫 05 民终 779 号吴某某与安阳市某饮料有限公司建设工程合同纠纷案

【裁判要旨】"实际施工人"是指建设工程合同无效情形下实际完成建设工程施工，实际投入资金、材料和劳动力违法承包的单位和个人。对于"实际施工人"要综合审查其是否参与合同签订，是否存在组织工程管理、购买材料、租赁机具、支付水电费等实际施工行为，是否享有施工支配权、存在投资或收款行为等情形来进行认定。

【裁判摘要】"实际施工人"是指建设工程合同无效情形下实际完成建设工程施工，实际投入资金、材料和劳动力违法承包的单位和个人。认定"实际施工人"要综合审查是否参与合同签订，是否存在组织工程管理、购买材料、租赁机具、支付水电费等实际施工行为，是否享有施工支配权、存在投资或收款行为等情形。原审法院仅以某钢结构公司不是建筑施工企业，就认定吴某某不具有诉讼主体资格不当。原审法院应在审查案件事实和证据的基础上，对本案作出相应的裁判。综上，上诉人吴某某的上诉请求成立，二审法院予以支持。原审裁定欠当，应予纠正。

（3）【案例索引】（2016）黔 03 民初 286 号广州市某装修有限公司（以下简称某装修公司）与贵州某消防工程有限公司（以下简称某消防公司）、王某某建设工程施工合同纠纷案

【裁判要旨】因建设工程质量发生争议的，发包人可以以总承包人、分包人和实际施工人为共同被告提起诉讼。涉案工程出现质量问题，作为涉案工程的实际施工人，应当对工程质量承担责任，承包人对实际施工人承担责任部分承担连带责任，名义施工人即挂靠公司，对实际施工人承担的责任亦应当承担连带责任。发包人起诉承包人后，承包人承担了质量赔偿责任后，有权向实际施工人、挂靠公司进行追偿。

【裁判摘要】根据《建筑法》第二十九条第二款"建筑工程总承包单位按照总承包合同的约定对建设单位负责；分包单位按照分包合同的约定对总承包单位负责。总承包单位和分包单位就分包工程对建设单位承担连带责任"，第五十五条"建筑工程实行总承包的，工程质量由工程总承包单位负责，总承包单位将建筑工程分包给其他单位的，应当对分包工程的质量与分包单位承担连带责任。分包单位应当接受总承包单位的质量管理"，第六十六条"建筑施工企业转让、出借资质证书或者以其他方式允许他人以本企业的名义承揽工程的，责令改正，没收违法所得，并处罚款，可以责令停业整顿，降低资质等级；情节严重的，吊销资质证书。对因该项承揽工程不符合规定的质量标准造成的损失，建筑施工企业与使用本企业名义的单位或者个人承担连带赔偿责任"，以及《原建设工程司法解释一》第二十五条"因建设工程质量发生争议的，发包人可以以总承包人、分包人和实际施工人为共同被告提起诉讼"的规定，案涉工程出现质量问题，王某某作为案涉工程的实际施工人，应当对工程质量承担责任，某装修公司作为承包人，对王某某承担责任部分承担连带责任，某消防公司作为名义施工人，即挂靠公司，对王某某承担的责任亦应当承担连带责任。贵州某房地产开发有限公司起诉某装修公司，某装修公司承担了质量赔偿责任后，有权向王某某、某消防公司进行追偿。

第十六条 发包人在承包人提起的建设工程施工合同纠纷案件中，以建设工程质量不符合合同约定或者法律规定为由，就承包人支付违约金或者赔偿修理、返工、改建的合理费用等损失提出反诉的，人民法院可以合并审理。

1. 新旧条款对比

《新建设工程司法解释一》	《原建设工程司法解释二》
第十六条 发包人在承包人提起的建设工程施工合同纠纷案件中，以建设工程质量不符合合同约定或者法律规定为由，就承包人支付违约金或者赔偿修理、返工、改建的合理费用等损失提出反诉的，人民法院可以合并审理	第七条 发包人在承包人提起的建设工程施工合同纠纷案件中，以建设工程质量不符合合同约定或者法律规定为由，就承包人支付违约金或者赔偿修理、返工、改建的合理费用等损失提出反诉的，人民法院可以合并审理

本条是对《原建设工程司法解释二》第七条内容的继承，内容没有变化。

2. 关联法条

《民法典》

第八百零一条 因施工人的原因致使建设工程质量不符合约定的，发包人有权请求施工人在合理期限内无偿修理或者返工、改建。经过修理或者返工、改建后，造成逾期交付的，施工人应当承担违约责任。

3. 条款精解

本条是关于建设工程合同纠纷案件中，发包人提起反诉的程序性规定。在建设工程施工合同纠纷中，承包人提起索要工程款诉讼后，发包人通常以工程质量不合格进行对抗，发包人主张建设工程质量不合格，究竟是直接抗辩还是需要提起反诉，在《原建设工程司法解释二》出台以前，各地法院做了不同的规定。

（1）区分工程是否竣工验收或使用，作出不同的规定。

《安徽高院意见》第六条规定："尚未竣工验收或使用的建设工程，承包人主张工程价款，发包人以工程质量不符合合同约定或者国家质量标准为由，主张减少工程价款或者扣除修复费用的，属于抗辩。工程已经竣工验收合格，发包人又以工程质量不合格为由，主张承包人承担违约责任的，应当提起反诉。"

《北京高院解答》规定："28. 发包人主张工程质量不符合合同约定的，应按反诉还是抗辩处理？承包人要求支付工程款，发包人主张工程质量不符合合同约定给其造成损害的，应按以下情形分别处理：（1）建设工程已经竣工验收合格，或虽未经竣工验收，但发包人已实际使用，工程存在的质量问题一般应属于工程质量保修的范围，发包人以此为由要求拒付或减付工程款的，对其质量抗辩不予支持，但确因承包人原因导致工程的地基基础工程或主体结构质量不合格的除外；发包人反诉或另行起诉要求承包人承担保修责任或者赔偿修复费用等实际损失的，按建设工程保修的相关规定处理。（2）工程尚未进行竣工验收且未交付使用，发包人以工程质量不符合合同约定为由要求拒付或减付工程款的，可以按抗辩处理；发包人要求承包人支付违约金或者赔偿修理、返工或改建的合理费用等损失的，应告知其提起反诉或另行起诉。（3）发包人要求承包人赔偿因工程质量不符合合同约定而造成的其他财产或者人身损害的，应告知其提起反诉或另行起诉。"

（2）区分发包人主张的内容，作出不同的规定。

《浙江高院民一庭疑难问题解答》规定："九、发包人以工程质量为由提出的对抗性主张，究竟是抗辩还是反诉？承包人诉请给付工程价款，发包人以工程质量不符合合同约定或国家强制性的质量规范标准为由，要求减少工程价款的，按抗辩处理；发包人请求承包人赔偿损失的，按反诉处理。"

《广东高院意见》规定："一、工程欠款纠纷案件中，发包人以建设工程质量不符合合同约定为由主张付款条件未成就的，可以作为抗辩处理。发包人以建设工程质量不符合合同约定为由，请求承包人承担违约责任的，应当提起反诉。"

我们认为，区分工程是否竣工验收或使用，作出不同的规定更为合理。建设工程如果已验收合格，或者虽未验收或经验收不合格发包人擅自使用的视为工程质量合格，此时承包人已依约完成了合同义务，发包人应按约定支付工程款。其后如果工程出现质量问题，承包人应承担保修责任。如果发包人以质量不符合约定为由，主张减少价款的，应不予支持。如发包人要求承包人赔偿未履行保修义务造成损失的，应当提起反诉或另行起诉。

本条明确规定：在承包人提起的建设工程施工合同纠纷案件中，发包人以建设工程质量不合格为由，要求承包人支付违约金或者赔偿修理、返工、改建的合理费用等损失的，应当提出反诉，或另案提起诉讼，不能通过抗辩主张权利。发包人就此提出反诉的，人民法院可以合并审理。

本条规定合并审理为原则，另案审理为例外。对于本条所规定的反诉，哪些可以分别审理，哪些应当合并审理并没有明确规定，这需要在以后的司法实践中予以界定。

关于反诉的构成要件，《民事诉讼法》第五十一条规定：原告可以放弃或者变更诉讼请求。被告可以承认或者反驳诉讼请求，有权提起反诉；第一百四十条规定：原告增加诉讼请求，被告提出反诉，第三人提出与本案有关的诉讼请求，可以合并审理。《民诉法解释》第二百三十三条第一款、第二款规定：反诉的当事人应当限于本诉的当事人的范围。反诉与本诉的诉讼请求基于相同法律关系、诉讼请求之间具有因果关系，或者反诉与本诉的诉讼请求基于相同事实的，人民法院应当合并审理。根据上述相关规定，反诉的构成要件包括：第一，反诉的当事人应当限于本诉的当事人的范围；第二，反诉与本诉的诉讼请求基于相同法律关系；第三，反诉与本诉的诉讼请求之间具有因果关系，或者反诉与本诉的诉讼请求基于相同事实。另外注意，如反诉与本诉的诉讼请求基于相同事实，依法应当合并审理。

4. 延伸阅读

反诉与抗辩的辨析

（1）反诉。发包人要求承包人支付违约金、赔偿损失、返工修理等，这些请求和对方的请求比较起来，两者并不是一回事，具有独立性，但是又和案件事实有关，是要求法院支持自己一方的请求，属有主动攻击和诉讼，所以叫反诉。比如发包人要求承包人支付违约金或者赔偿修理、返工、改建的合理费用等损失；发包人要求承包人承担修理、返工、改建义务；发包人要求承包人赔偿工期延误损失；发包人要求承包人赔偿因工程质量不合格造成的人身损害、财产损失。

（2）抗辩。发包人主张不付工程款、减少工程款等请求，都是在建立在对方请求的基础上，是要求法院驳回对方的全部或部分请求，具有反驳和对抗性，所以叫抗辩。比如质量问题减少工程款；偷工减料减少工程款；拒绝修复而另外委托他人修复，抵扣修复费用；拒绝支付工程款等。

5. 相关案例

（1）【案例索引】（2020）豫 13 民终 6481 号陈某某与王某某建设工程施工合同纠纷案

【裁判要旨】发包人在承包人提起的建设工程施工合同纠纷案件中，以建设工程质量不符合合同约定或者法律规定为由，就承包人支付违约金或者赔偿修理、返工、改建的合理费用等损失提出反诉的，人民法院可以合并审理。发包人对此负有举证责任。

【裁判摘要】关于王某某应否支付陈某某工程维修加固费用及数额如何认定的问题。《新建设工程司法解释一》第十六条规定：发包人在承包人提起的建设工程施工合同纠纷案件中，以建设工程质量不符合合同约定或者法律规定为由，就承包人支付违约金或者赔偿修理、返工、改建的合理费用等损失提出反诉的，人民法院可以合并审理。一审法院对陈某某就案涉房屋质量问题提起反诉，一审法院予以合并审理，但因陈某某就案涉房屋修复费用未能提供确实充分的证据，一审法院判决陈某某就反诉请求提供充足证据后另行诉讼解决或通过其他途径解决并无不当。

（2）【案例索引】（2021）新 02 民终 134 号段某某与某建设集团股份有限公司（以下简称某建设公司）建设工程施工合同纠纷案

【裁判要旨】发包人以建设工程质量不符合合同约定或者法律规定为由，提出的返修义务及赔偿损失属于独立的诉讼请求，应当依法向人民法院另行起诉或通过其他方式解决。

【裁判摘要】某建设公司辩称段某某施工的工程存在质量问题，故应当由段某某承担返修义务并赔偿损失的上诉意见，本院认为，《原建设工程司法解释二》第七条规定：发包人在承包人提起的建设工程施工合同纠纷案件中，以建设工程质量不符合合同约定或者法律规定为由，就承包人支付违约金或者赔偿修理、返工、改建的合理费用等损失提出反诉的，人民法院可以合并审理。因此，某建设公司提出的返修义务及赔偿损失属于独立的诉讼请求，应当依法向人民法院另行起诉或通过其他方式解决。故某建设公司的上诉意见不属于本案审理范围，对其上诉主张，二审法院不予支持。

（3）【案例索引】（2020）豫 04 民终 4150 号陈某某与吉某某建设工程施工合同纠纷案

【裁判要旨】承包人在建设过程中擅自进行设计变更、而未由专业人员依法制作设计变更图纸并交由他人施工，应对工程质量问题承担主要责任；施工方未有设计变更图纸即进行施工，施工工艺等方面存在问题，亦应对工程质量问题承担相应的责任。

【裁判摘要】该六层客厅底板、六层顶板之所以出现质量问题，吉某某等四人在建设过程中擅自进行设计变更，而未由专业人员依法制作设计变更图纸并交由陈某某按图施工是主要原因，应当承担主要责任；但陈某某作为承包人，未有设计变更图纸即进行施工，且从上述鉴定意见书中"涉案三栋楼六层客厅底板存在混凝土裂缝现象……裂缝出现的主要原因为未设置支座负弯矩钢筋""涉案三栋楼房六层顶板存在渗漏水现象……渗漏水的原因为屋面做法不符合图纸设计要求，未施做防水层，且混凝土存在裂缝或不密实情况"等鉴定意见看，出现该质量问题显然也存在施工方施工工艺等方面的原因，故陈某某亦应承担相应责任。基于此，一审判决酌定陈某某对该质量问题承担 20% 的责任并无不当，陈某某上诉主张其不应对涉案工程质量问题承担责任不能成立。经鉴定，该两项质量问题修复费用为 486495.86（248137.32 ＋ 238358.54）元，一审判令陈某某向吉某某等四人支付工程修复费用 97299.17（486495.86×20%）元亦无不当。陈某某尚未对该工程质量问题进行修复，修复费用产生，不应判令其承担该修复费用的上诉理由缺乏相应依据，亦不能成立。

第十七条　有下列情形之一，承包人请求发包人返还工程质量保证金的，人民法院应予支持：

（一）当事人约定的工程质量保证金返还期限届满；

（二）当事人未约定工程质量保证金返还期限的，自建设工程通过竣工验收之日起满二年；

（三）因发包人原因建设工程未按约定期限进行竣工验收的，自承包人提交工程竣工验收报告九十日后起当事人约定的工程质量保证金返还期限届满；当事人未约定工程质量保证金返还期限的，自承包人提交工程竣工验收报告九十日后起满二年。

发包人返还工程质量保证金后，不影响承包人根据合同约定或者法律规定履行工程保修义务。

1. 新旧条款对比

《新建设工程司法解释一》	《原建设工程司法解释二》
第十七条　有下列情形之一，承包人请求发包人返还工程质量保证金的，人民法院应予支持： （一）当事人约定的工程质量保证金返还期限届满； （二）当事人未约定工程质量保证金返还期限的，自建设工程通过竣工验收之日起满二年； （三）因发包人原因建设工程未按约定期限进行竣工验收的，自承包人提交工程竣工验收报告九十日后起当事人约定的工程质量保证金返还期限届满；当事人未约定工程质量保证金返还期限的，自承包人提交工程竣工验收报告九十日后起满二年。 发包人返还工程质量保证金后，不影响承包人根据合同约定或者法律规定履行工程保修义务	第八条　有下列情形之一，承包人请求发包人返还工程质量保证金的，人民法院应予支持： （一）当事人约定的工程质量保证金返还期限届满。 （二）当事人未约定工程质量保证金返还期限的，自建设工程通过竣工验收之日起满二年。 （三）因发包人原因建设工程未按约定期限进行竣工验收的，自承包人提交工程竣工验收报告九十日后起当事人约定的工程质量保证金返还期限届满；当事人未约定工程质量保证金返还期限的，自承包人提交工程竣工验收报告九十日后起满二年。 发包人返还工程质量保证金后，不影响承包人根据合同约定或者法律规定履行工程保修义务

本条是由《原建设工程司法解释二》第八条的内容承继而来，内容并无变化及调整。

2. 关联法条

（1）《民法典》

第八百零二条　因承包人的原因致使建设工程在合理使用期限内造成人身损害和财产损失的，承包人应当承担赔偿责任。

（2）《建筑法》

第六十一条　交付竣工验收的建筑工程，必须符合规定的建筑工程质量标准，有完整的工程技术经济资料和经签署的工程保修书，并具备国家规定的其他竣工条件。

建筑工程竣工经验收合格后，方可交付使用；未经验收或者验收不合格的，不得交付使用。

（3）《建设工程质量保证金管理办法》

第六条　在工程项目竣工前，已经缴纳履约保证金的，发包人不得同时预留工程质量保证金。

采用工程质量保证担保、工程质量保险等其他保证方式的，发包人不得再预留保证金。

第七条　发包人应按照合同约定方式预留保证金，保证金总预留比例不得高于工程价款结算总额的 3%。合同约定由承包人以银行保函替代预留保证金的，保函金额不得高于工程价款结算总额的 3%。

第十一条　发包人在接到承包人返还保证金申请后，应于 14 天内会同承包人按照合同约定的内容进行核实。如无异议，发包人应当按照约定将保证金返还给承包人。对返还期限没有约定或者约定不明确的，发包人应当在核实后 14 天内将保证金返还承包人，逾期未返还的，依法承担违约责任。发包人在接到承包人返还保证金申请后 14 天内不予答复，经催告后 14 天内仍不予答复，视同认可承包人的返还保证金申请。

3. 条款精解

本条是关于质量保证金返还期限的规定。建设工程质量保证金是指建设工程施工合同中约定的从应付的工程款中预留，用以保证承包人在缺陷责任期内对建设工程出现的缺陷进行维修的资金。保证金总预留比例不得高于工程价款结算总额的 3%。以银行保函替代预留保证金的，保函金额不得高于工程价款结算总额的 3%。《建设工程质量保证金管理办法》第二条第三款规定：缺陷责任期一般为 1 年，最长不超过 2 年，由发承包双方在合同中约定；第八条规定：缺陷责任期从工程通过竣工验收之日起计。由于承包人原因导致工程无法按规定期限进行竣工验收的，缺陷责任期从实际通过竣工验收之日起计。由于发包人原因导致工程无法按规定期限进行竣工验收的，在承包人提交竣工验收报告 90 天后，工程自动进入缺陷责任期；第十条规定：缺陷责任期内，承包人认真履行合同约定的责任，到期后，承包人向发包人申请返还保证金。

《建设工程施工合同（示范文本）》GF—2017—0201 规定：质量保证金是指按照通用合同条款第 15.3 款〔质量保证金〕约定承包人用于保证其在缺陷责任期内履行缺陷修补义务的担保。通用合同条款第 15.3.3 项〔质量保证金的退还〕规定：缺陷责任期内，承包人认真履行合同约定的责任，到期后，承包人可向发包人申请返还保证金。

根据上述法律相关规定，缺陷责任期的期限及起算点情况如下。第一，缺陷责任期最长不超过 2 年，缺陷责任期届满后，承包人向发包人申请返还保证金。第二，缺陷责任期的起算点按不同情形确定：①工程已通过竣工验收的，自竣工验收合格之日起计；②承包人原因导致工程无法按规定期限进行竣工验收的，自实际通过竣工验收之日起计；③发包人原因导致工程无法按规定期限进行竣工验收的，自承包人提交竣工验收报告90天后起计。

质量保证金的返还期限，与缺陷责任期、竣工验收合格之日密切相关，实务中，由于缺陷责任期、竣工验收合格之日不能确定，发包人和承包人往往对质量保证金的返还期限和返还起算点存在争议。本条明确规定了当事人明确约定了质量保证金返还期限或没有约定返还期限或发包人拖延验收情形下，质量保证金返还的时间。

（1）当事人约定的工程质量保证金返还期限届满。

当事人在《建设工程施工合同（示范文本）》GF—2017—0201中或补充合同等明确约定了质量保证金的返还期限的，在当事人约定的工程质量保证金返还期限届满时返还。这是贯彻意思自治原则的体现，具有正当性，因为质量保证金的返还不涉及公共利益，法律不宜加以干预。

根据《建设工程质量保证金管理办法》的规定，缺陷责任期最长不超过2年。缺陷责任期到期后，承包人向发包人申请返还保证金。如果当事人在合同中约定缺陷责任期为3年，或直接约定质量保证金返还期限为3年，该约定是否有效，实践中存在争议，主要有以下两种意见。

一种意见认为该约定有效。根据《民法典》第一百五十三条的规定，判断合同的效力依据是法律以及行政法规，违背公序良俗的民事法律行为无效。《建设工程质量保证金管理办法》是部门规章，不能作为认定合同效力的依据。而且质量保证金的返还期限不涉及公共利益，法律不宜加以干预，应尊重当事人的意思自治。

另一种意见认为该约定无效。当事人约定工程质量保证金自工程通过竣工验收之日起满3年后返还，则该约定违反了《建设工程质量保证金管理办法》缺陷责任期最长不超过2年的规定，超过2年的期限不能认定为缺陷责任期。

我们赞同第一种意见。

（2）当事人未约定工程质量保证金返还期限的，自建设工程通过竣工验收之日起满二年。

根据《建设工程质量保证金管理办法》的规定，缺陷责任期为发包人预留质量保证金的期限，且当事人约定的缺陷责任期最长不能超过2年。同时规定，缺陷责任期从工程通过竣工验收之日起计。因此，本条规定，建设工程施工合同未约定工程质量保证金返还期限的，自通过竣工验收之日起满二年即返还质量保证金。

如何认定"通过竣工验收之日"？我们认为，本条中的"通过竣工验收之日"和本解释第九条中的竣工验收合格之日、《建设工程质量保证金管理办法》第八条"缺陷责任期从工程通过竣工验收之日起计"之规定应作统一理解。如果发包人和承包人对"通过竣工验收之日"发生争议的，应按照本解释第九条的规定进行认定。

（3）因发包人原因建设工程未按约定期限进行竣工验收的，自承包人提交工程竣工验收报告九十日后起当事人约定的工程质量保证金返还期限届满；当事人未约定工程质量保证金返还期限的，自承包人提交工程竣工验收报告九十日后起满二年。

本条包含两层含义。一是因发包人原因建设工程未按约定期限进行竣工验收，且约定了工程质量保证金返还期限，质量保证金自承包人提交工程竣工验收报告九十日后起当事人约定的工程质量保证金返还期限届满返还。二是因发包人原因建设工程未按约定期限进行竣工验收，但未约定质量保证金的返还期限，质量保证金自承包人提交工程竣工验收报告九十日后起满二年时返还。

如何理解本条规定的发包人原因？发包人原因是指依据法律规定和合同约定，建设工程已具备竣工验收条件，发包人收到承包人提交的工程竣工验收申请报告后无正当理由未组织竣工验收。如果因工程重大设计变更、规划变更、不可抗力等原因导致工期顺延，不能按合同约定工期竣工验收，不属于本条规定的"发包人原因"。

4. 延伸阅读

缺陷责任期与质量保修期的界定

（1）缺陷责任期。缺陷责任期是质量保证金的返还期限。《建设工程质量保证金管理办法》第二条第三款规定："缺陷责任期一般为1年，最长不超过2年，由发、承包双方在合同中约定。"第八条规定："缺陷责任期从工程通过竣工验收之日起计。由于承包人原因导致工程无法按规定期限进行竣工验收的，缺陷责任期从实际通过竣工验收之日起计。由于发包人原因导致工程无法按规定期限进行竣工验收的，在承包人提交竣工验收报告90天后，工程自动进入缺陷责任期。"

（2）质量保修期。质量保修期是指承包人按照法律规定和合同约定，对工程承担质量保修责任的期限，从竣工验收合格之日起计算。《建设工程质量管理条例》规定质量保修是施工单位的法定义务并规定了最低保修期限，当事人约定的保修期限不能低于法定保修期限。不同的工程规定了不同的保修期限，如基础设施工程、房屋建筑的地基基础工程和主体结构工程，为设计文件规定的该工程的合理使用年限；屋面防水工程，有防水要求的卫生间、房间和外墙面的防渗漏，为5年；供热与供冷系统，为2个采暖期、供冷期；电气管线、给水排水管道、设备安装和装修工程，为2年。

从缺陷责任期与质量保修期两个概念比较来看，一是两者存在重合期，二是存在部分项目质量保修期长于缺陷责任期，比如：地基基础和主体结构工程，其质量保修期远远长于缺陷责任期。缺陷责任期满，质量保证金返还后，对质量保修期尚未期满的部分，承包人仍应继续承担保修责任。

5. 相关案例

（1）【案例索引】（2020）辽01民终14723号沈阳市某教育局（以下简称某教育局）与辽宁某建设（集团）有限公司建设工程合同纠纷案

【裁判要旨】当事人约定的工程质量保证金返还期限届满，承包人请求发包人返还工程质量保证金的，人民法院应予支持。

【裁判摘要】关于上诉人某教育局提出的案涉工程质保金不应计算利息的问题，因案涉工程于2017年8月15日竣工验收，合同约定质保期为2年，依照《新建工司法解释一》第十七条第一款（一）项的规定，"有下列情形之一，承包人请求发包人返还工程质量保证金的，人民法院应予支持：（一）当事人约定的工程质量保证金返还期限届满"，故应从2019年8月16日起计算案涉工程的质保金利息。因此，原审法院此项计算错误，二审法院依法予以纠正。鉴于工程价款为19107741元，质保金数额为955387.05元，该款项利息应从2019年8月16日起算至2019年8月19日，按同期中国人民银行公布的贷款基准利率计付；2019年8月20日起至实际付清之日止，按同期全国银行间同业拆借中心公布的贷款市场报价利率计付。

（2）【案例索引】（2020）豫09民终2464号某建设集团有限公司（以下简称某建设集团）与某人民医院建设工程施工合同纠纷案

【裁判要旨】当事人未约定工程质量保证金返还期限的，自建设工程通过竣工验收之日起满二年应予返还。

【裁判摘要】关于5%的质量保证金3016186.71元应否予以返还的问题。《建设工程质量保证金管理办法》第二条规定：建设工程质量保证金是指发包人与承包人在建设工程承包合同中约定，从应付的工程款中预留，用以保证承包人在缺陷责任期内对建设工程出现的缺陷进行维修的资金。缺陷是指建设工程质量不符合工程建设强制性标准、设计文件，以及承包合同的约定。缺陷责任期一般为1年，最长不超过2年，由发承包双方在合同中约定。该管理办法第八条规定：缺陷责任期从工程通过竣工验收之日起计算。《原建设工程司法解释二》第八条第一款第二项规定：当事人未约定工程质量保证金返还期限的，自建设工程通过竣工验收之日起满二年。案涉工程于2016年5月6日竣工验收，且双方当事人在合同中对质量保证金的返还时间未予以约定，根据上述规定，质量保证金返还期限应从2016年5月6日开始起算，至2018年5月6日期限届满，因此案涉工程质量保证金应予以返还。质量保证金的缺陷责任期与质量保修期并非同一概念，一审以工程质量保修期未完全到期为由，对某建设集团要求支付质保金 3016186.71 元的诉讼请求不予支持错误，本院予以纠正。某建设集团的该项上诉主张成立，二审法院予以支持。

（3）【案例索引】（2020）皖 08 民终 2650 号安庆某汽车制造有限公司（以下简称安庆某汽车公司）与安徽某建设有限责任公司（以下简称安徽某建设公司）建设工程施工合同纠纷案

【裁判要旨】案涉工程因发包人原因未按约定期限进行竣工验收，自承包人提交工程竣工验收报告九十日后起当事人约定的工程质量保证金返还期限届满，承包人有权要求发包人返还工程质量保证金。

【裁判摘要】关于争议焦点二，安庆某汽车公司在一审庭审提出安徽某建设公司立即履行工程保修责任的反诉请求，案涉工程于 2018 年 12 月 3 日（安徽某建设公司提交竣工验收报告之日）竣工完成，由于发包人原因导致工程无法按规定期限进行竣工验收，在承包人提交竣工验收报告 90 天后，工程自动进入缺陷责任期，案涉工程的质量缺陷责任期已届满。安庆某汽车公司未能提供充分的证据证明涉案工程存在质量问题，同时也未能举证证明已口头或书面通知安徽某建设公司履行维修义务，故对于上诉人的反诉请求应不予支持。

第十八条　因保修人未及时履行保修义务，导致建筑物毁损或者造成人身损害、财产损失的，保修人应当承担赔偿责任。保修人与建筑物所有人或者发包人对建筑物毁损均有过错的，各自承担相应的责任。

1. 新旧条款对比

《新建设工程司法解释一》	《原建设工程司法解释一》
第十八条　因保修人未及时履行保修义务，导致建筑物毁损或者造成人身损害、财产损失的，保修人应当承担赔偿责任。 保修人与建筑物所有人或者发包人对建筑物毁损均有过错的，各自承担相应的责任	第二十七条　因保修人未及时履行保修义务，导致建筑物毁损或者造成人身、财产损害的，保修人应当承担赔偿责任。 保修人与建筑物所有人或者发包人对建筑物毁损均有过错的，各自承担相应的责任

本条是在承继《原建设工程司法解释一》第二十七条的基础上进行了用语上的调整，将原条文中的"人身、财产损害"修改为"人身损害、财产损失"，其他内容未变。

2. 关联法条

（1）《民法典》

第八百零二条　因承包人的原因致使建设工程在合理使用期限内造成人身损害和

财产损失的，承包人应当承担赔偿责任。

第一千二百五十二条　建筑物、构筑物或者其他设施倒塌、塌陷造成他人损害的，由建设单位与施工单位承担连带责任，但是建设单位与施工单位能够证明不存在质量缺陷的除外。建设单位、施工单位赔偿后，有其他责任人的，有权向其他责任人追偿。

因所有人、管理人、使用人或者第三人的原因，建筑物、构筑物或者其他设施倒塌、塌陷造成他人损害的，由所有人、管理人、使用人或者第三人承担侵权责任。

（2）《建设工程质量管理条例》

第三十二条　施工单位对施工中出现质量问题的建设工程或者竣工验收不合格的建设工程，应当负责返修。

第三十九条　建设工程实行质量保修制度。

建设工程承包单位在向建设单位提交工程竣工验收报告时，应当向建设单位出具质量保修书。质量保修书中应当明确建设工程的保修范围、保修期限和保修责任等。

第四十条　在正常使用条件下，建设工程的最低保修期限为：

（一）基础设施工程、房屋建筑的地基基础工程和主体结构工程，为设计文件规定的该工程的合理使用年限；

（二）屋面防水工程、有防水要求的卫生间、房间和外墙面的防渗漏，为5年；

（三）供热与供冷系统，为2个采暖期、供冷期；

（四）电气管线、给水排水管道、设备安装和装修工程，为2年。

其他项目的保修期限由发包方与承包方约定。

建设工程的保修期，自竣工验收合格之日起计算。

第四十一条　建设工程在保修范围和保修期限内发生质量问题的，施工单位应当履行保修义务，并对造成的损失承担赔偿责任。

（3）《房屋建筑工程质量保修办法》

第四条　房屋建筑工程在保修范围和保修期限内出现质量缺陷，施工单位应当履行保修义务。

第六条　建设单位和施工单位应当在工程质量保修书中约定保修范围、保修期限和保修责任等，双方约定的保修范围、保修期限必须符合国家有关规定。

第七条　在正常使用条件下，房屋建筑工程的最低保修期限为：

（一）地基基础工程和主体结构工程，为设计文件规定的该工程的合理使用年限；

（二）屋面防水工程、有防水要求的卫生间、房间和外墙面的防渗漏，为5年；

（三）供热与供冷系统，为2个采暖期、供冷期；

（四）电气管线、给水排水管道、设备安装为 2 年；

（五）装修工程为 2 年。

其他项目的保修期限由建设单位和施工单位约定。

第八条 房屋建筑工程保修期从工程竣工验收合格之日起计算。

第九条 房屋建筑工程在保修期限内出现质量缺陷，建设单位或者房屋建筑所有人应当向施工单位发出保修通知。施工单位接到保修通知后，应当到现场核查情况，在保修书约定的时间内予以保修。发生涉及结构安全或者严重影响使用功能的紧急抢修事故，施工单位接到保修通知后，应当立即到达现场抢修。

第十条 发生涉及结构安全的质量缺陷，建设单位或者房屋建筑所有人应当立即向当地建设行政主管部门报告，采取安全防范措施；由原设计单位或者具有相应资质等级的设计单位提出保修方案，施工单位实施保修，原工程质量监督机构负责监督。

第十一条 保修完成后，由建设单位或者房屋建筑所有人组织验收。涉及结构安全的，应当报当地建设行政主管部门备案。

第十二条 施工单位不按工程质量保修书约定保修的，建设单位可以另行委托其他单位保修，由原施工单位承担相应责任。

第十三条 保修费用由质量缺陷的责任方承担。

第十四条 在保修期内，因房屋建筑工程质量缺陷造成房屋所有人、使用人或者第三方人身、财产损害的，房屋所有人、使用人或者第三方可以向建设单位提出赔偿要求。建设单位向造成房屋建筑工程质量缺陷的责任方追偿。

第十五条 因保修不及时造成新的人身、财产损害，由造成拖延的责任方承担赔偿责任。

第十七条 下列情况不属于本办法规定的保修范围：

（一）因使用不当或者第三方造成的质量缺陷；

（二）不可抗力造成的质量缺陷。

3. 条款精解

《建设工程质量管理条例》明确规定：质量保修是施工单位的法定义务，并明确规定建设工程在保修范围和保修期限内发生质量问题的，施工单位应当履行保修义务，并对造成的损失承担赔偿责任。本条进一步明确规定，因保修人未及时履行保修义务，导致建筑物毁损或者造成人身损害、财产损失的，保修人应当承担赔偿责任。本条中"保修人"，是指负有保修义务的人。在施工合同法律关系中，承包人应当履行保修义务；而在商品房买卖合同法律关系中，房地产开发企业应当对所售商品房承担质量保修责任。因此，"保修人"既可能是承包人，也可能是发包人。

本条规定了两个方面的内容：一是保修人未及时履行保修义务造成损害的，保修人承担赔偿责任；二是混合责任情形下，保修人与建筑物所有人或发包人各自承担相应责任。

（1）保修人未及时履行保修义务造成损害的，保修人承担赔偿责任。

履行保修义务的程序：首先，发包人发出履行保修义务通知。发包人发现建设工程出现质量问题时，应及时向保修人发出保修通知。承包人接到通知后，再由其派人进行保修。

如何认定本条中的"未及时"？《建设工程质量管理条例》《房屋建筑工程质量保修办法》没有规定保修人应在多长时间内进行维修。我们认为，建设工程施工合同或工程质量保修合同中对维修时间有约定的，超过约定期限未履行保修义务的，可以认定为"未及时"。《建设工程施工合同（示范文本）》GF—2017—0201 附件 3《工程质量保修书》第四条约定：属于保修范围、内容的项目，承包人应当在接到保修通知之日起 7 天内派人保修。承包人不在约定期限内派人保修的，发包人可以委托他人修理。如果合同没有约定的，可以参照上述示范文本 7 天期限予以确定。

保修义务人未及时履行保修义务，造成建筑物毁损或者人身损害、财产损失时，构成侵权责任和违约责任的竞合，发包人可择其一要求承包人承担赔偿责任。但第三人受损害的，因第三人与承包人没有合同关系，第三人只能以侵权责任主张权利。

（2）保修人与建筑物所有人或者发包人对建筑物毁损均有过错的，各自承担相应的责任。

如果发包人或所有人对建筑物的毁损有过错的，应当承担相应的过错责任。例如，发包人或建筑物所有人怠于通知施工单位进行保修、不适当使用等原因造成的损失，或者因未采取适当措施而导致的扩大的损失，根据本条第二款规定，建设单位或建筑物所有人应当承担相应的过错责任。

因所有人、管理人、使用人或者第三人的原因，建筑物、构筑物或者其他设施倒塌、塌陷造成他人损害的，由所有人、管理人、使用人或者第三人承担侵权责任。因此，建筑物发生倒塌、塌陷造成他人损害的，无论及时保修与否，作为建设单位或施工单位若不能证明建筑物满足质量要求，则需要承担相应的赔偿责任。有其他责任人的，建设单位和施工单位在承担赔偿责任后有权向其他责任人追偿。

本条应特别注意发包人的通知义务，如果发包人或建筑物的所有人没有履行维修通知义务，直接进行维修，而后向承包人要求支付维修费用，可能得不到法院的支持。维修通知一般应载明出现质量问题的部位、具体情况等应当进行的必要的描述，在质量问题数量众多的情况下应当附明细，同时应对送达维修通知的过程进行证据留痕或保全。

4. 相关案例

（1）【案例索引】（2020）黔 05 民终 6158 号贵州某化工有限责任公司（以下简称某化工公司）与贵州某商贸物流有限责任公司（以下简称某商贸公司）建设工程施工合同纠纷案

【裁判要旨】因保修人未及时履行保修义务，导致建筑物毁损或者造成人身、财产损害的，保修人应当承担赔偿责任。保修人与建筑物所有人或者发包人对建筑物毁损均有过错的，各自承担相应的责任。

【裁判摘要】根据《原建设工程司法解释一》第二十七条"因保修人未及时履行保修义务，导致建筑物毁损或者造成人身、财产损害的，保修人应当承担赔偿责任。保修人与建筑物所有人或者发包人对建筑物毁损均有过错的，各自承担相应的责任"的规定，某化工公司作为工程施工单位和保修人，应在其过错范围内对保修（质保）期间的工程渗水导致的损失承担赔偿责任。

一审鉴定报告确认案涉工程渗水原因如下：①屋面未加建区域渗水主要是由于防水层失效所致；②加建区域渗水主要是由于屋面板的开裂及加建钢柱破坏原屋面防水层共同导致。

二审法院认定由某化工公司承担案涉工程渗水损失 75% 的责任，某商贸公司自行加建工程也是导致工程渗水的原因之一，对此应自行承担 25% 的责任较为合理，即针对上述损失 1033785.04 元，某化工公司应赔偿某商贸公司 1033785.04 × 75%=775338.78 元，一审所分配的双方赔偿比例不当，二审法院予以纠正。

而针对某商贸公司反诉要求某化工公司履行修复义务至工程不渗水不漏水的诉请，鉴于某商贸公司自行加建工程是导致工程渗水的原因之一，某商贸公司二审明确不同意拆除其加建部分，则导致某化工公司难以履行其修复义务，某商贸公司可待拆除了加建部分（即消除工程渗水漏水的原因之一）后依法处理。一审判决某化工公司履行修复义务至工程不渗水不漏水与鉴定报告载明的渗水原因存在矛盾，即某商贸公司不拆除加建部分仍然会导致工程渗水，二审法院予以纠正。

（2）【案例索引】（2020）浙 03 民终 3544 号浙江某新能源有限公司（以下简称浙江某新能源公司）与山东某电源股份有限公司（以下简称山东某电源公司）建设工程施工合同纠纷案

【裁判要旨】因保修人未及时履行保修义务，导致建筑物毁损或者造成人身、财产损害的，保修人应当承担赔偿责任，发包人对于保修人在质保期内怠于履行保修义务并造成相应的损失负担举证责任，举证不能则面临不利后果。

【裁判摘要】关于一审裁判思路。根据《原建设工程司法解释一》第二十七条第一款的规定，因保修人未及时履行保修义务，导致建筑物毁损或者造成人身、财产损害的，保修人应当承担赔偿责任。从本案《协议书》"本项目质保期为项目验收合格后 1 年"之约定来看，案涉项目于 2014 年 6 月 25 日通过竣工验收，足以证明项目施工达到双方约定的质量合格标准，相应的质保期应自通过后至 2015 年 6 月 25 日届满。浙江某新能源公司上诉主张一审未按照其选择的侵权责任损害赔偿进行审理裁判，并明确理由为山东某电源公司未及时履行保修义务造成年发电量减少的财产损害，故关键在于浙江某新能源公司提供的证据是否足以证明山东某电源公司在质保期内怠于履行保修义务并造成相应的损失。首先，双方在《北麂岛 1.274MW 储能电站项目补充协议》中约定，"省级验收为本项目的最终验收，自通过最终验收之日起，即完成整个工程项目及资产的管理权和所有权从乙方（山东某电源公司）到甲方（浙江某新能源公司）的完全移交，同时按程序办理项目的移交手续"，以及试运行、运行报告等内容，山东某电源公司在浙江某新能源公司未按照约定履行移交接收等义务后，进行了试运行、运行并做好相应的记录、报告，该前期试运行记录也由浙江某新能源公司工作人员签字确认，故浙江某新能源公司提供的证据不足以证明山东某电源公司存在侵权故意。其次，在山东某电源公司 2014 年 8 月 25 日提起诉讼的（2014）济民初字第178 号案件中，济宁市中级人民法院先后于 2015 年 4 月 17 日、2015 年 7 月 27 日开庭审理，浙江某新能源公司以工程质量不合格为由进行抗辩，并反诉要求山东某电源公司返还工程款及支付违约金，但均未获得支持。且浙江某新能源公司提供的《瑞安市北麂岛 1.274MW 光伏离网发电系统调试运行及验收问题专题会议纪要》未经山东某电源公司签字确认，浙江某新能源公司也没有提供证据证明其曾要求山东某电源公司履行保修义务，故不足以证明山东某电源公司存在怠于履行保修义务之侵权行为。最后，浙江某新能源公司以年发电量 100 万度作为发电量减少损失的赔偿标准，但该标准并未在《协议书》《北麂岛 1.274MW 储能电站项目补充协议》中约定，且浙江某新能源公司提供的证据不足以证明山东某电源公司在案涉项目通过竣工验收后的质保期内未履行保修义务造成浙江某新能源公司发电量减少的具体损失。综上，原判未予支持浙江某新能源公司的诉讼请求，并无不当，二审予以维持。浙江某新能源公司主张山东某电源公司未履行保修义务造成发电量减少应当承担侵权责任，缺乏事实与法律依据，二审法院不予支持。

（3）【案例索引】（2019）浙 11 民终 811 号浙江某商贸城开发有限公司（以下简称某商贸公司）与浙江某建设集团有限公司（以下简称某建设公司）建设工程合同纠纷案

【裁判要旨】案涉工程已经竣工验收合格，且双方已经就工程款等问题进行了诉讼，发包人主张承包人承担保修责任，其应当举证证明其所主张的质量问题系在保修期内产生且承包人未履行维修义务。

【裁判摘要】案涉工程已经竣工验收合格，且双方已经就工程款等问题进行了诉讼，现上诉人某商贸公司主张上诉人某建设公司承担保修责任，其应当举证证明其所主张的质量问题系在保修期内产生且某建设公司未履行维修义务。但从浙江某工程检测有限公司出具的《鉴定报告》来看，上诉人某商贸公司所主张的几项问题，除连廊生锈问题外，均存在依据不足的情况。关于市场消防及生活给水系统漏水维修责任问题，鉴定报告表述为"渗水可能是形成控制柜更换的原因之一"，一审认定不属于某建设公司的保修责任，并无不当，二审法院予以维持。关于由于雨水口设置少于设计数量导致市场积水的问题和广场地面沉降、广场雨花石修复的问题，鉴定报告表述为"未按设计施工"，但本案工程已经竣工验收且双方已进行了工程款结算，现上诉人某商贸公司以质量不符合约定为由主张权利，依据不足，二审法院不予支持。关于仓储钢柱及屋顶生锈、市场外墙面（女儿墙）开裂修复、市场楼梯间墙面开裂修复等问题，鉴定报告除了认定该几项问题"时间节点无判定条件"外，也认定该几项问题存在环境因素作用，上诉人某商贸公司提交的其他证据也不足以证明女儿墙开裂修复系保修期内产生及系万达公司的维修责任，应承担举证不能的不利后果，一审认定由上诉人某建设公司承担全部女儿墙开裂修复责任存在不当，二审法院予以纠正。关于连廊生锈问题，上诉人某建设公司虽提出异议，但涂料选型及涂层厚度不符合设计规范要求系产生锈蚀的直接原因，且保修期内已经出现，考虑到锈蚀产生的原因力及相关维修费用，一审法院认定上诉人某建设公司承担全部的维修责任764711元过高，二审法院予以调整，酌定由某建设公司承担40万的维修费用。上诉人某建设公司主张其应履行维修义务而非承担维修费，一审考虑双方对保修问题已经多次协商仍未妥善解决的实际情况，判决其承担维修费用并无不当，对其该主张，二审法院不予支持。

第四节　价款结算条款解读（第十九～二十四条）

第十九条　当事人对建设工程的计价标准或者计价方法有约定的，按照约定结算工程价款。

因设计变更导致建设工程的工程量或者质量标准发生变化，当事人对该部分工程价款不能协商一致的，可以参照签订建设工程施工合同时当地建设行政主管部门发布的计价方法或者计价标准结算工程价款。

建设工程施工合同有效，但建设工程经竣工验收不合格的，依照民法典第五百七十七条规定处理。

1. 新旧条款对比

《新建设工程司法解释一》	《原建设工程司法解释一》
第十九条 当事人对建设工程的计价标准或者计价方法有约定的，按照约定结算工程价款。 因设计变更导致建设工程的工程量或者质量标准发生变化，当事人对该部分工程价款不能协商一致的，可以参照签订建设工程施工合同时当地建设行政主管部门发布的计价方法或者计价标准结算工程价款。 建设工程施工合同有效，但建设工程经竣工验收不合格的，依照民法典第五百七十七条规定处理	第十六条 当事人对建设工程的计价标准或者计价方法有约定的，按照约定结算工程价款。 因设计变更导致建设工程的工程量或者质量标准发生变化，当事人对该部分工程价款不能协商一致的，可以参照签订建设工程施工合同时当地建设行政主管部门发布的计价方法或者计价标准结算工程价款。 建设工程施工合同有效，但建设工程经竣工验收不合格的，工程价款结算参照本解释第三条规定处理

本条是对《原建设工程司法解释一》第十六条内容的承继，内容无变化。"工程价款结算参照本解释第三条规定处理"修改为"工程价款结算参照民法典第五百七十七规定处理"。由于《原建工司法解释一》第三条已被《民法典》第七百九十三条吸纳，《民法典》第七百九十三条第二款规定："建设工程施工合同无效，且建设工程经验收不合格的，按照以下情形处理：（一）修复后的建设工程经验收合格的，发包人可以请求承包人承担修复费用；（二）修复后的建设工程经验收不合格的，承包人无权请求参照合同关于工程价款的约定折价补偿。"现条文引用的是《民法典》第五百七十七条，该条规定：当事人一方不履行合同义务或者履行合同义务不符合约定的，应当承担继续履行、采取补救措施或者赔偿损失等违约责任。两相比较，《民法典》第七百九十三条规定的是合同无效情形下工程验收不合格时的价款处理问题，而《民法典》第五百七十七条规定的是合同有效情形下工程经竣工验收不合格时的违约责任承担问题。本条第三款引用《民法典》第五百七十七条处理更符合法理。

2. 关联法条

（1）《民法典》

第七百九十九条 建设工程竣工后，发包人应当根据施工图纸及说明书、国家颁发的施工验收规范和质量检验标准及时进行验收。验收合格的，发包人应当按照约定支付价款，并接收该建设工程。

建设工程竣工经验收合格后，方可交付使用；未经验收或者验收不合格的，不得交付使用。

（2）《建设工程价款结算暂行办法》

第八条 发、承包人在签订合同时对于工程价款的约定，可选用下列一种约定方式：

（一）固定总价。合同工期较短且工程合同总价较低的工程，可以采用固定总价合同方式。

（二）固定单价。双方在合同中约定综合单价包含的风险范围和风险费用的计算方法，在约定的风险范围内综合单价不再调整。风险范围以外的综合单价调整方法，应当在合同中约定。

（三）可调价格。可调价格包括可调综合单价和措施费等，双方应在合同中约定综合单价和措施费的调整方法，调整因素包括：

1. 法律、行政法规和国家有关政策变化影响合同价款；

2. 工程造价管理机构的价格调整；

3. 经批准的设计变更；

4. 发包人更改经审定批准的施工组织设计（修正错误除外）造成费用增加；

5. 双方约定的其他因素。

第十条 工程设计变更价款调整

（一）施工中发生工程变更，承包人按照经发包人认可的变更设计文件，进行变更施工，其中，政府投资项目重大变更，需按基本建设程序报批后方可施工。

（二）在工程设计变更确定后 14 天内，设计变更涉及工程价款调整的，由承包人向发包人提出，经发包人审核同意后调整合同价款。变更合同价款按下列方法进行：

1. 合同中已有适用于变更工程的价格，按合同已有的价格变更合同价款；

2. 合同中只有类似于变更工程的价格，可以参照类似价格变更合同价款；

3. 合同中没有适用或类似于变更工程的价格，由承包人或发包人提出适当的变更价格，经对方确认后执行。如双方不能达成一致的，双方可提请工程所在地工程造价管理机构进行咨询或按合同约定的争议或纠纷解决程序办理。

（三）工程设计变更确定后 14 天内，如承包人未提出变更工程价款报告，则发包人可根据所掌握的资料决定是否调整合同价款和调整的具体金额。重大工程变更涉及工程价款变更报告和确认的时限由发承包双方协商确定。

收到变更工程价款报告一方，应在收到之日起 14 天内予以确认或提出协商意见，自变更工程价款报告送达之日起 14 天内，对方未确认也未提出协商意见时，视为变更工程价款报告已被确认。

确认增（减）的工程变更价款作为追加（减）合同价款与工程进度款同期支付。

（3）《建筑工程施工发包与承包计价管理办法》

第十四条 发承包双方应当在合同中约定，发生下列情形时合同价款的调整方法：

（一）法律、法规、规章或者国家有关政策变化影响合同价款的；

（二）工程造价管理机构发布价格调整信息的；

（三）经批准变更设计的；

（四）发包方更改经审定批准的施工组织设计造成费用增加的；

（五）双方约定的其他因素。

3. 条款精解

本条是对建设工程计价标准或计价方式问题的规定。工程造价是建设工程施工合同的主要条款，计价标准是指工程造价的价格形式。《建设工程价款结算暂行办法》第八条规定：发、承包人在签订合同时对于工程价款的约定，可选用下列一种约定方式：（一）固定总价，合同工期较短且工程合同总价较低的工程，可以采用固定总价合同方式；（二）固定单价，双方在合同中约定综合单价包含的风险范围和风险费用的计算方法，在约定的风险范围内综合单价不再调整，风险范围以外的综合单价调整方法，应当在合同中约定；（三）可调价格，可调价格包括可调综合单价和措施费等，双方应在合同中约定综合单价和措施费的调整方法。《建筑工程施工发包与承包计价管理办法》第十三条规定：发承包双方在确定合同价款时，应当考虑市场环境和生产要素价格变化对合同价款的影响。实行工程量清单计价的建筑工程，鼓励发承包双方采用单价方式确定合同价款。建设规模较小、技术难度较低、工期较短的建筑工程，发承包双方可以采用总价方式确定合同价款。紧急抢险、救灾以及施工技术特别复杂的建筑工程，发承包双方可以采用成本加酬金方式确定合同价款。《建设工程工程量清单计价规范》GB 50500—2013 第 7.1.3 条规定：实行工程量清单计价的工程，应当采用单价合同；工期较短，建设规模较小，技术难度较低，且施工图设计已审查批准完备的建设工程可以采用总价合同；紧急抢险、救灾以及施工技术特别复杂的建设工程可以采用成本加酬金合同。根据上述规定，合同约定的价格形式主要有固定总价、固定单价、可调价、成本加酬金等形式。

《建设工程施工合同（示范文本）》GF—2017—0201 将合同的价款形式分为单价合同、总价合同、其他价格三种形式。

单价合同是指合同当事人约定以工程量清单及其综合单价进行合同价格计算、调整和确认的建设工程施工合同，在约定的范围内合同单价不做调整。合同当事人应在专用合同条款中约定综合单价包含的风险范围和风险费用的计算方法，并约定风险范围以外的合同价格的调整方法。

总价合同是指合同当事人约定以施工图、已标价工程量清单或预算书及有关条件进行合同价格计算、调整和确认的建设工程施工合同，在约定的范围内合同总价不做调整。合同当事人应在专用合同条款中约定总价包含的风险范围和风险费用的计算方法，并约定风险范围以外的合同价格的调整方法。

在《建设工程施工合同（示范文本）》GF—2017—0201 中，合同价格形式除了单价合同、总价合同之外，还有一种其他价格形式。其他价格形式一般包括成本加酬金和定额计价等价格形式。

建设工程计价方式包括定额计价和工程量清单计价。建设工程定额标准是各地建设主管部门根据本地建筑市场建安成本的平均水平确定的，可以理解为完成单位工程量所消耗的劳动、材料，以及机械台班等的标准额度，属于政府指导价范畴。工程量清单计价是施工单位根据建设单位提供的工程量清单，通过市场竞争确定工程造价的计价方法。

本条第一款明确规定当事人对建设工程的计价标准或者计价方法有约定的，按照约定结算工程价款。这是贯彻意思自治原则的体现。

施工中，经常会因各种原因发生设计变更，如更改工程有关部分的标高、基线、位置和尺寸，增减合同约定的工程量等，涉及变更可能导致建设工程的工程量或质量标准发生变化，如合同对此没有约定，当事人很容易对计价标准和计价方法产生争议。当事人对因变更导致的工程价款增减不能协商一致的，本条明确规定可以参照签订建设工程施工合同时当地建设行政主管部门发布的计价方法或者计价标准结算工程价款。适用时应当考虑发承包双方的过错，如实际开工时间晚于计划开工时间或者施工过程中工期延误，期间当地定额或者人工调价文件发生调整，发包人原因导致迟延的，则按新旧定额或者人工调价文件中价高的执行；如因承包人原因导致迟延的，按新旧定额或者人工调价文件中价低的执行。

《建设工程施工合同（示范文本）》GF—2017—0201 通用合同条款第 10.4.1 条规定：除专用合同条款另有约定外，变更估价按照本款约定处理：（1）已标价工程量清单或预算书有相同项目的，按照相同项目单价认定；（2）已标价工程量清单或预算书中无相同项目，但有类似项目的，参照类似项目的单价认定；（3）变更导致实际完成的变更工程量与已标价工程量清单或预算书中列明的该项目工程量的变化幅度超过15% 的，或已标价工程量清单或预算书中无相同项目及类似项目单价的，按照合理的成本与利润构成的原则，由合同当事人按照第 4.4 款〔商定或确定〕确定变更工作的单价。本条第二款规定与工程惯例中的变更估价存在一定矛盾和冲突。我们认为，通用合同条款一般认为是工程惯例。如果当事人采用《建设工程施工合同（示范文本）》GF—2017—0201 签订合同，变更后的项目特征在已标价工程量清单或预算书中有相同、相似项目的，单价应当按照相同、相似项目的单价确定；变更后无相同、相似项目的，可以参照工程所在地建设行政主管部门发布的计价方法或者计价标准结算工程价款。

本条第三款是对施工合同有效但竣工验收不合格的结算问题的处理。本款是援引性条款，引用《民法典》第五百七十七条违约责任的规定来处理施工合同有效但竣工验收不合格的结算问题，即当事人一方不履行合同义务或者履行合同义务不符合约定的，应当承担继续履行、采取补救措施或者赔偿损失等违约责任。相较于原司法解释的有效合同参照合同无效的处理方式更符合法理，进一步厘清了施工合同有效与无效情形下的不同处理方式。在施工合同有效的情况下，合同对双方均有约束力，故应当按照合同约定的结算节点、条件、方式进行工程结算付款。在工程经竣工验收不合格时，发包人有权按照合同的约定不予支付工程款。如发包人对工程质量不合格也存在违约情形，发包人应对损失承担违约责任。

实务中本款应注意，《民法典》第五百七十七条是违反各类合同义务的违约责任的规范基础。建设工程竣工验收不合格属于承包人履行义务不符合约定，对履行不符合约定的，《民法典》第五百八十二条、第八百零一条作出了专门规定。因此，如果合同对建设工程竣工验收不合格如何处理有约定的，依约定处理，当然该约定不能违反法律、行政法规的强制性规定。没有约定的，则发包人有权要求施工人在合同期限内无偿修理或者返工、改建。承包人经过无偿修理或者返工、改建后验收合格的，发包人按照合同约定支付工程款，由此造成工期延误的，施工人承担工期延误违约责任，经过无偿修理或者返工、改建后仍验收不合格的，发包人有权不支付工程款。

4.延伸阅读

建设工程定额及工程量清单的概念辨析

（1）传统定额工程造价报价依据主要是定额计价规定的计算规则，按施工图计算出工程量，进行定额套价，人工、材料、机械的消耗量按定额执行，单价为编制期主管部门发布的信息价。工程定额是在建筑安装工程施工生产过程中，为完成某项工程或某项结构构件，必须消耗的一定数量的劳动力、材料和机具。在社会平均的生产条件下，把科学的方法和实践经验相结合，生产质量合格的单位工程产品所必需的人工材料、机具数量标准，就称为建筑安装工程定额，简称工程定额。工程定额除了规定有数量标准外，也要规定它的工作内容、质量标准、生产方法、安全要求和适用的范围等。

（2）当前工程量清单报价是遵循"控制量、放开价"的原则去确定价格。将定价权归属企业，最终在市场形成价格，使工程造价贴近市场，体现建筑产品的真实价值。工程量清单是建设工程的分部分项工程项目、措施项目、其他项目、规费项目和税金项目的名称和相应数量等的明细清单。由分部分项工程量清单、措施项目清单、其他项目清单、规费税金清单组成。

5. 相关案例

（1）【案例索引】（2020）青民终 297 号江西某建设工程集团公司（以下简称江西某建设公司）与熊某某、梁某某建设工程施工合同纠纷案

【裁判要旨】当事人对建设工程的计价标准或者计价方法有约定的，按照约定结算工程价款。

【裁判摘要】关于应付工程款问题。首先，因熊某某、梁某某无施工资质，且与江西某建设公司之间属工程转包合同关系，案涉《工程项目经营管理责任书》违反法律行政法规的强制性规定应属无效合同，但根据《新建设工程司法解释一》第十九条第一款"当事人对建设工程的计价标准或者计价方法有约定的，按照约定结算工程价款"的规定，江西某建设公司与熊某某、梁某某签订的《工程项目经营管理责任书》约定工程内容以江西某建设公司与发包方签订的《建筑工程施工合同》中约定的承包工程内容为准。而在该施工合同中约定"本合同价款采用固定价格执行方式确定""合同价款中包含的风险范围不计"。因此，案涉工程应参照江西某建设公司与发包方签订的《建筑工程施工合同》所约定的固定价方式计价结算。通过案涉工程的《中标通知书》、发包方与承包方江西某建设公司签订的《建筑工程施工合同》以及经大通县工程备案管理部门备案的《竣工验收备案表》等证据可以看出，案涉工程约定的固定价为 52821842.32 元，建筑面积为 30255.1m²。因此，案涉工程价款固定单价应为 1745.88（52821842.32÷30255.1）元 /m²。其次，熊某某、梁某某自认其并未对案涉 18 号楼进行施工，其向一审法院提交的 8～12 号楼《工程竣工图》显示，8 号楼建筑面积 4684.03m²、9 号楼建筑面积 5194.08m²、10 号楼建筑面积 5129.28m²、11 号楼建筑面积 5064.68m²、12 号楼建筑面积 4926m²，合计建筑面积 24998.07m²。本案审理过程中，梁某某、熊某某自认其主张的 8～12 号楼面积为 24937.39m²，对于与 8～12 号楼《工程竣工图》相差的面积，明确表示放弃并不再主张。二审法院认为，当事人有权在法律规定的范围内处分自己的诉讼权利和民事权利。据此，江西某建设公司应向熊某某、梁某某支付案涉 8～12 号楼工程款 43537690.45（1745.88×24937.39）元。

（2）【案例索引】（2018）晋民终 309 号杨某、朔州市某房地产开发有限责任公司（以下简称某房地产公司）与林州市某建设工程有限公司建设工程施工合同纠纷案

【裁判要旨】发包方与施工方未签订书面合同对工程款结算方式作出约定，发包方与其他工程队的结算方式对发包方与施工方并不具有约束力，可以参照签订建设工程施工合同时当地建设行政主管部门发布的计价方法或者计价标准确定结算工程价款。

【裁判摘要】双方当事人争议比较大的是工程价款的计算标准问题。某房地产公司称双方曾口头约定工程款按照议价结算，并提供了承建神电友谊街工程其他标段的李某

某等 3 人的《工程承包协议书》及证明材料，用以佐证应按议价结算的问题；而杨某对此不予认可，坚持认为应当按照国家对建设工程的定额取费标准结算工程款。二审法院认为，某房地产公司虽提供其与李某某等 3 人所签《工程承包协议书》及证明材料，用以佐证工程价款应按议价结算，但因某房地产公司与杨某之间对杨某所承建的二工程项目未签订书面合同对工程款结算方式作出约定，某房地产公司用其他工程队的结算方式作为证据，并不足以证明其与杨某之间的工程亦应按照议价结算；又因杨某所承建的马邑花园小区工程及神电友谊街工程已经某房地产公司验收合格并交付使用，杨某作为实际施工人，其已将劳力和建筑材料物化于建筑工程中。《原建设工程司法解释一》第十六条第二款规定：因设计变更导致建设工程的工程量或者质量标准发生变化，当事人对该部分工程价款不能协商一致的，可以参照签订建设工程施工合同时当地建设行政主管部门发布的计价方法或者计价标准结算工程价款。在双方未签订书面合同亦未有确凿证据证明曾有过议价约定的情况下，杨某按照国家对建设工程的定额取费标准结算工程款的请求并不违反法律规定，应予支持。一审法院在诉讼过程中委托山西某司法鉴定中心按工程定额对杨某所承建二工程的工程造价作出司法鉴定，鉴定结论系经双方当事人及鉴定人员均到场后，经现场勘验、测量、拍照、记录、核对面积及工程量，按照司法部《司法鉴定程序通则》、山西省住房和城乡建设厅《山西省建设工程预算定额》及相关建筑行业规范文件作出，可以作为本案中工程价款的结算依据。

（3）【案例索引】（2020）新 40 民终 1634 号新疆某网络科技有限公司（以下简称某网络公司）与中国电信股份有限公司某分公司（以下简称某电信公司）、江苏某网通信技术有限公司（以下简称江苏某网通公司）等建设工程施工合同纠纷案

【裁判要旨】向发包人交付质量合格的工程为承包方的主要合同义务，承包方施工工程存在严重质量问题，虽经整改，但整改后的工程质量仍不合格，某电信公司要求其返工，某网络公司未予返工。

【裁判摘要】关于争议焦点二。根据《原建设工程司法解释一》第十六条第三款的规定，建设工程施工合同有效，但建设工程经竣工验收不合格的，工程价款结算参照本解释第三条规定处理。二审法院认定某电信公司与某网络公司的口头施工协议已经解除。该解释第十条第一款规定：建设工程施工合同解除后，已经完成的建设工程质量合格的，发包人应当按照约定支付相应的工程价款；已经完成的建设工程质量不合格的，参照本解释第三条规定处理。该解释第三条第一款规定：建设工程施工合同无效，且建设工程竣工验收不合格的，按照以下情形分别处理：（一）修复后的建设工程经竣工验收合格，发包人请求承包人承担修复费用的，应予支持；（二）修复后的建设工程经竣工验收不合格，承包人请求支付工程价款的，不予支持。基于案涉工程，

某电信公司与某网络公司虽未签订书面合同，未对工程造价、开工日期、竣工日期、双方的权利义务及违约责任进行约定，但某网络公司作为工程施工承包人，向发包人某电信公司交付质量合格的工程为其主要合同义务，某网络公司施工工程存在严重质量问题，虽经整改，但整改后的工程质量仍不合格，某电信公司要求其返工，某网络公司未予返工。某电信公司遂于2014年2月通知某网络公司收回此项目工程的施工，后将案涉工程发包给江苏某网通公司重新施工。江苏某网通公司于2015年8月施工完毕后，案涉工程已通过竣工验收并交付使用，某电信公司已向江苏某网通公司支付了工程款。案涉工程经江苏某网通公司重新施工后，已经投入使用多年，目前现场没有任何某网络公司施工工程量。上述事实亦可充分证明某网络公司对工程施工经修复后仍不合格，案涉工程系由江苏某网通公司全部重新施工。按照前述"修复后的建设工程经竣工验收不合格，承包人请求支付工程价款的，不予支持"的法律规定，对某世纪通联公司主张支付工程价款的上诉请求，二审法院不予支持；据此，对其主张工程款利息的上诉请求，亦不予支持。一审判决驳回其诉讼请求具有事实依据和法律依据，二审法院予以维持。

> **第二十条**　当事人对工程量有争议的，按照施工过程中形成的签证等书面文件确认。承包人能够证明发包人同意其施工，但未能提供签证文件证明工程量发生的，可以按照当事人提供的其他证据确认实际发生的工程量。

1. 新旧条款对比

《新建设工程司法解释一》	《原建设工程司法解释一》
第二十条　当事人对工程量有争议的，按照施工过程中形成的签证等书面文件确认。承包人能够证明发包人同意其施工，但未能提供签证文件证明工程量发生的，可以按照当事人提供的其他证据确认实际发生的工程量	第十九条　当事人对工程量有争议的，按照施工过程中形成的签证等书面文件确认。承包人能够证明发包人同意其施工，但未能提供签证文件证明工程量发生的，可以按照当事人提供的其他证据确认实际发生的工程量

本条是对《原建设工程司法解释一》第十九条的承继，内容无增减。

2. 关联法条

《民法典》

第七百九十九条　建设工程竣工后，发包人应当根据施工图纸及说明书、国家颁发的施工验收规范和质量检验标准及时进行验收。验收合格的，发包人应当按照约定支付价款，并接收该建设工程。

建设工程竣工经验收合格后，方可交付使用；未经验收或者验收不合格的，不得交付使用。

3. 条款精解

本条是关于工程量确认规则的规定，包含两层含义：

一是当事人对工程量发生争议，按照施工过程中形成的会议纪要、工程变更单、签证等书面文件确认。《建设工程工程量清单计价规范》GB 50500—2013 规定：现场签证是发包人现场代表与承包人现场代表就施工过程中涉及的责任事件所作的签认证明。所谓"责任事件"指"由于发包人责任致使承包人在工程施工中合同内容外发生了额外的费用或其他与合同约定事项不符的情况"。所谓"签认证明"，是指"签字确认的证明"。《工程造价术语标准》GB/T 50875—2013 第 3.4.8 条规定：现场签证指发包人现场代表（或其授权的监理人、工程造价咨询人）与承包人现场代表就施工过程中涉及的责任事件所做的签认证明。我们认为，签证是指工程承发包双方的法定代表人及其授权代表等在施工过程及结算过程中对确认工程量、增加合同价款、支付各种费用、顺延竣工日期、承担违约责任、赔偿损失等内容达成一致意见的补充协议。

发包人、承包人应注意的签证效力问题。发包人代表、承包人项目经理在其职权范围内的签证行为属于职务行为，其效力分别归于发包人、承包人。但超越授权范围的签证，应根据是否构成表见代理来判断签证的效力。关于监理的签证效力，《建筑法》第三十二条第一款规定：建筑工程监理应当依照法律、行政法规及有关的技术标准、设计文件和建筑工程承包合同，对承包单位在施工质量、建设工期和建设资金使用等方面，代表建设单位实施监督。技术签证的签认属于监理工作职权范畴，应为有效；经济签证的签认是否有效，视监理是否得到发包人授权而定。

二是承包人能证明增加施工的工程是由发包人同意其施工，但未能提供签证文件证明工程量发生的，可以按照承包人提供的工程检验记录、来往函件等其他证据确认实际发生的工程量。工程实务中，发包人口头要求或者同意承包人施工增加工程量，但承包人没有书面证据证明发包人同意的情况比较普遍，此时，承包人可以用通过验收来证明发包人同意施工。工程验收包括过程验收和竣工验收，过程验收包括检验批验收、分项工程验收、分部工程验收，最后进行单位工程验收，也即竣工验收。如果增加的工程量通过监理（发包人）过程验收甚至通过竣工验收的，应当认为增加的工程量已经发包人同意。发包人在施工过程中已经明确表示不同意的除外。

本条中"当事人提供的其他证据"，可以是以图纸、补充协议、会议纪要、工程例会纪要、工程联系单、工程洽商单、工程变更单、工程量清单、现场勘验记录、工程检验记录、验收记录等形式作为载体的证据。

4. 延伸阅读

施工单位如何办理工程签证

（1）施工单位填写工程签证单的技巧。涉及费用签证的填写要有利于计价，方便结算。不同计价模式下填列的内容要注意：如果有签证结算协议，填列内容要与协议约定的计价口径一致；如无签证协议，按原合同计价条款或参考原协议计价方式计价，另外签证的方式要尽量围绕计价依据（如定额）的计算规则办理。

（2）各种合同类型的签证内容。可调价格合同至少要签到量，固定价格合同至少要签到量、单价；成本加酬金合同至少要签到工、料（材料规格要注明）、机（机械台班配合人工费用）、费。如能附图的尽量附图。另外，签证中还要注明税前造价或税后造价。

5. 相关案例

（1）【案例索引】（2021）辽 14 民终 182 号中国某集团有限公司（以下简称某集团公司）与辽宁渤海某工程有限公司（以下简称渤海公司）建设工程施工合同纠纷案

【裁判要旨】发承包双方虽在施工合同中约定了工程款的支付和结算方式，但双方在履行合同过程中，实际上以《月工作量核定单》中确认的工作量为依据来结算工程款，应当视为双方当事人以其实际行为变更了合同的履行方式。

【裁判摘要】本案的争议焦点为某集团公司应否给付渤海公司剩余工程款以及剩余工程款数额问题。虽然某集团公司与渤海公司签订的施工合同中约定了工程款的支付和结算方式，但双方在履行合同过程中，实际上是以《月工作量核定单》中确认的工作量为依据来结算工程款，应当视为双方当事人以其实际行为变更了合同的履行方式。而且，根据双方提供的证据，可以看出案涉工程早已完工并经建设单位验收合格，某集团公司应当及时与渤海公司进行结算并支付尾款，而其至今未与渤海公司结算，故应当视为某集团公司给付剩余工程款的条件成就。因双方未能结算，一审依据由双方盖章确认的最后月份的《月工作量核定单》来确定工程款的数额并无不当，二审法院予以维持。关于某集团公司提出的渤海公司超领材料问题，因某集团公司已经就此提起诉讼，相关问题可在另案诉讼中解决，本案对此不予理涉。

（2）【案例索引】（2021）湘 07 民终 134 号湖南兴某建设有限公司（以下简称湖南某建设公司）与石某某劳务合同纠纷案

【裁判要旨】当事人对工程量有争议的，按照施工过程中形成的签证等书面文件确认。

【裁判摘要】经审查，合同签订后，石某某实际已完成相关劳务工作，湖南某建设公司应当及时支付石某某相应的劳务报酬。《代购、劳务分包合同》载明"合同总价

（暂定）：叁佰柒拾万元整（370万元）"，虽双方对合同总价约定为"暂定"，但2018年11月23日《工程量增补签证单》载明工程量增补金额为474574元，同时备注"原合同额为3700000元，经双方协商，现更改合同总额为4174574元"，湖南某建设公司项目部在该签证单加盖公章，经办人谢某签字认可，该《工程量增补签证单》实际为双方对最后工程量结算审定的结果，因此，依据《原建设工程司法解释一》第十九条的规定，一审法院以实际工程量为4174574元进行处理，并无不当。

（3）【案例索引】（2020）鄂01民终12140号武汉某园林集团有限公司（以下简称某园林公司）与武汉某实业发展有限公司（以下简称某实业公司）建设工程合同纠纷案

【裁判要旨】当事人对工程量有争议的，鉴定报告不具有确认实际发生工程量的证明效力，可依据施工过程中形成的签证等书面进行确认。

【裁判摘要】关于某实业公司提出鉴定机构所作《苗木现状鉴定报告》明确案涉苗木存在苗木死亡、树形一般等问题，一审判决未作相应扣减，裁决显失公正的上诉理由。鉴定机构在2019年鉴定现场实测时确定的死亡苗木，因实测时间与某园林公司向某实业公司交接苗木的时间相隔较久，不具有以此确定某园林公司交付的这些苗木不符合合同中工程质量约定的事实，一审以某园林公司向武汉某实业公司交接苗木时双方的终验单、出园审批单、管养交接表上确认的苗木质量来计价并无不当。武汉某实业公司的该项上诉理由不能成立，二审法院不予支持。

第二十一条 当事人约定，发包人收到竣工结算文件后，在约定期限内不予答复，视为认可竣工结算文件的，按照约定处理。承包人请求按照竣工结算文件结算工程价款的，人民法院应予支持。

1. 新旧条款对比

《新建设工程司法解释一》	《原建设工程司法解释一》
第二十一条 当事人约定，发包人收到竣工结算文件后，在约定期限内不予答复，视为认可竣工结算文件的，按照约定处理。承包人请求按照竣工结算文件结算工程价款的，人民法院应予支持	第二十条 当事人约定，发包人收到竣工结算文件后，在约定期限内不予答复，视为认可竣工结算文件的，按照约定处理。承包人请求按照竣工结算文件结算工程价款的，应予支持

本条是对《原建设工程司法解释一》第二十条内容的承继，除了在"应予支持"前增加了主语"人民法院"，表述更加严谨之外，其余内容没有变化。

2. 关联法条

（1）《民法典》

第七百九十九条 建设工程竣工后，发包人应当根据施工图纸及说明书、国家颁发的施工验收规范和质量检验标准及时进行验收。验收合格的，发包人应当按照约定支付价款，并接收该建设工程。

建设工程竣工经验收合格后，方可交付使用；未经验收或者验收不合格的，不得交付使用。

（2）《建设工程价款结算暂行办法》

第十六条　发包人收到竣工结算报告及完整的结算资料后，在本办法规定或合同约定期限内，对结算报告及资料没有提出意见，则视同认可。

承包人如未在规定时间内提供完整的工程竣工结算资料，经发包人催促后14天内仍未提供或没有明确答复，发包人有权根据已有资料进行审查，责任由承包人自负。

根据确认的竣工结算报告，承包人向发包人申请支付工程竣工结算款。发包人应在收到申请后15天内支付结算款，到期没有支付的应承担违约责任。承包人可以催告发包人支付结算价款，如达成延期支付协议，承包人应按同期银行贷款利率支付拖欠工程价款的利息。如未达成延期支付协议，承包人可以与发包人协商将该工程折价，或申请人民法院将该工程依法拍卖，承包人就该工程折价或者拍卖的价款优先受偿。

（3）《建筑工程施工发包与承包计价管理办法》

第十六条　承包方应当按照合同约定向发包方提交已完成工程量报告。发包方收到工程量报告后，应当按照合同约定及时核对并确认。

第十八条　工程完工后，应当按照下列规定进行竣工结算：

（一）承包方应当在工程完工后的约定期限内提交竣工结算文件。

（二）国有资金投资建筑工程的发包方，应当委托具有相应资质的工程造价咨询企业对竣工结算文件进行审核，并在收到竣工结算文件后的约定期限内向承包方提出由工程造价咨询企业出具的竣工结算文件审核意见；逾期未答复的，按照合同约定处理，合同没有约定的，竣工结算文件视为已被认可。

非国有资金投资的建筑工程发包方，应当在收到竣工结算文件后的约定期限内予以答复，逾期未答复的，按照合同约定处理，合同没有约定的，竣工结算文件视为已被认可；发包方对竣工结算文件有异议的，应当在答复期内向承包方提出，并可以在提出异议之日起的约定期限内与承包方协商；发包方在协商期内未与承包方协商或者经协商未能与承包方达成协议的，应当委托工程造价咨询企业进行竣工结算审核，并在协商期满后的约定期限内向承包方提出由工程造价咨询企业出具的竣工结算文件审核意见。

（三）承包方对发包方提出的工程造价咨询企业竣工结算审核意见有异议的，在接到该审核意见后一个月内，可以向有关工程造价管理机构或者有关行业组织申请调解，调解不成的，可以依法申请仲裁或者向人民法院提起诉讼。

发承包双方在合同中对本条第（一）项、第（二）项的期限没有明确约定的，应当按照国家有关规定执行；国家没有规定的，可认为其约定期限均为 28 日。

第十九条　工程竣工结算文件经发承包双方签字确认的，应当作为工程决算的依据，未经对方同意，另一方不得就已生效的竣工结算文件委托工程造价咨询企业重复审核。发包方应当按照竣工结算文件及时支付竣工结算款。

竣工结算文件应当由发包方报工程所在地县级以上地方人民政府住房城乡建设主管部门备案。

3. 条款精解

本条是关于逾期不结算工程价款的规定。《民法典》第七百九十九条第一款规定：建设工程验收合格的，发包人应当按照约定支付工程价款。但发包人为了达到拖延支付工程结算款，往往不与承包人进行工程款结算，实践中产生较多纠纷。《建设工程施工合同（示范文本）》GF—1999—0201 通用条款第 33.3 款规定：发包人收到竣工结算报告及结算资料后 28 天内无正当理由不支付工程竣工结算价款，从第 29 天起按承包人同期向银行贷款利率支付拖欠工程价款的利息，并承担违约责任。

《建设工程价款结算暂行办法》第十六条第一款规定：发包人收到竣工结算报告及完整的结算资料后，在本办法规定或合同约定期限内，对结算报告及资料没有提出意见，则视同认可。

2001 年 12 月 1 日起施行的《建筑工程施工发包与承包计价管理办法》（中华人民共和国建设部令第 107 号，现已为中华人民共和国住房和城乡建设部令第 16 号废止）第十六条第一款、第二款规定：工程竣工验收合格，应当按照下列规定进行竣工结算：发包方应当在收到竣工结算文件后的约定期限内予以答复。逾期未答复的，竣工结算文件视为已被认可。发承包双方在合同中对上述事项的期限没有明确约定的，可认为其约定期限均为 28 日。建设行政主管部门的上述规定，就是要整顿发包人拖延审价的现状，督促发包人尽快结算。但是，以上部门规章不属于法律法规，不具有强制性。

2005 年 1 月 1 日施行的《原建设工程司法解释一》第二十条规定：当事人约定，发包人收到竣工结算文件后，在约定期限内不予答复，视为认可竣工结算文件的，按照约定处理。承包人请求按照竣工结算文件结算工程价款的，应予支持。但如何理解和适用上述规定以及《建设工程施工合同（示范文本）》GF—1999—0201 通用条款第33.3 款，实践中产生较大争议。发承包双方对工程款结算发生争议后，承包人往往依据上述法律规定以及示范文本的约定，拿着结算文件，请求人民法院按照结算文件确认工程结算款金额，而发包人却提出抗辩，主张竣工结算文件是承包人单方制作，没有经过发包人认可，不能作为支付工程结算款的依据。

《最高人民法院民事审判庭关于发包人收到承包人竣工结算文件后，在约定期限内不予答复，是否视为认可竣工结算文件的复函》（〔2005〕民一他字第23号）认为："适用该司法解释第二十条的前提条件是当事人之间约定了发包人收到竣工结算文件后，在约定期限内不予答复，则视为认可竣工结算文件。承包人提交的竣工结算文件可以作为工程款结算的依据。建设部制定的建设工程施工合同格式文本中的通用条款第33条第3款的规定，不能简单地推论出，双方当事人具有发包人收到竣工结算文件一定期限内不予答复，则视为认可承包人提交的竣工结算文件的一致意思表示，承包人提交的竣工结算文件不能作为工程款结算的依据。"

根据《建设工程施工合同（示范文本）》GF—2017—0201通用合同条款第14条竣工结算的规定，竣工结算程序如下。

第一步：竣工结算申请。除另有约定外，承包人应在工程竣工验收合格后28天内向发包人和监理人提交竣工结算申请单，并提交完整的结算资料，有关竣工结算申请单的资料清单和份数等要求由合同当事人在专用合同条款中约定。除专用合同条款另有约定外，竣工结算申请单应包括以下内容：（1）竣工结算合同价格；（2）发包人已支付承包人的款项；（3）应扣留的质量保证金。已缴纳履约保证金的或提供其他工程质量担保方式的除外；（4）发包人应支付承包人的合同价款。

第二步：竣工结算审核。除另有约定外，监理人应在收到竣工结算申请单后14天内完成核查并报送发包人。发包人应在收到监理人提交的经审核的竣工结算申请单后14天内完成审批，并由监理人向承包人签发经发包人签认的竣工付款证书。监理人或发包人对竣工结算申请单有异议的，有权要求承包人进行修正和提供补充资料，承包人应提交修正后的竣工结算申请单。

发包人在收到承包人提交竣工结算申请书后28天内未完成审批且未提出异议的，视为发包人认可承包人提交的竣工结算申请单，并自发包人收到承包人提交的竣工结算申请单后第29天起视为已签发竣工付款证书。

第三步：竣工结算付款。除专用合同条款另有约定外，发包人应在签发竣工付款证书后的14天内，完成对承包人的竣工付款。发包人逾期支付的，按照中国人民银行发布的同期同类贷款基准利率支付违约金；逾期支付超过56天的，按照中国人民银行发布的同期同类贷款基准利率的两倍支付违约金。

适用本条的条件有：（1）发包人和承包人必须在合同中约定，发包人在收到竣工结算文件后，逾期不答复的，视为认可竣工结算文件。双方可以在建设工程施工合同中明确约定，也可以在补充协议和其他书面文件中明确约定。如果发承包双方没有明确约定的，不能适用本条的规定。（2）双方必须约定明确具体的答复时间，比如，发包人应在收到竣工结算文件 28 日答复。（3）双方必须约定，逾期不答复的，视为认可竣工结算文件。

为此，现行《建设工程施工合同（示范文本）》GF—2017—0201 通用合同条款第 14.2 款〔竣工结算审核〕条款规定：发包人在收到承包人提交竣工结算申请书后 28 天内未完成审批且未提出异议的，视为发包人认可承包人提交的竣工结算申请单，并自发包人收到承包人提交的竣工结算申请单后第 29 天起视为已签发竣工付款证书。

适用本条的注意事项：承包人向发包人递交竣工结算文件应是书面的，竣工结算文件的文件内容应符合发承包双方的约定。接收结算报告的主体应为有权接收人，发包人是法人和其他组织的，应当是其法定代表人或其主要负责人，或其授权代表。法人或其他组织内部具有收发职责和义务的部门，如办公室、收发室等负责收件的人签收或盖章，应视为送达。递交竣工结算文件不能适用留置递交的方式。发包人拒绝签收竣工结算文件的，不能有效送达的，建议采用公证送达方式予以送达。

4. 延伸阅读

竣工结算申请文件。按照《建设工程施工合同（示范文本）》GF—2017—0201 通用合同条款第 14.1 项〔竣工结算申请〕条款规定，除专用合同条款另有约定外，竣工结算申请单应包括以下内容：①竣工结算合同价格；②发包人已支付承包人的款项；③应扣留的质量保证金，已缴纳履约保证金的或提供其他工程质量担保方式的除外；④发包人应支付承包人的合同价款。

一般来说，竣工结算文件应包括竣工结算报告以及：①招标文件、投标答疑、投标文件；②施工合同、有关协议（如优良奖、提前工期奖）及相关证明；③甲方批准的施工组织设计，若实际发生变化还应作签证；④图纸会审和设计变更；⑤有关的隐蔽记录；⑥施工过程中的有关经济签证（如零星用工的数量及单价、增加的零活、因甲方原因造成的返工损失、电气穿线管是否采用成品管接头粘接、吊顶内的电气线路敷设方式、图纸会审和设计变更没提到的任何实际施工变化等）；⑦施工用水、电的单价和数量；⑧甲方供材明细（包括规格、数量、单价、使用部位等）；⑨乙方购材价格签证单；⑩乙方主要购材的规格、用量明细；⑪外包项目的合同或协议；⑫甲方外包项目说明（如要提取管理配合服务费应有甲乙双方协议）；⑬施工甩项说明；⑭若图纸变更太大，应结合图纸会审、设计变更等内容重新绘制竣工图；⑮工程竣工验收证明。

5. 相关案例

（1）【案例索引】（2020）鲁 0403 民初 3261 号枣庄某建筑有限公司（以下简称枣庄某建筑公司）与山东某电池有限公司（以下简称山东某电池公司）建设工程施工合同纠纷案

【裁判要旨】发包人收到竣工结算文件后，在约定的期限内不予答复，视为认可竣工结算文件。

【裁判摘要】一审法院认为，本案中，原告枣庄某建筑公司与被告山东某电池公司签订的《建设工程施工合同》《补充协议书》系双方真实意思表示，不违反法律、行政法规的强制性规定，合法有效，原被告均应按照上述合同及补充协议的约定履行各自的义务。案涉工程已于 2009 年 11 月 20 日前竣工，原告亦于 2009 年 11 月 20 日向被告移交了竣工报告、工程决算书，根据法律规定，当事人约定，发包人收到竣工结算文件后，在约定的期限内不予答复，视为认可竣工结算文件的，按照约定处理，承包人请求按照竣工结算文件结算工程价款的，人民法院应予支持。

（2）【案例索引】（2021）鲁 09 民终 589 号东平县某建筑安装有限责任公司（以下简称某建安公司）与某置业有限公司（以下简称某置业公司）建设工程施工合同纠纷案

【裁判要旨】发包人收到竣工结算文件后，在约定的期限内不予答复，视为认可竣工结算文件。

【裁判摘要】关于案涉 B8 号、B15 号住宅楼土建部分的工程单价认定问题。虽然 2017 年 1 月 19 日某建安公司的项目部经理侯某某签字认可的《工程款结算单》中载明 B8 号、B15 号土建工程单价为 750 元 /m²，但是一审第三次庭审时，出庭作证的证人已证明涉案工程 750 元 /m² 的工程单价为暂定价格，并非最终结算价格，最终结算价格以合同约定的执行定额决算，一审中某置业公司分公司的代理人刘某某亦认可了证人陈述的 750 元 /m² 形成的事实过程。故案涉 B8 号、B15 号住宅楼土建部分的工程单价应以最终结算价格认定。某建安公司已于 2018 年 4 月 20 日向某置业公司分公司出具了《东平县书香雅居 B8 号、B15 号住宅楼及 B 区室外管网工程结算书》（以下简称《工程结算书》），某置业公司分公司在合同约定的三个月内未对涉案工程进行审计决算，应视为其对《工程结算书》中的案涉 B8 号、B15 号住宅楼土建工程单价 797.60 元 /m² 予以认可。一审法院据此认定案涉 B8 号、B15 号住宅楼土建工程单价为 797.60 元 /m² 正确。

（3）【案例索引】（2020）浙民终 821 号浙江某装饰股份有限公司（以下简称某装饰公司）与绍兴市柯桥区会稽山某净土开发有限公司建设工程合同纠纷案

【裁判要旨】当事人在合同中并未对"在约定期限内不予答复，视为认可竣工结算文件"作出明确约定，则根据双方合同约定的内容，不能简单地推论出，双方当事人具有发包人收到竣工结算文件一定期限内不予答复，则视为认可承包人提交的竣工结算文件的一致意思表示。

【裁判摘要】关于本案工程是否可以按某装饰公司送审价结算的问题。《原建设工程司法解释一》第二十条规定：当事人约定，发包人收到竣工结算文件后，在约定期限内不予答复，视为认可竣工结算文件的，按照约定处理。承包人请求按照竣工结算文件结算工程价款的，应予支持。因此，双方当事人应当在合同中明确约定发包人收到竣工结算文件后，在约定期限内不予答复，视为认可竣工结算文件。本案中，虽然双方当事人签订的《建设工程施工合同》专用条款第 33 条约定"工程竣工验收达到合格标准后，承包人应在 30 天内向发包人递交竣工结算报告及结算资料，发包人应书面签收。发包人收到结算资料后须在 2 个月内完成结算审计初稿，并向承包人出具完整有效的书面审价报告，如延误审核未果，则按《建设工程价款结算暂行办法》执行"，但双方当事人在合同中并未对"在约定期限内不予答复，视为认可竣工结算文件"作出明确约定，而根据双方合同约定的内容，亦不能简单地推论出，双方当事人具有发包人收到竣工结算文件一定期限内不予答复，则视为认可承包人提交的竣工结算文件的一致意思表示，并且某装饰公司一审中向一审法院提出对工程造价进行司法鉴定的申请，已明确同意对案涉工程造价进行司法鉴定。因此，一审判决根据鉴定机构的造价鉴定意见认定案涉工程造价并无不当，某装饰公司上诉主张按其送审价结算工程造价的理由，缺乏事实和法律依据，本院不予采纳。

第二十二条 当事人签订的建设工程施工合同与招标文件、投标文件、中标通知书载明的工程范围、建设工期、工程质量、工程价款不一致，一方当事人请求将招标文件、投标文件、中标通知书作为结算工程价款的依据的，人民法院应予支持。

1. 新旧条款对比

《新建设工程司法解释一》	《原建设工程司法解释二》
第二十二条 当事人签订的建设工程施工合同与招标文件、投标文件、中标通知书载明的工程范围、建设工期、工程质量、工程价款不一致，一方当事人请求将招标文件、投标文件、中标通知书作为结算工程价款的依据的，人民法院应予支持	第十条 当事人签订的建设工程施工合同与招标文件、投标文件、中标通知书载明的工程范围、建设工期、工程质量、工程价款不一致，一方当事人请求将招标文件、投标文件、中标通知书作为结算工程价款的依据的，人民法院应予支持

本条是对《原建设工程司法解释二》第十条的承继，内容没有变化。

2. 关联法条

（1）《民法典》

第七百九十条 建设工程的招标投标活动，应当依照有关法律的规定公开、公平、公正进行。

（2）《招标投标法》

第四十六条第一款　招标人和中标人应当自中标通知书发出之日起三十日内，按照招标文件和中标人的投标文件订立书面合同。招标人和中标人不得再行订立背离合同实质性内容的其他协议。

（3）《招标投标法实施条例》

第五十七条第一款　招标人和中标人应当依照招标投标法和本条例的规定签订书面合同，合同的标的、价款、质量、履行期限等主要条款应当与招标文件和中标人的投标文件的内容一致。招标人和中标人不得再行订立背离合同实质性内容的其他协议。

3. 条款精解

本条是关于通过招标方式签订的建设工程施工合同与招标文件、投标文件、中标通知书不一致时，如何结算问题的规定。

招标投标是签订建设工程施工合同的方式之一。《招标投标法》第三条规定：在中华人民共和国境内进行下列工程建设项目包括项目的勘察、设计、施工、监理以及与工程建设有关的重要设备、材料等的采购，必须进行招标：（一）大型基础设施、公用事业等关系社会公共利益、公众安全的项目；（二）全部或者部分使用国有资金投资或者国家融资的项目；（三）使用国际组织或者外国政府贷款、援助资金的项目。上文所列项目的具体范围和规模标准，由国务院发展计划部门会同国务院有关部门制订，报国务院批准。法律或者国务院对必须进行招标的其他项目的范围有规定的，依照其规定。建设工程招标投标过程中，会产生招标文件、投标文件、中标通知书等法律文件，中标后签订建设工程施工合同。实务中，当事人基于现实需要，往往就同一工程签订多个合同。

《建设工程施工合同示范文本》GF—2017—0201 第一部分合同协议书规定：本协议书与下列文件一起构成合同文件：（1）中标通知书（如果有）；（2）投标函及其附录（如果有）；（3）专用合同条款及其附件；（4）通用合同条款；（5）技术标准和要求；（6）图纸；（7）已标价工程量清单或预算书；（8）其他合同文件。在合同订立及履行过程中形成的与合同有关的文件均构成合同文件组成部分。上述各项合同文件包括合同当事人就该项合同文件所作出的补充和修改，属于同一类内容的文件，应以最新签署的为准。第二部分通用合同条款第 1.1.1.1 目规定，合同是指根据法律规定和合同当事人约定具有约束力的文件，构成合同的文件包括合同协议书、中标通知书（如果有）、投标函及其附录（如果有）、专用合同条款及其附件、通用合同条款、技术标准和要求、图纸、已标价工程量清单或预算书以及其他合同文件。因此，在建设工程施工领域，合同文件的范围包括招标文件、投标文件、中标通知书以及双方签订的建设工程施工合同。

在履行合同过程中，如发生争议，应以哪一份合同文件为依据确认发承包双方的权利义务，司法实践中存在较大争议。因此，本条规定，当事人签订的建设工程施工合同与招标文件、投标文件、中标通知书载明的工程范围、建设工期、工程质量、工程价款不一致，一方当事人请求将招标文件、投标文件、中标通知书作为结算工程价款的依据的，人民法院应予支持。

实务中，当事人为了规避行政主管部门的监管，往往就同一建设工程签订数份合同，俗称"黑合同"。本条中的"当事人签订的建设工程施工合同"是指发包人、承包人按照招标投标文件签订的建设工程施工合同，而非指"黑合同"。如果"黑合同"与中标合同实质性内容不一致的，根据《原建设工程司法解释一》第二十一条的规定，应当以备案的中标合同作为结算工程价款的依据。

本条中"将招标文件、投标文件、中标通知书作为结算工程价款的依据"的前提是中标有效。如果招标投标行为违反了法律规定，导致中标无效的，则中标合同无效。此时，招标文件、投标文件、中标通知书的制作和产生违反了《招标投标法》等法律规定，不能作为工程款的结算依据，不适用本条，发承包人应当依据实际履行的合同结算工程价款。

本条明确了结算工程价款的依据，如果当事人签订的建设工程施工合同在质量标准和建设工期上与招标文件、投标文件、中标通知书不一致，能否以招标文件、投标文件、中标通知书作为依据？《招标投标法》第四十六条第一款规定："招标人和中标人应当自中标通知书发出之日起三十日内，按照招标文件和中标人的投标文件订立书面合同。招标人和中标人不得再行订立背离合同实质性内容的其他协议。"第五十九条规定："招标人与中标人不按照招标文件和中标人的投标文件订立合同的，或者招标人、中标人订立背离合同实质性内容的协议的，责令改正；可以处中标项目金额千分之五以上千分之十以下的罚款。"根据以上法律规定，我们认为，质量标准和建设工期，也应以招标文件、投标文件、中标通知书作为依据。理由是，实质性内容包括工程范围、工程质量、工程价款、建设工期等，实质性内容如果发生背离，均应以招标文件、投标文件、中标通知书作为依据，这是维护《招标投标法》立法目的的应有之义。且质量标准、建设工期构成工程价款的对价，结算工程价款以招标文件、投标文件、中标通知书作为依据，作为对价的质量标准、建设工期当然也应当以招标文件、投标文件、中标通知书作为依据，否则难言公平。

4. 延伸阅读

关于"黑白合同"

如果深入讨论一下"黑白合同"，就会发现一个问题：备案合同（现在已取消备案）与中标合同并不一定一致，中标合同与招标文件、投标文件、中标通知书也不一定一致，判断"黑白合同"是以中标合同，还是以招标文件、投标文件、中标通知书为标准呢？根据不同的比较标准，可以得出四种"黑合同"，即与备案合同不一致的"黑合同"，与中标合同不一致的"黑合同"，与备案的中标合同不一致的"黑合同"，与招标文件、投标文件、中标通知书不一致的"黑合同"。

那么最终要以哪个为标准呢？还是要以招标文件、投标文件、中标通知书为标准。"黑白"是相对的，看谁和谁比，没有最"黑"只有更"黑"。

5. 相关案例

（1）【案例索引】（2021）晋 05 民终 148 号某村民委员会与河南某建设有限公司建设工程施工合同纠纷案

【裁判要旨】当事人在所签订的建设工程施工合同中虽然没有约定工程变更增减结算按下浮比例确定，但如招标文件中有明确的相关要求，可按照招标文件中的规定来确定工程价款。

【裁判摘要】上诉人主张鉴定意见计算签证工程价款时未下浮 5%，经查，在招标文件中，明确载明施工图纸及限价文件构成招标文件的其他材料，而在最高限价文件第二条第 1 点投标报价中明确约定，工程结算时，变更增减按照 2011 年《山西省建设工程计价依据》计算下浮 5% 作为结算价。根据《新建设工程司法解释一》第二十二条的规定，在当事人签订的建设工程施工合同与招标文件、投标文件、中标通知书载明的工程价款不一致时，一方当事人请求将招标文件作为结算依据的，应予支持。本案中，当事人签订的建设工程施工合同虽然没有约定工程变更部分价款下浮 5% 结算，但是招标文件中明确有相关要求，故应当按照招标文件的约定确定签证工程价款为 606048.8（637946.1×95%）元。被上诉人辩称没有见过限价文件，与招标文件中的记载不符，不予采纳。

（2）【案例索引】（2020）苏 03 民终 7805 号徐州市九州某园林股份有限公司（以下简称九州某园林公司）、徐州某装饰有限公司等与徐州市某城市管理局建设工程施工合同纠纷案

【裁判要旨】当事人一审主张以中标合同价作为结算依据，二审提出以审计价确定工程造价，在其未能提供足以推翻其一审主张证据的情况下，以中标合同价作为本案工程结算造价并无不当。

【裁判摘要】上诉人九州某园林公司主张案涉工程造价，应当按照杭州某装饰公司 2019 年 1 月委托某工程设计咨询有限责任公司出具的审计价 12976610.33 元计算。对此，二审法院认为，上诉人九州某园林公司的主张缺乏事实和法律依据。第一，

该造价报告书系杭州某装饰公司单方委托而形成，委托的目的系便于杭州某装饰公司与区政府对《BT建设合同书》进行结算，并非杭州某装饰公司为了与九州某园林公司对涉案工程最终结算所进行的审计，故某工程设计咨询有限责任公司出具的审计价12976610.33元，不能作为杭州某装饰公司与九州某园林公司工程款结算的最终依据。第二，上诉人九州某园林公司在一审中亦诉请要求按照中标价格进行结算，在九州某园林公司未提供足以推翻其一审主张证据的情况下，二审期间要求以某工程设计咨询有限责任公司出具的审计造价12976610.33元计算，二审法院不予支持。第三，一审以中标合同价作为本案工程结算造价并无不当。案涉合同以中标价为合同总价，虽为暂定价，但双方在2012年12月工程完工并交付使用后，至2019年九州某园林公司提起本案诉讼，亦未组织进行审计。因此，一审法院以中标价作为结算价并不违反法律规定。

（3）【案例索引】（2020）辽13民终2413号某建设集团有限公司（以下简称某建设集团公司）与建平县某城市建设投资有限责任公司建设工程施工合同纠纷案

【裁判要旨】当事人双方所签订的《建设工程施工合同》在实质性条款方面与招标投标文件不一致，不一致部分因违反了《招标投标法》的规定应属无效，不能产生约束当事人的法律效力，应当以招标投标文件作为结算工程价款的依据。

【裁判摘要】本案争议焦点为案涉工程款结算应否以某财政投资评审中心出具的结算造价表为依据。案涉的三个工程的招标文件中，均在第15条约定，"在履行合同中，单项工程项目变更在 ±5% 之内（含 ±5%），不进行调整。如实际工程内容或数量与该工程量清单差距较大（超过 ±5%），超过部分决算时按实际工程数量调整，价格以中标单价为准，其他内容签订合同另行约定"。同时，对于工程价款结算，在第17.5.3条中约定"某财政投资评审中心根据有关规定结合建平县实际进行竣工结算"。某人民政府与某建设集团公司签订的《建平县红山新城路网工程及广场建设等基础设施项目框架协议书》中亦写明"工程竣工后，由乙方编制工程决算报告甲方，甲方委托具有法定审核资质的机构进行工程造价决算审核，作为工程款的支付依据"。本案应认定双方当事人认可由某财政投资评审中心进行造价决算审核。上述约定系当事人真实意思表示，合法有效，对各方当事人具有约束力。上诉人某建设集团公司中标后，在与被上诉人建平县某城市建设投资有限责任公司签订的《建设工程施工合同》中合同价款及调整部分约定"经发包方认可的设计变更造成的工程量增减，由发包方、承包方、监理（工程师）、财政共同确认，据实调整"。此约定与招标文件不一致，并且在上述合同中竣工验收与结算部分也未约定"某财政投资评审中心根据有关规定结合建平县实际进行竣工结算"，即本案上诉人中标后与被上诉人签订的合同文本关于工程价款的约定与招标文件不一致。《招标投标法》第四十六条规定：招标人和中标人应当自中标通知书发出之日起三十日内，按照招标文件和中标人的投标文件订立书面合同。招标人和中标人不得再行订立背离合同实质性内容的其他协议。招标文件要求中标人提交履约保证金的，中标人应当提交。《招标投标法》第五十九条规定："招标人与中标人不按照招标文件和中标人的投标文件订立合同的，或者招标人、中标人订立背离合同实质性内容的协议的，责令改正；可以处中标项目金额千分之五以上千分之十以下的罚款。"《原建设工程司法解释二》第十条规定："当事人签订的建设工程施工合同与招标文件、投标文件、中标通知书载明的工程范围、建设工期、工程质量、工程价款不一致，一方当事人请求将招标文件、投标文件、中标通知书作为结算工程价款的依据的，人民法院应予支持。"按照上述司法解释的规定，本案上诉人中标后与被上诉人签订的合同文本就工程价款的约定与招标文件不一致，工程价款结算应以招标文件为准，本案应以某财政投资评审中心出具的《太平洋施工红山新城"三横八纵"路网及桥梁工程结算造价表》作为结算依据。关于某建设集团公司提出的双方在建设工程施工合同中已经明确约定合同文件及优先解释顺序的意见，本案《建设工程施工合同》在实质性条款方面与招标投标文件不一致，这些条款因为违反了《招标投标法》的规定应属无效，不能产生约束当事人的法律效力，本案应当以招标投标文件作为结算工程价款的依据。综上，上诉人某建设集团公司的上诉请求理由不充分，二审法院不予采纳。一审判决认定事实清楚，适用法律正确，依法应予维持。

> **第二十三条** 发包人将依法不属于必须招标的建设工程进行招标后，与承包人另行订立的建设工程施工合同背离中标合同的实质性内容，当事人请求以中标合同作为结算建设工程价款依据的，人民法院应予支持，但发包人与承包人因客观情况发生了在招标投标时难以预见的变化而另行订立建设工程施工合同的除外。

1. 新旧条款对比

《新建设工程司法解释一》	《原建设工程司法解释二》
第二十三条 发包人将依法不属于必须招标的建设工程进行招标后，与承包人另行订立的建设工程施工合同背离中标合同的实质性内容，当事人请求以中标合同作为结算建设工程价款依据的，人民法院应予支持，但发包人与承包人因客观情况发生了在招标投标时难以预见的变化而另行订立建设工程施工合同的除外	第九条 发包人将依法不属于必须招标的建设工程进行招标后，与承包人另行订立的建设工程施工合同背离中标合同的实质性内容，当事人请求以中标合同作为结算建设工程价款依据的，人民法院应予支持，但发包人与承包人因客观情况发生了在招标投标时难以预见的变化而另行订立建设工程施工合同的除外

本条是对《原建设工程司法解释二》第九条内容的保留，内容无增减。

2. 关联法条

（1）《招标投标法》

第三条　在中华人民共和国境内进行下列工程建设项目包括项目的勘察、设计、施工、监理以及与工程建设有关的重要设备、材料等的采购，必须进行招标：

（一）大型基础设施、公用事业等关系社会公共利益、公众安全的项目；

（二）全部或者部分使用国有资金投资或者国家融资的项目；

（三）使用国际组织或者外国政府贷款、援助资金的项目。

前款所列项目的具体范围和规模标准，由国务院发展计划部门会同国务院有关部门制订，报国务院批准。

法律或者国务院对必须进行招标的其他项目的范围有规定的，依照其规定。

第六十六条　涉及国家安全、国家秘密、抢险救灾或者属于利用扶贫资金实行以工代赈、需要使用农民工等特殊情况，不适宜进行招标的项目，按照国家有关规定可以不进行招标。

（2）《招标投标法实施条例》

第九条　除招标投标法第六十六条规定的可以不进行招标的特殊情况外，有下列情形之一的，可以不进行招标：

（一）需要采用不可替代的专利或者专有技术；

（二）采购人依法能够自行建设、生产或者提供；

（三）已通过招标方式选定的特许经营项目投资人依法能够自行建设、生产或者提供；

（四）需要向原中标人采购工程、货物或者服务，否则将影响施工或者功能配套要求；

（五）国家规定的其他特殊情形。

招标人为适用前款规定弄虚作假的，属于《招标投标法》第四条规定的规避招标。

（3）《必须招标的工程项目规定》

第五条　本规定第二条至第四条规定范围内的项目，其勘察、设计、施工、监理以及与工程建设有关的重要设备、材料等的采购达到下列标准之一的，必须招标：

（一）施工单项合同估算价在400万元人民币以上；

（二）重要设备、材料等货物的采购，单项合同估算价在200万元人民币以上；

（三）勘察、设计、监理等服务的采购，单项合同估算价在100万元人民币以上。

同一项目中可以合并进行的勘察、设计、施工、监理以及与工程建设有关的重要设备、材料等的采购，合同估算价合计达到前款规定标准的，必须招标。

3. 条款精解

本条是关于非必须招标的建设工程项目，采用招标方式签订的建设工程施工合同价款结算依据的规定。对于非必须招标投标的建设项目进行了招标投标是否适用《原建设工程司法解释一》第二十一条的规定，本条对此进行了明确，当事人自愿选择通过招标投标程序订立中标合同，而后又另行签订背离中标合同实质性内容的，以中标合同作为结算建设工程价款依据。

建设工程领域，只有《招标投标法》第三条规定范围内的工程建设项目的勘察、设计、施工等，属于必须招标的建设工程。除此之外，发包人可以自由选择订立合同的方式，可以直接发包，也可以通过招标的方式发包。但司法实践中，对于非必须招标的建设工程项目，如果采用招标的方式订立建设工程施工合同，当事人对工程结算争议，是按中标合同还是按照当事人就同一建设工程签订的另外合同作为结算依据，实务中分歧较大。

全国各地法院已出具相应的指导意见，但观点不一，有法院认为应以实际履行的合同作为结算依据，如安徽高院和江苏高院。《安徽高院意见》第七条规定：不属于依法必须招标的建设工程，发包人与承包人又另行签订并实际履行了与备案中标合同不一致的合同，当事人请求按照实际履行的合同确定双方权利义务的，应予支持。《江苏高院解答》第7条规定：非强制招标投标的建设工程，经过招标投标或备案的，当事人在招标投标或备案之外另行签订的建设工程施工合同与经过备案的合同实质性内容不一致的，以双方当事人实际履行的合同作为结算工程价款的依据。有法院认为应以中标合同作为结算依据。如《北京高院解答》规定"15条'黑白合同'中如何结算工程价款？法律、行政法规规定必须进行招标的建设工程，或者未规定必须进行招标的建设工程，但依法经过招标投标程序并进行了备案，当事人实际履行的施工合同与备案的中标合同实质性内容不一致的，应当以备案的中标合同作为结算工程价款的依据。"

本条采用第二种观点，即以中标合同作为结算依据。我们认为，《招标投标法》第二条规定：在中华人民共和国境内进行招标投标活动，适用本法，该条并未区分必须招标的建设工程项目和非必须招标的建设工程项目，而是规定只要在我国境内进行招标投标活动，就适用《招标投标法》，对于非必须招标的建设工程项目，如果当事人自愿选择通过招标投标程序签订建设工程施工合同，就应当遵循《招标投标法》的规定，以维护法律的统一和尊严。

关于非必须招标的工程项目范围，《招标投标法》第三条规定了必须招标的建设工程范围，除此之外的都属于非必须，招标的工程项目。

根据《招标投标法》、《国家发展改革委办公厅关于进一步做好〈必须招标的工程项目规定〉和〈必须招标的基础设施和公用事业项目范围规定〉实施工作的通知》（发改办法规〔2020〕770号）、《必须招标的工程项目规定》和《必须招标的基础设施和公用事业项目范围规定》的规定，必须招标的工程项目范围如下。

（1）全部或者部分使用国有资金投资或者国家融资的项目包括：（一）使用预算资金200万元人民币以上，并且该资金占投资额10%以上的项目；（二）使用国有企业事业单位资金，并且该资金占控股或者主导地位的项目。

（2）使用国际组织或者外国政府贷款、援助资金的项目包括：（一）使用世界银行、亚洲开发银行等国际组织贷款、援助资金的项目；（二）使用外国政府及其机构贷款、援助资金的项目。

（3）属于《必须招标的工程项目规定》第二条至第四条规定范围内的项目，其勘察、设计、施工、监理以及与工程建设有关的重要设备、材料等的采购达到下列标准之一的，必须招标：（一）施工单项合同估算价在400万元人民币以上；（二）重要设备、材料等货物的采购，单项合同估算价在200万元人民币以上；（三）勘察、设计、监理等服务的采购，单项合同估算价在100万元人民币以上。同一项目中可以合并进行的勘察、设计、施工、监理以及与工程建设有关的重要设备、材料等的采购，合同估算价合计达到上述规定标准的，必须招标。

（4）不属于《必须招标的工程项目规定》第二条、第三条规定情形的大型基础设施、公用事业等关系社会公共利益、公众安全的项目，必须招标的具体范围包括：（一）煤炭、石油、天然气、电力、新能源等能源基础设施项目；（二）铁路、公路、管道、水运，以及公共航空和A1级通用机场等交通运输基础设施项目；（三）电信枢纽、通信信息网络等通信基础设施项目；（四）防洪、灌溉、排涝、引（供）水等水利基础设施项目；（五）城市轨道交通等城建项目。

适用本条的前提是中标有效。如果工程建设项目的招标投标行为违反了法律规定，导致中标无效的，则中标合同无效。此时，招标文件、投标文件、中标通知书的制作和产生违反了《招标投标法》等法律规定，不能作为工程款的结算依据。

本条后段规定了但书，即"但发包人与承包人因客观情况发生了在招标投标时难以预见的变化而另行订立建设工程施工合同的除外"，换句话说就是，非必须招标的建设工程项目通过招标投标签订的中标合同，与因客观情况发生了在招标投标时难以预见的变化而另行订立的建设工程施工合同的实质性内容不一致的，以另行订立的建设工程施工合同作为结算依据。

实务中如何理解"因客观情况发生了在招标投标时难以预见的变化"？本条中的客观情况发生了难以预见的变化，是否属于《民法典》第五百三十三条规定的情势变更情形？实践中对于是否属于客观情况发生了难以预见的变化，常会产生争议。我们认为本条中的"客观情况"与《民法典》第五百三十三条的"合同的基础条件"并不相同。本条规定的客观情况是指当事人意志以外的与建设工程有关的客观事实，客观情况发生变化会导致当事人之间的等价关系发生了一定的变化。而情势变更是指合同成立后，构成合同赖以成立的基础或环境的客观情况发生重大变化。情势变更制度的立法目的是在合同订立后，合同赖以成立的基础或环境的客观情况发生重大变化，导致合同当事人之间权利义务明显不公平，当事人可以请求变更或解除合同，以实现公平原则。《最高人民法院新建设工程施工合同司法解释（一）理解与适用》中明确，本条但书主要目的是调整因客观情况发生难以预见的变化导致当事人之间的等价关系发生变化。主要情形包括：招标投标后材料、设备价格变化超出了市场价格正常涨跌幅度；招标投标后人工单价发生了重大变化；规划、设计发生了重大变化等[①]。

4. 延伸阅读

对中标后签订的合同中纠纷解决方式的约定进行补充变更

《招标投标法》对发承包双方变更建设工程施工合同是有一定的限制的。虽然合同当事人都有变更合同的权利与自由，但是，根据《招标投标法》的规定，如果属于法律强制招标投标的工程项目，双方对已经订立的建设工程施工合同进行变更的权利，要受到《招标投标法》的限制。

这个限制最主要是《招标投标法》第四十六条第一款的规定，招标人和中标人应当自中标通知书发出之日起三十日内按照招标文件和中标人的投标文件，签订书面合同。招标人和中标人不能再行订立背离合同实质性内容的其他协议。中标通知书对中标人和招标人都是具有法律效力的，双方应当按照中标结果签订合同。

发承包双方不得再行订立背离合同实质性内容的其他协议。也就是说，双方不得随意对中标后签订的合同内容进行实质性变更。如果做了实质性变更，仍然要以中标后签订的合同作为结算的依据。

哪些属于建设工程施工合同实质性内容的变更？根据《新建设工程司法解释一》第二条的规定，对工程范围、建设工期、工程质量、工程价款等内容的变更构成实质性内容变更。对合同的纠纷解决方式的约定条款进行变更，这种变更并不违反《招标投标法》的相关规定，因此这种变更是有效的。

对中标后签订的合同当中纠纷解决方式的变更，不属于对建设工程施工合同实质

---

① 最高人民法院民事审判第一庭.最高人民法院新建设工程施工合同司法解释（一）理解与适用[M].北京：人民法院出版社，2021.

性内容的变更。并不当然的违反《招标投标法》第四十六条的规定。当事人行使合同变更的权利，在补充协议中对合同纠纷解决方式的变更是合法有效的，它已经取代了中标后签订的合同中原来的争议解决条款。

5. 相关案例

（1）【案例索引】（2021）苏 08 民终 33 号涟水某置业有限公司（以下简称某置业公司）与江苏某建设工程有限公司（以下简称某建设公司）等建设工程施工合同纠纷案

【裁判要旨】合同效力体现的是国家对当事人意思自治的干预，当新法规定合同有效或者更有可能使得合同成为有效合同时，适用新法则更加尊重当事人的意思自治。招标人以其自身的招标行为存在违法为由主张合同无效，违反诚实信用基本原则，从尊重当事人意思自治、鼓励市场交易、维护经济秩序、弘扬诚信守诺价值理念出发，应认定施工合同及中标通知书有效。

【裁判摘要】二审法院认为，合同效力体现的是国家对当事人意思自治的干预，当新法规定合同有效或者更有可能使得合同成为有效合同时，适用新法则更加尊重当事人的意思自治。关于某置业公司与某建设公司签订的《意向协议书》《建筑工程施工合同》《水岸城邦 47 号、48 号楼施工合同补充协议书》《49 号、51 号楼及人防工程中标通知书》的效力问题。经查，首先，《最高院关于民法典时间效力的规定》第八条规定：《民法典》施行前成立的合同，适用当时的法律、司法解释的规定合同无效而适用《民法典》的规定合同有效的，适用《民法典》的相关规定。《新建设工程司法解释一》第一条规定：建设工程施工合同具有下列情形之一的，应当依据《民法典》第一百五十三条第一款的规定，认定无效：（一）承包人未取得建筑业企业资质或者超越资质等级的；（二）没有资质的实际施工人借用有资质的建筑施工企业名义的；（三）建设工程必须进行招标而未招标或者中标无效的。案涉工程系某置业公司自有资金开发，虽然案涉工程在 2014 年、2015 年招标投标时仍属于《工程建设项目招标范围和规模标准规定》规定的必须招标投标的"关系社会公共利益、公共安全的公用事业项目"。但中华人民共和国住房和城乡建设部于 2014 年 7 月发布的《关于推进建筑业发展和改革的若干意见》明确规定"调整非国有资金投资项目发包方式，试行非国有资金投资项目建设单位自主决定是否进行招标发包"。江苏省住房和城乡建设厅于 2015 年 3 月施行的《关于明确非国有资金投资工程发包方式等有关问题的通知》亦规定"使用非国有资金投资的工业用房、商业用房和商品住宅等房屋建筑工程，发包人可以自主决定采用招标发包或直接发包，以及是否进入有形市场进行交易"。根据 2018 年 6 月施行的《必须招标的基础设施和公用事业项目范围规定》，本案工程已不再属于必须招标的项目范围，故本案工程招标投标行为不违反《招标投标法》第五十五条的禁止性规定。其次，承包人某建设公司具有承建水岸城邦 47 号、48 号、49 号、51 号楼及人防工程的建筑业企业资质，本案亦不存在招标人与中标人在中标合同之外就明显高于市场价格购买承建房产、无偿建设住房配套设施、让利、向建设单位捐赠财物等另行签订合同，背离中标合同实质性内容变相降低工程价款而导致合同无效的情形。再次，关于合同效力的判断应有利于保护民事主体合法权益，有利于维护社会和经济秩序，更有利于弘扬社会主义核心价值观。本案工程招标系由某置业公司自行确定招标对象而进行的邀请招标，该标前谈判行为对市场竞争秩序造成的影响与招标人向社会不特定主体公开招标所造成的损害有所区别，本案招标投标过程中亦不存在《招标投标法》第六十五条所规定的投标人和其他利害关系人向招标人提出异议或依法向有关行政督部门投诉的情形。某置业公司以其自身的招标行为存在违法为由主张合同无效，违反诚实信用基本原则，故从尊重当事人意思自治、鼓励市场交易、维护经济秩序、弘扬诚信守诺价值理念出发，应认定上述合同及中标通知书有效，某置业公司主张上述合同及中标通知书无效的上诉理由不能成立，二审法院不予支持。随着建筑业市场发展与改革的不断深化，我国建筑业相关法律、法规、规章以及司法政策、裁判理念亦做出相应调整，某置业公司、某建设公司均向二审法院提交了各级法院在不同时期针对建设工程施工合同效力作出的判决，某置业公司所提供的判例与本案案情并不一致，其主张应参照最高人民法院、江苏省高级人民法院的案例作出判决无事实和法律依据，二审法院不予采纳。

（2）【案例索引】（2021）皖 12 民终 116 号某仓储服务有限公司（以下简称某仓储公司）与安徽某建筑工程有限公司（以下简称某建筑公司）建设工程施工合同纠纷案

【裁判要旨】案涉项目工程有招标文件、投标文件，且双方根据中标通知书签订《建设工程施工合同》，并在建设行政主管部门备案。一方当事人虽主张案涉工程未经招标投标程序，但并未提交充分证据证明案涉工程招标投标过程中存在中标无效的情形，应以中标合同作为认定工程款的依据。

【裁判摘要】《原建设工程司法解释二》第九条明确规定：发包人将依法不属于必须招标的建设工程进行招标后，与承包人另行订立的建设工程施工合同背离中标合同的实质性内容，当事人请求以中标合同作为结算建设工程价款依据的，人民法院应予支持，但发包人与承包人因客观情况发生了在招标投标时难以预见的变化而另行订立建设工程施工合同的除外。该规定确立的结算工程价款以中标合同为准的裁判规则，目的在于维护《招标投标法》的统一实施，维护招标投标秩序，引领建筑市场健康、规范发展。本案中，加盖有某仓储公司及某建筑公司印章的案涉《中标通知书》明确记载，根据案涉项目工程招标文件和某建筑公司提交的投标文件，确定某建筑公司为案涉项目中标人，中标价 76182604 元，后双方根据《中标通知书》，于 2017 年 9 月 5 日就案涉工程签订《建设工程施工合同》，并在建设行政主管部门备案。某仓储公司虽上诉称案涉工程未经招标投标程序，一审判决认定其公司与某建筑公司于 2017 年 9 月 5 日签订的《建设工程施工合同》为中标合同，并以此作为认定工程款的依据显属错误，以及其与某建筑公司于 2017 年 9 月 12 日签订的《施工协议》是双方真实意思表示，应作为认定工程款的依据，但一、二审期间，某仓储公司并未提交充分证据证明案涉工程招标投标过程中存在中标无效的情形。故一审法院基于以上事实，依照上述法律规定，以某建筑公司与某仓储公司于 2017 年 9 月 5 日签订的《建设工程施工合同》作为结算建设工程价款的依据并无不当。

（3）【案例索引】（2020）鄂民申 5208 号湖北某房地产开发有限公司（以下简称某房地产公司）与武汉某建设工程有限公司建设工程施工合同纠纷案

【裁判要旨】《补充协议》是否与经招标投标程序的备案合同中实质性条款相违背而无效，须结合当事人意思表示、诚实信用原则等进行综合确定。

【裁判摘要】关于双方当事人签订的《补充协议》能否作为案涉工程结算依据的问题，某房地产公司认为《补充协议》与经招标投标程序的备案合同中实质性条款相违背而无效，不能作为案涉工程的结算依据。再审法院认为，原判决已查明，双方当事人虽然将经招标投标程序签订的《建设工程施工合同》进行备案，但嗣后又对完工工程进行结算，经协商签订了《补充协议》，确认了案涉工程的工程总价为 2613 万元，并约定了以房抵债等内容。首先，案涉工程系商业住房建筑工程，并非《招标投标法》第三条规定的必须进行招标的工程。《原建设工程司法解释二》第九条规定：发包人将依法不属于必须招标的建设工程进行招标后，与承包人另行订立的建设工程施工合同背离中标合同的实质性内容，当事人请求以中标合同作为结算建设工程价款依据的，人民法院应予支持，但发包人与承包人因客观情况发生了在招标投标时难以预见的变化而另行订立建设工程施工合同的除外。本案中，目前无证据证明《补充协议》违背双方当事人的真实意思表示，因双方当事人在《补充协议》中明确约定"在遵守原合同约定的结算条款的前提下……就该工程竣工结算达成如下条款……"，可见，《补充协议》应系双方当事人根据实际施工情况作出的结算，并不违反法律强制性规定。故某房地产公司主张《补充协议》无效，没有事实和法律依据，且某房地产公司在一、二审期间均未提出该项主张，原判决仅对其上诉理由进行评判，符合《民事诉讼法》第一百六十八条关于"第二审人民法院应当对上诉请求的有关事实和适用法律进行审查"的规定。双方当事人签订的《补充协议》合法有效，应作为案涉工程的结算依据。某房地产公司一方面认可《补充协议》中的以房抵款的约定，另一方面又主张以原备案合同约定的固定价款进行结算，违反诚实信用原则。

> 第二十四条　当事人就同一建设工程订立的数份建设工程施工合同均无效，但建设工程质量合格，一方当事人请求参照实际履行的合同关于工程价款的约定折价补偿承包人的，人民法院应予支持。
>
> 实际履行的合同难以确定，当事人请求参照最后签订的合同关于工程价款的约定折价补偿承包人的，人民法院应予支持。

1. 新旧条款对比

《新建设工程司法解释一》	《原建设工程司法解释二》
第二十四条　当事人就同一建设工程订立的数份建设工程施工合同均无效，但建设工程质量合格，一方当事人请求参照实际履行的合同关于工程价款的约定折价补偿承包人的，人民法院应予支持。 实际履行的合同难以确定，当事人请求参照最后签订的合同关于工程价款的约定折价补偿承包人的，人民法院应予支持	第十一条　当事人就同一建设工程订立的数份建设工程施工合同均无效，但建设工程质量合格，一方当事人请求参照实际履行的合同结算建设工程价款的，人民法院应予支持。 实际履行的合同难以确定，当事人请求参照最后签订的合同结算建设工程价款的，人民法院应予支持

本条是《原建设工程司法解释二》第十一条的承继，内容微调，将原条文中的"结算建设工程价款"修改为"关于工程价款的约定折价补偿承包人"，其他内容无变化。

2. 关联法条

《民法典》

第一百五十七条　民事法律行为无效、被撤销或者确定不发生效力后，行为人因该行为取得的财产，应当予以返还；不能返还或者没有必要返还的，应当折价补偿。有过错的一方应当赔偿对方由此所受到的损失；各方都有过错的，应当各自承担相应的责任。法律另有规定的，依照其规定。

第七百九十三条　建设工程施工合同无效，但是建设工程经验收合格的，可以参照合同关于工程价款的约定折价补偿承包人。

建设工程施工合同无效，且建设工程经验收不合格的，按照以下情形处理：

（一）修复后的建设工程经验收合格的，发包人可以请求承包人承担修复费用；

（二）修复后的建设工程经验收不合格的，承包人无权请求参照合同关于工程价款的约定折价补偿。

发包人对因建设工程不合格造成的损失有过错的，应当承担相应的责任。

第七百九十九条　建设工程竣工后，发包人应当根据施工图纸及说明书、国家颁发的施工验收规范和质量检验标准及时进行验收。验收合格的，发包人应当按照约定支付价款，并接收该建设工程。

建设工程竣工经验收合格后，方可交付使用；未经验收或者验收不合格的，不得交付使用。

3. 条款精解

本条是关于同一建设工程签订的数份合同均无效，但工程质量合格时，工程价款结算依据的规定。

《民法典》第七百九十三条第一款规定："建设工程施工合同无效，但是建设工程经验收合格的，可以参照合同关于工程价款的约定折价补偿承包人。"该条款来源于《原建设工程司法解释一》第二条，将该条上升为法律，将《原建设工程司法解释一》第二条文中的"参照合同约定支付工程价款"修改为"参照合同关于工程价款的约定折价补偿"，以符合《民法典》第一百五十七条"民事法律行为无效后折价补偿"的规定。本条是对《民法典》第七百九十三条第一款的延伸规定，多份合同均无效，参照实际履行的合同折价补偿。

本条规定的情况，一般发生在中标无效的情况。如中标无效，中标合同也不是"白合同"，就没有"黑白合同"的问题。所有施工合同均无效，基于意思自治原则，根据各方真实意思表示来确定双方的权利和义务，即按实际履行的合同结算工程价款。实务中，当事人中标后，没有依法签订中标合同，而是签订了数份"黑合同"，是否适用本条，我们认为，此种情况不能适用本条，应适用《新建设工程司法解释一》第二十二条，当事人未签订中标合同，直接签订"黑合同"的，应当以招标文件、投标文件、中标通知书作为结算依据。

本条适用的前提条件是"建设工程质量合格"，包括未完工程质量合格、竣工验收合格、擅自使用视为合格、经质量鉴定合格等情形。《民法典》第七百九十三条第二、三款规定：建设工程施工合同无效，且建设工程经验收不合格的，按照以下情形处理：（一）修复后的建设工程经验收合格的，发包人可以请求承包人承担修复费用；（二）修复后的建设工程经验收不合格的，承包人无权请求参照合同关于工程价款的约定折价补偿。发包人对因建设工程不合格造成的损失有过错的，应当承担相应的责任。工程质量合格是发包人支付工程价款的前提条件，如果工程质量不合格，按照《民法典》第七百九十三条第二款规定处理。

当事人签订了数份合同，如何界定本条中的实际履行的合同？根据《民法典》第七百九十五条的规定，施工合同的内容一般包括工程范围、建设工期、中间交工工程的开工和竣工时间、工程质量、工程造价、技术资料交付时间、材料和设备供应责任、拨款和结算、竣工验收、质量保修范围和质量保修期、相互协作等条款。我们认为可以根据施工过程中形成的签证单、会议纪要、验收记录、通知、工程款支付时间和数额等证据，结合施工合同的主要条款如施工范围、工程质量、工期、开工和竣工时间，以及工程价款等内容，综合界定实际履行的合同。实务中，由于施工领域较为复杂，施工周期长等原因，可能出现哪一份合同都没有履行，或者每一份合同都有履行的痕迹，无法界定哪一份合同为实际履行的合同。为此本条第二款规定，实际履行的合同难以确定，参照最后签订的合同折价补偿给承包人。

4. 延伸阅读

根据无效的施工合同，签订的补充协议效力问题

在建设工程施工合同无效的情况下，双方签订的补充协议是否当然无效？应当说情况是比较复杂的。在一般的情况下，施工合同作为主合同无效，签订的补充协议作为从合同也无效。如果补充协议在形式上虽然是对施工合同的补充约定，但是补充协议具有相对的独立性，则补充协议有效。

（1）补充协议是对原施工合同进行补充约定或变更部分内容的，应当认定为无效协议。基于原施工合同进行补充约定或变更部分内容的补充协议是相对于原合同而言的，具有从属性，依附于原合同而成立。该类"补充协议"以存在合法有效的施工合同为前提。原施工合同无效，该补充协议当然无效。

（2）补充协议是对发承包人间既存债权债务关系的清理和结算，其效力应当独立判断。

如果补充协议是对发承包双方既存债权债务关系的清理和结算，具有独立性，不因施工合同无效而当然无效。对于此类补充协议效力的判断，应当根据《民法典》的相关规定进行独立判断，如协议本身是否存在无效、可撤销、可变更等情形。

从事建设工程施工合同纠纷案件的代理，一大难题就是对中标后签订的合同与发承包双方在施工过程中签订的协议是不是"黑白合同"要作出一个合理的判断。并不是说中标后签订了合同以后在履行合同的过程中就不能签订补充协议，签订的补充协议是否当然就是从合同、就是无效合同，对此应理性判断。

特别是双方在履行合同的过程中，有时候会根据工程的实际情况需要签订补充协议。而这种补充协议是对施工合同的合理合法的变更，那么这种变更就是合法有效的补充协议，也不属于"黑白合同"。如果是对工程进度款如何偿还以及逾期偿还如何承担违约金进行的约定，属于对已经存在的债权债务关系的一种处理。该补充协议不属于一般意义的从合同，它具有独立性，具有合法性，应当受到法律保护。

5. 相关案例

（1）【案例索引】（2020）苏民申 6351 号福建省某建筑工程有限公司与江苏某置业有限公司、江苏某置业有限公司宿迁分公司建设工程施工合同纠纷案

【裁判要旨】当事人就同一建设工程订立的数份建设工程施工合同均无效，但建设工程质量合格，一方当事人请求参照实际履行的合同中关于工程价款的约定，折价补偿承包人的，人民法院应予支持。

【裁判摘要】再审法院认为，本案中双方实际履行的合同为 2 号、4 号合同。理由如下：① 1 号合同已注明该合同仅为备案使用，正式合同另外签订，本案中，双方在签订备案 1 号、3 号合同之后，另外签订了补充协议，即 2 号、4 号合同，2 号、4 号合同第二十条明确约定补充协议和内部招标文件为建设工程施工合同的组成部分，补充协议与施工合同、招标文件、投标书、询标记录不符的，以补充协议为准；②本案中，履约保证金的交纳、部分工程的另行分包以及工程进度款的支付等，均符合 2 号、4 号合同的约定内容，故应认定双方实际履行的合同为 2 号、4 号合同。《原建设工程司法解释二》第十一条第一款规定，当事人就同一建设工程订立的数份建设工程施工合同均无效，但建设工程质量合格，一方当事人请求参照实际履行的合同结算建设工程价款的，人民法院应予支持。案涉工程已于 2015 年 5 月 18 日竣工验收合格，并于 2015 年 6 月 29 日完成备案，故江苏某置业有限公司要求参照 2 号、4 号合同结算涉案工程价款的诉讼主张应当得到支持。

（2）【案例索引】（2020）鲁 02 民终 9188 号河南某市政园林绿化有限公司（以下简称某市政公司）与青岛某水泥制品有限公司（以下简称某水泥公司）建设工程施工合同纠纷案

【裁判要旨】双方订立多份建设工程施工合同，实际履行的合同难以确定，双方均未能提交证据予以证明，当事人请求参照最后签订的合同结算建设工程价款的，人民法院应予支持。

【裁判摘要】二审法院认为，本案双方争议的焦点为就涉案工程双方实际履行的是哪一份合同。对此，某市政公司主张双方在 2018 年 7 月 13 日签订的《化粪池建筑安装合同书》及《水泥管供货合同书》系双方真实意思表示，2018 年 8 月 27 日的合同加盖的公章不是其单位公章，该合同是虚假的。某水泥公司对此不予认可，其认为 2018 年 7 月 13 日签订的《化粪池建筑安装合同书》及《水泥管供货合同书》是先期签订的，不是最终结算合同，双方实际履行的是 2018 年 8 月 27 日的合同。本院认为，尽管在 2018 年 7 月 13 日与 2018 年 8 月 27 日的《化粪池建筑安装合同书》及《水泥管供货合同书》中加盖的"河南某市政园林绿化有限公司"公章并非同一枚公章，但该公司并未提供有效证据证明 2018 年 7 月 13 日合同中加盖的公章系其单位唯一合法有效的备案公章。因此，某市政公司不能以此否定 2018 年 8 月 27 日合同的真实性。至于双方实际履行的是哪一份合同，双方均未能提交证据予以证明。参照《原建设工程司法解释二》第十一条第二款"实际履行的合同难以确定，当事人请求参照最后签订的合同结算建设工程价款的，人民法院应予支持"之规定，双方 2018 年 8 月 27 日的《化粪池建筑安装合同书》及《水泥管供货合同书》签订时间在后，结合某水泥公司已向某市政公司开具 312562 元发票的事实，原审以双方 2018 年 8 月 27 日的《化粪池建筑安装合同书》及《水泥管供货合同书》作为结算依据，并无不当。

（3）【案例索引】（2020）鲁民终 2138 号临沂某房地产开发有限公司（以下简称某房地产公司）与临沂某建筑工程有限公司（以下简称某建筑公司）建设工程施工合同纠纷案

【裁判要旨】在案涉工程履行招标投标程序之前，双方当事人已进行实质性谈判，应认定为中标无效。因串通投标致使所签订的一系列施工合同均属无效的情况下，应参照实际履行的合同来确定工程价款的结算。

【裁判摘要】二审法院认为，某房地产公司二审提交的例会纪要，能够证是在案涉工程履行招标投标程序之前，某建筑公司即已进场施工的事实，即某建筑公司的施工行为反映了在案涉工程履行招标投标程序之前，双方当事人已进行实质性谈判，根据《招标投标法》第五十五条的规定，应认定为中标无效。根据《原建设工程司法解释一》第一条第（三）项的规定，一审判决认定案涉《建设工程施工合同》无效，具有事实及法律依据。但根据《原建设工程司法解释二》第十一条第一款规定，在某房地产公司与某建筑公司因串通投标致使所签订的一系列施工合同均属无效的情况下，应参照实际履行的合同结算工程价款，一审判决将中标备案的《建设工程施工合同》作为案涉工程价款结算的依据，并不符合《原建设工程司法解释一》第二十一条规定所适用的前提条件，属于适用法律错误，本院依法予以纠正。关于实际履行合同的识别问题，针对案涉工程，双方当事人分别于 2011 年 10 月 25 日签订《标前协议书》、于 2011 年 11 月 29 日签订《建设工程施工合同》、于 2011 年 12 月 24 日签订《施工合同》，从上述合同约定的内容看，《标前协议书》与《施工合同》约定的内容较为一致，体现了《施工协议》对《标前协议书》相关约定的再次确认；同时，某房地产公司提交的《工程款拨付申请书》与《施工合同》约定的付款节点较为吻合，《施工合同》中约定的开工时间、施工范围、质量标准、合同价款等，亦与涉案工程的实际施工情况较为吻合，体现了双方当事人的真实意思表示，故应将《施工合同》认定为双方当事人实际履行的合同，并作为案涉工程价款结算的依据。同时，根据《原建设工程司法解释二》第十一条第二款的规定，某房地产公司主张参照签订时间在后的《施工合同》作为涉案工程价款结算的依据，亦具有事实及法律依据，二审法院予以支持。

第五节　价款利息条款解读（第二十五~二十七条）

> 第二十五条　当事人对垫资和垫资利息有约定，承包人请求按照约定返还垫资及其利息的，人民法院应予支持，但是约定的利息计算标准高于垫资时的同类贷款利率或者同期贷款市场报价利率的部分除外。
>
> 当事人对垫资没有约定的，按照工程欠款处理。
>
> 当事人对垫资利息没有约定，承包人请求支付利息的，人民法院不予支持。

1. 新旧条款对比

《新建设工程司法解释一》	《原建设工程司法解释一》
第二十五条　当事人对垫资和垫资利息有约定，承包人请求按照约定返还垫资及其利息的，人民法院应予支持，但是约定的利息计算标准高于垫资时的同类贷款利率或者同期贷款市场报价利率的部分除外。 当事人对垫资没有约定的，按照工程欠款处理。 当事人对垫资利息没有约定，承包人请求支付利息的，人民法院不予支持	第六条　当事人对垫资和垫资利息有约定，承包人请求按照约定返还垫资及其利息的，应予支持，但是约定的利息计算标准高于中国人民银行发布的同期同类贷款利率的部分除外。 当事人对垫资没有约定的，按照工程欠款处理。 当事人对垫资利息没有约定，承包人请求支付利息的，不予支持

本条在承继《原建设工程司法解释一》第六条的基础上又有所调整，将"但是约定的利息计算标准高于中国人民银行发布的同期同类贷款利率的部分除外"修改为"但是约定的利息计算标准高于垫资时的同类贷款利率或者同期贷款市场报价利率的部分除外"，另外将第一款"应予支持"及第三款"不予支持"前分别增加了主语"人民法院"。

2. 关联法条

（1）《民法典》

第七百九十九条　建设工程竣工后，发包人应当根据施工图纸及说明书、国家颁发的施工验收规范和质量检验标准及时进行验收。验收合格的，发包人应当按照约定支付价款，并接收该建设工程。

建设工程竣工经验收合格后，方可交付使用；未经验收或者验收不合格的，不得交付使用。

（2）《广东省高级人民法院关于垫资条款是否有效的批复》

原则同意你院审判委员会的意见。人民法院在审理 2005 年 1 月 1 日前受理的建设工程施工合同纠纷案件时，可参照适用《关于审理建设工程施工合同纠纷案件适用法律问题的解释》第六条的规定，当事人约定的垫资条款原则上按有效处理，但是约定的垫资利息计算标准高于中国人民银行发布的同期同类贷款利率的部分除外。

3. 条款精解

本条是关于施工中承包人垫资施工及垫资利息的处理规定。垫资，就是垫付资金。垫资承包施工，是指在工程项目建设过程中，承包人利用自有资金为发包人垫资进行工程项目建设，直至工程施工至约定条件或全部工程施工完毕后，再由发包人按照约定支付工程价款的施工承包方式[①]。建设工程施工领域，垫资施工问题由来已久，已成为施工领域中的普遍现象。早在 1996 年，建设部、国家计委、财政部发布《关于严格禁止在工程建设中带资承包的通知》规定：任何建设单位都不得以要求施工单位带资承包作为招标投标条件，不得要求施工单位垫款施工，施工单位不得以带资承包作为竞争手段承揽工程。但垫资问题并没有因此而解决，实践中垫资屡禁不止。为解决实践中的垫资问题，2004 年的《原建设工程司法解释一》第六条对垫资及其利息问题作出处理规定。

本条第一款适用条件包括：①当事人对垫资数额、期限有明确约定；②当事人对垫资利息标准有明确约定，但约定的利息计算标准不得高于垫资时的同类贷款利率或者同期贷款市场报价利率。根据《中国人民银行公告》（〔2019〕第 15 号）规定，自 2019 年 8 月 20 日起，中国人民银行授权全国银行间同业拆借中心于每月 20 日（遇节假日顺延）9 时 30 分公布贷款市场报价利率。2019 年 8 月 20 日前，仍应适用当时的同类贷款利率；2019 年 8 月 20 日后的，适用同期贷款市场报价利率。

根据本条第二款的规定，当事人对垫资没有约定的，按照工程欠款处理。就是说合同中对垫资没有约定的，工程款应按合同约定支付。如果发包人按时支付工程款，则无需支付利息。如果发包人迟延支付工程款，则应当承担逾期付款利息。如果合同中没有约定工程款的支付时间，则具体情况具体对待，可以确定合理的付款时间，而不应当认定为垫资。

根据本条第三款的规定，当事人对垫资利息没有约定，承包人请求支付垫资利息的，法院不支持。但发包人付款时间超出合同约定的垫资期间的，发包人应当承担超期付款的利息。

4. 延伸阅读

建设工程中的垫资

《政府投资条例》第二十二条第二款规定："政府投资项目不得由施工单位垫资建设。"

《保障农民工工资支付条例》第二十三条规定："建设单位应当有满足施工所需要

[①]　最高人民法院（2017）最高法民申 4260 号民事裁定书。

的资金安排。没有满足施工所需要的资金安排的，工程建设项目不得开工建设；依法需要办理施工许可证的，相关行业工程建设主管部门不予颁发施工许可证。政府投资项目所需资金，应当按照国家有关规定落实到位，不得由施工单位垫资建设。"

上述两份条例中的禁止施工企业垫资规定，仅适用于"政府投资项目"。

5. 相关案例

（1）【案例索引】（2021）豫 07 民终 595 号某村民委员会与郭某某建设工程施工合同纠纷案

【裁判要旨】当事人对垫资和垫资利息有约定，承包人请求按照约定返还垫资及其利息的，应予支持。

【裁判摘要】关于原审对工程款的利息计算是否合法的问题。《原建设工程司法解释一》第六条第一款规定：当事人对垫资和垫资利息有约定，承包人请求按照约定返还垫资及其利息的，应予支持，但是约定的利息计算标准高于中国人民银行发布的同期同类贷款利率的部分除外。具体到本案中，2007 年 10 月 20 日，某村委会与第三人孙某某签订了一份《修路协议》，明确约定甲方按乙方修路的总价（年 0.012% 利息）从第二年开始计算利息。本案当事人对利息的约定不违反法律规定，应当根据合同约定的利息标准年 0.012%，从第二年开始计算（即 2009 年 1 月 21 日始计至付清之日），原审对工程款利息问题认定有误，二审法院依法予以纠正。

（2）【案例索引】（2020）苏 03 民终 136 号某工业设备安装工程公司与某卫生院建设工程施工合同纠纷案

【裁判要旨】案涉合同虽未对垫资利息作出明确约定，但是结合相关证据材料内容，可以确认双方对垫资利息有过多次协商，相对方亦表示同意支付垫资利息，利息标准可结合情况进行酌定。

【裁判摘要】《原建设工程司法解释一》第六条第一款规定：当事人对垫资和垫资利息有约定，承包人请求按照约定返还垫资及其利息的，应予支持，但是约定的利息计算标准高于中国人民银行发布的同期同类贷款利率的部分除外。

本案中，案涉装修合同虽未对垫资利息作出明确约定，但是结合上诉人提交的《情况说明》、谈话录音以及利息收据等相关内容，可以确认双方对垫资利息有过多次协商，被上诉人某卫生院亦同意向上诉人支付垫资利息，只是双方对利息数额未达成一致意见。二审法院认为，鉴于案涉工程确为上诉人垫资施工，仅是因为双方对垫资利息数额协商未果导致一直未予支付，故为维护诚信原则，从平衡当事人利益角度出发，二审法院酌定支持上诉人垫资利息 50000 元。

（3）【案例索引】（2020）赣04民终1876号江西某建筑工程有限公司与武宁某实业发展有限公司（以下简称某实业公司）建设工程施工合同纠纷案

【裁判要旨】《原建设工程司法解释一》第六条是关于垫资利息的约定，与双方当事人就逾期支付工程款利息的约定，并不属于同一性质。

【裁判摘要】关于逾期付款利息的计算，双方的合同中约定了逾期付款利率为月息2分，某实业公司上诉引用的《原建设工程司法解释一》第六条是关于垫资利息的约定，而本案双方当事人约定的是逾期支付工程款的利息，并不属于同一性质。故二审法院对于某实业公司上诉认为逾期付款利率约定过高的上诉理由不予支持。

第二十六条 当事人对欠付工程价款利息计付标准有约定的，按照约定处理。没有约定的，按照同期同类贷款利率或者同期贷款市场报价利率计息。

1. 新旧条款对比

《新建设工程司法解释一》	《原建设工程司法解释一》
第二十六条 当事人对欠付工程价款利息计付标准有约定的，按照约定处理。没有约定的，按照同期同类贷款利率或者同期贷款市场报价利率计息	第十七条 当事人对欠付工程价款利息计付标准有约定的，按照约定处理；没有约定的，按照中国人民银行发布的同期同类贷款利率计息

本条是对《原建设工程司法解释一》第十七条的内容保留，根据《中国人民银行公告》（〔2019〕第15号）规定，将"按照中国人民银行发布的同期同类贷款利率计息"修改为"按照同期同类贷款利率或者同期贷款市场报价利率计息"，其他未变化。

2. 关联法条

《建设工程价款结算暂行办法》

第十六条 发包人收到竣工结算报告及完整的结算资料后，在本办法规定或合同约定期限内，对结算报告及资料没有提出意见，则视同认可。

承包人如未在规定时间内提供完整的工程竣工结算资料，经发包人催促后14天内仍未提供或没有明确答复，发包人有权根据已有资料进行审查，责任由承包人自负。

根据确认的竣工结算报告，承包人向发包人申请支付工程竣工结算款。发包人应在收到申请后15天内支付结算款，到期没有支付的应承担违约责任。承包人可以催告发包人支付结算价款，如达成延期支付协议，承包人应按同期银行贷款利率支付拖欠工程价款的利息。如未达成延期支付协议，承包人可以与发包人协商将该工程折价，或申请人民法院将该工程依法拍卖，承包人就该工程折价或者拍卖的价款优先受偿。

3. 条款精解

本条是关于发包人欠付工程款利息计算标准的规定。建设工程合同是承包人进行工程建设，发包人支付价款的合同。发包人按照约定支付工程款是主要的合同义务，也是法定义务。如果发包人没有按合同约定支付工程款，应当承担违约责任。利息属于法定孳息，发包人欠付工程价款时就应当向承包人支付利息。

建设工程价款包括工程预付款、工程进度款、工程竣工价款。《建设工程价款结算暂行办法》第十二条第（二）项规定：在具备施工条件的前提下，发包人应在双方签订合同后的一个月内或不迟于约定的开工日期前的7天内预付工程款，发包人不按约定预付，承包人应在预付时间到期后10天内向发包人发出要求预付的通知，发包人收到通知后仍不按要求预付，承包人可在发出通知14天后停止施工，发包人应从约定应付之日起向承包人支付预付款的利息（利率按同期银行贷款利率计），并承担违约责任。第十三条第（三）项规定：发包人超过约定的支付时间不支付工程进度款，承包人应及时向发包人发出要求付款的通知，发包人收到承包人通知后仍不能按要求付款，可与承包人协商签订延期付款协议，经承包人同意后可延期支付，协议应明确延期支付的时间和从工程计量结果确认后第15天起计算应付款的利息（利率按同期银行贷款利率计）。第十六条第三款规定：根据确认的竣工结算报告，承包人向发包人申请支付工程竣工结算款。发包人应在收到申请后15天内支付结算款，到期没有支付的应承担违约责任。承包人可以催告发包人支付结算价款，如达成延期支付协议，承包人应按同期银行贷款利率支付拖欠工程价款的利息。

《建设工程施工合同（示范文本）》GF—2017—0201通用合同条款第2.6款约定：发包人应按合同约定向承包人及时支付合同价款。第12.4.4项约定：发包人逾期支付进度款的，应按照中国人民银行发布的同期同类贷款基准利率支付违约金。第14.2款约定：发包人逾期支付的，按照中国人民银行发布的同期同类贷款基准利率支付违约金；逾期支付超过56天的，按照中国人民银行发布的同期同类贷款基准利率的两倍支付违约金。

对于利息支付标准，本条明确规定，当事人对欠付工程价款利息计付标准有约定的，按照约定处理，这是贯彻意思自治原则的体现。本条规定的约定的利息计付标准是否适用民间借贷司法解释规定的利率上限问题，我们认为利息是资金时间价值的一种重要表现形式。在发包人欠付工程款数额确定的情况下，发包人和承包人之间的关系转化为债权债务关系，此时与借款合同项下的债权债务没有本质的区别。《最高人民法院关于审理民间借贷案件适用法律若干问题的规定》（法释〔2020〕17号）第二十八条第一款规定：借贷双方对逾期利率有约定的，从其约定，但是以不超过合同成立时一年期贷款市场报价利率四倍为限。

因此，当事人约定的利息计付标准应在国家保护的利息范围内，即约定的利息不能超过一年期贷款市场报价利率的4倍。

当事人没有约定欠付工程价款利息计付标准的，按照同期同类贷款利率或者同期贷款市场报价利率计息。根据《中国人民银行公告》（〔2019〕第15号）的规定，自2019年8月20日起，中国人民银行授权全国银行间同业拆借中心于每月20日（遇节假日顺延）9时30分公布贷款市场报价利率。本条为适应金融政策改革做了相应调整，2019年8月20日前，仍应适用当时的同期同类贷款利率；2019年8月20日后的，适用同期贷款市场报价利率。

4. 延伸阅读

（1）本条并没有区分建设工程施工合同有效还是无效，我们认为即便合同无效，如果发包人迟延付款的，承包人也可以参照该条规定主张利息。

（2）计算欠付工程款的范围不仅限于工程结算款，还包括发包人迟延支付工程进度款、工程结算款、迟延返还质保金、履约保证金等，承包人均可以主张欠款利息。

（3）工程垫资不属于到期欠款，在约定垫资利息的情况下，承包人可以主张垫资利息，未约定垫资利息的，承包人不得主张垫资利息。

5. 相关案例

（1）【案例索引】（2021）辽03民终246号辽宁某置业有限公司（以下简称某置业公司）与鞍山市某建筑工程有限公司东盛分公司建设工程施工合同纠纷案

【裁判要旨】合同约定质保金在质保期满后返还，应理解为质保金在质保期内不计利息，自质保期满返还，逾期未返还应计付利息。

【裁判摘要】关于某置业公司是否应当就欠付的质保金123652元支付利息的问题。本院认为，当事人之间在《××首府一期外墙石材装饰工程施工承包合同》中第六条第四款约定"本工程保修金在1年结束时且未发生任何质量问题后七个工作日内付清（不计利息）"，应当解释为质保金在质保期内不计利息，质保期到2016年9月16日止，一审法院判令某置业公司承担以123652元为本金计算从2016年9月16日至付清之日止的利息正确，二审法院予以维持。

（2）【案例索引】（2020）辽03民终4279号中国某集团有限公司（以下简称某集团公司）与鞍山某建筑工程有限公司建设工程施工合同纠纷案

【裁判要旨】当事人对欠付工程价款利息计付标准没有约定的，2019年8月20日以前的，按同期同类贷款利率计息；2019年8月20日起，按照同期贷款市场报价利率计息。

【裁判摘要】自2019年8月20日起，中国人民银行授权全国银行间同业拆借中心每月公布贷款市场报价利率（LPR），中国人民银行不再公布贷款基准利率。根据

2019 年 11 月 8 日最高人民法院下发的《九民会议纪要》的规定，自此之后人民法院裁判贷款利息基本标准应改为全国银行间同业拆借中心公布的贷款市场报价利率。故某集团公司应以 1164736.1 元为本金，按照全国银行间同业拆借中心公布的贷款市场报价利率计算从 2019 年 11 月 25 日起至款项付清之日止的利息。一审法院关于利息的计算标准错误，二审法院予以纠正。

（3）【案例索引】（2021）苏 03 民终 243 号江苏某建筑安装有限公司与徐州某房地产开发有限公司建设工程施工合同纠纷案

【裁判要旨】当事人对欠付工程价款利息计付标准没有约定的，法院可结合双方公司签订的多份施工合同约定的工程款支付时间，按中国人民银行同期同档贷款基准利率分段计算。

【裁判摘要】《原建设工程司法解释一》第十七条规定：当事人对欠付工程价款利息计付标准有约定的，按照约定处理；没有约定的，按照中国人民银行发布的同期同类贷款利率计息。一审法院结合双方公司签订的多份施工合同约定的工程款支付时间，按中国人民银行同期同档贷款基准利率分段计算，并无不当。

> 第二十七条　利息从应付工程价款之日开始计付。当事人对付款时间没有约定或者约定不明的，下列时间视为应付款时间：
>
> （一）建设工程已实际交付的，为交付之日；
>
> （二）建设工程没有交付的，为提交竣工结算文件之日；
>
> （三）建设工程未交付，工程价款也未结算的，为当事人起诉之日。

1. 新旧条款对比

《新建设工程司法解释一》	《原建设工程司法解释一》
第二十七条　利息从应付工程价款之日开始计付。当事人对付款时间没有约定或者约定不明的，下列时间视为应付款时间： （一）建设工程已实际交付的，为交付之日； （二）建设工程没有交付的，为提交竣工结算文件之日； （三）建设工程未交付，工程价款也未结算的，为当事人起诉之日	第十八条　利息从应付工程价款之日计付。当事人对付款时间没有约定或者约定不明的，下列时间视为应付款时间： （一）建设工程已实际交付的，为交付之日； （二）建设工程没有交付的，为提交竣工结算文件之日； （三）建设工程未交付，工程价款也未结算的，为当事人起诉之日

本条是对《原建设工程司法解释一》第十八条的承继，将"从应付工程价款之日计付"改为"从应付工程价款之日开始计付"，表述更加严谨和精确，体现了《新建

设工程司法解释一》十大变化的"更精准"这一特点。其他内容无变化。

2. 关联法条

（1）《民法典》

第七百八十八条 建设工程合同是承包人进行工程建设，发包人支付价款的合同。

建设工程合同包括工程勘察、设计、施工合同。

（2）《建设工程价款结算暂行办法》

第十六条 发包人收到竣工结算报告及完整的结算资料后，在本办法规定或合同约定期限内，对结算报告及资料没有提出意见，则视同认可。

承包人如未在规定时间内提供完整的工程竣工结算资料，经发包人催促后 14 天内仍未提供或没有明确答复，发包人有权根据已有资料进行审查，责任由承包人自负。

根据确认的竣工结算报告，承包人向发包人申请支付工程竣工结算款。发包人应在收到申请后 15 天内支付结算款，到期没有支付的应承担违约责任。承包人可以催告发包人支付结算价款，如达成延期支付协议，承包人应按同期银行贷款利率支付拖欠工程价款的利息。如未达成延期支付协议，承包人可以与发包人协商将该工程折价，或申请人民法院将该工程依法拍卖，承包人就该工程折价或者拍卖的价款优先受偿。

第二十一条 工程竣工后，发、承包双方应及时办清工程竣工结算，否则，工程不得交付使用，有关部门不予办理权属登记。

3. 条款精解

本条是关于发包人欠付工程款利息起算时间的具体规定。包含的含义如下。

（1）当事人对应付工程价款的时间有明确约定的，从约定的期限届满之日开始计付工程欠款利息。

这是贯彻民法意思自治原则的体现。利息应当自工程欠款发生时起算。实务中应注意：对于使用《建设工程施工合同（示范文本）》GF—2017—0201 签订合同的，如果专用合同条款中未约定应付工程款的时间，那么通用合同条款中竣工结算程序中工程款支付时间的约定，是否属于明确约定的问题，我们认为应当认可这种约定，因为施工合同的示范文本是建设工程施工实践中长期形成的行业习惯，当事人使用该文本就应当对条款的内容有所理解，而且关于付款时间的约定也不涉及当事人的重大利益，与逾期失权等有所不同。

（2）当事人对付款时间没有约定或约定不明，建设工程已实际交付的，为交付之日。

何为实际交付使用。《最高人民法院关于审理商品房买卖合同纠纷案件适用法律若干问题的解释》第八条第一款规定：对房屋的转移占有，视为房屋的交付使用，但当事人另有约定的除外。因此，本条中的实际交付使用是指对建设工程的转移占有。包括非承包人主动交付，发包人擅自使用的情形。

本条第（一）项规定与工程惯例不符。实务中，工程竣工验收交付后，承包人需提交竣工结算报告，发包人审核后再付款，并非交付即产生付款义务。比如，《建设工程施工合同（示范文本）》GF—2017—0201 通用合同条款第 14 条〔竣工结算〕条款规定：承包人在竣工验收合格后 28 天内向发包人和监理人提交竣工结算申请单，并提交完整的结算资料；监理人在收到竣工结算申请单后 14 天内完成核查并报送发包人，发包人在收到监理人提交的经审核的竣工结算申请单后 14 天内完成审批，并由监理人向承包人签发经发包人签认的竣工付款证书。

实务中，如果承包人交付了建设工程，但没有按约定和法律规定交付施工资料、技术资料等竣工验收手续，致使发包人无法办理竣工验收备案手续以及产权证，是否视为付款条件成就或发包人是否可以拒付工程款？一种观点认为，发包方的主要义务是依照合同约定及时支付工程款，承包方的主要义务是按照合同约定时间施工并交付合格工程。根据双务合同的本质，合同抗辩的范围仅限于对价义务。一方不履行对价义务的，相对方才享有抗辩权。支付工程款与交付竣工验收资料是两种不同性质的义务，前者是合同的主要义务，后者是承包方的附随义务，二者不具有对等关系。另一种观点认为，因为施工资料、技术资料等竣工验收手续是办理产权登记的必须资料，承包人不交付竣工验收手续，将导致无法办理产权登记，使发包人的合同目的不能实现，此时发包人有权拒绝支付工程款，不支付工程款利息。

（3）当事人对付款时间没有约定或约定不明，建设工程没有交付的，为提交竣工结算文件之日。

工程没有交付，仍在承包人处掌管，但承包人已经提交了竣工结算文件，发包人如在合同约定的期限内不予答复的，应认定此时为应付款时间。

《建设工程价款结算暂行办法》第十六条第一款规定：发包人收到竣工结算报告及完整的结算资料后，在本办法规定或合同约定期限内，对结算报告及资料没有提出意见，则视同认可。《建设工程施工合同（示范文本）》GF—2017—0201 第 14.2 款约定：发包人在收到承包人提交竣工结算申请书后 28 天内未完成审批且未提出异议的，视为发包人认可承包人提交的竣工结算申请单，并自发包人收到承包人提交的竣工结算申请单后第 29 天起视为已签发竣工付款证书。因此，本条明确规定，当事人对付款时间没有约定或约定不明，建设工程没有交付的，为提交竣工结算文件之日。

但本条第（二）项同样存在与工程惯例不符的问题，承包人提交竣工结算文件后，发包人在约定期限内审核后，才能支付工程结算款。这里还要注意，工程实务中，承包人提交竣工结算报告和结算资料后，常发生发包人在约定期限内提出竣工结算报告错误或者结算资料不全的异议，要求承包人重新报送或者补充结算资料的情形，发生该种情形的，应当将承包人重新报送或者补充完整结算资料的时间认定为提供竣工结算文件之日。

（4）当事人对付款时间没有约定或约定不明，建设工程没有交付的，工程价款也未结算，为当事人起诉之日。

建设工程没有交付，工程价款也未结算的，大多为工程未完工或完工后未经验收的情形。这种情形下，合同约定的工程价款结算条件尚未成就，无法确定应付工程价款之日，应当规定一个拟制的应付款时间，并以此时间点作为计息时间，本条规定为当事人起诉之日[①]。

我们认为，该规定没有充分考虑发包人和承包人的双方利益，如果合同约定的工程价款结算条件尚未成就，不管当事人是否提起诉讼，都不宜直接认定从当事人起诉之日计付利息。此时应综合考虑工程价款结算条件尚未成就的原因、双方的过错，以及工程价款结算条件成就的时间等因素，综合确定工程款利息的起算时间，而不应一概从起诉之日计算。

4. 延伸阅读

关于建设工程价款利息的性质问题。长期以来，在理论界和实务界，关于工程价款利息的性质究竟属于违约责任方式还是法定孳息这个问题，一直存有争议，观点冲突与争议不断。

依据《新建设工程司法解释一》第二十六条及本条规定分析，最高人民法院将工程价款利息的性质界定为法定孳息。本条的三项规定都是将支付利息和支付工程价款确定在同一时点。可见，承担或者支付利息，是司法解释规定的一项附随义务，与当事人负有的付款责任同时产生。

而《建设工程施工合同（示范文本）》GF—2017—0201 通用合同条款第 6.1.6 款安全文明施工费条款、第 12.2.1 款预付款的支付条款、第 12.4.4 款进度款审核与支付条款及第 14.4.2 款最终结清证书和支付条款约定，发包人逾期支付上述工程价款的，除专用合同条款另有约定外，应按照中国人民银行发布的同期同类贷款基准利率支付相应违约金。在此处，《建设工程施工合同（示范文本）》GF—2017—0201 将工程价款利息视为违约责任方式。

我们认为，《建设工程施工合同（示范文本）》GF—2017—0201 为非强制性使用文本，其法律效力及位阶无法与司法解释相比拟。根据优先原则，我们倾向于工程价款利息的性质为法定孳息的观点。

---

① 最高人民法院民事审判第一庭.最高人民法院建设工程施工合同司法解释（二）理解与适用[M].北京：人民法院出版社，2019.

5. 相关案例

（1）【案例索引】（2021）豫 03 民终 1852 号河南某建设集团有限公司（以下简称某建设公司）与某药业集团有限公司（以下简称某药业公司）建设工程施工合同纠纷案

【裁判要旨】当事人对付款时间没有约定或者约定不明的，建设工程没有交付的，以提交竣工结算文件之日作为工程款利息的起算节点。

【裁判摘要】本案中，某建设公司提交两次竣工验收记录，一次是 2013 年 7 月，另一次是 2014 年 9 月。从两次验收记录的内容和规范性上来看，2013 年 7 月的两份工程质量竣工验收记录上，抬头显示的均为"单位（子单位）工程质量竣工验收记录"，验收工程名称分别为"某药业固体制剂车间"和"某药业液体制剂车间"，其上也没有建设方某药业公司签章确认。而在 2014 年 9 月 15 日的建设工程竣工验收意见书上，则显示是对"河南某医药产业园"的竣工验收，且是通过了包括某药业公司和某建设公司在内的五方验收。因此，本案应以 2014 年 9 月 15 日的竣工验收意见书作为认定各方认可工程通过竣工验收的依据，故一审法院判令欠付工程款从 2014 年 10 月 15 日开始计息并无不当，应予维持。

（2）【案例索引】（2021）豫 01 民终 3566 号河南某园林绿化工程有限公司（以下简称某绿化公司）与新郑市某镇人民政府（以下简称某镇政府）建设工程施工合同纠纷案

【裁判要旨】当事人关于工程进度付款的约定，因工程施工合同无效，合同中关于支付条件的条款亦无效，合同约定的工程价款给付时间不应被参照适用。工程价款利息为法定孳息，发包人因占用工程价款实际受益，应向承包人支付利息。案涉工程虽已完工并经过竣工验收，移交给建设单位，但因现有证据不足以证实确切的交付使用时间，工程欠款利息无法从工程交付时起算，可从起诉之日起计算。

【裁判摘要】关于某绿化公司主张的利息问题。三方合同第 34.1.5 条约定，工程全部完工后，经建设方和发包方验收合格后支付至合同总价的 80%。根据某绿化公司提交的《工程竣工验收报告》，案涉工程于 2014 年 12 月 10 日已经竣工验收，某房地产开发公司、某镇政府均在《工程竣工验收报告》上加盖了公章，载明"工程质量达到合格标准"。某绿化公司上诉主张应支持工程竣工验收后第一笔工程欠款利息。二审法院认为，《民法典》第七百九十三条第一款规定：建设工程施工合同无效，但是建设工程经验收合格的，可以参照合同关于工程价款的约定折价补偿承包人。本案中，当事人关于工程进度付款的约定，因工程施工合同无效，合同中关于支付条件的条款亦无效，合同约定的工程价款给付时间不应被参照适用。工程价款利息为法定孳息，发包人因占用工程价款实际受益，应向承包人支付利息。某绿化公司一审中提交的《新城项目交接单》所显示的完工与竣工验收时间，与其提交的《工程竣工验收报告》显示的竣工时间不符；某绿化公司一审中提交的《工程移交单》落款时间有改动。以上证据无法确认三方当事人移交的确切时间，某绿化公司亦不能明确说明移交时间。案涉工程虽已完工并经过竣工验收，移交给建设单位，但因现有证据不足以证实确切的交付使用时间，工程欠款利息无法从工程交付时起算。综合本案情况，二审法院对某绿化公司上诉所主张的6086223.57元的利息，从其起诉之日起予以支持。

（3）【案例索引】（2021）宁02民终3号宁夏某建筑劳务有限公司与某建投建设有限公司、宁夏某房地产开发有限公司等建设工程分包合同纠纷案

【裁判要旨】工程款利息从应付工程价款之日开始计付，自当事人结算确定工程价款之日为应付工程款之日。

【裁判摘要】关于利息是否应当支付的问题。因某建投建设有限公司与宁夏某建筑劳务有限公司首次结算时间为2018年的8月8日，某建投建设有限公司此时应当按照结算内容支付工程款，故利息应当从2018年8月9日起计算。2018年8月9日至2019年8月19日利息按照同期同类银行贷款年利率4.75%计算为60253.61元；2019年8月20日至本判决确定的履行之日的迟延付款利息按照中国人民银行授权全国银行间同业拆借中心公布的一年期贷款市场报价利率（LPR）标准计算。

第六节　司法鉴定条款解读（第二十八～三十四条）

第二十八条 当事人约定按照固定价结算工程价款，一方当事人请求对建设工程造价进行鉴定的，人民法院不予支持。

1. 新旧条款对比

《新建设工程司法解释一》	《原建设工程司法解释一》
第二十八条 当事人约定按照固定价结算工程价款，一方当事人请求对建设工程造价进行鉴定的，人民法院不予支持	第二十二条 当事人约定按照固定价结算工程价款，一方当事人请求对建设工程造价进行鉴定的，不予支持

本条是对《原建设工程司法解释一》第二十二条内容的承继，措辞修改为"人民法院不予支持"，内容无增减。

2. 关联法条

《建设工程价款结算暂行办法》

第十一条 工程价款结算应按合同约定办理，合同未作约定或约定不明的，发、承包双方应依照下列规定与文件协商处理：

（一）国家有关法律、法规和规章制度；

（二）国务院建设行政主管部门、省、自治区、直辖市或有关部门发布的工程造价计价标准、计价办法等有关规定；

（三）建设项目的合同、补充协议、变更签证和现场签证，以及经发、承包人认可的其他有效文件；

（四）其他可依据的材料。

3. 条款精解

本条是关于固定价建设工程施工合同价款结算数额确定标准的规定。固定价，俗称为"包死价"或"一口价"。根据《建设工程价款结算暂行办法》第八条的规定，固定价格合同又分为固定总价和固定单价。合同工期较短且工程合同总价较低的工程，可以采用固定总价合同方式。固定单价的适用情形是，双方在合同中约定综合单价包含的风险范围和风险费用的计算方法，在约定的风险范围内综合单价不再调整。风险范围以外的综合单价调整方法，应当在合同中约定。

《建设工程施工合同（示范文本）》GF—1999—0201 通用条款第 23.2 款规定：选用固定价格合同时，双方在专用条款内约定合同价款包含的风险范围和风险费用的计算方法，在约定的风险范围内合同价款不再调整。风险范围以外的合同价款调整方法，应当在专用条款内约定。

《建设工程施工合同（示范文本）》GF—2017—0201 通用合同条款第 12.1 款规定：将合同价格形式分为总价合同和单价合同。单价合同是指合同当事人约定以工程量清单及其综合单价进行合同价格计算、调整和确认的建设工程施工合同，在约定的范围内合同单价不做调整。总价合同是指合同当事人约定以施工图、已标价工程量清单或预算书及有关条件进行合同价格计算、调整和确认的建设工程施工合同，在约定的范围内合同总价不做调整。

本条规定的固定价，是指固定总价，并非指固定单价合同。固定单价合同，单价固定、工程量据实进行结算，当事人对工程量产生争议时，仍需通过协商或司法鉴定确定工程造价。如果合同约定工程价款实行固定总价结算，合同履行过程中，发生建筑材料设备价格或者人工费用过快上涨，当事人能否请求调整合同价款呢？我们认为，如果建筑材料设备的价格或者人工费用的上涨没有超出固定价格合同约定的风险范围，当事人无权请求调整合同价款。超出约定的风险范围的，有约定的，原则上依照其约定处理；没有约定或约定不明，可综合考虑价格上涨的原因、当事人的过错程度等因素，确定是否予以调整。如果建筑材料设备价格或者人工费用发生异常变动，继续履行固定价格合同将导致当事人双方权利义务严重失衡或者显失公平的，可以根据

《民法典》第五百三十三条的规定处理。

在固定价合同履行中，如果在施工过程中发生了设计变更、工程量变化、签证等事项，当事人对设计变更、工程量变化、签证等事项的价款达不成一致意见的，仍然需通过司法鉴定来进行确定。

4. 延伸阅读

未完工工程如何结算工程款

实务中，建设工程施工合同约定实行固定总价合同，施工过程中，当事人双方解除了合同，此时工程尚未完工，未完工工程如何结算工程款。司法实践中有以下几种方法。

（1）工程款占比折算法

以建设工程施工合同约定的固定价为基础，根据实际施工的工程价款占全部工程的工程价款比例计算工程款。

计算公式：已完工程价款＝（已完工程预算价÷全部工程预算价）×固定总价

《北京高院解答》规定："13. 固定总价合同履行中，承包人未完成工程施工的，工程价款如何确定？建设工程施工合同约定工程价款实行固定总价结算，承包人未完成工程施工，其要求发包人支付工程款，经审查承包人已施工的工程质量合格的，可以采用'按比例折算'的方式，即由鉴定机构在相应同一取费标准下分别计算出已完工程部分的价款和整个合同约定工程的总价款，两者对比计算出相应系数，再用合同约定的固定价乘以该系数确定发包人应付的工程款。"

《江苏高院解答》规定："8. 固定总价合同履行中，承包人未完成工程施工的，工程价款如何确定？建设工程施工合同约定工程价款实行固定总价结算，承包人未完成工程施工，其要求发包人支付工程款，发包人同意并主张参照合同约定支付的，可以采用'按比例折算'的方式，即由鉴定机构在相应同一取费标准下计算出已完工程部分的价款占整个合同约定工程的总价款的比例，确定发包人应付的工程款。但建设工程仅完成一小部分，如果合同不能履行的原因归责于发包人，因不平衡报价导致按照当事人合同约定的固定价结算将对承包人利益明显失衡的，可以参照定额标准和市场报价情况据实结算。"

（2）工程量占比折算法

以建设工程施工合同约定的固定价为基础，根据实际施工的工程量占合同约定全部施工范围的比例计算工程款。

计算公式：已完工程价款＝（实际施工的工程量÷全部工程量）×固定总价

《广东高院意见》规定："五、建设工程施工合同约定工程款实行固定价，如建设工程尚未完工，当事人对已完工工程造价产生争议的，可将争议部分的工程造价委托鉴定，但应以建设工程施工合同约定的固定价为基础，根据已完工工程占合同约定施工范围的比例计算工程款。当事人一方主张以定额标准作为造价鉴定依据的，不予支持。"

《山东省高级人民法院关于印发全省民事审判工作会议纪要的通知》（鲁高法〔2011〕297号）第三条第（三）款关于固定价格合同未履行完毕而解除的，工程价款如何结算的问题，规定如下："对于建设工程施工合同约定按固定单价结算的，则应根据固定单价核算出已完工程的实际工程量，据实结算工程价款；如果建设工程施工合同约定按固定总价结算，则按照实际施工部分的工程量占全部的工程量的比例，再按照合同约定的固定价格计算出已完部分工程价款。"

《四川高院解答》规定："25. 约定工程价款实行固定工程总价结算的施工合同在未全部完成施工即终止履行的工程价款如何结算？约定工程价款实行固定总价结算的建设工程施工合同在未全部完成施工即终止履行，承包人已施工的工程质量合格，承包人要求发包人支付工程价款的，由双方协商确定已施工的工程价款，协商不成的，由鉴定机构根据工程设计图纸、施工图纸、施工签证、交接记录等资料以及现场勘查结果对已完成工程量占合同工程量比例计算系数，再用合同约定的固定价款乘以该系数确定发包人应付的工程价款。"

《重庆高院造价解答》规定："11. 建设工程造价鉴定中，鉴定方法如何确定？……（6）建设工程为未完工程的，应当根据已完工程量和合同约定的计价原则来确定已完工程造价。如果合同为固定总价合同，且无法确定已完工程占整个工程的比例的，一般可以根据工程所在地的建设工程定额及相关配套文件确定已完工程占整个工程的比例，再以固定总价乘以该比例来确定已完工程造价。"

（3）工期占比折算法

根据实际施工的工期与全部应完施工工期的比值作为计价系数，再以该系数乘以合同约定总价进行计价。

计算方式：已完工程价款＝（实际施工的工期÷全部完工的工期）×固定总价

采用这一种方法，与建设工程发包人与承包人多以单位时间内完成工程量考核进度的交易习惯相符。以实际施工的工期与合同约定的工期占比系数乘以合同约定的固定价确定发包人应付的工程款。

采用该种计算方法的不足之处在于，施工工期与工程价格没有实质性的联系。施工工期与承包人投入的人材机以及施工工作面、工作的难易程度、发包人的工程是否及时等因素有关。以工期比例方法计算未完工程价款缺乏合理性。

【参考案例】最高人民法院（2014）民一终字第 69 号；最高人民法院（2019）最高法民申 1877 号。

（4）总价下浮法

以合同约定总价与全部工程预算总价的比值作为下浮比例，再以该比例乘以已完工工程预算价格进行计价。

计算公式：已完工程价款＝（固定总价÷全部工程预算价）×已完工程预算价

该计算方法可能存在不公平的情形。承包人让利，是建立在工程全部完工的基础上。假定，发包人违约提前解除合同，导致承包人工程量减少，承包人的让利损失不能以全部工程量进行摊销。承包人不能在后续工程量中得到弥补，如按全部工程量的让利幅度进行让利，有悖公平。

【参考案例】最高人民法院（2014）民一终字第 69 号；最高人民法院（2019）最高法民申 1877 号。

（5）定额计价法

依据政府部门发布的定额进行计价。政府部门发布的定额属于政府指导价，依据政府部门发布的定额计算已完工程价款亦符合《民法典》第五百一十一条第（二）项规定，价款或者报酬不明确的，按照订立合同时履行地的市场价格履行；依法应当执行政府定价或者政府指导价的，依照规定履行。《合同法》第六十二条第（二）项、《民法通则》第八十八条也有同样的规定。

采用该种计算方法的缺陷在于，违背当事人意思自治原则，抛弃当事人的约定。假定承包人违约导致合同解除，承包人反而以此方法获得比原定价格还高的工程价款，对发包人不公平，不符合"任何人均不得因其违法行为而获益"的法律原则。

【参考案例】最高人民法院（2000）民终字第 105 号；最高人民法院（2014）民一终字第 69 号。

（6）违约不得利原则

《民法典》第五百六十六条第一、二款规定："合同解除后，尚未履行的，终止履行；已经履行的，根据履行情况和合同性质，当事人可以请求恢复原状或者采取补救措施，并有权请求赔偿损失。合同违约解除的，解除权人可以请求违约方承担违约责任，但是当事人另有约定的除外。"

固定总价合同，因合同解除发承包双方就已完工程造价发生争议，如合同有约定的，按合同约定处理。如因承包人违约导致合同解除的，可参照工程所在地同时期适用的计价依据计算出未完工程价款，再用合同约定的总价款减去未完工程价款计算；

如因发包人违约导致合同解除的，承包人可以请求按照工程所在地同时期适用的计价依据计算已完工程价款。

采用该方法较为合理，承包人主张的价款包括已施工的工程价款及未施工部分的可得利润；发包人主张的其应付价款中扣减了因承包人违约所遭受的损失。

【参考资料】《建设工程造价鉴定规范》GB/T 51262—2017 第 5.10.7 条。

（7）公平原则

结合发承包人合同约定的价款、工程施工范围、工期、当事人违约或过错原因、损失大小、过错与损失之间的因果关系等综合认定。既不能简单地依据政府部门发布的定额计算工程价款，也不宜直接以合同约定的总价与全部总价比值作为下浮比例，再以该比例乘以已完工程预算价格的方式计算工程价款。

【参考案例】河南省高级人民法院（2010）豫法民一终字第 130 号；湖南省岳阳市中级人民法院（2019）湘 06 民终 3881 号

5. 相关案例

（1）【案例索引】（2021）苏 03 民终 1038 号江苏某电力工程有限公司（以下简称某电力公司）与徐州市某房屋开发有限公司（以下简称某房屋开发公司）建设工程施工合同纠纷案

【裁判要旨】虽然案涉建设工程施工合同为固定价款合同，合同约定包死价，但若工程在建设过程中存在工程量减少的情形，且一方以此为由提出调整案涉工程总价款的要求，应当支持其对工程量减少的部分按实结算的请求。

【裁判摘要】二审法院认为，某房屋开发公司与某电力公司签订的《徐州市 2013-14 号地块九里怡园住宅小区电力配套工程施工合同》系双方真实意思表示，不违反法律强制性规定，合法有效。关于某电力公司与某房屋开发公司之后签订的补充协议，从案涉工程的实际施工情况和付款情况可以看出，双方签订补充协议的目的系在某房屋开发公司逾期付款后对工程进度款支付事宜进行进一步约定。补充协议中载明的工程款数额 4685573.35 元，实际上就是双方合同约定包死价，说明双方在签订补充协议时，并未对工程量进行实际核算。该数额仅为支付进度款时的一个依据。虽然案涉建设工程施工合同为固定价款合同，但该工程在建设过程中存在工程量减少的情形，且某房屋开发公司以此为由提出调整涉案工程总价款的要求，根据相关法律规定，应当支持某房屋开发公司对工程量减少的部分按实结算的请求。本案中工程款数额应为案涉建设工程施工合同中约定的总价款减去工程量减少部分的价款。

（2）【案例索引】（2021）豫 16 民终 502 号张某与林州某集团建设有限公司建设工程合同纠纷案

【裁判要旨】当事人就同一建设工程订立的数份建设工程施工合同均无效，但建设工程质量合格，参照实际履行的合同确定工程价款。合同约定固定总价，按该约定确定。

【裁判摘要】没有资质的实际施工人张某借用有资质的建筑施工企业林州某集团建设有限公司名义与周口某置业有限公司签订的施工合同应为无效合同。各方均认为 2013 年 8 月 16 日签订的《建设工程施工合同》用于有关部门备案，故该协议不是各方实际履行的协议。2013 年 6 月 16 日当事人签订的《建设工程施工承包合同》在 2013 年 6 月 7 日当事人签订的《巴黎左岸项目工程造价、付款、甩项、降点、定金约定》的基础上对案涉工程的相关事项进行了更为详细、具体的补充。且该两份合同均约定案涉工程合同价款为固定价格合同。故一审依据 2013 年 6 月 16 日签订的《建设工程施工承包合同》约定的固定总价 1241.6 万元计算案涉工程价款并无不当。

（3）【案例索引】（2021）鲁民申 143 号山东某建设集团股份有限公司（以下简称山东某建设公司）与徐某某建设工程施工合同纠纷案

【裁判要旨】在工程以固定价款计价时，如果合同于未完工时不再履行，固定价款不再适用，可依据鉴定报告对工程价款作以认定。

【裁判摘要】再审法院经审查认为，由于案涉工程并未进行结算，在案件审理过程中，经一审法院释明，徐某某陈述，其施工范围为东平县旧县乡旧县时代新城 C 区三标段建设项目中的 C12 ～ C20 号楼的正负零、图纸变更后 6 个地槽的砂石回填（C15 ～ C20 号楼）、5 个楼的一层（C12 ～ C15 号楼、C19 号楼），并申请对上述工程量价值进行评估。山东某建设公司及孙某某、徐某某对上述事情并无异议，经评估，该工程总价值为 14407759.24 元。后山东某建设公司及孙某某、徐某某又陈述部分工程并非徐某某施工，违反了诚实信用的原则，但并未能提交充分证据证明其主张。原审法院对其要求扣除其实际施工的工程量及工程价款的主张不予支持并无不当。关于案涉工程价款的认定。在工程以固定价款计价时，如果合同于未完工时不再履行，固定价款不能再适用，原审法院依据案涉鉴定报告对工程价款作以认定，亦并无不当。山东某建设公司申请再审时提交的涉案工程监理方、审计方、施工方出具情况说明，不足以推翻原判决，本院不予采信。综上，山东某建设公司的再审申请不符合《民事诉讼法》第二百条规定的再审事由。

第二十九条　当事人在诉讼前已经对建设工程价款结算达成协议，诉讼中一方当事人申请对工程造价进行鉴定的，人民法院不予准许。

1. 新旧内容对比

《新建设工程司法解释一》	《原建设工程司法解释二》
第二十九条 当事人在诉讼前已经对建设工程价款结算达成协议，诉讼中一方当事人申请对工程造价进行鉴定的，人民法院不予准许	第十二条 当事人在诉讼前已经对建设工程价款结算达成协议，诉讼中一方当事人申请对工程造价进行鉴定的，人民法院不予准许

本条是对《原建设工程司法解释二》第十二条内容的承继，内容无增减。

2. 关联法条

《建设工程价款结算暂行办法》

第十一条 工程价款结算应按合同约定办理，合同未作约定或约定不明的，发、承包双方应依照下列规定与文件协商处理：

（一）国家有关法律、法规和规章制度；

（二）国务院建设行政主管部门、省、自治区、直辖市或有关部门发布的工程造价计价标准、计价办法等有关规定；

（三）建设项目的合同、补充协议、变更签证和现场签证，以及经发、承包人认可的其他有效文件；

（四）其他可依据的材料。

第十八条 工程造价咨询机构接受发包人或承包人委托，编审工程竣工结算，应按合同约定和实际履约事项认真办理，出具的竣工结算报告经发、承包双方签字后生效。当事人一方对报告有异议的，可对工程结算中有异议部分，向有关部门申请咨询后协商处理，若不能达成一致的，双方可按合同约定的争议或纠纷解决程序办理。

3. 条款精解

本条是关于诉讼前达成的工程款结算协议的效力认定的规定。在施工合同履行过程中，发承包双方就建设工程价款结算达成了协议。诉讼中，一方当事人反悔，请求对工程造价进行鉴定。当事人申请对工程造价进行鉴定，根据《民诉法解释》第一百二十一条第一款的规定，可以在举证期限届满前提出，申请鉴定的事项与待证事实无关联，或者对证明待证事实无意义的，人民法院不予准许。人民法院需要对当事人的申请进行审查，经审查，只要结算协议不存在无效或可撤销事由，就应该按照结算协议确定的结算方式和结算金额确定工程款，而不应支持进行司法鉴定，重新确定工程价款。这是贯彻意思自治原则的体现和诚实信用原则的要求。

如果当事人在诉讼中对价款结算达成结算协议，一方又申请工程造价鉴定的，也应适用本条规定，不予准许。当然，当事人达成结算协议，但诉讼或者仲裁中双方又共同申请对工程造价进行司法鉴定的，该种情形下，双方当事人已经以共同的意思表示否定了结算协议，应当准予鉴定。

《北京高院解答》规定："7. 当事人在诉讼前已就工程价款的结算达成协议，一方要求重新结算的，如何处理？当事人在诉讼前已就工程价款的结算达成协议，一方在诉讼中要求重新结算的，不予支持，但结算协议被法院或仲裁机构认定为无效或撤销的除外。"因此，本条的规定也是司法实践的总结。

建设工程施工合同无效，但工程经竣工验收合格，当事人之间签订的结算协议效力如何？实务中存在争议。一种观点认为，结算协议是一个独立的合同，其地位独立，除非结算协议本身无效或被撤销，否则其是结算的依据。另一种观点认为，结算协议是施工过程中对施工合同达成的带有结算条款的补充协议，施工合同无效的情形下，补充协议也是无效的。我们认为，建设工程价款结算协议系独立的协议，类似于事后清算协议，与合同中事先约定的结算条款完全不同，不受施工合同是否有效的影响，除非结算协议自身存在法律规定的无效或者可撤销情形，否则当事人应当遵照履行。结算协议无效或者被撤销的，当事人可以申请工程造价司法鉴定。

司法实践中，承包人起诉索要工程款，发包人往往以工程质量不合格进行抗辩或提起反诉，那么，本条的适用是否以工程质量合格为前提呢？一般情况下，承包人按照合同约定完成工程建设，验收合格后申请竣工结算或签订结算协议。但实践中，由于发包人或承包人违约，导致工程停工烂尾的现象十分常见，此时当事人双方可能因为施工退场、解除合同等达成含有建设工程价款结算内容的协议。此种情况下，除协议对工程质量有约定外，应视为发包人同意接收建设工程并自愿支付相应的工程价款，以了结与承包人之间的建设工程施工合同关系。即使建设工程存在质量问题，发包人仍应按照结算协议履行义务，当事人一方申请对工程造价进行鉴定的，应不予以支持。

4. 延伸阅读

"大结算"和"小结算"的区别

（1）实践中当事人达成的结算协议存在"大结算""小结算"。两者在结算范围上并不同，"大结算"是包括工程造价、索赔、违约金在内的终局的一揽子结算协议；而"小结算"一般只是指对工程造价或施工过程阶段性的结算。本条中的结算协议应指"大结算协议"，而对"小结算协议"以外的，如索赔金额、合同外零星项目工程价款仍应允许当事人申请鉴定以确定金额。

（2）实践中如何认定"大结算"还是"小结算"？

一种观点是推定为"大结算"。比如，《北京高院解答》规定："24. 当事人就工程款结算达成一致后又主张索赔的，如何处理？结算协议生效后，承包人依据协议要求支付工程款，发包人以因承包人原因导致工程存在质量问题或逾期竣工为由，要求拒付、减付工程款或赔偿损失的，不予支持，但结算协议另有约定的除外。当事人签订结算协议不影响承包人依据约定或法律、行政法规规定承担质量保修责任。结算协议生效后，承包人以因发包人原因导致工程延期为由，要求赔偿停工、窝工等损失的，不予支持，但结算协议另有约定的除外。"

另一种观点是推定为"小结算"。比如，《广东省高级人民法院关于审理建设工程施工合同纠纷案件若干问题的意见》（粤高法发〔2006〕37号）规定："（四）没有证据证明当事人已同意不计算结算前的违约金和垫资款利息，一方当事人在结算完毕后再主张结算前的违约金和垫资款利息的，可予支持。"

5. 相关案例

（1）【案例索引】（2021）最高法民申277号杨某某与陈某建设工程施工合同纠纷案

【裁判要旨】当事人在诉讼前已经对建设工程价款结算达成协议，诉讼中一方当事人申请对工程造价进行鉴定的，人民法院可不予准许。

【裁判摘要】关于申请人主张某某高速公司、西某公司、金某公司向其支付剩余工程款的问题。《劳务分包合同终止协议书》中已经明确约定2017年12月11日至2018年6月20日的劳务费4359342元已经结算完毕，且各方明确表示终止合同。至于申请人提出当地相关部门多次召开协调会，各方当事人对《劳务分包合同终止协议书》予以否定，经审查，多次协调会均未提及并否定《劳务分包合同终止协议书》，且从2019年1月14日、2019年1月25日的会议中不足以看出其与申请人主张的案涉工程款存在关联性，故申请人关于协调会对于《劳务分包合同终止协议书》予以否认的意见，与事实不符。原审依照《原建设工程司法解释二》第十二条的规定，以《劳务分包合同终止协议书》为由，未予准许申请人重新鉴定的申请，并对申请人关于剩余工程款的主张未予支持，并无不当。

（2）【案例索引】（2020）最高法民再360号云南某建筑工程有限公司（以下简称某建筑公司）与立丰房地产开发有限公司建设工程施工合同纠纷

【裁判要旨】当事人在诉讼前虽已对建设工程价款结算达成协议，但若诉讼中法院对工程造价鉴定程序的启动经过了双方当事人的同意，鉴定意见无明显错误或缺陷，法院据此鉴定意见进行判决并无不当。

【裁判摘要】关于鉴定意见是否应被采信的问题。首先，虽然《原建设工程司法解释二》第十二条规定：当事人在诉讼前已经对建设工程价款结算达成协议，诉讼中一方当事人申请对工程造价进行鉴定的，人民法院不予准许，但本案中的鉴定程序的启动经过了双方当事人的同意，故原审法院未采信结算书而启动鉴定程序并无不当。其次，虽然本案三个鉴定人中，仅鉴定人黄某具有注册造价工程师资质，其他二人均非注册造价工程师，但目前并无明确的法律法规规定司法鉴定人员数量须三人以上且全部须具备注册造价工程师资质，否则鉴定意见无效。本案是否应当重新鉴定，还应根据鉴定意见是否客观真实、是否存在明显错误予以确定。本案中，某建筑公司提出鉴定意见存在错漏的问题，一是未将案涉项目降排水方案计入造价，对此，鉴定机构在二审中已向法院做了回复，称系因该方案中部分工程没有详细的规格尺寸，因资料未提供完整，双方质证无果，故未将该部分计入造价；二是某建筑公司提出的花架问题，鉴定机构亦在二审中向法院做了回复，称花架工程造价 1060542 元已计入造价鉴定，至于花架重复施工的问题，因鉴定部门系对某建筑公司实际完成的面积进行实测所作出的鉴定意见，故不存在漏算的问题。综上，本案中的鉴定意见并无明显错误或缺陷，原审判决予以采信并无不当。

（3）【案例索引】（2020）最高法民终 1147 号青海某房地产开发有限公司（以下简称某房地产公司）与某建设集团有限公司（以下简称某建设集团公司）建设工程施工合同纠纷案

【裁判要旨】一方当事人提交的竣工决算书符合工程款结算的一般流程及模式，且有相对方加盖的印章，相对方虽对此进行否认，但如无证据推翻决算书中公司印章的真实性，亦无证据证明所加盖印章非出于其公司真实意愿，法院可据此作为认定案涉工程造价的依据。

【裁判摘要】关于案涉工程造价问题。《原建设工程司法解释二》第十二条规定：当事人在诉讼前已经对建设工程价款结算达成协议，诉讼中一方当事人申请对工程造价进行鉴定的，人民法院不予准许。本案中，某建设集团公司提交《豪都华庭工程二期竣工决算书》上下册，其中上册首页为《基本建设结算审核定案单》，定案单落款处加盖施工单位某建设集团公司、发包人某房地产公司印章，签章日期为 2015 年 10 月 13 日。该决算书形成于案涉工程竣工验收移交使用且工程量结算书亦全部移交某房地产公司之后，定案单载明某建设集团公司报审金额为 269028603.90 元，某房地产公司经审核核减 31226538.61 元，最终审定金额 237477195.80 元，符合工程款结算的一般流程及模式。虽然经鉴定某房地产公司签章处"王××"的签字非本人所签，但某房地产公司印章真实。某房地产公司在定案单中加盖公司印章，即表明其对定案单中的工程造价金额予以认可。某房地产公司否认双方进行了决算并形成决算书和定案单，但没有证据推翻定案单中某房地产公司印章的真实性，亦无证据证明在定案单中加盖印章并非出于某房地产公司真实意愿。因此，一审法院采信该定案单作为认定案涉工程造价的依据，未予支持某房地产公司关于应通过鉴定确定案涉工程造价的主张，并无不当。某房地产公司申请鉴定定案单中其公司印章与定案单文字形成时序等事项，均不能推翻印章的真实性，一审法院未予准许，并无不当。

第三十条　当事人在诉讼前共同委托有关机构、人员对建设工程造价出具咨询意见，诉讼中一方当事人不认可该咨询意见申请鉴定的，人民法院应予准许，但双方当事人明确表示受该咨询意见约束的除外。

1. 新旧条款对比

《新建设工程司法解释一》	《原建设工程司法解释二》
第三十条　当事人在诉讼前共同委托有关机构、人员对建设工程造价出具咨询意见，诉讼中一方当事人不认可该咨询意见申请鉴定的，人民法院应予准许，但双方当事人明确表示受该咨询意见约束的除外	第十三条　当事人在诉讼前共同委托有关机构、人员对建设工程造价出具咨询意见，诉讼中一方当事人不认可该咨询意见申请鉴定的，人民法院应予准许，但双方当事人明确表示受该咨询意见约束的除外

本条是对《原建设工程司法解释二》第十三条的内容的承继，内容无变化。

2. 关联法条

《建设工程价款结算暂行办法》

第十八条　工程造价咨询机构接受发包人或承包人委托，编审工程竣工结算，应按合同约定和实际履约事项认真办理，出具的竣工结算报告经发、承包双方签字后生效。当事人一方对报告有异议的，可对工程结算中有异议部分，向有关部门申请咨询后协商处理，若不能达成一致的，双方可按合同约定的争议或纠纷解决程序办理。

第二十三条　接受委托承接有关工程结算咨询业务的工程造价咨询机构应具有工程造价咨询单位资质，其出具的办理拨付工程价款和工程结算的文件，应当由造价工程师签字，并应加盖执业专用章和单位公章。

3. 条款精解

本条规定了诉讼前建设工程造价咨询意见的证据证明力。

建设工程造价纠纷是建设工程纠纷案件的主要类型。由于建设工程具有施工周期长，施工中不确定因素较多等特点，发包人和承包人往往很难事先确定建设工程的造价。建设工程竣工后，合同当事人往往委托第三方机构编制工程结算及竣工结（决）算报告。第三方出具工程结算报告后，合同一方当事人对此有异议，由此产生纠纷，承包人提起诉讼后，双方之前委托的机构出具的造价咨询意见能否作为认定工程款的依据，司法实践中存在较大争议。为解决此类纠纷，各地法院出台了相应的指导意见。

《北京高院解答》规定："33. 当事人在诉前共同委托鉴定的效力如何认定？当事人诉前已经共同选定具有相应资质的鉴定机构对建设工程作出了相应的鉴定结论，诉讼中一方当事人要求重新鉴定的，一般不予准许，但有证据证明该鉴定结论具有《最高人民法院关于民事诉讼证据的若干规定》第二十七条第一款规定情形除外。"

《广东高院意见》规定："六、当事人于诉前或者诉讼中共同选定具有相应资质的鉴定机构对建设工程进行造价鉴定并出具了鉴定结论，一方当事人要求重新进行鉴定的，不予支持，但有证据证明该鉴定结论具有最高人民法院《关于民事诉讼证据的若干规定》第二十七条第一款规定的情形除外。"

《重庆高院造价解答》规定："8.双方当事人在诉前共同委托建设工程造价中介机构作出了咨询意见，一方当事人在诉讼中请求进行司法鉴定的，如何处理？双方当事人在诉前共同委托建设工程造价中介机构作出了咨询意见，经质证后，人民法院认为该咨询意见客观、真实、鉴定程序合法的，应当予以采信。一方当事人在诉讼中请求进行司法鉴定的，人民法院一般不予准许。但有证据证明存在当事人与建设工程造价中介机构恶意串通，损害对方当事人利益、鉴定事项与待证事实不具有关联性等情形，该咨询意见确不应被采信的，人民法院应当根据举证规则确定由承担举证证明责任的一方当事人申请司法鉴定。一方当事人认为双方共同委托建设工程造价中介机构作出的咨询意见存在算术性错误、个别鉴定资料采信不当等瑕疵而申请进行司法鉴定，人民法院经审查后认为该咨询意见可以补正的，可根据具体情况予以补正。难以补正的，应当对该当事人提起的司法鉴定申请予以准许。"

从以上地方法院的指导意见中可以看出，对于诉前委托的有资质的鉴定机构出具的工程造价鉴定结论，一般情况下，当事人申请鉴定的，原则上不准许重新鉴定。

本条司法解释明确规定，当事人在诉讼前共同委托有关机构、人员对建设工程造价出具咨询意见，诉讼中一方当事人不认可该咨询意见申请鉴定的，一般应予准许。

诉讼前的咨询意见的中立性、专业性难以保证，当事人提起诉讼的根本原因就是对双方共同委托的机构出具的咨询意见有异议。如果法院直接采信双方共同委托的机构出具的咨询意见，有可能激化矛盾，强化当事人之间的对抗情绪等，往往不能使双方服判息诉。因此，我们认为本条的规定更为合理。

这里要特别注意，当事人诉前共同委托有关机构、人员对建设工程造价出具的咨询意见，不属于《民事诉讼法》第六十三条第（七）项规定的鉴定意见。民事诉讼法规定的鉴定意见是指诉讼中，由法院委托具有相应资质的机构对案件中的专门性问题所出具的专门性意见。而咨询意见是指合同当事人共同或单方委托有关机构、人员对专门性问题所出具的咨询意见。二者最大的不同就是前者委托人是司法机关或仲裁机构，后者是合同当事人。咨询意见不能等同于鉴定意见，二者不能相互替代。

诉前共同委托是指提起诉讼前，建设工程施工合同当事人共同作为一方与受托机构或人员签订委托合同，也包括合同当事人一方与受托机构或人员签订委托合同，另一方予以追认的情形。

本条中的工程造价咨询意见分为两类，一是有关机构出具的咨询意见。司法实务中，出具工程造价咨询意见的机构主要是指工程造价咨询企业。工程造价咨询企业，是指具有工程造价咨询企业资质，接受委托，对建设项目投资、工程造价的确定与控制提供专业咨询服务的企业。另外还有资产评估机构接受委托出具的造价咨询意见，对于其是否属于本条规定的范围，我们认为，本条中的有关机构不受是否具备资质的影响，资产评估机构接受委托出具造价咨询意也见适用本条。二是有关人员出具的造价咨询意见。实践中，合同当事人委托工程造价领域内的特定专家学者出具建设工程造价咨询意见。专家学者的工程造价咨询意见也不是《民事诉讼法》规定的法定证据类型中的鉴定意见，任何一方当事人都可以不予认可，并申请法院对工程造价进行司法鉴定。

实务中，对于共同委托的咨询意见，一方当事人不认可咨询意见是否需要提供证据予以证明？《新证据规定》第四十一条规定：对于一方当事人就专门性问题自行委托有关机构或者人员出具的意见，另一方当事人有证据或者理由足以反驳并申请鉴定的，人民法院应予准许。根据该条规定，法院准许一方当事人申请鉴定的前提是一方当事人有证据或者理由足以反驳一方当事人出具的意见。而本条规定，诉讼中只要一方当事人不认可该咨询意见申请鉴定的，人民法院应予准许。也就是说，当事人不需要举证证明该咨询意见存在错误。我们认为，在建设工程纠纷案件中，应适用本条的规定，当事人申请鉴定无需提供证据予以证明。

4. 延伸阅读

工程造价咨询企业资质等级

工程造价咨询企业，是指接受委托，对建设项目投资、工程造价的确定与控制提供专业咨询服务的企业。

工程造价咨询企业应当依法取得工程造价咨询企业资质，并在其资质等级许可的范围内从事工程造价咨询活动。

工程造价咨询企业资质等级分为甲级、乙级。

甲级工程造价咨询企业资质标准如下：

（1）已取得乙级工程造价咨询企业资质证书满3年；

（2）技术负责人已取得一级造价工程师注册证书，并具有工程或工程经济类高级专业技术职称，且从事工程造价专业工作15年以上；

（3）专职从事工程造价专业工作的人员（以下简称专职专业人员）不少于12人，其中，具有工程（或工程经济类）中级以上专业技术职称或者取得二级造价工程师注册证书的人员合计不少于10人；取得一级造价工程师注册证书的人员不少于6人，其他人员具有从事工程造价专业工作的经历；

（4）企业与专职专业人员签订劳动合同，且专职专业人员符合国家规定的职业年龄（出资人除外）；

（5）企业近3年工程造价咨询营业收入累计不低于人民币500万元；

（6）企业为本单位专职专业人员办理的社会基本养老保险手续齐全；

（7）在申请核定资质等级之日前3年内无本办法第二十五条禁止的行为。

乙级工程造价咨询企业资质标准如下：

（1）技术负责人已取得一级造价工程师注册证书，并具有工程或工程经济类高级专业技术职称，且从事工程造价专业工作10年以上；

（2）专职专业人员不少于6人，其中，具有工程（或工程经济类）中级以上专业技术职称或者取得二级造价工程师注册证书的人员合计不少于4人；取得一级造价工程师注册证书的人员不少于3人，其他人员具有从事工程造价专业工作的经历；

（3）企业与专职专业人员签订劳动合同，且专职专业人员符合国家规定的职业年龄（出资人除外）；

（4）企业为本单位专职专业人员办理的社会基本养老保险手续齐全；

（5）暂定期内工程造价咨询营业收入累计不低于人民币50万元；

（6）申请核定资质等级之日前无《工程造价咨询企业管理办法》第二十五条禁止的行为。

甲级工程造价咨询企业可以从事各类建设项目的工程造价咨询业务。

乙级工程造价咨询企业可以从事工程造价2亿元人民币以下各类建设项目的工程造价咨询业务。

2021年6月28日发布的《住房和城乡建设部办公厅关于取消工程造价咨询企业资质审批加强事中事后监管的通知》（建办标〔2021〕26号）第一条规定，取消工程造价咨询企业资质审批。按照国发〔2021〕7号文件要求，自2021年7月1日起，住房和城乡建设主管部门停止工程造价咨询企业资质审批，工程造价咨询企业按照其营业执照经营范围开展业务，行政机关、企事业单位、行业组织不得要求企业提供工程造价咨询企业资质证明。2021年6月3日起，住房和城乡建设主管部门不再办理工程造价咨询企业资质延续手续，到期需延续的企业，有效期自动延续至2021年6月30日。

5. 相关案例

（1）【案例索引】（2021）辽13民终398号韩某某与某建筑工程有限公司建设工程施工合同纠纷案

【裁判要旨】当事人在诉讼前共同委托有关机构、人员对建设工程造价出具咨询意见，并明确表示受该咨询意见约束。庭审中反悔申请重新鉴定，有违诚实信用原则，不予支持。

【裁判摘要】辽政专审〔2017〕234号审计报告针对双方之间的16项工程出具审计意见，辽政专审〔2020〕35号审计报告对韩某某主张的4项遗漏工程项目和其他疑问出具审计意见。韩某某虽在本院询问时否认辽政专审〔2020〕35号审计报告系双方共同委托作出，但辽政专审〔2020〕35号审计报告系双方于2019年8月15日签订《对账协议》后作出，韩某某亦自认催促过辽宁某会计师事务所尽快出具审计报告，本案应认定辽政专审〔2020〕35号审计报告系双方共同委托作出。双方当事人在上述《对账协议》中明确约定，该次审计或说明计入原审计报告书中，结果为最终审计结果，双方均予认可，双方应以最终审计报告结果为依据结算。根据《原建设工程司法解释二》第十三条的规定，当事人在诉讼前共同委托有关机构、人员对建设工程造价出具咨询意见，诉讼中一方当事人不认可该咨询意见申请鉴定的，人民法院应予准许，但双方当事人明确表示受该咨询意见约束的除外。本案双方当事人在《对账协议》已经明确表示受上述审计报告约束，韩某某在辽政专审〔2020〕35号审计报告出具后反悔，有违诚实信用原则，提出要求对遗漏4项工程总价金额予以重新审计的请求，二审法院不予支持。

（2）【案例索引】（2021）豫民申1469号李某某与郑州某建筑安装工程有限公司（以下简称某建安公司）建设工程施工合同纠纷案

【裁判要旨】当事人虽在诉讼前共同委托造价公司对工程造价出具咨询意见，但在鉴定过程中，一方当事人已明确解除委托，且未提交任何检材也未实际参与，且其不认可该咨询意见申请鉴定的，人民法院应予准许。

【裁判摘要】关于李某某申请再审称二审法院应采信李某某、某建安公司、某置业公司三方诉前共同委托某造价公司对本案建设工程造价出具的咨询意见，另行委托中兴公司对本案工程造价进行司法鉴定错误的问题。经查，虽然李某某及某建安公司、某置业公司诉讼前签订了《委托协议书》，也签订了《建设工程造价咨询合同》，共同委托某造价公司对本案建设工程造价出具咨询意见，但在鉴定过程中，某置业公司已明确解除委托，且未提交任何检材也未实际参与，某造价公司对本案建设工程造价出具的咨询意见是李某某自行提供的检材并承担的鉴定费用，某置业公司和某建安公司对该鉴定意见均有异议，故某造价公司出具的结算报告（认定工程造价金额为12971203.62元）不能作为证据采信。某置业公司单方委托的河南某工程造价咨询有限公司出具的鉴定意见中的争议工程造价为2503127.48元，上述两个鉴定意见差距很大。在此情况下，为查明案件事实，法院依据某置业公司的申请委托中兴公司对工程造价作出认定，程序合法。在诉讼各方当事人共同提交检材并充分发表质证意见后，中兴公司出具了《工程造价司法鉴定意见书》，二审法院依据该意见书作出判决并无不当。

（3）【案例索引】（2021）新 01 民终 790 号新疆某学院（以下简称某学院）与新疆某集团建设工程有限责任公司（以下简称某建设公司）建设工程施工合同纠纷案

【裁判要旨】结算报告中所载的内容明确，能够反映案涉工程审核、调减、确定案涉工程结算价款的具体内容，并由项目参与各方在结算报告上签字盖章予以确认，应被认定为经双方确认后对案涉工程最终的结算结果。

【裁判摘要】关于某建设公司要求某学院支付工程款及利息的金额应如何认定。某学院上诉认为某咨询公司出具的竣工结算审核报告不能作为双方工程款结算的依据，应当对案涉工程进行重新鉴定。对此二审法院认为，某建设公司通过招标投标程序与某学院签订的《建设工程施工合同》系双方真实意思表示，未违反法律法规强制性规定，系有效合同，双方均应按照合同约定全面履行各自的义务。《原建设工程司法解释二》第十二条规定，当事人在诉讼前已经对建设工程价款结算达成协议，诉讼中一方当事人申请对工程造价进行鉴定的，人民法院不予准许。案涉工程已竣工验收，某学院委托第三方某咨询公司进行造价评估。某咨询公司于 2017 年 8 月 4 日出具了 4 份竣工结算审核报告，该报告中载明了涉案工程的送审金额、净减额、审定额，某学院、某建设公司、某咨询公司作为建设单位、施工单位、审核单位在结算报告上签字盖章予以确认，该结算报告中载明的内容明确，能够反映涉案工程审核、调减、确定涉案工程结算价款的具体内容，故该审核报告应被认定为经双方确认后对案涉工程最终的结算结果，某学院上诉主张盖章仅代表收到报告的理由，二审法院不予采纳。该审核报告应当视为双方确认之后形成的对案涉工程价款达成的协议，某学院主张对涉案工程重新鉴定不符合上述司法解释的规定。

> **第三十一条** 当事人对部分案件事实有争议的，仅对有争议的事实进行鉴定，但争议事实范围不能确定，或者双方当事人请求对全部事实鉴定的除外。

1. 新旧条款对比

《新建设工程司法解释一》	《原建设工程司法解释一》
第三十一条 当事人对部分案件事实有争议的，仅对有争议的事实进行鉴定，但争议事实范围不能确定，或者双方当事人请求对全部事实鉴定的除外	第二十三条 当事人对部分案件事实有争议的，仅对有争议的事实进行鉴定，但争议事实范围不能确定，或者双方当事人请求对全部事实鉴定的除外

本条是对《原建设工程司法解释一》第二十三条的内容的承继，内容无变化。

2. 关联法条

《建设工程价款结算暂行办法》

第十九条 发包人对工程质量有异议，已竣工验收或已竣工未验收但实际投入使用的工程，其质量争议按该工程保修合同执行；已竣工未验收且未实际投入使用的工程以及停工、停建工程的质量争议，应当就有争议部分的竣工结算暂缓办理，双方可就有争议的工程委托有资质的检测鉴定机构进行检测，根据检测结果确定解决方案，或按工程质量监督机构的处理决定执行，其余部分的竣工结算依照约定办理。

第二十条　当事人对工程造价发生合同纠纷时，可通过下列办法解决：

（一）双方协商确定；

（二）按合同条款约定的办法提请调解；

（三）向有关仲裁机构申请仲裁或向人民法院起诉。

3. 条文精解

本条是关于案件的争议事实和司法鉴定范围的规定。《全国人民代表大会常务委员会关于司法鉴定管理问题的决定》第一条规定：司法鉴定是指在诉讼活动中鉴定人运用科学技术或者专门知识对诉讼涉及的专门性问题进行鉴别和判断并提供鉴定意见的活动。鉴定意见是《民事诉讼法》第六十三条规定的法定证据类型之一。

当事人可以就查明事实的专门性问题向人民法院申请鉴定。人民法院准许当事人的鉴定申请后，要确定鉴定的范围，本条前段规定当事人对部分案件事实有争议的，仅对有争议的事实进行鉴定。也就是说，人民法院在确定鉴定范围时，能不鉴定的尽量不鉴定，鉴定范围能够缩小的尽量缩小，这是司法鉴定的原则。法院在委托鉴定前应先根据诉辩双方的意见及当事人举证质证情况确定争议项，再对具体争议事项中的专业问题进行委托鉴定。

建设工程案件中的司法鉴定一般包括建设工程质量鉴定、造价鉴定和工期鉴定等。

本条后段但书部分，在鉴定最小化原则的基础上规定了两个例外情形。

（1）争议事实范围不能确定。即如不对全部事实进行鉴定，就无法查明案件争议事实。如工程竣工后存在功能障碍，但无法确认系哪部分导致，需要对可能影响功能的所有部位进行鉴定。

（2）双方当事人请求对全部事实进行鉴定。这是私法自治的体现，系双方当事人对自己权利的处分，自愿承担鉴定成本及风险，人民法院应尊重当事人意见，可以就全部事实委托鉴定。

4. 延伸阅读

建设工程三大类型司法鉴定

建设工程质量司法鉴定是指司法鉴定机构接受委托，运用建设工程相关理论和技术标准对有质量争议的工程进行调查、勘验、检测、分析、复核验算、判断，并出具鉴定意见的活动。

建设工程造价司法鉴定是指司法鉴定机构接受委托，依据国家的法律、法规以及中央和省、自治区及直辖市等地方政府颁布的工程造价计价依据，针对某一特定建设项目的合同文件及竣工资料，来计算和确定某一工程价值并出具鉴定意见的活动。

建设工程工期鉴定是指鉴定人运用专门知识和经验，确定工期延误的天数、原因和责任承担主体。

5. 相关案例

（1）【案例索引】（2014）民一终字第 69 号青海某建筑安装工程有限责任公司（以下简称某建安公司）与青海某置业有限公司（以下简称某置业公司）建设工程施工合同纠纷案

【裁判要旨】当事人对工程量有争议的，按照施工过程中形成的签证等书面文件确认。承包人能够证明发包人同意其施工，但未能提供签证文件证明工程量发生的，可以按照当事人提供的其他证据确认实际发生的工程量。总监代表是现场唯一监理，其在工程签证单上的签字，是对建设工程现场施工情况的真实反映。因此，其签署的工程签证单能够证明变更、签证项目的实际发生，变更、签证的工作量应当予以认定。

【裁判摘要】经一审法院委托的有关鉴定机构作出的鉴定意见，双方无争议的工程变更、签证项目（廊桥）价格为 83361.1 元，增加的加气混凝土墙面抹灰费用 50000元，上述两笔费用均已实际发生，因此应当由发包人某置业公司支付。双方有争议的工程变更、签证项目均由监理单位指派的监理人冯某某签字确认，该部分鉴定价格为1451136.16 元。根据某建安公司提交的《藏文化产业创意园项目监理部拟进场人员名单》，冯某某系监理单位指派的总监代表，双方有争议的工程鉴证单均系冯某某签署。根据最高人民法院《关于审理建设工程施工合同纠纷案件适用法律若干问题的解释》第十九条 "当事人对工程量有争议的，按照施工过程中形成的签证等书面文件确认。承包人能够证明发包人同意其施工，但未能提供签证文件证明工程量发生的，可以按照当事人提供的其他证据确认实际发生的工程量" 的规定，冯某某作为总监代表，又是现场唯一监理，其在工程签证单上的签字，是对本案建设工程现场施工情况的真实反映。因此，其签署的工程签证单能够证明变更、签证项目的实际发生，变更、签证的工作量应当予以认定。一审判决以签证单上无监理单位签章，某置业公司不予认可，总监理工程师不知情为由，认定上述签证单是冯某某超越权限的个人行为，不能作为结算工程款，于事实不符，于法律无据，予以纠正；某建安公司提出的变更、签证的工程量应当予以认定的上诉理由成立，予以支持。

（2）【案例索引】（2020）黔02民终733号某建设工程有限公司西南分公司（以下简称某建设公司）与四川某建设工程有限公司建设工程施工合同纠纷案

【裁判要旨】当事人对于工程鉴定有异议的，应当将反馈意见按照法定程序在指定期限内提出，逾期未予提出，相应后果将由己方承担。

【裁判摘要】关于案涉鉴定意见是否能够作为本案定案依据的问题。本案中，上诉人某建设公司未能提供有效的工程量结算依据佐证其在案涉工程中实际完成的工程量，故其向一审法院申请司法鉴定，经一审法院审查后委某工程建设咨询有限公司进行司法鉴定，并对上诉人某建设公司提交的鉴定材料组织双方当事人进行了举证质证。某工程建设咨询有限公司在鉴定过程中于2019年10月10日作出司法鉴定意见书征求意见稿，且一审法院向双方当事人送达的《征求意见稿意见反馈通知书》载明了反馈意见及逾期未反馈意见的法律后果，上诉人在一审法院限定的反馈意见期间并未提出反馈意见。此后，某工程建设咨询有限公司于2019年11月19日才作出司法鉴定意见书得出案涉鉴定意见，故一审法院将案涉鉴定意见作为本案的定案依据并无不当。

第三十二条 当事人对工程造价、质量、修复费用等专门性问题有争议，人民法院认为需要鉴定的，应当向负有举证责任的当事人释明。当事人经释明未申请鉴定，虽申请鉴定但未支付鉴定费用或者拒不提供相关材料的，应当承担举证不能的法律后果。

一审诉讼中负有举证责任的当事人未申请鉴定，虽申请鉴定但未支付鉴定费用或者拒不提供相关材料，二审诉讼中申请鉴定，人民法院认为确有必要的，应当依照民事诉讼法第一百七十条第一款第三项的规定处理。

1. 新旧条款对比

《新建设工程司法解释一》	《原建设工程司法解释二》
第三十二条 当事人对工程造价、质量、修复费用等专门性问题有争议，人民法院认为需要鉴定的，应当向负有举证责任的当事人释明。当事人经释明未申请鉴定，虽申请鉴定但未支付鉴定费用或者拒不提供相关材料的，应当承担举证不能的法律后果。 一审诉讼中负有举证责任的当事人未申请鉴定，虽申请鉴定但未支付鉴定费用或者拒不提供相关材料，二审诉讼中申请鉴定，人民法院认为确有必要的，应当依照民事诉讼法第一百七十条第一款第三项的规定处理	第十四条 当事人对工程造价、质量、修复费用等专门性问题有争议，人民法院认为需要鉴定的，应当向负有举证责任的当事人释明。当事人经释明未申请鉴定，虽申请鉴定但未支付鉴定费用或者拒不提供相关材料的，应当承担举证不能的法律后果。 一审诉讼中负有举证责任的当事人未申请鉴定，虽申请鉴定但未支付鉴定费用或者拒不提供相关材料，二审诉讼中申请鉴定，人民法院认为确有必要的，应当依照民事诉讼法第一百七十条第一款第三项的规定处理

本条是对《原建设工程司法解释二》第十四条内容的保留，内容无变化。

2. 关联法条

《民事诉讼法》

第六十四条 当事人对自己提出的主张，有责任提供证据。

当事人及其诉讼代理人因客观原因不能自行收集的证据，或者人民法院认为审理案件需要的证据，人民法院应当调查收集。

人民法院应当按照法定程序，全面地、客观地审查核实证据。

第一百七十条 第二审人民法院对上诉案件，经过审理，按照下列情形，分别处理：

（一）原判决、裁定认定事实清楚，适用法律正确的，以判决、裁定方式驳回上诉，维持原判决、裁定；

（二）原判决、裁定认定事实错误或者适用法律错误的，以判决、裁定方式依法改判、撤销或者变更；

（三）原判决认定基本事实不清的，裁定撤销原判决，发回原审人民法院重审，或者查清事实后改判；

（四）原判决遗漏当事人或者违法缺席判决等严重违反法定程序的，裁定撤销原判决，发回原审人民法院重审。

原审人民法院对发回重审的案件作出判决后，当事人提起上诉的，第二审人民法院不得再次发回重审。

3. 条文精解

本条规定建设工程纠纷案件中，对需要启动鉴定程序查明待证事实的释明义务、举证不能的法律后果承担，以及一审未进行鉴定二审申请鉴定时，法院如何处理。包括三层含义：①人民法院认为对当事人争议的工程造价、质量、修复费用等专门性问题需要鉴定的，应当向负有举证责任的当事人释明；②经法院释明，因负有举证责任的一方当事人的原因未能申请司法鉴定的，由负有举证责任的一方当事人承担举证不能的后果；③因负有举证责任的一方当事人的原因，一审未进行鉴定二审中申请鉴定的，人民法院认为确有必要的，应当依照《民事诉讼法》第一百七十条第一款第（三）项的规定处理。

（1）法院启动鉴定程序的条件有哪些？

根据本条规定，"当事人对工程造价、质量、修复费用等专门性问题有争议，人民法院认为需要鉴定的"，启动鉴定程序的前提条件有两个。

①专门性问题需要鉴定。建设工程纠纷案件中，专门性问题主要包括工程质量、工程造价、工程工期等专业问题。涉及工程造价、质量、工期等专门性的问题产生争议，需要引入专业人员的专业判断来帮助法院查明事实。

②法院认为需要鉴定。鉴定的目的和作用是为了帮助法院查明事实，当法院遇到法律专业问题之外的行业专门问题时，需要相关的专业技术支持，帮助查明事实依法裁判，是否启动鉴定的决定权由人民法院来行使。

（2）法院对鉴定的释明义务。

根据本条规定，当事人对工程造价、质量、修复费用等专门性问题有争议，人民法院认为需要鉴定的，应当向负有举证责任的当事人释明。法院在审理建设工程纠纷案件中，如果认为涉及的争议问题属于建设工程的专门问题，需要由第三方鉴定机构予以鉴定，应当及时向当事人释明。释明的主体是承办案件的法官，释明的对象是对争议的工程造价、质量、修复费用等专门性问题、相关的待证事实负有举证责任的一方当事人。释明的内容包括对争议的待证事实进行鉴定的必要性、不申请鉴定的法律后果以及是否申请鉴定。如何判断哪一方负有举证责任，不能一概而论，应当结合具体案情判断。

依据《新证据规定》第三十条第二款的规定，只有符合《民诉法解释》第九十六条第一款规定情形的，法院才可以依职权委托鉴定。

（3）当事人在鉴定中应当承担的举证责任。

本条规定，虽申请鉴定但未支付鉴定费用或者拒不提供相关材料的，应当承担举证不能的法律后果。建设工程案件中的鉴定意见属于《民事诉讼法》规定的法定证据类型之一。作为案件证据，应当经过当庭的举证、质证与认证。鉴定程序的决定权在于法院，但是提出鉴定申请，仍然属于当事人的举证责任，由负有举证责任的一方当事人提出鉴定申请。故此鉴定申请应当由当事人提出，并按照鉴定程序要求，提交鉴定需要的材料，缴纳鉴定费用，配合鉴定事项实施与完成。

《新证据规定》第三十一条规定："当事人申请鉴定，应当在人民法院指定期间内提出，并预交鉴定费用。逾期不提出申请或者不预交鉴定费用的，视为放弃申请。对需要鉴定的待证事实负有举证责任的当事人，在人民法院指定期间内无正当理由不提出鉴定申请或者不预交鉴定费用，或者拒不提供相关材料，致使待证事实无法查明的，应当承担举证不能的法律后果。"实务中需要注意，提供相关鉴定资料，并非仅是负有举证责任一方的义务，而是案件当事人双方的义务。持有鉴定资料的一方拒不提供鉴定资料，导致待证事实无法通过鉴定予以确定的，根据《新证据规定》第九十五条之规定，应由拒不提供资料的一方承担不利后果。

（4）一审未提出鉴定，二审诉讼中申请鉴定，如何处理？

按照《民事诉讼法》规定，原则上一审未申请鉴定，其性质属于一审中未提交证据，在二审中申请鉴定的性质就相当于在二审提交新的证据，须按照《民事诉讼法》对于二审中新证据的规则来处理。

二审法院判定确有必要查明案件事实的，同意鉴定申请；二审法院同意鉴定申请后，应当发回重审或在查清事实后改判。如果双方当事人同意在二审启动鉴定的，可直接于二审程序中启动鉴定，鉴定意见作为判决依据；否则，二审法院应将案件发回重审。

（5）审查再审申请期间，再审申请人申请人民法院委托鉴定、勘验的，人民法院不予准许。

因此，若负有举证义务的当事人在一、二审程序中均没有申请鉴定，在再审中提出鉴定申请的，法院对其鉴定申请应不予准许。

实务中，申请工程质量鉴定应注意的问题。发包人提请工程质量鉴定前应首先落实如下问题：是否已与承包人就工程质量问题达成合意；是否已有生效法律文书确认承包人施工质量合格；是否有充分证据可以证明承包人施工存在质量问题；是否具备鉴定条件；质量维修费用是否足以覆盖发包人可能承担的鉴定费用；是否有足够的费用可先行垫付鉴定费；是否在举证期限内提出质量鉴定申请。法院的释明有时仅是询问是否申请鉴定，代理人或当事人如不能根据法院释明积极有效处理，可能会造成重大损失。

4. 延伸阅读

法官释明是指在民事诉讼中当事人的主张或者陈述的意思不明确、不充分或者有矛盾，或者有不当的诉讼主张和陈述，或者所举的证据材料不够而误以为足够的时候，法官对当事人进行发问，提醒、启发当事人把不明确的予以澄清，把不充分的予以补充，把不当的予以排除，提示当事人进一步提供证据，以便查明案件事实的一种行为[①]。

简要归纳民事诉讼中释明的几种情形。①关于不予受理的释明。《民事诉讼法》第一百二十四条规定了七种不予受理的情形，以及属于《民诉法解释》第三百三十八条第二款情形的，法院不予受理。②关于诉讼主体的释明。《民事诉讼法》当事人章节对必要共同诉讼进行了原则性规定，《民诉法解释》诉讼参加人章节对存在共同诉讼主体的情形作了详细规定。在对必要共同原告或被告与诉讼发起人认识不一致时，法院应当释明，防止民事权利人或义务人旁落。③关于对当事人诉讼权利义务的释明。诉讼权利义务按《民事诉讼法》第一百二十六条的规定告知当事人。④关于反诉的释明。反诉应由其他法院专属管辖，或与本诉的事实、理由无关联，依据《民诉法解释》第二百三十三条的规定处理。⑤关于诉讼程序适用的释明。依据《民诉法解释》第二百五十七条、第二百五十八条、第二百六十条、第二百六十三条的规定，对应当适用简易程序、普通程序或小额诉讼程序进行释明。⑥关于被执行人提起执行异议之诉

---

① 唐佳.建立我国法官释明义务制度初探[J].行政与法，2003（5）.

的释明。依据《民诉法解释》第三百零九条的规定处理。⑦关于二审程序中新增请求或反诉的释明。依据《民诉法解释》第三百二十八条的规定处理。⑧关于离婚财产分割申请再审的释明。依据《民诉法解释》第三百八十二条的规定处理。⑨关于再审请求超出原审诉讼请求的释明。依据《民诉法解释》第四百零五条的规定处理。

5. 相关案例

（1）【案例索引】（2020）赣 07 民终 4302 号李某某与中国建筑某公司、中国建筑某公司赣州分公司、郝某某建设工程施工合同纠纷案

【裁判要旨】双方当事人对已完成工程量未结算，经一审法院释明需要通过第三方对工程量、未结算工程款、损失等进行鉴定的情况下，因鉴定机构书面告知对经济损失及可得利润损失无法进行准确判定，一方当事人明确表示已结算的工程款不存在争议，已结算部分不需要鉴定，并且未按规定预交鉴定费用，该方当事人应承担举证不能的法律后果。

【裁判摘要】关于案涉工程造价的问题。《新建设工程司法解释一》第三十二条第一款规定：当事人对工程造价、质量、修复费用等专门性问题有争议，人民法院认为需要鉴定的，应当向负有举证责任的当事人释明。当事人经释明未申请鉴定，虽申请鉴定但未支付鉴定费用或者拒不提供相关材料的，应当承担举证不能的法律后果。在双方对已完成工程量未结算，经一审法院释明需要通过第三方对工程量、未结算工程款、损失等进行鉴定的情况下，因鉴定机构书面告知对经济损失及可得利润损失无法进行准确判定，上诉人明确表示已结算的工程款不存在争议，已结算部分不需要鉴定，并且未按规定预交鉴定费用，导致现有证据不能证明上诉人完成多少工程量，上诉人应承担举证不能的法律后果，其在二审中又提出鉴定申请，二审法院不予支持。因现有证据不能证明上诉人因案涉工程停工所遭受多少经济损失和可期待利益损失，上诉人主张赔偿直接和间接损失 2013800 元，赔偿可得利润损失 600000 元，本院不予支持。

（2）【案例索引】（2021）辽 01 民终 1203 号陈某某与铁岭某建筑工程有限公司建设工程施工合同纠纷案

【裁判要旨】当事人双方对退场时施工节点、实际施工的工程量、工程量如何计算、单价等基本事实均存在争议，现在的施工现场亦不能客观反映退场时的状况。在不具备上述相关证据情况下，因缺少客观的鉴定依据性材料，启动鉴定亦不具有实际必要性。

【裁判摘要】上诉人陈某某与被上诉人任某没有针对争议工程签订书面的承包合

同。审理中，双方对陈某某退场时施工节点、实际施工的工程量、工程量如何计算、单价等基本事实均存在争议。陈某某亦未提交退场时双方确认的施工节点等证据，且审理中，被上诉人任某称后期其又继续施工，发包方亦称案涉工程砌筑部分已完成，故现在的施工现场亦不能客观反映出陈某某退场时的状况。在不具备上述相关证据情况下，因缺少客观的鉴定依据性材料，启动鉴定亦无实际必要。依据谁主张、谁举证的诉讼规则，陈某某作为主张一方，应对其主张的事实提交有效证据证明，在举证不充分的情况下，应承担举证不能的责任。陈某某在证据充分后可另行主张。

（3）【案例索引】（2020）渝 05 民终 8000 号某装饰装修工程有限公司（以下简称某装饰装修公司）与重庆某建筑幕墙装饰工程集团有限公司（以下简称某建筑幕墙公司）等建设工程施工合同纠纷案

【裁判要旨】一审诉讼中负有举证责任的当事人未申请鉴定，虽申请鉴定但未支付鉴定费用或者拒不提供相关材料，二审诉讼中申请鉴定，人民法院认为确有必要的，应当依照《民事诉讼法》第一百七十条第一款第（三）项的规定处理。

【裁判摘要】某建筑幕墙公司现主张合同相对方即某装饰装修公司支付工程价款，但某建筑幕墙公司举示的证据不足以证明与某装饰装修公司进行了工程价款的结算。某建筑幕墙公司经一审法院释明后表示不申请鉴定，故一审法院以某建筑幕墙公司未举示任何工程增量和材料价款调整的证据为由，对其主张合同约定价款之外的工程价款未予支持。现某建筑幕墙公司在二审中申请工程造价的鉴定，认为本案工程存在设计变更及增量部分。《新建设工程司法解释一》第三十二条第二款规定："一审诉讼中负有举证责任的当事人未申请鉴定，虽申请鉴定但未支付鉴定费用或者拒不提供相关材料，二审诉讼中申请鉴定，人民法院认为确有必要的，应当依照民事诉讼法第一百七十条第一款第（三）项的规定处理。"《民事诉讼法》第一百七十条第一款第（三）项规定："第二审人民法院对上诉案件，经过审理，按照下列情形，分别处理……（三）原判决认定基本事实不清的，裁定撤销原判决，发回原审人民法院重审，或者查清事实后改判。"本院认为，根据前述合同约定及法律规定，本案确需对案涉工程是否存在合同包干价范围外的增减工程以及设计变更等进行鉴定，以便查明案情。因此，二审法院根据二审中某建筑幕墙公司申请鉴定出现的新事实，将本案发回原审法院重审。

第三十三条　人民法院准许当事人的鉴定申请后，应当根据当事人申请及查明案件事实的需要，确定委托鉴定的事项、范围、鉴定期限等，并组织当事人对争议的鉴定材料进行质证。

1. 新旧条款对比

《新建设工程司法解释一》	《原建设工程司法解释二》
第三十三条 人民法院准许当事人的鉴定申请后，应当根据当事人申请及查明案件事实的需要，确定委托鉴定的事项、范围、鉴定期限等，并组织当事人对争议的鉴定材料进行质证	第十五条 人民法院准许当事人的鉴定申请后，应当根据当事人申请及查明案件事实的需要，确定委托鉴定的事项、范围、鉴定期限等，并组织双方当事人对争议的鉴定材料进行质证

本条是对《原建设工程司法解释二》第十五条内容的承继，内容微调，新司法解释删去了"并组织双方当事人对争议的鉴定材料进行质证"中的"双方"。其他内容无变化。

2. 相关法条

《民事诉讼法》

第七十六条 当事人可以就查明事实的专门性问题向人民法院申请鉴定。当事人申请鉴定的，由双方当事人协商确定具备资格的鉴定人；协商不成的，由人民法院指定。

当事人未申请鉴定，人民法院对专门性问题认为需要鉴定的，应当委托具备资格的鉴定人进行鉴定。

第七十七条 鉴定人有权了解进行鉴定所需要的案件材料，必要时可以询问当事人、证人。

鉴定人应当提出书面鉴定意见，在鉴定书上签名或者盖章。

第七十八条 当事人对鉴定意见有异议或者人民法院认为鉴定人有必要出庭的，鉴定人应当出庭作证。经人民法院通知，鉴定人拒不出庭作证的，鉴定意见不得作为认定事实的根据；支付鉴定费用的当事人可以要求返还鉴定费用。

3. 条文精解

根据《民事诉讼法》第七十六条和《民诉法解释》第一百二十一条的规定，当事人可以就查明事实的专门性问题向人民法院申请鉴定。是否准许，由人民法院决定。法院是否准许当事人的鉴定申请，应当结合"申请鉴定的事项与待证事实有无关联、鉴定的事项对证明待证事实有无意义"进行审查。

当事人提出鉴定申请后，需由人民法院进行审核，作出是否同意的决定，并不是只要当事人申请，人民法院就必须同意鉴定。对于鉴定的事项、范围也不是当事人提出什么，就必须鉴定什么。

实践中提出鉴定的事项有可能是质量鉴定、工期鉴定或造价鉴定等；提出鉴定的原因有可能是为了获取最大利益、拖延时间，甚至是互相置气等。鉴定的积极作用是可以查明专门性问题，帮助法官作出正确判断，但是有时候也会带来消极后果，比如诉讼程序的拖延、案件迟迟无法审结，甚至有的时候会造成企业的正常生产经营无法开展。所以，确定统一的鉴定标准是确有必要性，鉴定范围的确定原则是尽量缩小。例如，合同约定固定单价的，过程中未出现法定或约定调价的情况，根据合同意思自治，对该类问题就不应鉴定；再例如，对容易判定的部分，如屋顶、卫生间等是否存在漏水等情况，完全能够进行现场勘验，也不应鉴定。

实务中，当事人申请鉴定的注意事项如下。①鉴定的提出：一定要找专业人员合作，将鉴定事项、鉴定范围、鉴定标准、鉴定依据等尽量表述明确，如造价鉴定，采用定额价、市场价或合同价下浮率的不同标准对鉴定结果会产生直接的重大影响。②鉴定意见的质证：以鉴代审现象比较普遍，存在鉴定机构自作主张超范围鉴定了应由法院认定的法律事实的情况，鉴定意见作出后律师应认真审核鉴定意见，充分质证。

《民事诉讼法》第六十八条规定：证据应当在法庭上出示，并由当事人互相质证。《民诉法解释》第一百零三条第一款规定：证据应当在法庭上出示，由当事人互相质证。未经当事人质证的证据，不得作为认定案件事实的根据。由此，鉴定材料是鉴定机构进行鉴定的依据，对有争议的鉴定材料，人民法院应组织双方当事人进行质证。根据未经质证的鉴定材料做出的鉴定意见不能作为认定案件事实的依据。

有部分地方高级人民法院的指导意见或解答对此问题有相应的规定。《广东高院意见》规定："七、人民法院委托司法鉴定机构进行工程造价鉴定的，应当对当事人提交的鉴定材料进行质证，并将鉴定材料和质证意见移送鉴定机构。人民法院不得将鉴定材料的质证和审核认定工作交由鉴定机构完成。"

《北京高院解答》规定："34.工程造价鉴定中法院依职权判定的事项包括哪些？当事人对施工合同效力、结算依据、签证文件的真实性及效力等问题存在争议的，应由法院进行审查并做出认定。法院在委托鉴定时可要求鉴定机构根据当事人所主张的不同结算依据分别作出鉴定结论，或者对存疑部分的工程量及价款鉴定后单独列项，供审判时审核认定使用，也可就争议问题先做出明确结论后再启动鉴定程序。"

关于建设工程施工合同约定工程结算款以政府审计机关审计为准，法院是否准许当事人申请造价鉴定的问题，根据《审计法》规定，政府审计机关对工程建设单位进行审计是一种行政监督行为，与建设工程发承包各方当事人平等主体间的民事法律关系性质不同，我们认为无论案涉工程是否依法或依约须经政府审计机关审计，均不能认为政府审计机关的结论必须作为民事纠纷双方当事人之间结算的当然依据。

4.延伸阅读

鉴定时限的规定与冲突

现行规定中对于鉴定程序中鉴定事项的完成时限存在冲突和混乱。《司法鉴定程序通则》第二十八条第一、二款规定：司法鉴定机构应当自司法鉴定委托书生效之日起三十个工作日内完成鉴定。涉及复杂、疑难、特殊技术问题或者鉴定过程需要较长时间的，经批准时限可以延长，延长时限一般不得超过 30 个工作日（30 日 +30 日）。

《最高人民法院关于人民法院民事诉讼中委托鉴定审查工作若干问题的规定》（法〔2020〕202 号）第 13 条则规定：人民法院委托鉴定应当根据鉴定事项的难易程度、鉴定材料准备情况，确定合理的鉴定期限，一般案件鉴定时限不超过 30 个工作日，重大、疑难、复杂案件鉴定时限不超过 60 个工作日（30 ~ 60 日）。

上述两项规定对于鉴定时限的要求略有区别，但一般都将鉴定时限限缩于 60 日之内。而《建设工程造价鉴定规范》GB/T 51262—2017 在第 3.7 条中，对鉴定完成时限有完全不同的设定，是根据争议标的涉及工程造价的不同，来区分具体案件的鉴定完成时限。

5. 相关案例

（1）【案例索引】（2021）新 31 民终 217 号王某某与巴楚县某房地产开发有限公司（以下简称某房地产公司）、新疆某建设（集团）有限公司巴楚县分公司建设工程施工合同纠纷案

【裁判要旨】对于当事人在诉讼中提出的鉴定申请，法院应当根据当事人的申请及查明案件事实的需要，确定委托鉴定的事项、范围、鉴定期限等，并组织当事人对争议的鉴定材料进行质证。

【裁判摘要】诉讼中，由于某房地产公司和王某某对经济签证单所列的项目价款发生争议，原审在征得双方当事人同意的基础上，通过公开摇号的方式选定了某价格评估事务所，对经济签证单中列明的项目进行评估。并组织双方当事人及评估公司人员对现场进行了勘查、测量，做出了新白价评字（2020）第 011 号评估报告。虽然某房地产公司在一、二审诉讼中，对某价格评估事务所出具新白价评字（2020）第 011 号评估报告的结论不认可，但本院在二审期间组织某房地产公司、王某某、评估公司对评估报告进行质证时，某房地产公司未能对某价格评估事务所所作的评估报告中的程序或者实体，即适用文件或测量等存在的错误，提出有效证据，故对某房地产公司主张评估报告有误的上诉理由，不予采纳。原审采信某价格评估事务所出具新白价评字（2020）第 011 号评估报告，对经济签证费用做出认定的方式，并无不当，应予维持。

（2）【案例索引】（2021）藏民申 17 号某古藏香有限公司（以下简称某古藏香公司）与唐某建设工程施工合同纠纷案

【裁判要旨】鉴定机构鉴定意见应经过当事人双方充分质证，现场勘验实质上

也系双方当事人质证的过程，一方无正当理由未参加现场勘验，属于放弃自身权利的行为，勘验笔录上无该方签字并不影响该勘验笔录作为鉴定依据。

【裁判摘要】关于《鉴定意见》能否作为定案依据的问题。①本案鉴定机构第一次出具案涉工程价款《鉴定意见书》后，某古藏香公司提出异议，鉴定机构再次出具第二次、第三次补充《鉴定意见》，由于补充《鉴定意见》和第一次鉴定意见对工程价款差距较大，一审法院要求鉴定机构对此予以说明，鉴定机构认为鉴定材料与现场勘验数据有出入应再次进行现场勘验。因此，一审法院为确保鉴定机构作出真实客观公正的鉴定意见，再次组织双方当事人和鉴定机构到案涉工地进行现场勘验，某古藏香公司经一审法院通知后出具其公司 2019 年厂区无负责人不能参加现场勘验的说明，未到现场参加勘验，故未在现场勘验笔录上签字。故再审法院认为，一审法院根据《司法鉴定程序通则》第三十条规定的规定，要求鉴定机构根据补充现场勘验情况，出具补充意见未见不当。②现场勘验实质上也系双方当事人质证的过程，某古藏香公司无正当理由未参加现场勘验，属其放弃自身权利的行为，勘验笔录上无某古藏香公司签字并不影响该勘验笔录作为鉴定依据。故某古藏香公司有关最后一次现场勘验无双方当事人及委托人签字的再审事由，无事实依据，不成立。另，一审判决载明了各方当事人对案涉《鉴定意见书》及其补充意见提出的质证意见，一审法院对此亦进行了相应的认证，故某古藏香公司有关一审法院未对《鉴定意见书》组织质证的再审事由不成立。

（3）【案例索引】（2020）最高法民申 2226 号大连某建筑工程有限公司（以下简称某建筑公司）与王某某建设工程施工合同纠纷案

【裁判要旨】人民法院在委托鉴定过程中应当组织各方当事人交换各方所提供的鉴定资料明确有争议的鉴定材料，对有争议的鉴定材料进行质证，在未经质证及当事人对施工范围、施工内容无法确定的情况下，直接将该造价鉴定结果作为结算依据证据不足。

【裁判摘要】经审查，从证据形式上看，鉴定机构进行鉴定所依据的书面材料为复印件，且在一审中未经质证，某建筑公司对此有异议，该份证据材料不能作为认定案件事实的依据；从证据内容上看，上述书面材料仅确认开工时间及王某某投入款项的计息方式，而未确认王某某实际施工的范围及其完工情况。上述书面材料不能作为认定案涉工程施工范围和实际完工情况的依据，鉴定机构据此作出的鉴定意见也缺乏事实基础，不应予以采纳。王某某主张其进行了实际施工，应当对施工范围和完工情况进行举证证明，一审法院以某建筑公司对其否认的部分价款未提供证据为由，认定其异议不能成立，进而认定王某某主张的上述事实成立，确定举证责任和采信证据错误。二审法院以某建筑公司在一审中对鉴定依据的资料从未提出异议为由，认定法院无需组织质证，既与一审法院没有在委托鉴定过程中组织各方当事人交换各方所提供的鉴定资料中明确有争议的鉴定材料并进行质证、某建筑公司在案涉《工程造价鉴定报告》作出后即提出异议的事实不符，也与《原建设工程司法解释二》第十五条、第十六条关于人民法院应当组织当事人对有争议的鉴定材料进行质证的规定相悖。况且，在一审中鉴定机构也明确提出其难以确定有争议的施工范围及施工内容，需要当事人到项目现场共同确认施工范围及施工内容后修改调整造价鉴定结果。在此情况下，一、二审法院仍完全采信案涉《工程造价鉴定报告》，直接认定鉴定工程造价（不含签证项目）72369392.71 元中有争议的部分价款 9345736.14 元，缺乏证据证明。

> **第三十四条** 人民法院应当组织当事人对鉴定意见进行质证。鉴定人将当事人有争议且未经质证的材料作为鉴定依据的，人民法院应当组织当事人就该部分材料进行质证。经质证认为不能作为鉴定依据的，根据该材料作出的鉴定意见不得作为认定案件事实的依据。

1. 新旧条款对比

《新建设工程司法解释一》	《原建设工程解释二》
第三十四条 人民法院应当组织当事人对鉴定意见进行质证。鉴定人将当事人有争议且未经质证的材料作为鉴定依据的，人民法院应当组织当事人就该部分材料进行质证。经质证认为不能作为鉴定依据的，根据该材料作出的鉴定意见不得作为认定案件事实的依据	第十六条 人民法院应当组织当事人对鉴定意见进行质证。鉴定人将当事人有争议且未经质证的材料作为鉴定依据的，人民法院应当组织当事人就该部分材料进行质证。经质证认为不能作为鉴定依据的，根据该材料作出的鉴定意见不得作为认定案件事实的依据

本条是对《原建设工程司法解释二》第十六条内容的保留，内容无变化。

2. 关联条文

《新证据规定》

第三十四条 人民法院应当组织当事人对鉴定材料进行质证。未经质证的材料，不得作为鉴定的根据。

经人民法院准许，鉴定人可以调取证据、勘验物证和现场、询问当事人或者证人。

3. 条文精解

本条是对鉴定意见以及未经质证的有争议的鉴定材料的补充质证等相关事项的规定。本条包括二层含义。

其一，鉴定机构出具鉴定意见后，人民法院应当组织当事人对鉴定意见进行质证。按照法律规定，未经当事人质证的证据，不得作为认定案件事实的根据。建设工程鉴定意见属于《民事诉讼法》规定的法定证据类型之一，应当经过当事人质证，才能作为认定案件事实的依据。

实践中，当事人对鉴定意见进行质证，主要从以下几方面发表质证意见。一是审查鉴定机构或者鉴定人员是否具备相应的资质。如工程造价鉴定，工程造价咨询企业资质等级分为甲级、乙级，根据《工程造价咨询企业管理办法》第十九条的规定，乙级工程造价咨询企业只能从事工程造价 2 亿元以下的工程造价咨询业务。该办法第三十六条规定，未取得工程造价咨询企业资质从事工程造价咨询活动或者超越资质等级承接工程造价咨询业务的，出具的工程造价成果文件无效。因此，当事人对鉴定意见质证，应审查鉴定机构资质并发表意见。但司法实践中，对鉴定机构超越资质等级出具的鉴定意见是否有效，存在争议。二是审查鉴定程序是否合法。《司法鉴定程序通则》（中华人民共和国司法部令第 132 号）、《建设工程造价鉴定规范》GB/T 51262—2017、《建设工程造价鉴定规程》CECA/GC 8—2012 以及《民事诉讼法》等规定了司法鉴定的程序。当事人应根据以上规范、《民事诉讼法》以及《新证据规定》对鉴定意见的鉴定程序进行审查。三是审查鉴定依据是否充分。鉴定依据包括鉴定方法、标准、鉴定材料等。《新证据规定》第四十条第一款第（三）项规定：鉴定依据明显不足的可以重新鉴定。鉴定依据明显不足主要有以下情形：①送鉴材料、客体严重失实或虚假；②鉴定意见使用的方法或器材不当，导致鉴定结论不科学、不准确；③有证据证明鉴定结论明显违背事实或常理的；④鉴定人故意捏造事实、出具不真实的鉴定结论的；⑤其他方面，如有证据证明鉴定意见与能够确认的其他案件事实明显相矛盾的，亦不能作为认定案件事实的依据。

其二，如果鉴定机构将未经质证的鉴定材料作为鉴定依据，另一方不认可的，人民法院应当组织当事人对有争议的鉴定材料进行质证。经质证，人民法院认为不能作为鉴定依据的，根据该材料作出的鉴定意见不能作为认定案件事实的依据。①鉴定材料必须质证。《新证据规定》第三十四条第一款规定：人民法院应当组织当事人对鉴定材料进行质证。未经质证的材料，不得作为鉴定的根据。②鉴定人将未经质证的材料作为鉴定依据，是否可以补充质证？鉴定人将当事人有争议且未经质证的材料作为鉴定依据的，人民法院应当组织当事人就该部分材料进行质证。经质证认为不能作为鉴定依据的，根据该材料作出的鉴定意见不得作为认定案件事实的依据。③一方不认可的鉴定材料能否作为鉴定依据？当事人基于趋利避害的本能，通常可能无正当理由、甚至恶意否认鉴定材料的真实性、合法性或关联性。如果一概将当事人有争议的鉴定材料排除在鉴定依据之外，将导致鉴定程序无法正常进行。我们认为，对于一方当事人提交的鉴定材料，另一方当事人对真实性、合法性有异议的，法院不能简单以当事人不予认可为由否认该鉴定材料的真实性，将其排除在鉴定依据之外，应依法对其真实性、合法性和关联性进行审查并确定该鉴定材料是否可以作为鉴定依据。

4. 延伸阅读

关于鉴定范围的质证

人民法院对外委托鉴定时，双方当事人均应注意鉴定的范围是否符合委托书的内容。还应注意鉴定范围中需对法律问题与造价问题进行区分，严格确定鉴定的范围。比如，人工费应否调整属于法律问题，人工费调整金额属于造价专业问题。

《江苏高院鉴定工作指南》规定："9.【人民法院确定事项】下列事项，鉴定机构可以要求委托法院予以明确：（一）可以作为鉴定依据的合同、签证、函件、联系单等书证的真实性及其证据效力；（二）合同没有约定、约定不明，或者约定之间存在矛盾，需要进行合同解释明确鉴定依据的；（三）无效合同中可以参照作为结算依据的条款；（四）确定质量标准的依据；（五）约定工期与实际工期认定的依据；（六）当事人在鉴定过程补充证据材料或者对证据材料有实质性异议需要重新质证认证的；（七）鉴定所需材料缺失，需要明确举证不能责任承担的；（八）对未全部完工工程等需先确定鉴定方法的；（九）其他需要由人民法院予以明确、作出决定的事项。"

5. 相关案例

（1）【案例索引】（2021）陕民终267号江西省某建设有限公司（以下简称某建设公司）、杨某某与陕西某房地产开发有限公司建设工程施工合同纠纷案

【裁判要旨】人民法院应当组织当事人对鉴定意见进行质证。鉴定人将当事人有争议且未经质证的材料作为鉴定依据的，人民法院应当组织当事人就该部分材料进行质证。经质证认为不能作为鉴定依据的，根据该材料作出的鉴定意见不得作为认定案件事实的依据。

【裁判摘要】《原建设工程司法解释二》第十六条规定："人民法院应当组织当事人对鉴定意见进行质证。鉴定人将当事人有争议且未经质证的材料作为鉴定依据的，人民法院应当组织当事人就该部分材料进行质证。经质证认为不能作为鉴定依据的，根据该材料作出的鉴定意见不得作为认定案件事实的依据。"根据本条规定，在鉴定机构作出鉴定意见后，人民法院对部分鉴材进行补充质证，程序上并不违法。本案一审法院原合议庭及案件被指令审理后重新组成的合议庭，先后组织各方当事人对鉴定意见和鉴材进行了多次质证。人民法院、鉴定机构还组织当事人共同对工程现场进行了查勘，鉴定机构负责人王某某于2020年4月10日还出庭接受了质询，故某建设公司关于原审法院未依法对鉴定材料进行质证、属于程序违法之主张，不能成立。

本案的鉴定意见分为"1.确定性结论""2.争议性结论"等部分，双方当事人虽

不认可该鉴定意见，但鉴定机构对当事人的异议进行了书面答复，一审法院结合本案各方当事人的诉辩主张及举证质证情况，对该鉴定意见部分采信，对其中的争议性结论未予采信。故杨某某关于鉴定机构行使审判权之上诉理由，某建设公司关于鉴定机构在施工范围、文明施工费用、管理费、油漆费等方面僭越司法权限、存在"以鉴代审"构成程序违法之上诉理由，二审法院均不予支持。基于原审的举证质证情况，二审法院可以认定案件事实，故某建设公司关于鉴定人出庭和重新鉴定及补充鉴定之申请，因缺乏必要性，二审法院不予准许。

（2）【案例索引】（2020）鲁15民终3668号某建设集团有限公司（以下简称某建设集团公司）与某古城投资置业有限公司（以下简称某古城投资置业公司）建设工程施工合同纠纷案

【裁判要旨】鉴定报告做出后应由各方进行质证，在鉴定程序合法，当事人提出的异议理由不成立的情况下，可作为有效证据使用。

【裁判摘要】一审根据张某某的申请决定对案涉工程进行鉴定，鉴定历时一年之久，各方参与了鉴定过程，鉴定是以施工图纸为基础、依据并参考双方的相关材料、结合现场实际情况出具的，相关图纸、变更及签证等资料经过了质证，鉴定报告作出后双方进行了质证，鉴定程序合法，应作为有效证据使用。某古城投资置业公司主张3号、9号楼部分工程系由案外人施工完成并提交了该部分的造价数额，二审法院认为，根据某建设集团公司盖章的施工材料，应认定案外人施工了部分案涉工程，但因上述造价数额系由某古城置业公司二审单方提供，且未在一审提交，某建设集团公司亦不予认可，案外人亦未到庭，鉴定报告及一审判决对此未予扣除，并无不当。关于某古城置业公司主张赵某某施工的1号、2号及人行通道外墙涂料（128584.30元）系由其直接发包，应在鉴定报告中扣除。二审法院认为，上述工程系由赵某某施工，因赵某某未到庭，未有合同，证据不足，且未在一审提交相应证据，故鉴定报告及一审判决对此未予采信，并无不当。关于甲方供材问题。某古城置业公司提交的《聊城市某古城投资置业有限公司甲供物资初步验收表》一宗，多数只显示物资数量、没有价格，没有购买合同佐证，故一审鉴定报告及一审判决对此未予扣除，亦无不当。

第七节 工程优先权条款解读（第三十五～四十二条）

第三十五条 与发包人订立建设工程施工合同的承包人，依据民法典第八百零七条的规定请求其承建工程的价款就工程折价或者拍卖的价款优先受偿的，人民法院应予支持。

1.新旧条款对比

《新建设工程司法解释一》	《原建设工程解释二》
第三十五条　与发包人订立建设工程施工合同的承包人，依据民法典第八百零七条的规定请求其承建工程的价款就工程折价或者拍卖的价款优先受偿的，人民法院应予支持	第十七条　与发包人订立建设工程施工合同的承包人，根据合同法第二百八十六条规定请求其承建工程的价款就工程折价或者拍卖的价款优先受偿的，人民法院应予支持

本条是对《原建设工程司法解释二》第十七条内容的承继，内容微调，《民法典》生效后，《合同法》已废止。因此，将本条中的"根据合同法第二百八十六条规定"调整为"依据民法典第八百零七条的规定"，其他内容无变化。

2.关联法条

《民法典》

第八百零七条　发包人未按照约定支付价款的，承包人可以催告发包人在合理期限内支付价款。发包人逾期不支付的，除根据建设工程的性质不宜折价、拍卖外，承包人可以与发包人协议将该工程折价，也可以请求人民法院将该工程依法拍卖。建设工程的价款就该工程折价或者拍卖的价款优先受偿。

3.内容解读

本条是关于建设工程优先受偿权主体的规定。建设工程施工涉及的主体众多，包括勘察人、设计人、总承包人、专业分包人、劳务分包人、实际施工人等。《民法典》第八百零七条规定：发包人未按照约定支付价款的，承包人可以催告发包人在合理期限内支付价款。发包人逾期不支付的，除根据建设工程的性质不宜折价、拍卖外，承包人可以与发包人协议将该工程折价，也可以请求人民法院将该工程依法拍卖。建设工程的价款就该工程折价或者拍卖的价款优先受偿。根据《民法典》第七百八十八条的规定，建设工程合同是承包人进行工程建设，发包人支付价款的合同，包括工程勘察、设计、施工合同。从以上法律条文表述上，享有优先受偿权的"承包人"看似可能包括勘察、设计合同的承包人，分包人、实际施工人也是工程的"承包人"，哪些主体享有建设工程价款的优先受偿权，司法实践中存在争议。本条明确规定与发包人订立建设工程施工合同的承包人才享有优先受偿权，排除了勘察、设计合同的承包人、分包人、实际施工人。

勘察、设计合同的承包人为什么没有优先受偿权？勘察设计人员被视为高收入的白领阶层，而建筑工人属于活累钱少的弱势群体，劳动报酬是自己甚至全家生存的基础。但在工程总承包模式中，我们认为，设计费、勘察费享有优先权。在EPC、EPCM与DB等工程总承包模式中，设计费、勘察费均属于工程款的范围，特别是在工程总承包模式下，设计与施工融合一体，即便合同中设计费、勘察费可以单列，但其合同并非独立或分离于总承包合同，工程总承包的合同性质使得其物化成果即工程无法分离，所以应当享有建设工程价款优先权。

实际施工人行使代位权的时候，是否代位享有建设工程优先受偿权？《民法典》第五百三十五条第一款规定：因债务人怠于行使其债权或者与该债权有关的从权利，影响债权人的到期债权实现的，债权人可以向人民法院请求以自己的名义代位行使债务人对相对人的权利，但是该权利专属于债务人自身的除外。

实际施工人行使代位权的时候，是否代位享有建设工程有限受偿权，关键看如何理解这里规定的"从权利"。如果优先受偿权可以认为是从权利，那么根据上述规定，实际施工人可以通过行使代位权代位承包人向发包人主张工程款债权以及建设工程价款优先受偿权。这里需要注意的是，如果承包人已经放弃优先受偿权或者优先受偿权已经逾期失权，那么无论怎么理解从权利，实际施工人都不再享有优先受偿权。

实际施工人是否应该享有建设工程价款的优先受偿权？这一直是司法实践中讨论不休的问题。虽然《全国民事审判工作会议纪要》（法办〔2011〕442号）明确规定"因违法分包、转包等导致建设工程合同无效的，实际施工人请求依据合同法第二百八十六条规定对建设工程行使优先受偿权的，不予支持"，但是各地高级人民法院似乎论调不一，且有声音予以支持。比如，《浙江高院解答》明确指出"建设工程施工合同无效，但工程经竣工验收合格，承包人可以主张工程价款优先受偿权。分包人或实际施工人完成了合同约定的施工义务且工程质量合格，在总承包人或转包人怠于行使工程价款优先受偿权时，就其承建的工程在发包人欠付工程价款范围内可以主张工程价款优先受偿权"。又如，《四川高院解答》明确指出"建设工程施工合同无效，但建设工程经竣工验收合格，或者未经竣工验收但已经实际使用，实际施工人请求其工程价款就承建的建设工程折价或拍卖的价款优先受偿的，应予支持"。《最高人民法院新建设工程施工合同司法解释（一）理解与适用》中明确指出，实际施工人不应享有建设工程价款优先受偿权[①]。

本条规定的发包人，按最高人民法院的理解与适用来看，应当理解为建设单位（业主方），而不能作广义上理解。转包人或违法分包人虽以发包人名义与实际施工人签订建设工程施工合同，但并非法律及司法解释意义上的发包人。可见，最高人民法院通过重申并明确法律规定大大缩小享有优先受偿权的主体范围可以有效规制实际施工

---

① 最高人民法院民事审判第一庭.最高人民法院新建设工程施工合同司法解释（一）理解与适用[M].北京：人民法院出版社，2021.

人滥用诉讼权利，审判实践中应加以注意，这对于规范建筑施工市场秩序，从源头上消除转包、违法分包现象具有积极意义。

4. 延伸阅读

实际施工人行使代位权主张优先受偿权的实务问题思考①

实际施工人是否享有建设工程价款优先受偿权？实际施工人是否可以提起代位权诉讼？实际施工人是否能够通过行使代位权主张工程价款优先受偿权？这是建设工程施工合同纠纷中的重点、难点和热点问题，自实际施工人制度诞生以来，这些问题在理论界和实务界就不断引发争议，而且还会在相当长的时间内继续下去，直到实际施工人制度消亡才会消失。笔者认为建设工程具有资质上的法律强制性、施工中的现实脱离性、工作成果的不可逆转性、主权利义务的单一性、农民工群体特殊保护性等五个特征，这决定了建设工程施工合同纠纷不能仅仅适用《民法典》等法律的一般规定，而需要结合建设工程的这些特殊性进行考量，才能找到符合建设工程施工合同特殊性的更加公平公正且更为合理的处理方式。结合建设工程的特殊性以及相关法律和司法解释的规定，对上述问题进行分析。

一、实际施工人是否可以提起代位权诉讼

(一)《民法典》中的代位权

《民法典》第五百三十五条第一、二款规定：因债务人怠于行使其债权或者与该债权有关的从权利，影响债权人的到期债权实现的，债权人可以向人民法院请求以自己的名义代位行使债务人对相对人的权利，但是该权利专属于债务人自身的除外。代位权的行使范围以债权人的到期债权为限。债权人行使代位权的必要费用，由债务人负担。

1. 法律关系：三方当事人两个债权。

从《民法典》第五百三十五条的规定可以看出，在代位权中存在三方当事人和两个债权债务关系，其一为债权人与债务人的债权债务关系，其二为债务人与债务人的相对人之间的债权债务关系。

2. 行使条件：合法、到期与非专属。

（1）合法：两个债权均须是合法的。如果是非法债权，不应该得到法律的支持，比如赌博之债、毒品之债等。那么实际施工人本身就是基于转包、违法分包、借用资

---

① 吴咸亮. 实际施工人行使代位权主张优先受偿权的实务问题思考 [EB/OL]. [2021-07-28].https：//mp.weixin.qq.com/s/BW2PJ0UMZsWjuWawOsp_Uw.

质（挂靠）等违法行为而产生，其相应的施工合同也因违法而无效，是不是实际施工人享有的工程款支付的债权就是违法债权呢？答案是否定的。此处须区分三个不同的法律概念：违法行为、合同无效和不当得利之债。尽管转包、违法分包或借用资质的行为违法，施工合同无效，但是基于无效的施工合同而产生的不当得利之债却是合法的。解决了这三个概念之间的逻辑关系，就明确了实际施工人可以享有代位权的关键所在。

（2）到期：两个债权均已届清偿期。代位权的行使范围以债权人的到期债权为限。那么是不是不到期的债权就必然不能行使代位权呢？根据《民法典》的规定，有两种情形除外。《民法典》第五百三十六条规定："债权人的债权到期前，债务人的债权或者与该债权有关的从权利存在诉讼时效期间即将届满或者未及时申报破产债权等情形，影响债权人的债权实现的，债权人可以代位向债务人的相对人请求其向债务人履行、向破产管理人申报或者作出其他必要的行为。"可以看出，第一种情形是存在诉讼时效期间即将届满，影响债权人的债权实现的；第二种情形是未及时申报破产债权，影响债权人的债权实现的。

（3）非专属：债权非专属指的是专属于债务人自身的权利不能行使代位权。《民法典》第五百三十五条将专属于债务人自身的权利排除在行使代位权的客体之外，如基于扶养关系所产生的抚养费、赡养费、扶养费请求权只能由债务人自己行使，债权人不能代位行使。

（二）《新建设工程司法解释一》实际施工人的代位权

《新建设工程司法解释一》第四十四条规定：实际施工人依据《民法典》第五百三十五条规定，以转包人或者违法分包人怠于向发包人行使到期债权或者与该债权有关的从权利，影响其到期债权实现，提起代位权诉讼的，人民法院应予支持。

1.转包或违法分包情形下的代位权

根据上述规定可以看出，实际施工人享有行使代位权的权利。但是《新建设工程司法解释一》第四十四条仅仅规定了转包人或违法分包人两种情形，并没有规定借用资质的实际施工人具有代位权。

2.借用资质（挂靠）情形下，实际施工人的代位权

借用资质（挂靠）情形下，实际施工人是否享有代位权呢？笔者认为，可以根据发包人对借用资质是否明知区分不同情况进行处理。

（1）发包人明知或故意追求的情形。有的情况下，发包人明知他人借用资质或者发包人将工程实际承包给没有资质的他人，为了规避法律或验收备案而帮助他人寻找有资质的单位去挂靠。在这种情形下，借用资质的实际施工人与发包人之间存在虚伪

通谋，真实意思表示是将工程交由实际施工人施工，向实际施工人支付工程款，这种情形下应当认定发包人与借用资质的实际施工人存在事实上的施工合同关系，不存在也不需要通过代位权主张权利。

（2）发包人对借用资质不知情的情形。在这种情形下，存在两个互相独立的合同关系：一是发包人与承包人（被挂靠人）之间的施工合同关系，二是承包人（被挂靠人）与借用资质的实际施工人（挂靠人）之间的挂靠合同关系。这两个合同是独立的，应该认定施工合同合法有效，挂靠合同违法无效。在这种情形下，实际施工人虽然实际上是挂靠，但是也类似于转包，允许实际施工人行使代位权符合各方当事人的权利和义务一致性，也符合公平合理的原则。

二、实际施工人是否享有建设工程优先受偿权

《民法典》第八百零七条规定：发包人未按照约定支付价款的，承包人可以催告发包人在合理期限内支付价款。发包人逾期不支付的，除根据建设工程的性质不宜折价、拍卖外，承包人可以与发包人协议将该工程折价，也可以请求人民法院将该工程依法拍卖。建设工程的价款就该工程折价或者拍卖的价款优先受偿。

《新建设工程司法解释一》第三十五条规定：与发包人订立建设工程施工合同的承包人，依据《民法典》第八百零七条的规定请求其承建工程的价款就工程折价或者拍卖的价款优先受偿的，人民法院应予支持。

根据上述规定，承包人享有工程价款优先权，是没有争议的。但是实际施工人是否享有工程优先受偿权呢？对于这个问题，理论和实务中都产生了很大争议。

反对者认为，《民法典》第八百零七条和《新建设工程司法解释一》第三十五条对工程价款优先受偿权的主体规定的非常明确，就是"承包人"，而且是"与发包人订立建设工程施工合同的承包人"，并没有规定实际施工人可以行使工程价款优先受偿权，既然法律和司法解释都没有规定，就不能擅自扩大工程价款优先受偿权主体的范围。

支持者认为，《民法典》中规定的承包人并不仅仅限于和发包人签订合同的承包人，事实上的承包人或与发包人形成实际施工合同关系的承包人也是承包人。

笔者认为，对承包人这一概念，法律上并没有给予一个明确的定义。从实事求是的角度出发，从权利和义务相统一的角度考虑，从保护实际施工人的合法利益出发，赋予实际施工人工程价款优先受偿权更为合理合适。

三、实际施工人是否能够通过行使代位权主张工程价款优先受偿权

由于实际施工人的情况存在多种情形，加之建设工程本身的复杂性，导致理论和实务界对涉及建设工程的问题有着各种不同的理解，应该说各有各的合理性和法律依

据。分析实际施工人能否通过行使代位权来主张工程价款优先受偿权，需要从以下两个方面着手。

（一）对《民法典》第五百三十五条"从权利"的分析

《民法典》第五百三十五条第一款规定，因债务人怠于行使其债权或者与该债权有关的从权利，影响债权人的到期债权实现的，债权人可以向人民法院请求以自己的名义代位行使债务人对相对人的权利。这里的从权利是否包含工程价款优先受偿权，理论和实务界产生了两种截然不同的看法。如果认为从权利包括工程价款优先受偿权，那么实际施工人就可以通过代位权行使工程价款优先受偿权。反之，则存在障碍。

（二）对《民法典》第五百三十五条"专属权利"的分析

《民法典》第五百三十五条第一款规定，因债务人怠于行使其债权或者与该债权有关的从权利，影响债权人的到期债权实现的，债权人可以向人民法院请求以自己的名义代位行使债务人对相对人的权利，但是该权利专属于债务人自身的除外。

这里的"专属权利"指的是债务人的权利，结合《新建设工程司法解释一》的规定，这里的债务人应该指的是承包人，也就是指向的是转包人或违法分包人（层层转包或层层违法分包除外）。如果将工程价款优先受偿权视为专属权，那么实际施工人是不是就不应该代位享有"承包人"的"专属权利"呢？笔者认为也不尽然。

1. 基于工程价款优先受偿权的性质分析

《民法典》第五百三十五条将专属于债务人自身的权利排除在行使代位权的客体之外，这里的"专属于债务人自身的权利"，指的是基于抚养赡养、人身损害、复员转业、养老保险等特殊人身关系所产生的抚养费、赡养费、扶养费、损害赔偿金、复员转业费、养老保险金等请求权。而工程价款与以上这些相比，显然有所不同。

2. 基于建设工程的特殊性分析

考虑建设工程的问题离不开建设工程的特殊性。笔者认为建设工程的特殊性至少有以下五个方面。

（1）资质的法律强制性。法律上强制要求建设工程必须具有特定资质的主体去完成。

（2）施工的现实脱离性。现实中往往是没有资质的人员实际去施工，这才出现了转包、违法分包、挂靠等。

（3）成果的不可逆性。施工的过程就是人、材、机等物化在工程实体之中的过程，一旦完成无法逆转或无法拆割。

（4）农民工群体权益保护的特殊性。农民工是特殊时代的特殊群体，工程价款涉及其生存权等切身利益，法律和现实都要求对这个特殊群体进行特殊的保护，这也是实际施工人制度产生的根源和基础。

（5）主权利义务的单一性。作为发包人，其主义务就是支付工程款；作为承包人，其主义务就是施工并交付合格或符合约定的工程。施工人完成了工程建设，就应该获得相应的劳动报酬，此为其所享有的权利，也是建设工程行业良性运行和发展的必然要求。

3. 建设工程施工合同纠纷适用法律的特殊性分析

正是因为建设工程的特殊性和复杂性，才决定了审理建设工程案件的时候不能仅仅适用《民法典》等一般规定，而是要结合和考虑建设工程的特殊性。在转包、违法分包以及发包人不知情的挂靠的情形下，工程由实际施工人完成，而承包人（转包人、违法分包人或发包人不知情情形下的被挂靠人）则没有参与工程施工，因此若工程款支付请求权以及工程价款优先受偿权由承包人（转包人、违法分包人或发包人不知情情形下的被挂靠人）享有，则既不符合权利义务一致性的要求，也不符合公平合理原则。因此，笔者认为，允许实际施工人通过代位权代位享有工程价款优先受偿权更加符合建设工程特殊性。

5. 相关案例

（1）【案例索引】（2021）浙 0782 民初 5595 号南京某工程有限公司与某控股集团有限公司建设工程合同纠纷案

【裁判要旨】承包人应当在合理期限内行使建设项目工程价款优先受偿权，但最长不得超过 18 个月，自发包人应当给付建设工程价款之日起算。承包人超过法律规定的最长期限主张优先受偿权，对其请求不予支持。

【裁判摘要】本案争议的焦点在于原告现主张对其承建工程的价款就折价或拍卖的价款享有优先受偿权是否能得到法院的支持。根据《新建设工程司法解释一》第四十一条"承包人应当在合理期限内行使建设项目工程价款优先受偿权，但最长不得超过十八个月，自发包人应当给付建设工程价款之日起算"的规定，原告最迟应当在被告应当给付建设工程价款之日起 18 个月内主张其优先权。根据双方的合同与补充协议的约定，工程通过政府主管部门验收并通过酒店管理公司验收支付至结算价款的95%。若厨房承包单位未出现违约情形，质量保证金（结算价款的 5%）在竣工验收合格（以通过酒店管理公司验收并接收为准）2 年期满后质量无缺陷，保证金付清（无息）。设备安装调试完成，并通过建设单位、监理单位、厨房设计顾问初步验收合格，支付至完成工程价款的 85%；剩余 15% 货款遵照原合同执行。根据一审法院认定的事实，截至 2016 年 12 月 23 日，某商业广场项目厨房设备供应及安装工程整体通过验收，被告此时应支付工程款的 95%，但被告未按约支付，原告也直至 2019 年 10 月 30 日才向本院提起诉讼，且在该案中也未主张优先受偿权。原告现主张优先受偿权已超过法律规定的最长期限，一审法院对其诉讼请求不予支持。

（2）【案例索引】（2021）鲁1082民初461号某生态农业有限公司与某房地产开发有限公司某分公司、某房地产开发有限公司建设工程施工合同纠纷案

【裁判要旨】发包人逾期不予支付工程款的，承包人可以请求就该工程折价或者拍卖的价款优先受偿。但承包人优先受偿的价款范围不应包含利息。

【裁判摘要】关于原告主张的工程款及利息是否就本案诉争工程折价或者拍卖的价款享有优先受偿权的问题。一审法院认为，发包人未按照约定支付价款的，承包人可以催告发包人在合理期限内支付价款。发包人逾期不支付的，承包人可以请求人民法院将该工程依法拍卖。建设工程的价款就该工程折价或者拍卖的价款优先受偿。承包人应在合理期限内行使建设工程价款优先受偿权，但最长不得超过18个月，自发包人应当给付建设工程价款之日起算。但承包人就逾期支付建设工程价款的利息主张优先受偿的，不应予以支持。本案中，原告行使建设工程价款优先受偿权并未超过法定期限，应予支持，但优先受偿的价款范围不应包含利息，仅限于案涉工程价款2103048.58元。

（3）【案例索引】（2020）苏13民终3381号某物流产业园有限公司与某基础建设有限公司（以下简称某基础建设公司）、某消防工程有限公司等建设工程分包合同纠纷案

【裁判要旨】与发包人订立建设工程施工合同的承包人，有权请求就工程折价或者拍卖的价款优先受偿的，若所拍卖物属于一个整体工程，不能互相分割拍卖，可就整体进行拍卖，在其承建工程的价款限额内优先受偿。

【裁判摘要】二审法院认为，某基础建设公司承建案涉工程，其人力、物力、财力已经物化于案涉工程中，在发包人未能如约给付工程款时，赋予承包人某基础建设公司优先受偿权，有利于保护农民工的合法权益。本案1～6号楼桩基工程已经验收合格，承包人某基础建设公司的实际付出与涉案合同是否有效，并不产生实际影响，认定承包人对案涉工程享有优先权较为公允。根据《新建设工程司法解释一》第三十五条的规定，与发包人订立建设工程施工合同的承包人，依据《民法典》第八百零七条的规定请求其承建工程的价款就工程折价或者拍卖的价款优先受偿的，人民法院应予支持。故某基础建设公司有权就该部分工程款行使建设工程价款优先受偿权。因写字楼、商业设施及仓储开发项目的1～6号楼是建立在1～6号楼桩基工程上，该桩基工程与其上面的工程属于一个整体工程，不能互相分割拍卖，故一审法院判决某基础建设公司有权对某物流产业园有限公司写字楼、商业设施及仓储开发项目的1～6号楼的拍卖、变卖款在19789749.96元工程款限额内优先受偿并无不当。

第三十六条　承包人根据民法典第八百零七条规定享有的建设工程价款优先受偿权优于抵押权和其他债权。

1. 新旧条款对比

《新建设工程司法解释一》	《原建设工程司法解释一》	《原建设工程司法解释二》
第三十六条　承包人根据民法典第八百零七条规定享有的建设工程价款优先受偿权优于抵押权和其他债权	—	—

本条为新增条文，《建设工程价款优先受偿权批复》第一条规定，人民法院在审理房地产纠纷案件和办理执行案件中，应当依照《合同法》第二百八十六条的规定，认定建筑工程的承包人的优先受偿权优于抵押权和其他债权。本条是对该批复第一条内容的承继、修改。删去了"人民法院在审理房地产纠纷案件和办理执行案件中，应当依照《中华人民共和国合同法》第二百八十六条的规定"，将"建筑工程的承包人的优先受偿权"改为"承包人根据《民法典》第八百零七条规定享有的建设工程价款优先受偿权"。

2. 关联法条

（1）《民法典》

第八百零七条　发包人未按照约定支付价款的，承包人可以催告发包人在合理期限内支付价款。发包人逾期不支付的，除根据建设工程的性质不宜折价、拍卖外，承包人可以与发包人协议将该工程折价，也可以请求人民法院将该工程依法拍卖。建设工程的价款就该工程折价或者拍卖的价款优先受偿。

（2）《关于装修装饰工程优先受偿权的函复》

装修装饰工程属于建设工程，可以适用《中华人民共和国合同法》第二百八十六条关于优先受偿权的规定，但装修装饰工程的发包人不是该建筑的所有权人或者承包人与该建筑物的所有权人之间没有合同关系的除外。享有优先权的承包人只能在建筑物因装修装饰而增加价值的范围内优先受偿。

（3）《建设工程价款优先受偿权批复》

一、人民法院在审理房地产纠纷案件和办理执行案件中，应当依照《中华人民共和国合同法》第二百八十六条的规定，认定建筑工程的承包人的优先受偿权优于抵押权和其他债权。

二、消费者交付购买商品房的全部或者大部分款项后，承包人就该商品房享有的工程价款优先受偿权不得对抗买受人。

三、建筑工程价款包括承包人为建设工程应当支付的工作人员报酬、材料款等实际支出的费用，不包括承包人因发包人违约所造成的损失。

四、建设工程承包人行使优先权的期限为六个月，自建设工程竣工之日或者建设工程合同约定的竣工之日起计算。

（4）《浙江高院优先受偿权的解答》

一、行使优先权的六个月期限应该如何理解？

六个月期限的起算点应区分以下情况予以确定：发生建设工程施工合同纠纷时工程已实际竣工的，工程实际竣工之日为六个月的起算点；发生建设工程施工合同纠纷时工程未实际竣工的，约定的竣工之日为六个月的起算点；约定的竣工日期早于实际停工日期的，实际停工之日为六个月的起算点。

权利人未在上述期限内行使优先权的，建设工程价款优先受偿权丧失。

二、哪些方式可以认定为具有行使优先权的效力？

建设工程承包人自行与发包人协商以该工程折价抵偿尚未支付的工程价款，或者提起诉讼、申请仲裁要求确认其对该工程拍卖价款享有优先受偿权，或者直接申请法院将该工程拍卖以实现工程款债权，或者申请参加对建设工程价款的参与分配程序主张优先受偿权，均属于对建设工程价款依法行使优先权。建设工程承包人提起诉讼、申请仲裁仅要求判决或裁决由发包人向其支付工程款，未要求确认其对该工程拍卖价款享有优先受偿权的，不视为行使优先权。

三、建设工程价款优先受偿权的范围如何掌握？

建设工程价款优先受偿权的范围为建设工程的工程价款，包括承包人应当支付的工作人员报酬、材料款和用于建设工程的垫资款等。工程价款的利息不在优先受偿范围内。发包人应当支付的违约金或者因为发包人违约所造成的损失，不属于建设工程价款优先受偿权的受偿范围。

四、建设工程承包人对工程占用范围内的土地使用权的拍卖价款是否享有优先受偿权？

建设工程承包人只能在其承建工程拍卖价款的范围内行使优先受偿权，对该工程占用范围内的土地使用权的拍卖价款不能主张优先受偿。

实际操作中可对建设工程和土地使用权分开进行价值评估，确定各自在总价值中的比例，然后一并拍卖，拍卖成交后再确定建设工程承包人可以优先受偿的金额。

五、建设工程承包人承建的部分工程因另案被执行的，承包人行使优先权的工程价款范围如何掌握？

建设工程承包人承建的部分工程因发包人的其他债务被人民法院执行的，承包人只能根据被执行的工程占其承建的全部工程的比例，对相应的工程价款主张优先受偿。

六、装饰装修工程承包人、工程勘察人或设计人是否享有优先受偿权？

装饰装修工程承包人主张工程价款优先受偿权的，可予以支持。但装修装饰工程的发包人不是该建筑的所有人，或者承包人与该建筑物的所有权人之间没有合同关系的除外。享有优先权的承包人只能在建筑物因装修装饰而增加价值的范围内优先受偿。

工程勘察人或设计人就工程勘察或设计费主张优先受偿权的，不予支持。

（6）《重庆高院优先受偿权批复的意见》

经我院审判委员会研究认为，从该批复第一条、第二条的文义理解，应按购房消费者、承包人、抵押权人的顺序享有优先权，故购房消费者与抵押权人利益出现冲突时，人民法院应优先保护购房消费者的利益。

人民法院在审理和执行购房消费者办理土地使用权、房屋产权证历史遗留问题的案件，优先保护购房消费者的利益时，应注意把握以下几个条件。第一，购房消费者中消费者的含义应与《消费者权益保护法》中的"消费者"含义相同，即购房者购房是为生活消费需要而不是为经营需要。第二，购房消费者已交付全部或大部分购房款（超过50%），且能支付尾款。第三，购房消费者在购买商品房的过程中无恶意损害抵押权人利益的行为。

3.条文精解

本条是关于建设工程优先受偿权与抵押权、其他债权清偿顺序的规定。为了确实解决拖欠工程款的问题，保障承包人工程价款债权的实现，依据《民法典》第八百零七条规定，发包人未按照约定支付价款的，承包人可以催告发包人在合理期限内支付价款。发包人逾期不支付的，除根据建设工程的性质不宜折价、拍卖外，承包人可以与发包人协议将该工程折价，也可以请求人民法院将该工程依法拍卖。建设工程的价款就该工程折价或者拍卖的价款优先受偿。但《民法典》未对建设工程优先受偿权的性质做出规定，没有规定相对于哪些权利优先，因此司法实践中存在争议。

《建设工程价款优先受偿权批复》第一条规定：人民法院在审理房地产纠纷案件和办理执行案件中，应当依照《合同法》第二百八十六条的规定，认定建筑工程的承包人的优先受偿权优于抵押权和其他债权。该批复明确规定，建设工程优先受偿权优先于抵押权和其他债权。本条在批复的基础上，明确规定承包人根据《民法典》第八百零七条规定享有的建设工程价款优先受偿权优于抵押权和其他债权。

《建设工程价款优先受偿权批复》第二条规定：消费者交付购买商品房的全部或者大部分款项后，承包人就该商品房享有的工程价款优先受偿权不得对抗买受人。该条规定了交付了全部或者大部分购房款的消费者的权利能否对抗建设工程价款优先受偿权。

《建设工程价款优先受偿权批复》废止后，交付了全部或者大部分购房款的消费者的权利还能否对抗建设工程价款优先受偿权呢？答案是可以的。

《最高院执行异议和复议规定》第二十九条规定："金钱债权执行中，买受人对登记在被执行的房地产开发企业名下的商品房提出异议，符合下列情形且其权利能够排除执行的，人民法院应予支持：（一）在人民法院查封之前已签订合法有效的书面买卖合同；（二）所购商品房系用于居住且买受人名下无其他用于居住的房屋；（三）已支付的价款超过合同约定总价款的百分之五十。"因此，购房人在符合上述情形时，可以对抗承包人的建设工程价款优先受偿权。

4. 延伸阅读

关于优先受偿权的法律性质，在此主要探讨理论界争鸣较多的三种观点，为留置权说、抵押权说和优先权说。

（1）留置权说

该观点认为，建设工程优先受偿权属于留置权。关于留置权适用的范围，已废止的《担保法》中规定的留置权标的物仅限于动产，不利保护债权人利益。《民法典》出台后，如发包人未能如约支付工程款，承包人可留置该工程，并以此优先受偿。按此观点，建设工程优先受偿权的法律性质即为留置权。

（2）抵押权说

该观点认为，建设工程优先受偿权属于抵押权。优先受偿权作为一种不转移占有的担保物权，具有从属性、物上代位性和优先受偿性，符合抵押权的一般特点，在效力上应优先于意定的抵押权。

（3）优先权说

该观点认为，建设工程优先受偿权是一种特殊的、不同的优先权。其特点在于债权人依据法律规定而享有的就债务人的总财产或特定财产优先于其他债权人受偿的权利。该种优先权系基于法律规定而创设，特殊在于当事人自身或他方不得任意创设，系在法律中赋予了特定债权的优先受偿权。

5. 相关案例

（1）【案例索引】（2020）苏 1204 民初 4029 号林某某与江苏某建设工程有限公司（以下简称江苏某建设公司）案外人执行异议之诉案

【裁判要旨】建设工程优先受偿权属于法定优先权，其优于抵押权，抵押权人执行登记在房地产开发企业名下但已销售给消费者的商品房，消费者提出执行异议的，人民法院依法予以支持。

【裁判摘要】一审法院认为，依据《最高院执行异议和复议规定》第二十八条和第二十九条的规定，原告在案涉房屋被查封前已与某房产公司签订了合法有效的书面买卖合同，并在查封前已合法占有不动产且支付了全部价款，其不能办理过户登记因该项目未经过竣工验收，应认定为非因买受人自身原因未办理过户登记。本案原告享有对案涉房屋的期待权。依据原告提交的房产登记中心信息查询，原告及其丈夫和成年次子均无房产登记，则本案原告同时具备一般房屋买受人和商品房消费者的资格。

关于原告享有的物权期待权是否可以对抗被告对执行标的的法定优先权。一审法院认为，根据《新建设工程司法解释一》第三十六条的规定，承包人根据《民法典》第八百零七条规定享有的建设工程价款优先受偿权优于抵押权和其他债权。因此，建设工程优先受偿权属于法定优先权其优于抵押权，抵押权人执行登记在房地产开发企业名下但已销售给消费者的商品房，消费者提出执行异议的，人民法院依法予以支持。因物权期待权的本质仍然为债权，商品房消费者基于生存利益至上的考虑，消费者对房屋的物权期待权应当优先于抵押权和其他债权。《最高院执行异议和复议规定》第二十八条规定：一般房屋买受人享有的物权期待权则不能优先于建设工程的法定优先权。案涉原告对案涉 4 套房屋的期待权不能均认定为商品房消费者的商品房。鉴于传统和伦理，原告夫妻为自己居住及为未成家的次子成家购买房屋各 1 套应视为商品房消费者。鉴于原告房屋 104 室和 106 室已装修完毕，本院确认该 2 套房屋解除查封并停止执行。被告江苏某建设公司辩称其对建设工程享有法定优先权的理由成立，其能排除一般房屋买受人享有的对房屋期待权的执行，但不能排除本案对案涉 4 套房屋的全部执行。

（2）【案例索引】（2021）赣 08 民终 66 号某金融资产管理股份有限公司与袁某某、某新型建材有限公司（以下简称某建材公司）建设工程施工合同纠纷案

【裁判要旨】发包人逾期不予支付工程款的，承包人可以请求就该工程折价或者拍卖的价款优先受偿。

【裁判摘要】本案中，《××车间工程施工合同》系袁某某与某建材公司所签订，签订后袁某某作为实际承包人依照约定履行，案涉工程已办理不动产权证，后某建材公司与袁某某于 2015 年 8 月 27 日就案涉工程款进行结算并确认了未付工程款金额，故案涉工程应当给付剩余工程价款之日可认定为 2015 年 8 月 27 日，而袁某某在 2015 年 12 月 17 日已提起诉讼主张该笔工程款。上诉人提出一审以 2015 年 8 月 27 日袁某某与某建材公司债权债务确认的单据作为工程结算单与事实不符，但未提供相应证据予以反驳，依法应承担举证不利的后果，对该上诉意见不予采纳。上诉人提出要核减案涉工程款尚应支付金额的意见，袁某某对此不予认可，上诉人也未提供任何证据予以证明，应承担

举证不利的后果，对该上诉意见亦不予采纳。《民法典》第八百零七条规定："发包人未按照约定支付价款的，承包人可以催告发包人在合理期限内支付价款。发包人逾期不支付的，除根据建设工程的性质不宜折价、拍卖外，承包人可以与发包人协议将该工程折价，也可以请求人民法院将该工程依法拍卖。建设工程的价款就该工程折价或者拍卖的价款优先受偿。"《新建设工程司法解释一》第三十六条规定："承包人根据民法典第八百零七条规定享有的建设工程价款优先受偿权优于抵押权和其他债权。"承包人袁某某享有相应的建设工程价款优先受偿权，该优先受偿权系法定优先权，虽生效调解书中未予写明，但某建材公司逾期未支付工程价款，案涉工程已经依法拍卖，一审确认承包人袁某某的工程价款462930元在其所承建的某建材公司钢结构车间实际施工钢结构部分拍卖所得的价款范围内享有优先受偿权符合前述法律的规定。

（3）【案例索引】（2021）浙0902执异3号叶某某与某建设有限公司建设工程合同纠纷执行纠纷案

【裁判要旨】装饰装修工程承包人只能在其承建的装饰装修工程折价或拍卖价款中享有优先受偿权。

【裁判摘要】根据《新建设工程司法解释一》第三十七条的规定，装饰装修工程承包人只能在其承建的装饰装修工程折价或拍卖价款中享有优先受偿权。（2020）浙0902民初2566号民事判决书亦明确某建设公司对装饰装修款本金在××市××区××街道××幢××室房屋（装饰装修工程）折价或拍卖款中享有优先受偿权。法院确认某建设公司对装饰装修款本金在81900元限额内优先受偿。在叶某某的抵押债权尚未完全受偿前，法院执行实施部门将属于普通债权的装饰装修款447849.14元与优先债权81900元，合计529749.14元一并发放给某建设公司，确属不当，应予纠正。某建设有限公司在收到法院通知其将已发放的447849.14元执行款退回法院执行款账户后，未能及时退回，法院冻结其银行账户内存款447849.14元，并无不当。

> **第三十七条**　装饰装修工程具备折价或者拍卖条件，装饰装修工程的承包人请求工程价款就该装饰装修工程折价或者拍卖的价款优先受偿的，人民法院应予支持。

1. 新旧条款对比

《新建设工程司法解释一》	《原建设工程司法解释二》
第三十七条　装饰装修工程具备折价或者拍卖条件，装饰装修工程的承包人请求工程价款就该装饰装修工程折价或者拍卖的价款优先受偿的，人民法院应予支持	第十八条　装饰装修工程的承包人，请求装饰装修工程价款就该装饰装修工程折价或者拍卖的价款优先受偿的，人民法院应予支持，但装饰装修工程的发包人不是该建筑物的所有权人的除外

本条在承继《原建设工程司法解释二》第十八条的基础上进行了修改，本条增加了"装饰装修工程具备折价或者拍卖条件"，删除《原建设工程司法解释二》第十八条中的"但装饰装修工程的发包人不是该建筑物的所有权人的除外"的规定。

《关于装修装饰工程优先受偿权的函复》："装修装饰工程属于建设工程，可以适用《中华人民共和国合同法》第二百八十六条关于优先受偿权的规定，但装修装饰工程的发包人不是该建筑物的所有权人或者承包人与该建筑物的所有权人之间没有合同关系的除外。享有优先权的承包人只能在建筑物因装修装饰而增加价值的范围内优先受偿。"本条是在《关于装修装饰工程优先受偿权的函复》的基础上修改而成。

2. 关联法条

《民法典》

第八百零七条　发包人未按照约定支付价款的，承包人可以催告发包人在合理期限内支付价款。发包人逾期不支付的，除根据建设工程的性质不宜折价、拍卖外，承包人可以与发包人协议将该工程折价，也可以请求人民法院将该工程依法拍卖。建设工程的价款就该工程折价或者拍卖的价款优先受偿。

3. 条文精解

本条是关于装饰装修工程价款优先受偿权的规定。装饰装修是人们生产生活中不可缺少的一部分。《建筑装饰装修工程质量验收标准》GB 50210—2018 第 2.0.1 条规定：建筑装饰装修是指为保护建筑物的主体结构、完善建筑物的使用功能和美化建筑物，采用装饰装修材料或饰物，对建筑物的内外表面及空间进行的各种处理过程。《建筑工程绿色施工规范》GB/T 50905—2014 第 8 条对装修工程进行了规范，使用了"装饰装修工程"的术语。《建筑法》和《建设工程质量管理条例》使用了"装修工程"术语。《建筑内部装修设计防火规范》GB 50222—2017 第 2.0.1 条规定：建筑内部装修是指为满足功能需求，对建筑内部空间所进行的修饰、保护及固定设施安装等活动。《机械工业厂房建筑设计规范》GB 50681—2011 第 9 条对装饰工程进行了规范。从以上法律和相关规范、标准的规定可以看出，实务中使用了建筑装饰装修工程、装修工程、装饰工程等不同的术语。本条中的装饰装修工程应作广义的解释，既包括建筑装饰装修工程，又包括装修工程和装饰工程。但本条的适用条件是装饰装修合同须为建设工程施工合同。建设工程价款优先受偿权是基于建设工程施工合同，以承包人的物化劳动成果对其债权享有的法定优先权。因此本条适用前提是装饰装修工程合同为建设工程施工合同，而家庭装饰合同、装修设计合同等显然不能适用本条。

《民法典》第八百零七条规定：发包人未按照约定支付价款的，承包人可以催告发包人在合理期限内支付价款。发包人逾期不支付的，除根据建设工程的性质不宜折价、拍卖外，承包人可以与发包人协议将该工程折价，也可以请求人民法院将该工程依法拍卖。建设工程的价款就该工程折价或者拍卖的价款优先受偿。根据上述规定，不宜折价、拍卖的工程，承包人不享有价款优先受偿权。所以，本条将"装饰装修工程具备折价或者拍卖条件"作为装饰装修工程承包人享有价款优先受偿权的前提条件。

如何理解"装饰装修工程具备折价或者拍卖条件"？如果装饰装修工程不具备折价或拍卖条件也不能行使优先受偿权。装饰装修工程只有在装饰装修工程价款能够单独确定且建设工程整体变价时，才具备行使装饰装修工程优先受偿权的条件。比如，办公楼租赁合同约定，租赁期间承租人可以进行装饰装修，但是合同到期后承租人必须恢复原状。在此情况下，承租人为了自己使用而与他人签订装饰装修合同，如果欠付装修款，装饰装修工程的承包人也不能行使优先受偿权。

实务中注意，本条删除了《原建设工程司法解释二》第十八条中对发包人的限制规定，不再要求装饰装修工程的发包人必须是建筑物的所有权人；本条中装饰装修工程的发包人既可以是建筑物的所有权人，也可以是建筑物的使用权人。如果装饰装修工程的发包人是建筑物的使用权人，承包人行使优先受偿权是否必须征得所有权人的同意？我们认为，建筑物的使用权人仅仅享有建筑物一定期限内的使用权，并不享有处分权，此时，承包人享有优先受偿权以所有权人的同意折价或拍卖为条件。

4. 延伸阅读

建筑装饰装修工程质量验收基本规定（《建筑装饰装修工程质量验收标准》
GB 50210—2018）

3.1 设计

3.1.1 建筑装饰装修工程应进行设计，并应出具完整的施工图设计文件。

3.1.2 建筑装饰装修设计应符合城市规划、防火、环保、节能、减排等有关规定。建筑装饰装修耐久性应满足使用要求。

3.1.3 承担建筑装饰装修工程设计的单位应对建筑物进行了解和实地勘察，设计深度应满足施工要求。由施工单位完成的深化设计应经建筑装饰装修设计单位确认。

3.1.4 既有建筑装饰装修工程设计涉及主体和承重结构变动时，必须在施工前委托原结构设计单位或者具有相应资质条件的设计单位提出设计方案，或由检测鉴定单位对建筑结构的安全性进行鉴定。

3.1.5 建筑装饰装修工程的防火、防雷和抗震设计应符合现行国家标准的规定。

3.1.6 当墙体或吊顶内的管线可能产生冰冻或结露时，应进行防冻或防结露设计。

3.2 材料

3.2.1 建筑装饰装修工程所用材料的品种、规格和质量应符合设计要求和国家现行标准的规定。不得使用国家明令淘汰的材料。

3.2.2 建筑装饰装修工程所用材料的燃烧性能应符合现行国家标准《建筑内部装修设计防火规范》GB 50222 和《建筑设计防火规范》GB 50016 的规定。

3.2.3 建筑装饰装修工程所用材料应符合国家有关建筑装饰装修材料有害物质限量标准的规定。

3.2.4 建筑装饰装修工程采用的材料、构配件应按进场批次进行检验。属于同一工程项目且同期施工的多个单位工程，对同一厂家生产的同批材料、构配件、器具及半成品，可统一划分检验批对品种、规格、外观和尺寸等进行验收，包装应完好，并应有产品合格证书、中文说明书及性能检验报告，进口产品应按规定进行商品检验。

3.2.5 进场后需要进行复验的材料种类及项目应符合本标准各章的规定，同一厂家生产的同一品种、同一类型的进场材料应至少抽取一组样品进行复验，当合同另有更高要求时应按合同执行。抽样样本应随机抽取，满足分布均匀、具有代表性的要求，获得认证的产品或来源稳定且连续三批均一次检验合格的产品，进场验收时检验批的容量可扩大一倍，且仅可扩大一次。扩大检验批后的检验中，出现不合格情况时，应按扩大前的检验批容量重新验收，且该产品不得再次扩大检验批容量。

3.2.6 当国家规定或合同约定应对材料进行见证检验时，或对材料质量发生争议时，应进行见证检验。

3.2.7 建筑装饰装修工程所使用的材料在运输、储存和施工过程中，应采取有效措施防止损坏、变质和污染环境。

3.2.8 建筑装饰装修工程所使用的材料应按设计要求进行防火、防腐和防虫处理。

3.3 施工

3.3.1 施工单位应编制施工组织设计并经过审查批准。施工单位应按有关的施工工艺标准或经审定的施工技术方案施工，并应对施工全过程实行质量控制。

3.3.2 承担建筑装饰装修工程施工的人员上岗前应进行培训。

3.3.3 建筑装饰装修工程施工中，不得违反设计文件擅自改动建筑主体、承重结构或主要使用功能。

3.3.4 未经设计确认和有关部门批准，不得擅自拆改主体结构和水、暖、电、燃气、通信等配套设施。

3.3.5 施工单位应采取有效措施控制施工现场的各种粉尘、废气、废弃物、噪声、振动等对周围环境造成的污染和危害。

3.3.6 施工单位应建立有关施工安全、劳动保护、防火和防毒等管理制度，并应配备必要的设备、器具和标识。

3.3.7 建筑装饰装修工程应在基体或基层的质量验收合格后施工。对既有建筑进行装饰装修前，应对基层进行处理。

3.3.8 建筑装饰装修工程施工前应有主要材料的样板或做样板间（件），并应经有关各方确认。

3.3.9 墙面采用保温隔热材料的建筑装饰装修工程，所用保温隔热材料的类型、品种、规格及施工工艺应符合设计要求。

3.3.10 管道、设备安装及调试应在建筑装饰装修工程施工前完成；当必须同步进行时，应在饰面层施工前完成。装饰装修工程不得影响管道、设备等的使用和维修。涉及燃气管道和电气工程的建筑装饰装修工程施工应符合有关安全管理的规定。

3.3.11 建筑装饰装修工程的电气安装应符合设计要求。不得直接埋设电线。

3.3.12 隐蔽工程验收应有记录，记录应包含隐蔽部位照片。施工质量的检验批验收应有现场检查原始记录。

3.3.13 室内外装饰装修工程施工的环境条件应满足施工工艺的要求。

3.3.14 建筑装饰装修工程施工过程中应做好半成品、成品的保护，防止污染和损坏。

3.3.15 建筑装饰装修工程验收前应将施工现场清理干净。

5. 相关案例

（1）【案例索引】（2021）粤 05 民终 106 号陈某某与广东某婴童用品股份有限公司（以下简称某婴童用品公司）装饰装修合同纠纷案

【裁判要旨】装饰装修工程的承包人请求工程价款就该装饰装修工程折价或者拍卖的价款优先受偿的前提条件为装饰装修工程须具备折价或者拍卖条件，否则人民法院不予支持。

【裁判摘要】根据 2021 年 1 月 1 日起施行的《新建设工程司法解释一》第三十七条的规定，装饰装修工程具备折价或者拍卖条件，装饰装修工程的承包人请求工程价款就该装饰装修工程折价或者拍卖的价款优先受偿的，人民法院应予支持。而在本案当中，虽然陈某某与某婴童用品公司确认了本案装饰装修工程包括公司办公楼一层区域的大门、大堂、通道、总经理办公室、其他房间及水电安装等项目。但在一审法院要求陈某某提供本案装饰装修工程所用的大理石、合板、电线、水管等建材的进货依据的情况下，陈某某均无法提供。而陈某某提供的微信转账记录也无法证明是瓷砖的购置款。就本案而言，陈某某的起诉证据也无法证明本案装饰装修工程具备了折价或者拍卖的条件。因此，根据上述司法解释关于装饰装修工程承包人对装饰装修工程享有优先受偿权前提条件的规定，陈某某诉讼请求对案涉装修工程价款享有优先受偿权的主张缺乏事实依据，本院不予以支持。其次，一审法院适用当时生效的《原建设工程司法解释二》的规定，认为陈某某于 2020 年 8 月 14 日向一审法院提起诉讼，未在 6 个月内行使优先受偿权，故其建设工程优先受偿权已经丧失，一审法院对此不予保护。二审法院认为，一审法院的裁判结果正确，予以维持。

（2）【案例索引】（2020）皖 1282 民初 4155 号安徽通久某公司与安徽富源某公司建设工程施工合同纠纷案

【裁判要旨】装饰装修工程尚未完工，也未进行竣工验收，无法确认工程是否存在质量问题，装饰装修工程尚不具备折价或者拍卖条件，装饰装修工程的承包人请求工程价款就该装饰装修工程折价或者拍卖的价款优先受偿的，人民法院不应予以支持。

【裁判摘要】关于原告主张就其承建的案涉工程折价或者拍卖的价款有权优先受偿的诉讼请求，一审法院认为，虽然《新建设工程司法解释一》第三十七条规定"装饰装修工程具备折价或者拍卖条件，装饰装修工程的承包人请求工程价款就该装饰装修工程折价或者拍卖的价款优先受偿的，人民法院应予支持"，但案涉工程并未完工，也未进行竣工验收，被告曾向鉴定机构提出案涉工程质量存在问题，现无法确认案涉工程是否存在质量问题，因此根据《新建设工程司法解释一》第三十九条"未竣工的建设工程质量合格，承包人请求其承建工程的价款就其承建工程部分折价或者拍卖的价款优先受偿的，人民法院应予支持"的规定，对原告主张的就其承建的案涉工程折价或者拍卖的价款有权优先受偿的诉讼请求，一审法院不予支持。

（3）【案例索引】（2020）鲁 0702 民初 2606 号潍坊市某集团有限公司与山东某置业有限公司建设工程合同纠纷案

【裁判要旨】装饰装修工程价款优先受偿权的范围包括承包人为建筑工程应当支付的工作人员报酬、材料等实际支出的费用，不包括承包人因发包人违约所造成的损失。

【裁判摘要】一审法院认为，原被告签订的两份《隔热断桥铝合金窗加工安装合同》均合法有效。原告按合同约定进行施工，因被告的原因导致合同中止履行，被告应将原告已完工的工程价款支付给原告并返还保证金 50000 元。关于工程造价中是否应包含铝合金压线部分，原告的主张成立，应确定原告已完工的工程价款为 2138912.34 元。扣除被告已支付的 600000 元，被告尚欠原告工程款 1588912.34 元。本案所涉门窗工程属于建筑装饰装修分部工程，原告请求工程价款就该装饰装修工程折价或者拍卖的价款优先受偿的，人民法院应予支持。建筑工程价款包括承包人为建筑工程应当支付的工作人员报酬、材料等实际支出的费用，不包括承包人因发包人违约所造成的损失。因此，原告支出的鉴定费不属于工程价款，不应优先受偿。

　　第三十八条　建设工程质量合格，承包人请求其承建工程的价款就工程折价或者拍卖的价款优先受偿的，人民法院应予支持。

　　1. 新旧条款对比

《新建设工程司法解释一》	《原建设工程司法解释二》
第三十八条　建设工程质量合格，承包人请求其承建工程的价款就工程折价或者拍卖的价款优先受偿的，人民法院应予支持	第十九条　建设工程质量合格，承包人请求其承建工程的价款就工程折价或者拍卖的价款优先受偿的，人民法院应予支持

　　本条是《原建设工程司法解释二》第十九条内容的保留，内容没有变化。

　　2. 关联法条

　　《民法典》

　　第八百零七条　发包人未按照约定支付价款的，承包人可以催告发包人在合理期限内支付价款。发包人逾期不支付的，除根据建设工程的性质不宜折价、拍卖外，承包人可以与发包人协议将该工程折价，也可以请求人民法院将该工程依法拍卖。建设工程的价款就该工程折价或者拍卖的价款优先受偿。

　　3. 条文精解

　　本条是关于承包人行使建设工程优先受偿权条件的规定。工程质量是建设工程的生命，关系到广大人民群众的生命财产安全，社会公共利益，建筑施工企业的施工能力是保证建设工程质量的前提条件。承包人只有在其施工的工程质量合格的前提下，才能够主张建设工程优先受偿权。

　　《建设工程质量管理办法》规定：本办法所称建筑工程质量是指在国家现行的有关法律、法规、技术标准、设计文件和合同中，对工程的安全、适用、经济、环保、美观等特性的综合要求。该办法虽已失效，但该规定可作为理解建设工程质量的定义的参考。工程质量百年大计，必须坚持质量第一，确保万无一失。我国《建筑法》《建设工程质量管理条例》等对从事建筑工程活动的各个主体应当履行的保证工程质量的义务作出了明确具体的规定。如勘察设计施工的质量必须符合国家安全标准，建设单位不得违法降低质量标准，施工企业对工程施工质量负责，总承包单位和分包单位对分包工程质量承担连带责任。勘察设计单位对勘察设计质量负责。工程设计的修改由原设计单位负责，施工企业不得擅自修改工程设计，施工企业必须使用合格材料。建筑工程的竣工实行竣工验收制度，建筑工程的保修实行保修制度等。

　　本条没有规定建设工程质量合格的标准，需要结合我国法律、法规和规范的具体规定，以及合同的约定确定建设工程质量合格的标准。建设工程质量标准不仅包括国家对建筑工程质量强制性的规范标准，还包括双方当事人在合同中约定的工程质量标准。但约定的工程质量标准不能低于强制性国家标准。

工程质量需符合法定的国家强制性标准，但不符合当事人在建设工程施工合同中约定的高于国家强制性标准的特殊标准，承包人是否享有优先受偿权？最高人民法院认为，应以建设工程质量合格的法定标准作为依据来判断承包人是否享有工程价款优先受偿权的前提条件，而不能以当事人约定的高于或低于法定工程质量标准为依据。如当事人的工程质量未达到约定的标准而对发包人造成损失，发包人可以依法要求承包人承担相应的民事责任。我们对这一观点持保留意见，如果建设工程施工合同无效，其约定的工程质量标准的条款无效，工程质量只要符合法定的工程质量标准，承包人就可以主张优先受偿权。但如果建设工程施工合同有效，约定的工程质量标准高于强制性国家标准，如果工程质量不符合合同约定，经过修复仍不能达到合同约定标准，不能实现合同目的，即使工程质量符合强制性国家标准，承包人亦不享有优先受偿权。

4. 相关案例

（1）【案例索引】（2021）鲁 0303 民初 1322 号山东某建工有限公司与山东某仓储工程有限公司建设工程价款优先受偿权纠纷案

【裁判要旨】当事人双方对工程款未进行最终结算，也未有证据证明双方对案涉工程造价达成一致意思表示，在工程款债权数额尚未确定的情况下，建设工程价款优先受偿权的期限应自一方当事人起诉时起算。

【裁判摘要】一审法院认为，《新建设工程司法解释一》第四十一条规定：承包人应当在合理期限内行使建设工程价款优先受偿权，但最长不得超过十八个月，自发包人应当支付建设工程价款之日起算。本案中，双方虽在合同中对工程款的支付方式作出了约定，但该约定属于工程施工过程中对工程款拨付进度的约定，并非工程款结算后应付工程款的时间。双方对案涉工程未进行最终结算引起本案诉讼，也未有证据证明双方于本案诉讼前对涉案工程造价达成一致意思表示，双方在破产重整前未终止履行案涉合同或达成债务清偿协议，在工程款债权数额尚未确定的情况下，建设工程价款优先受偿权的期限应自原告于本案主张权利时起算。因本案系在诉讼中通过工程造价鉴定才确定的被告欠付原告工程价款的数额，故原告在提起本案诉讼时主张建设工程价款优先受偿权，并未超过十八个月的除斥期间。被告关于原告超过时效的辩解意见不成立，一审法院不予采纳。本案中，被告对原告主张的工程欠款金额 2303924.07 元无异议，被告虽然提出原告工程存在质量问题，但未提供证据予以佐证，因此，对被告欠付原告工程款 2303924.07 元，一审法院予以确认。原告诉讼请求 2373924.07 元中包含70000元鉴定费，该费用不属于建设工程优先受偿范围，一审法院根据实际确认该费用由双方均担为宜。

（2）【案例索引】（2021）粤0705民初42号广东某建设有限公司江门市第一分公司与江门某置业有限公司建设工程施工合同纠纷案

【裁判要旨】建设工程质量合格，承包人请求其承建工程的价款就工程折价或者拍卖的价款优先受偿的，应当在合理期限内行使建设工程价款优先受偿权，最长不得超过十八个月，自发包人应当给付建设工程价款之日起算，超过时效部分不予支持，未超过时效部分应予支持。

【裁判摘要】根据《新建设工程司法解释一》第三十八条"建设工程质量合格，承包人请求其承建工程的价款就工程折价或者拍卖的价款优先受偿的，人民法院应予支持"及第四十一条"承包人应当在合理期限内行使建设工程价款优先受偿权，但最长不得超过十八个月，自发包人应当给付建设工程价款之日起算"的规定，对工程价款的优先受偿权，应自应付之日起计算十八个月的期限。对于原告主张的工程款（不含工程保修金2111130.07元、增加工程款47392.8元），根据合同的约定，应自工程竣工验收合格后支付工程总价的95%，另外5%作为工程保修金。案涉工程于2017年7月26日经竣工验收，已超过十八个月的工程价款优先受偿权的法定主张期限，对原告该部分工程价款主张优先受偿权，一审法院不予支持。对于工程保修金2111130.07元，合同约定质保期于2019年7月25日期满，至原告起诉主张优先受偿权时，不足十八个月，原告主张该部分工程价款主张优先受偿权，未超过法定期限，一审法院予以支持。增加工程款47392.8元是发生在工程质保期满后，同理，未超过十八个月的法定主张期限，一审法院予以支持。对案涉工程折价或拍卖的价款，原告在工程保修金2111130.07元、增加工程款47392.8元范围内享有优先受偿权。

第三十九条 未竣工的建设工程质量合格，承包人请求其承建工程的价款就其承建工程部分折价或者拍卖的价款优先受偿的，人民法院应予支持。

---

1. 新旧条款对比

《新建设工程司法解释一》	《原建设工程司法解释二》
第三十九条 未竣工的建设工程质量合格，承包人请求其承建工程的价款就其承建工程部分折价或者拍卖的价款优先受偿的，人民法院应予支持	第二十条 未竣工的建设工程质量合格，承包人请求其承建工程的价款就其承建工程部分折价或者拍卖的价款优先受偿的，人民法院应予支持

本条是《原建设工程司法解释二》第二十条内容的保留，内容没有变化。

2. 关联法条

《民法典》

第八百零七条　发包人未按照约定支付价款的，承包人可以催告发包人在合理期限内支付价款。发包人逾期不支付的，除根据建设工程的性质不宜折价、拍卖外，承包人可以与发包人协议将该工程折价，也可以请求人民法院将该工程依法拍卖。建设工程的价款就该工程折价或者拍卖的价款优先受偿。

3. 条文精解

本条规定与本解释第三十八条的规定相呼应，即"未竣工的建设工程质量合格"，承包人亦可主张优先受偿权，解决了实践中争议较大的"半拉子工程"是否享有建设工程优先受偿权的问题。

本条规定的是未竣工的工程，只要质量合格，仍然在其承建工程部分范围内享有优先受偿权。强调的依然是质量合格，建设工程优先受偿权与合同效力、是否竣工无关，只要工程质量合格即可主张优先受偿权。

根据《民法典》第八百零七条的规定，发包人未按照约定支付价款，承包人可就建设工程主张优先受偿权。但承包人行使优先受偿权须满足相应的条件：①发包人未按约定支付工程价款，即发包人欠付承包人工程价款；②承包人催告发包人在合理期限内支付，发包人仍逾期未予支付；③承包人施工的建设工程质量合格。根据《民法典》第五百六十六条、第七百九十三条等法律的规定，建设工程施工后被确认无效、被撤销或解除后，只要承包人已完成的建设工程质量合格，则承包人享有向发包人请求支付工程款的权利。因此对于未竣工的建设工程，承包人享有建设工程优先受偿权。当然，承包人仅就其承建部分的工程价款享有价款优先受偿权，不能涉及第三人承建部分。

未竣工的建设工程质量如何认定？①工程质量验收记录等证据证明未竣工的工程质量合格。工程项目验收分中间验收和竣工验收。《建筑工程施工质量验收统一标准》GB 50300—2013 第 4.0.1 条规定：建筑工程施工质量验收应划分为单位工程、分部工程、分项工程和检验批。如果有证据证明未竣工的工程已经进行了相应的验收，如承包人 A 承包钢结构厂房工程，主体结构已施工完毕并经验收，施工单位、勘察设计单位、监理单位分别在分部工程质量验收记录上签字盖章。因发包人欠付工程款，承包人解除了合同，则未竣工工程的质量合格。②未竣工的工程未进行验收，但发包人擅自使用的，工程质量视为合格。《建筑法》《建设工程质量管理条例》等法律明确规定，未经验收合格的工程，不得交付使用。实践中，发包人往往基于多种原因，擅自使用未经验收合格的工程，发包人的行为违反了法律的规定，应视为发包人对未竣工的工程质量的认可。本司法解释第十四条明确规定：建设工程未经竣工验收，发包人擅自使用后，又以使用部分质量不符合约定为由主张权利的，人民法院不予支持；但是承包人应当在建设工程的合理使用寿命内对地基基础工程和主体结构质量承担民事责任。③工程质量司法鉴定。未竣工的工程未进行验收，发包人亦未擅自使用，承包人没有证据证明其施工的工程质量合格，应由承包人申请对未竣工的工程进行工程质量司法鉴定。

4. 延伸阅读

根据现行法律规定，工程质量合格与工程竣工验收合格含义不同。

工程竣工验收是在工程完工后，投入使用前进行的最后一次验收。建设工程经验收合格的，方可交付使用。竣工验收的依据是《建设工程质量管理条例》和《房屋建筑和市政基础设施工程竣工验收规定》。

建筑工程质量是指在国家现行的有关法律、法规、技术标准、设计文件和合同中，对工程的安全、适用、经济、环保、美观等特性的综合要求。工程质量合格的判断标准是该工程是否符合《建筑工程施工质量验收统一标准》GB 50300—2013，以及与该标准相配套的建筑工程各专业工程施工质量验收规范。该标准依据国家有关工程质量的法律、法规、管理标准和有关技术标准编制，其中第 2.0.7 条规定：验收是指建筑工程质量在施工单位自行检查合格的基础上，由工程质量验收责任方组织，工程建设相关单位参加，对检验批、分项、分部、单位工程及其隐蔽工程的质量进行抽样检验，对技术文件进行审核，并根据设计文件和相关标准以书面形式对工程质量是否达到合格作出确认。判断一项工程质量合格与否，应首先结合该项工程的实际完成进度具体到该工程的质量验收划分单位，即单位（子单位）工程、分部（子分部）工程、分项工程和检验批，再根据《建筑工程施工质量验收统一标准》GB 50300—2013 第 5 条以及与该标准相配套的建筑工程各专业工程施工质量验收规范的规定对工程质量是否合格作出判断。

"未竣工的建设工程质量合格"的界定标准在于其对应的验收划分是否符合《建筑工程施工质量验收统一标准》GB 50300—2013 及相关配套规定。

5. 相关案例

（1）【案例索引】（2021）鲁 11 民终 341 号某集团有限公司与某环保生物科技有限公司建设工程施工合同纠纷案

【裁判要旨】未竣工的建设工程质量合格，承包人请求其承建工程的价款就其承建工程部分折价或者拍卖的价款优先受偿的，人民法院应予支持。

【裁判摘要】《民法典》第八百零七条规定："发包人未按照约定支付价款的，承包人可以催告发包人在合理期限内支付价款。发包人逾期不支付的，除根据建设工程的性质不宜折价、拍卖外，承包人可以与发包人协议将该工程折价，也可以请求人民法院将该工程依法拍卖。建设工程的价款就该工程折价或者拍卖的价款优先受偿。"《新建设工程司法解释一》第三十九条规定："未竣工的建设工程质量合格,承包人请求其承建工程的价款就其承建工程部分折价或者拍卖的价款优先受偿的,人民法院应予支持。"案涉工程为厂房,不存在不宜折价或拍卖的情形;涉案工程虽未施工完毕,但某集团有限公司已完成施工部分,经监理、设计、勘察部门验收符合设计要求,其施工质量合格,因此,某集团有限公司可以主张工程价款的优先受偿权。

(2)【案例索引】(2020)豫 0482 民初 2987 号河南某实业有限公司与湖州某建设有限公司(以下简称某建设公司)建设工程施工合同纠纷案

【裁判要旨】建设工程在未经竣工验收的情况下,当事人一方主张享有工程价款优先权,须就建设工程质量合格负担举证责任,在举证不能的情况下,其主张不应予以支持。

【裁判摘要】关于某建设公司主张的工程价款优先权问题。一审法院认为,《新建设工程司法解释一》第三十九条规定:未竣工的建设工程质量合格,承包人请求其承建工程的价款就其承建工程部分折价或者拍卖的价款优先受偿的,人民法院应予支持。本案中,案涉工程并未竣工验收,按照上述法律规定,某建设公司享有工程价款优先权的前提是建设工程质量合格。某建设公司对此负有举证责任,因其未能提供建设工程质量合格的相关证据,一审法院对其该项请求不予支持。

> **第四十条** 承包人建设工程价款优先受偿的范围依照国务院有关行政主管部门关于建设工程价款范围的规定确定。
>
> 承包人就逾期支付建设工程价款的利息、违约金、损害赔偿金等主张优先受偿的,人民法院不予支持。

1. 新旧条款对比

《新建设工程司法解释一》	《原建设工程司法解释二》
第四十条 承包人建设工程价款优先受偿的范围依照国务院有关行政主管部门关于建设工程价款范围的规定确定。 承包人就逾期支付建设工程价款的利息、违约金、损害赔偿金等主张优先受偿的,人民法院不予支持	第二十一条 承包人建设工程价款优先受偿的范围依照国务院有关行政主管部门关于建设工程价款范围的规定确定。 承包人就逾期支付建设工程价款的利息、违约金、损害赔偿金等主张优先受偿的,人民法院不予支持

本条是《原建设工程司法解释二》第二十一条内容的承继,内容没有变化。

2. 关联法条

（1）《建筑安装工程费用项目组成》

建筑安装工程费项目按照费用构成要素划分：由人工费、材料费、施工机具使用费、企业管理费、利润、规费和税金组成。

建筑安装工程费按照工程造价形成由分部分项工程费、措施项目费、其他项目费、规费、税金组成。

（2）《建筑工程施工发包与承包计价管理办法》

第六条规定，全部使用国有资金投资或者以国有资金投资为主的建筑工程（以下简称国有资金投资的建筑工程），应当采用工程量清单计价；非国有资金投资的建筑工程，鼓励采用工程量清单计价。

3. 条文精解

本条是关于建设工程价款优先受偿权范围的规定。本条第一款从正面明确规定承包人建设工程价款优先受偿的范围依照国务院有关行政主管部门关于建设工程价款范围的规定确定。

《合同法》第二百八十六条规定了承包人的建设工程价款优先受偿权，但没有规定优先受偿权的具体范围。《建设工程价款优先受偿权批复》第三条规定：建筑工程价款包括承包人为建设工程应当支付的工作人员报酬、材料款等实际支出的费用，不包括承包人因发包人违约所造成的损失。该条规定中的人员报酬、材料款等实际支出的费用的范围如何确定，如企业管理费、利润是否属于实际支出的费用，司法实践中对此存在较大争议。因此，本条在《建设工程价款优先受偿权批复》的基础上，明确建设工程价款优先受偿的范围依照国务院有关行政主管部门关于建设工程价款范围的规定确定。

国务院有关行政主管部门关于建设工程价款范围的现行规定主要有：《建设工程工程量清单计价规范》GB 50500—2013、《建筑安装工程费用项目组成》（建标〔2013〕44 号）、《建设工程施工发包与承包价格管理暂行办法》（建标〔1999〕1 号）等。《建设工程工程量清单计价规范》GB 50500—2013 第 1.0.3 条规定：建设工程发承包及实施阶段的工程造价应由分部分项工程费、措施项目费、其他项目费、规费和税金组成。《建筑安装工程费用项目组成》规定：建筑安装工程费用项目按费用构成要素划分为人工费、材料费、施工机具使用费、企业管理费、利润、规费和税金，按工程造价形成顺序划分为分部分项工程费、措施项目费、其他项目费、规费和税金。《建设工程施工发包与承包价格管理暂行办法》第五条规定：工程价格由成本（直接成本、间接成本）、利润（酬金）和税金构成。因此，目前，建设工程价款优先受偿权的范围包括人工费、材料费、施工机具使用费、企业管理费、利润、规费和税金，或分部分项工程费、措施项目费、其他项目费、规费和税金。当然，如果国务院有关行政主管部门关于建设工程价款范围的规定发生变化，则建设工程价款优先受偿权的范围亦相应发生变化。

本条第二款从反面规定了利息、违约金、损害赔偿金等不属于建设工程价款优先受偿权的范围。建设工程价款优先受偿权的立法目的在于解决工程款拖欠问题，进而确保农民工等工资实现，以保障劳动者的基本生存权。本条第一款的建设工程价款优先受偿权的范围包括了人工费、材料费、施工机具使用费、企业管理费、利润、规费和税金，可以最大限度保护农民工等劳动者工资的事项，不宜再扩大保护范围，否则，可能损害发包人或其他债权人的利益。因此，本条明确规定利息、违约金、损害赔偿金等不属于建设工程价款优先受偿权的范围。

4. 相关案例

（1）【案例索引】（2021）鲁 10 民终 1225 号荣成市某置业有限公司（以下简称某置业公司）与某岩土工程集团有限公司（以下简称某岩土公司）建设工程施工合同纠纷案

【裁判要旨】建设工程价款优先受偿的范围仅限于工程款，不包含逾期支付建设工程价款的利息、违约金、损害赔偿金，承包人主张优先受偿权的时间应自发包人应当给付建设工程价款之日起最长不超过 18 个月。

【裁判摘要】依法成立的合同具有法律约束力，双方当事人均应当按照合同约定履行各自义务。某岩土公司、某置业公司签订的《工程施工合同》《管桩工程施工承包合同补充协议》均系双方真实意思表示，应为合法有效，双方均应按照合同及协议约定履行各自义务。某岩土公司已依约完成施工，案涉工程也已竣工验收且完成结算，则某置业公司应当按照合同约定在结算后 30 日内一次性支付全部结算工程款。但某置业公司至今未能支付工程款，构成违约，某岩土公司有权要求某置业公司继续履行支付工程款的义务，故对于某岩土公司要求某置业公司支付工程款 5978272 元的主张，予以支持。对于某岩土公司主张的违约金，因双方签订的施工合同中对违约金的计算标准有具体明确的约定，且约定的标准并无不当，某岩土公司主张的违约金的起算时间亦无不当，故予以支持。对于某岩土公司主张的要求确认其对阳光新城工程在折价或拍卖、变卖后所得价款在 6096641 元内享有优先受偿权的主张，因建设工程价款优先受偿的范围不包含逾期支付建设工程价款的利息、违约金、损害赔偿金，承包人主张优先受偿权的时间应自发包人应当给付建设工程价款之日起最长不超过 18 个月，且某置业公司应当于 2020 年 12 月 17 日前将工程款一次性全部付清，故某岩土公司对阳光新城工程享有优先受偿权的主张二审法院予以支持，但优先受偿权的范围仅限于工程款 5978272 元。

（2）【案例索引】（2020）辽 01 民初 2081 号某建设集团有限公司（以下简称某建设集团公司）与某产业园开发有限公司（以下简称某产业园开发公司）、某生态科技园发展有限公司建设工程施工合同纠纷案

【裁判要旨】承包人就逾期支付建设工程价款的利息、违约金、损害赔偿金等主张优先受偿权的，人民法院不予支持，仅能就欠付工程款部分的优先受偿权予以支持。

【裁判摘要】关于原告是否享有优先受偿权的问题。依照《新建设工程司法解释一》第四十一条的规定，承包人应当在合理期限内行使建设工程价款优先受偿权，但最长不得超过十八个月，自发包人应当给付建设工程价款之日起算。结合本案某建设集团公司、某产业园开发公司于 2020 年 7 月 20 日对涉案工程欠款予以确认，并约定2020 年 7 月 20 日前由某产业园开发公司一次性向某建设集团公司支付工程款，原告某建设集团公司于 2020 年 12 月 8 日向本院提起民事诉讼，根据上述法律规定，原告未超出法律规定的行使建设工程优先受偿权期间，故对于该项诉讼请求，本院予以支持。同时，依照《新建设工程司法解释一》第四十条第二款的规定，承包人就逾期支付建设工程价款的利息、违约金、损害赔偿金等主张优先受偿权的，人民法院不予支持。故一审法院仅对于欠付工程款部分的优先受偿权予以支持，对于逾期利息等部分的优先受偿权不予支持。

第四十一条　承包人应当在合理期限内行使建设工程价款优先受偿权，但最长不得超过十八个月，自发包人应当给付建设工程价款之日起算。

1. 新旧条款对比

《新建设工程司法解释一》	《原建设工程司法解释二》
第四十一条　承包人应当在合理期限内行使建设工程价款优先受偿权，但最长不得超过十八个月，自发包人应当给付建设工程价款之日起算	第二十二条　承包人行使建设工程价款优先受偿权的期限为六个月，自发包人应当给付建设工程价款之日起算

本条源自《原建设工程司法解释二》第二十二条的规定，与《原建设工程司法解释二》第二十二条相比有较大变化：一是承包人行使建设工程价款优先受偿权增加了"应当在合理期限内行使"的要求，二是将原六个月行使期限修改为最长十八个月。

2. 关联法条

《民法典》

第八百零七条　发包人未按照约定支付价款的，承包人可以催告发包人在合理期

限内支付价款。发包人逾期不支付的，除根据建设工程的性质不宜折价、拍卖外，承包人可以与发包人协议将该工程折价，也可以请求人民法院将该工程依法拍卖。建设工程的价款就该工程折价或者拍卖的价款优先受偿。

3. 条文精解

本条是关于建设工程价款优先受偿权行使期限、起算点的规定。关于建设工程价款优先受偿权行使期限、起算点的法律规定演变。为了保障承包人工程价款债权的实现，《合同法》第二百八十六条规定了承包人的建设工程价款优先受偿权，但《合同法》规定较为原则，没有对建设工程价款优先受偿权的行使期限、起算点等作出规定。2002 年6 月 27 日起施行的《建设工程价款优先受偿权批复》第四条规定，建设工程承包人行使优先权的期限为六个月，自建设工程竣工之日或者建设工程合同约定的竣工之日起计算。由于建设工程结算较为专业、复杂，往往需要借助第三方机构予以审核，工程竣工后六个月内往往难以完成结算，如果从建设工程竣工之日开始计算，尚未完成结算就已经超过了优先受偿权的行使期限，对承包人显然不公平，也不符合立法目的。

《原建设工程司法解释二》第二十二条规定：承包人行使建设工程价款优先受偿权的期限为六个月，自发包人应当给付建设工程价款之日起算。该条将《建设工程价款优先受偿权批复》规定的"建设工程竣工之日"修改为"应当给付建设工程价款之日"。

最高人民法院之所以将"竣工之日"修改为"应付之日"是"因建设工程结算周期较长，流程复杂，在工程竣工后六个月期限内，承、发包双方很难达成结算。若依《建设工程价款优先受偿权批复》规定的以建设工程竣工之日或建设工程合同约定的竣工之日作为优先权行使期间的起算时间，则起算时间早于行使条件具备之日，此时承包人尚不知道发包人是否会拖欠工程款，甚至可能出现优先受偿权行使期限已经届满，而发包人的付款期限尚未届至的情形，显然不利于对承包人权益的保护，加之《合同法》第二百八十六条(《民法典》第八百零七条)还规定承包人在行使优先受偿权之前可以催告，为了保证工程款优先受偿权不致丧失，承包人只能要求发包人将给付工程款的时间定在竣工之后不久，故有必要对行使优先受偿权的起算时间进行完善""此规定系参照担保物权将建设工程价款优先受偿权的行使时间确定为债权未获满足之时，发包人应该给付工程款而未给付之时，解决了优先受偿权起算点不明确、不妥当的问题。"①

针对这一修改，不同观点认为，竣工之日是一个非常明确的起算点，不存在"不明确"的理解，倒是"应付之日"的规定将起算点变成了变幻不定、难以确定的

---

① 最高人民法院民事审判第一庭 . 最高人民法院新建设工程施工合同司法解释（一）理解与适用 [M].北京：人民法院出版社，2021.

时间点，特别是发承包双方另外通过"结算协议"或"付款协议"将工程款的付款时间另外约定的情形下，更让"应付时间"变得难以把握；如果说六个月的期限太短，那不是起算时间点的问题，完全可以通过延长期限的时间进行解决。

本条在司法实践的基础上，将建设工程价款优先受偿权的行使期限修改为"合理期限内行使建设工程价款优先受偿权，但最长不得超过十八个月"。

合理期限的界定。一是建设工程施工合同中约定了建设工程价款优先受偿权的行使期限。合同约定的行使期限是否合理，需要结合该约定期限是否损害建筑工人等第三人利益、合同履行情况、工程款计价方式、工程款结算情况、交易惯例等综合判断。一般情况下，如果该约定期限不存在损害建筑工人等第三人利益的情形，应贯彻司法自治原则，充分尊重当事人的意思表示，以合同约定期限为合理期限。二是建设工程施工合同中没有约定建设工程价款优先受偿权的行使期限或约定不明。此时应综合合同履行情况、工程款计价方式、工程款结算情况、交易惯例等多种因素综合判断，不宜过长或过短，妥善平衡发包人、承包人、抵押权人等利益。

建设工程价款优先受偿权行使期间的性质。主流观点认为，建设工程价款优先受偿权行使期间是除斥期间，一般不得中止、中断或者延长。

最高人民法院在《建设工程款优先受偿权适用法律的复函》（〔2007〕执他字第11号）中认为，建设工程款优先受偿权是一种法定优先权，无需当事人另外予以明示。《建设工程价款优先受偿权批复》第四条明确规定，建设工程承包人行使优先权的期限为六个月。依据该条规定，建设工程承包人行使优先权的期限为六个月，且为不变期间，不存在中止、中断、延长的情形。

4. 延伸阅读

（1）建设工程价款优先受偿权起算点"应付之日"的理解和界定

编者认为，将建设工程价款优先受偿权起算点由"竣工之日"修改为"应付之日"，这一点是非常有道理的，符合法律逻辑关系。因为建设工程价款优先受偿权实质上保护的是发包人对承包人的应付而未付（欠付）的那部分工程价款。若已经支付过的该部分工程价款，也就无须规定保护措施，更不需要规定优先受偿权。而对于应付而未付的部分，当然只能从欠付的工程款确定而且已届履行期的起点开始计算，即欠付工程款的应付之日。

但是，另一方面，由于建设工程的复杂性，如何确定应付之日又是一个难以把握的问题。笔者认为，实践中应结合具体情况根据不同的情形去理解，有的情形下"付款之日"为"应付之日"，有的情形下"交付之日"为"应付之日"，有的情形下"竣工之日"为"应付之日"，有的情形下"合同解除之日"为"应付之日"……具体来说，根据建设工程实践中的不同情形，应将以下时间节点作为"应付之日"。

①如约履行的施工合同，以合同中约定的"付款之日"为"应付之日"。

这是一种最理想的情形，工程依照施工合同如约履行，工程竣工验收交付，对于工程款的支付也没有另外的"付款协议"的约定，工程款应当按照施工合同中约定的时间进行支付。这种情形下，施工合同中约定的"付款之日"则为"应付之日"，应作为建设工程价款优先受偿权的起算点，对这种情形实践中也是基本没有争议的。

②存在合法有效的补充协议，以协议中约定的"付款之日"为"应付之日"。

如果说，在施工过程中或者竣工验收交付之后，发承包双方对工程款的付款时间另外达成了"结算协议"或"付款协议"，而新的补充协议和原来的施工合同中约定的付款时间有所不同（有的是提前，有的是推迟，当然大部分情形是分期分批支付的推迟，甚至有可能存在发承包双方恶意串通抵制银行等抵押权的情形）。在这种情况下如何认定"应付之日"呢？

一种观点认为，约定的权利不能侵害他人的权利，发承包人任意延长付款时间会对发包人的其他债权人产生不利影响，不应准许以牺牲发包人及其他债权人利益的方式，任由承包人对付款期限进行延迟或任由发承包双方作出对付款期限的延迟约定。

另一种观点认为，承包人在未付工程款范围内享有建设工程优先受偿权，系为保护承包人对工程价款的实际受偿而设立的，本身即是对承包人的特殊保护，而且发承包人对工程款的分期分批付款以及提前或延迟付款的约定协议，本身既不违法也不无效。

《最高人民法院新建设工程施工合同司法解释（一）理解与适用》中的观点是："承、发包人在施工合同之外，另行签订的关于付款的协议，实际上系对施工合同的工程款数额以及支付时间进行了变更，除了属于《民法典》规定的合同无效的情形外，应当认定有效，应付款之日即以另行约定的日期为准。但是为了避免发包人与承包人恶意串通，导致损害银行等其他债权人利益，人民法院应该主动审查承、发包人的主观意愿以及是否存在损害第三人利益的情形，如果确系乙方原因，导致付款条件不能成就，双方协商一致另行确定了付款时间，不存在恶意损害第三人利益的情形，应认定对付款时间的约定有效，优先受偿权的行使的起算时间以协议确定的付款时间为准。反之，承、发包人恶意串通，目的是拖延银行抵押权的行使或损害第三人利益，则应以原合同约定的付款日期作为应付工程款之日，即行使建设工程优先受偿权的起算时间[1]。"

上段话看起来有点复杂，简短一句话来说就是：新协议如果不存在无效的情况，

---

[1] 最高人民法院民事审判第一庭.最高人民法院新建设工程施工合同司法解释（一）理解与适用[M].北京：人民法院出版社，2021.

则以新协议约定的付款时间为"应付之日"，即优先受偿权的起算点。

如果经审理查明，发承包人存在恶意串通，目的是拖延银行抵押权的行使或损害其他债权人利益，则仍应以原施工合同约定的付款日期作为应付之日，即行使优先受偿权的起算时间[①]。

③没有付款的交付，以工程"交付之日"为"应付之日"。

建设工程的现实总是复杂的，如果原施工合同没有约定付款时间，发承包人也没达成新的付款协议，如何确定起算点即"应付之日"呢？这种情况下，工程已经交付，此时发包人已经实际占有控制了建设工程，可以行使占有、使用、收益、处分的权利，承包人可以也应当向发包人主张欠付工程款并行使优先受偿权。所以应当以工程"交付之日"作为工程款"应付之日"，即作为优先受偿权的起算点。

④好聚好散的解除，以合同约定的"解除之日"为"应付之日"。

现实中还有一种情况，工程因为发包人的原因或者承包人的原因或者双方的原因导致中途解除合同或终止履行。这种情况下，如果发承包人对工程的后续处理以及已完工程款的结算或支付达成"结算协议"或"付款协议"，则应当以协议中约定的"付款时间"为"应付之日"作为优先受偿权的起算点；如果发承包人仅仅达成解除合同协议，而未对工程款支付达成协议，则应当以合同"解除之日"为"应付之日"作为优先受偿权的起算点。

⑤一言不合的起诉，以"起诉之日"为"应付之日"。

现实中还有一种情况，因为发包人的原因或者承包人的原因或者双方的原因导致合同无法履行，实际上处于终止状态。发承包人没有达成合同解除或终止协议，承包人一方提起诉讼。这种情况下，应当以"起诉之日"为"应付之日"，即优先受偿权的起算之日。承包人起诉发包人要求支付工程款时，可以、也应当、一般也会同时请求法院确认其对工程享有优先受偿权，以"起诉之日"为"应付之日"作为优先受偿权起算点，也有助于提高司法效率[②]。

⑥不管不问的退场，以"实际退场之日"为"应付之日"。

在复杂多样的建设工程现实中，还存在一种情况。多数情况下，由于承包人的原因，比如继续做会巨亏、已完的工程存在重大质量问题且返工会成本巨大、无能力继续施工等，导致工程停工。这个时候，承包人可能会终止履行，一走了之，对后续如何处

---

①　最高人民法院民事审判第一庭.最高人民法院新建设工程施工合同司法解释（一）理解与适用[M].北京：人民法院出版社，2021.

②　最高人民法院民事审判第一庭.最高人民法院新建设工程施工合同司法解释（一）理解与适用[M].北京：人民法院出版社，2021.

理不管不问。在这种情况下，如果不合理地确定优先受偿权的起算时间，则不仅对发包人不公平，也对发包人的其他债权人不公平，"就法律规定层面而言，优先受偿权的生效无须登记，不具有公示的形式，其行使对其他权利人影响巨大，不应当使权利人据此权利长期怠于行使而妨碍其他权利人权利的实现"[①]。笔者认为，在这种情况下应该以"实际退场之日"为"应付之日"作为优先受偿权的起算点。或者发包人可以行使合同解除权，从"合同解除之日"作为"应付之日"即优先受偿权的起算点。

综上所述，笔者认为，基于建设工程的复杂性，建设工程实务的多变性，建设工程价款优先受偿权的"应付之日"应结合实践中的具体情况根据不同的情形来进行类型化认定和处理，而不应简单地进行统一对待。

（2）与"应付之日"有关的其他问题

第一，恶意串通协商延长应付之日的程序处理。如果承包人、发包人提起建设工程优先受偿权诉讼，"为了避免发包人与承包人恶意串通，导致损害银行等其他债权人利益，人民法院应主动审查承、发包人主观意愿以及是否存在损害第三人利益的情形"，"抵押权人可以有独立请求权之第三人的身份参加诉讼，如双方恶意串通以另行订立协议的方式拖延工程款支付及行使优先权的实现，抵押权人有权撤销该协议，并要求恶意串通的承包人和发包人承担赔偿责任"[②]。

第二，施工合同无效情形下，能否以合同中约定的付款时间为"应付之日"。施工合同的效力以及当事人何方违约和优先受偿权不属于一个法律问题，施工合同无效也不免除发包人的付款责任，也应当参照施工合同的约定予以折价补偿，所以尽管施工合同无效，合同中约定的付款时间也应当视为"应付之日"，即优先受偿权的起算日期。

第三，工程进度款、分期付款、分批付款等阶段性付款支付方式的优先受偿权的起算点。因工程进度款、分期付款、分批付款等阶段性付款的支付都是在施工过程中，合同尚未履行完毕。如果以阶段性付款之日作为工程价款优先受偿权的起算点，就会在工期较长的工程中出现工程还未竣工，阶段性付款的优先受偿权已经丧失的情况。所以，阶段性付款合同仍在继续履行的，应当以工程最终竣工结算后所确定的工程总价款的应付时间作为优先受偿权行使期限的起算点。当然，如果后来合同解除或终止履行，则应当按照合同解除或终止履行的情况具体来确定起算时间。

（3）建设工程优先受偿权是否需要经判决等生效文书确认？

[①] 最高人民法院民事审判第一庭.最高人民法院新建设工程施工合同司法解释（一）理解与适用[M].北京：人民法院出版社，2021.

[②] 最高人民法院民事审判第一庭.最高人民法院新建设工程施工合同司法解释（一）理解与适用[M].北京：人民法院出版社，2021.

　　无论人民法院作出的判决或调解书中是否明确规定承包人享有工程款优先受偿权，承包人只要在法定期限内主张行使该项权利的，均应受到保护。

　　最高人民法院（2018）最高法民申1281号裁判文书认为，建设工程价款优先受偿权为法定优先权，原则上自符合合同有效、发包人应付工程款，且不属于不宜折价、拍卖的范围等法定条件时起设立，而非依生效确权裁判确认后设立。最高人民法院（2016）最高法民申1281号裁判文书认为，人民法院在判决书、调解书中未明确建设工程款享有优先受偿权的，并不妨碍权利人申请行使其优先受偿的权利。因此，当事人虽未明确主张优先受偿权，但并不影响其享有该权利。

　　（4）执行程序中，如何行使优先权，是否需要提起执行异议之诉？

　　最高人民法院（2019）最高法民申3207号民事裁定书认为，案外人执行异议之诉是指案外人就执行标的享有足以排除强制执行的权利，请求法院不再对执行标的实施执行的诉讼。建设工程价款优先受偿权的基础权源从本质上属于债权，只是相对于普通债权而言具有优先性而已，因此该权利并不足以排除强制执行，也不应作为当事人提起案外人执行异议之诉的权利基础。《民诉法解释》第五百零八条规定：被执行人为公民或者其他组织，在执行程序开始后，被执行人的其他已经取得执行依据的债权人发现被执行人的财产不能清偿所有债权的，可以向人民法院申请参与分配。对人民法院查封、扣押、冻结的财产有优先权、担保物权的债权人，可以直接申请参与分配，主张优先受偿权。建设工程价款优先受偿权属于法定优先权，承包人可以申请参与到执行程序中，主张对执行标的物享有优先受偿权。当事人的建设工程价款已经为生效判决所确认，如对执行标的享有建设工程价款优先受偿权并在法定期间内主张，可以申请参与到执行程序中并主张对标的物优先分配，而不应以案外人身份提起执行异议之诉。

　　（5）发包人将该建设工程转让，承包人的优先权是否还存在？

　　在承包人就案涉建设工程价款优先受偿权未实现，亦未放弃的情况下，发包人将该建设工程转让的行为，不足以否定承包人的建设工程价款优先受偿权，其优先受偿权仍应得到法律保护。

5.相关案例

（1）【案例索引】（2021）湘民终191号湖南某高速公路开发有限公司（以下简称某高速公司）与山东某路桥有限责任公司（以下简称某路桥公司）建设工程施工合同纠纷案

【裁判要旨】承包人应当在合理期限内行使建设工程价款优先受偿权，但最长不得超过十八个月，自发包人应当给付建设工程价款之日起算，超过时效主张的，不予支持。

【裁判摘要】关于工程价款优先受偿。《新建设工程司法解释一》第四十一条规定：承包人应当在合理期限内行使建设工程价款优先受偿权，但最长不得超过十八个月，自发包人应当给付建设工程价款之日起算。本案中，（2019）湘民终225号民事判决确认案涉工程价款应当给付的时间为2011年10月15日，至某路桥公司提起本案诉讼时已超过十八个月。某高速公司以某路桥公司的该项权利未在合理期限内行使而提出应当驳回的主张，符合上述规定，应予以采纳。

（2）【案例索引】（2021）鲁11民终341号某胶建集团有限公司（以下简称某胶建公司）与某环保生物科技有限公司（以下简称某环保公司）建设工程施工合同纠纷案

【裁判要旨】建设工程未竣工验收，承包人应当向发包人主张建设工程价款优先受偿权的，自发包人应当给付建设工程价款之日起算。对于应付款的时间按如下方式确定：（一）建设工程已实际交付的，为交付之日；（二）建设工程没有交付的，为提交竣工结算文件之日；（三）建设工程未交付，工程价款也未结算的，为当事人起诉之日。

【裁判摘要】关于应付款时间。《新建设工程司法解释一》第四十一条规定：承包人应当在合理期限内行使建设工程价款优先受偿权，但最长不得超过十八个月，自发包人应当给付建设工程价款之日起算。案涉合同仅对竣工情况下工程款的支付进行了约定，但由于案涉工程未竣工验收，故合同约定的付款条件不能作为确定应付款的日期。《新建设工程司法解释一》第二十七条规定：利息从应付工程价款之日开始计付。当事人对付款时间没有约定或者约定不明的，下列时间视为应付款时间：（一）建设工程已实际交付的，为交付之日；（二）建设工程没有交付的，为提交竣工结算文件之日；（三）建设工程未交付，工程价款也未结算的，为当事人起诉之日。工程未完工情况下，某胶建公司与某环保公司之间如何支付工程款合同未进行约定，应根据上述法律规定来确定应付款时间。某环保公司主张应以其实际控制案涉工程之日为交付之日，某环保公司虽主张其于2017年10月份左右控制案涉工程，但其提交的证据不足以证明该主张，对此二审法院不予支持。相反，某环保公司申请的证人证明某胶建公司于2018年10月撤场，即便以该时间确定为某环保公司主张的交付时日，此时至2020年2月18日一审法院立案受理时亦不超过十八个月，因此，某胶建公司主张的优先受偿权未过除斥期间，对某环保公司的上诉主张，二审法院不予支持。

第四十二条　发包人与承包人约定放弃或者限制建设工程价款优先受偿权，损害建筑工人利益，发包人根据该约定主张承包人不享有建设工程价款优先受偿权的，人民法院不予支持。

1. 新旧条款对比

《新建设工程司法解释一》	《原建设工程司法解释二》
第四十二条　发包人与承包人约定放弃或者限制建设工程价款优先受偿权，损害建筑工人利益，发包人根据该约定主张承包人不享有建设工程价款优先受偿权的，人民法院不予支持	第二十三条　发包人与承包人约定放弃或者限制建设工程价款优先受偿权，损害建筑工人利益，发包人根据该约定主张承包人不享有建设工程价款优先受偿权的，人民法院不予支持

本条是对《原建设工程司法解释二》内容的承继，内容无变化。

2. 关联法条

《民法典》

第一百五十四条　行为人与相对人恶意串通，损害他人合法权益的民事法律行为无效。

3. 条文精解

本条是关于当事人事先放弃建设工程价款优先受偿权效力的规定。实践中，发包人向银行等金融机构申请贷款，为确保自身债权的实现并优先受偿，银行等金融机构一般会要求发包人提交承包人出具的放弃工程款优先受偿权的承诺书，或者直接与发包人、承包人签订三方合同，要求承包人放弃工程款优先受偿权。建设工程价款优先受偿权是否可以事先放弃，司法实践中存在较大的争议。承包人为了获得建设项目，无奈之下会选择放弃工程款优先受偿权。放弃工程款优先受偿权不仅可能损害承包人的利益，还可能影响到建筑工人利益的保护和实现。

原则上，发包人和承包人可以自由协商约定放弃或者限制建设工程价款优先受偿权。权利可以放弃，建设工程价款优先受偿权作为权利的一种，当事人有权对其自由处分，故承包人原则上可以作出放弃或限制的处分。承包人放弃价款优先受偿权后，其对发包人享有的工程款债权成为普通债权。对于"放弃"的理解，可以是对部分工程款的放弃，可以是对部分建筑物的放弃，可以是附条件放弃，可以是为价款优先受偿权的行使设定时间、条件、范围等限制。

限制或放弃建设工程价款优先受偿权的约定，如果损害到建筑工人的利益，则无效。《民法典》第一百三十二条规定：民事主体不得滥用民事权利损害国家利益、社会公共利益或者他人合法权益。建设工程价款优先受偿权作为法定的优先权，具有保护建筑工人利益的特殊立法目的。如果承包人允许发包人和承包人通过合同约定的方式自由放弃建设工程价款优先受偿权，这可能会损害建筑工人利益的。因此本条明确规定，发包人与承包人约定放弃或者限制建设工程价款优先受偿权，损害建筑工人利益，发包人根据该约定主张承包人不享有建设工程价款优先受偿权的，人民法院不予支持。

是否损害建筑工人的利益，不能仅以是否拖欠建筑工人工资来认定。应综合分析审查承包人的整体清偿能力，如果承包人具有偿债能力，不能认定承包人放弃价款优先受偿权损害建筑工人利益。一般而言，放弃或限制建设工程价款优先受偿权，必然实质上影响建筑工人工资的清偿，从而损害建筑工人利益。但是，如果建筑工人的工资已经清偿，或另行为建筑工人的工资提供了足额担保，建筑工人的利益有了保障，则应当认定为建筑工人利益未受损害。

4. 延伸阅读

承包人将工程款债权转让时，优先受偿权是否一并转让

一种观点认为：建设工程价款优先受偿权与建设工程价款请求权具有依附性，当承包人将建设工程价款债权对外转让时，建设工程价款的优先受偿权即告消失。

《河北高院指南》规定："37. 建设工程价款优先受偿权与建设工程价款请求权具有人身依附性，承包人将建设工程价款债权转让，建设工程价款的优先受偿权消灭。"

《深圳市中级人民法院关于建设工程合同若干问题的指导意见》规定："31. 承包人将其对发包人的工程款债权转让给第三人的，建设工程价款优先受偿权不能随之转让。"

另一种观点认为：建设工程价款优先受偿权依附于工程款债权，当承包人将建设工程价款债权对外转让时，建设工程价款优先受偿权应一并转让。

《广东高院意见》规定："十五、承包人将建设工程施工合同约定的工程款债权依法转让，债权受让方主张其对建设工程享有优先受偿权的，可予支持。承包人在转让工程款债权前与发包人约定排除优先受偿权的，该约定对承包人以外的实际施工人不具有约束力。"

《江苏高院指南》规定："七、建设工程施工合同工程款的认定……（二）建设工程价款优先受偿权……建设工程价款优先受偿权属于法定抵押权，担保的是工程款债权，主债权转让的，担保物权应一并转让。根据法律条文的表述并不能确定工程款优先受偿权具有人身专属性，故工程款债权转让给他人的，优先受偿权应随之转让。"

5. 相关案例

（1）【案例索引】（2020）黔民终 967 号某房地产开发有限公司（以下简称某房开公司）与某教育建筑工程有限公司（以下简称某教育建筑公司）建设工程施工合同纠纷案

【裁判要旨】发包人与承包人约定放弃或者限制建设工程价款优先受偿权，损害建筑工人利益，发包人根据该约定主张承包人不享有建设工程价款优先受偿权的，人民法院不予支持。该条款包含两层意思，一是承包人与发包人有权约定放弃或者限制建设工程价款优先受偿权，二是约定放弃或者限制建设工程价款优先受偿权不得损害建筑工人利益。若承包方放弃其建设工程价款优先受偿权，导致其责任财产减少，造

成整体的清偿能力恶化影响正常支付建筑工人工资，则放弃优先权之承诺无效。

【裁判摘要】二审法院认为，根据《民法典》第八百零七条的规定，发包人未按照约定支付价款的，承包人可以催告发包人在合理期限内支付价款。发包人逾期不支付的，除根据建设工程的性质不宜折价、拍卖外，承包人可以与发包人协议将该工程折价，也可以请求人民法院将该工程依法拍卖。建设工程的价款就该工程折价或者拍卖的价款优先受偿。该条赋予了承包人建设工程价款优先受偿权，目的在于保护建筑工人的利益。根据《新建设工程司法解释一》第四十二条"发包人与承包人约定放弃或者限制建设工程价款优先受偿权，损害建筑工人利益，发包人根据该约定主张承包人不享有建设工程价款优先受偿权的，人民法院不予支持"的规定，该条款包含两层意思：一是承包人与发包人有权约定放弃或者限制建设工程价款优先受偿权，二是约定放弃或者限制建设工程价款优先受偿权不得损害建筑工人利益。本案中，虽然《承诺书》系作为承包人的某教育建筑公司向某农商行作出，并非向发包人某房开公司作出，但是因为某教育建筑公司处分了己方的建设工程价款优先受偿权，因此该意思表示、处分行为仍然应当遵循《新建设工程司法解释一》第四十二条的立法精神，即建设工程价款优先受偿权的放弃或限制，不得损害建筑工人利益。从《承诺书》的内容以及第三人某农商行当庭自认需施工人作出承诺方可贷款的相关情况可知，某教育建筑公司系基于其与某房开公司签有案涉工程项目建设工程施工合同，为某房开公司顺利获得贷款才出具了该《承诺书》，某房开公司与某农商行签订的《固定资产借款合同》亦约定该贷款具体用途为"世纪新城三期6、7号楼项目工程建设"之事实，某教育建筑公司主张其放弃优先权的前提是某房开公司将取得的贷款用于案涉工程项目的建设（包括支付其建设工程价款）符合常理。但是某房开公司获取贷款后，其自认并未将全部的贷款支付给某教育建筑公司，某房开公司逾期支付工程进度款的行为客观存在，根据证人出庭陈述的情况，现某教育建筑公司未清偿完毕案涉工程建筑工人工资，因此，若允许某教育建筑公司放弃其建设工程价款优先受偿权，则其责任财产必然减少，必然造成整体的清偿能力恶化影响正常支付建筑工人工资，从而导致侵犯建筑工人利益。一审认定《承诺书》中某教育建筑公司放弃优先权之承诺因损害建筑工人利益而归于无效并无不当，二审法院予以维持。对某房开公司、某农商行的该项主张，二审法院不予支持。

（2）【案例索引】（2019）川17民终1714号某农村商业银行股份有限公司达州分行（以下简称某农商行达州分行）与冉某某、四川某铝业有限公司（以下简称某铝业公司）、四川省某建筑工程有限公司建设工程价款优先受偿权纠纷案

【裁判要旨】发包人与承包人约定放弃或者限制建设工程价款优先受偿权，是否构成对建筑工人利益的损害，可以结合放弃的主体、放弃的目的以及信赖利益等方面进行认定。

【裁判摘要】根据《原建设工程司法解释二》第二十三条"发包人与承包人约定放弃

或者限制建设工程价款优先受偿权，损害建筑工人利益，发包人根据该约定主张承包人不享有建设工程价款优先受偿权的，人民法院不予支持"的规定，冉某某虽出具了放弃工程价款优先权的承诺，但其是向发包人以外的第三人某农商行达州分行出具，与前述规定的主体不同；同时，冉某某出具放弃工程价款优先受偿权的承诺是基于本案《最高额授信合同》《固定资产借款合同》约定某铝业公司向第三人某农商行达州分行借款2亿元，冉某某有理由相信放弃工程款优先受偿权是为促使某铝业公司向第三人某农商行达州分行借款成功，以及某铝业公司会用该贷款支付冉某某工程价款；再次，某铝业公司与上诉人某农商行达州分行签订的《固定资产借款合同》中约定了某农商行达州分行监管借款资金的使用，该约定足以让冉某某坚信自己能够足额收回工程价款。而某农商行达州分行未尽到合同约定的监管义务，导致某铝业公司没有将借款用于工程建设，以至于冉某某至今没有足额收取工程款，冉某某基于善意和信赖优先放弃工程款优先受偿权的目的无法实现。对此，某农商行达州分行存在的过错对冉某某在某铝业公司获取借款后不能收取工程款具有实质性影响，导致目前冉某某应收工程款尚未得到支付，工程保证金亦尚未得到返还，难以支付建筑工人工资，一审认定冉某某出具放弃工程价款优先权的承诺损害建筑工人利益，对某农商行达州分行关于冉某某不享有工程价款优先受偿权的主张不予支持正确，某农商行达州分行的上诉理由不能成立，二审法院不予支持。

第八节 实际施工人条款解读（第四十三～四十四条）

第四十三条 实际施工人以转包人、违法分包人为被告起诉的，人民法院应当依法受理。

实际施工人以发包人为被告主张权利的，人民法院应当追加转包人或者违法分包人为本案第三人，在查明发包人欠付转包人或者违法分包人建设工程价款的数额后，判决发包人在欠付建设工程价款范围内对实际施工人承担责任。

1. 新旧条款对比

《新建设工程司法解释一》	《原建设工程司法解释一》	《原建设工程司法解释二》
第四十三条 实际施工人以转包人、违法分包人为被告起诉的，人民法院应当依法受理。 实际施工人以发包人为被告主张权利的，人民法院应当追加转包人或者违法分包人为本案第三人，在查明发包人欠付转包人或者违法分包人建设工程价款的数额后，判决发包人在欠付建设工程价款范围内对实际施工人承担责任	第二十六条 实际施工人以转包人、违法分包人为被告起诉的，人民法院应当依法受理。 实际施工人以发包人为被告主张权利的，人民法院可以追加转包人或者违法分包人为本案当事人。发包人只在欠付工程价款范围内对实际施工人承担责任	第二十四条 实际施工人以发包人为被告主张权利的，人民法院应当追加转包人或者违法分包人为本案第三人，在查明发包人欠付转包人或者违法分包人建设工程价款的数额后，判决发包人在欠付建设工程价款范围内对实际施工人承担责任

本条是在《原建设工程司法解释一》第二十六条、《原建设工程司法解释二》第二十四条的基础上承继并修改。本条第一款沿用了《原建设工程司法解释一》第二十六条第一款内容，删除了第二款。本条第二款为《原建设工程司法解释二》第二十四条内容。

2. 关联法条

《最高人民法院十二届全国人大四次会议第9594号建议的答复》

"实际施工人"是指依照法律规定被认定为无效的施工合同中实际完成工程建设的主体，包括施工企业、施工企业分支机构、工头等法人、非法人团体、公民个人等，是《最高人民法院关于审理建设工程施工合同纠纷案件适用法律问题的解释》（以下简称《解释》）确定的概念，目的是区分有效施工合同的承包人、施工人、建筑施工企业等法定概念。为保障农民工合法权益和维护社会大局稳定，该司法解释第二十六条第二款规定，在欠付劳务分包工程款，进而欠付农民工工资情形下，实际施工人可突破合同相对性向与其没有合同关系的发包人、总承包人提起偿还劳务分包工程欠款的诉讼；该条第一款同时规定，原则不能突破合同相对性，应当按照合同顺位主张权利。《解释》施行十余年来，该条规定对保护农民工权益切实起到积极作用，为实际施工人主张劳务分包工程欠款提供了便捷通道，最高人民法院向全国人大常委会所作工作报告也报告了此条立意；同时，不可否认，实践中也出现大量突破司法解释原意滥用此条规定的情形，损害了发包人、总承包人合法权益。

3. 条文精解

本条是关于实际施工人权利救济的规定。实际施工人并非一个法律概念，并非民事法律规定的民事主体。《原建设工程司法解释一》第一次使用了"实际施工人"概念，在第一条、第四条、第二十五条、第二十六条使用了该概念，实际施工人是指无效合同的承包人，包括转包合同的承包人、违法分包合同的承包人、没有资质借用有资质的建筑企业的名义与他人签订建设工程施工合同的承包人。

2016年8月24日，在《最高人民法院对十二届人大四次会议第9594号建议的答复》（以下简称《答复》）中再次明确了"实际施工人"是指依照法律规定被认定为无效的施工合同中实际完成工程建设的主体，包括施工企业、施工企业分支机构、工头等法人、非法人团体、公民个人等，是《原建设工程司法解释一》确定的概念，目的是区分有效施工合同的承包人、施工人、建筑施工企业等法定概念。实际施工人可以分为三类，一是转包合同的承包人，二是违法分包合同的承包人，三是借用资质与他人签订建设工程施工合同的单位或个人。

从本条条文用语看，本条仅规定了实际施工人与转包人、违法分包人、转包人之间的权利义务关系，不包括借用资质情形下的实际施工人。本条是否适用于借用资质的实际施工人，司法实践中存在争议。

《北京高院解答》规定："20. 不具有资质的挂靠施工人主张欠付工程款的，如何处理？不具有资质的实际施工人（挂靠施工人）挂靠有资质的建筑施工企业（被挂靠人），并以该企业的名义签订建设工程施工合同，被挂靠人怠于主张工程款债权的，挂靠施工人可以以自己名义起诉要求发包人支付工程款，法院原则上应当追加被挂靠人为诉讼当事人，发包人在欠付工程款范围内承担给付责任。因履行施工合同产生的债务，被挂靠人与挂靠施工人应当承担连带责任。"

最高人民法院（2016）最高法民终 361 号民事判决书认为，出借资质的建设工程施工合同中，如果建设工程发包方对于建筑工程施工企业出借资质、由实际施工人予以施工事实明知，出借资质的建筑工程企业实际仅为名义上承包方，在该工程价款的结算中，应当由实际施工人直接向发包方主张工程价款，出借资质的建筑工程施工企业承担违反法律规定出借资质的法律责任。

我们认为，根据对该条的字面理解，借用资质的实际施工人即挂靠人不适用本条的规定，即不能突破合同相对性起诉发包人。如果发包人明知或故意追求资质借用的，实际施工人与发包人之间可以认定成立事实合同关系，实际施工人可以直接起诉发包人要求支付工程款。如果发包人不明知的，借用资质的实际施工人不可以适用本条，即不可以突破合同相对性直接起诉发包人。

实际施工人诉发包人，法院应查明发包人欠付承包人工程价款的数额，并在判决中明确发包人在所欠工程价款具体数额的范围内向实际施工人承担支付责任，这样做的目的在于避免生效判决没有具体金额导致无法执行的情况发生。层层转包、违法分包情形下，实际施工人诉发包人的，法院可以将全部转包人、违法分包人追加为第三人，也可以仅追加承包人以及实际施工人上一手的转包人或违法分包人为第三人。

4. 延伸阅读

转包、违法分包、挂靠的概念辨析

（1）转包

存在下列情形之一的，应当认定为转包，但有证据证明属于挂靠或者其他违法行为的除外：①承包单位将其承包的全部工程转给其他单位（包括母公司承接建筑工程后将所承接工程交由具有独立法人资格的子公司施工的情形）或个人施工的；②承包单位将其承包的全部工程肢解以后，以分包的名义分别转给其他单位或个人施工的；③施工总承包单位或专业承包单位未派驻项目负责人、技术负责人、质量管理负责、安全管理负责人等主要管理人员，或派驻的项目负责人、技术负责人、质量管理负责人、安全管理负责人中一人及以上与施工单位没有订立劳动合同且没有建立劳动工资和社会养老保险关系，或派驻的项目负责人未对该工程的施工活动进行组织管理，又不能进行合理解释并提供相应证明的；④合同约定由承包单位负责采购的主要建筑材料、构配件及工程设备或租赁的施工机械设备，由其他单位或个人采购、租赁，或施工单位不能提供有关采购、租赁合同及发票等证明，又不能进行合理解释并提供相应证明的；⑤专业作业承包人承包的范围是承包单位承包的全部工程，专业作业承包人计取的是除上缴给承包单位"管理费"之外的全部工程价款的；⑥承包单位通过采取合作、联营、个人承包等形式或名义，直接或变相将其承包的全部工程转给其他单位或个人施工的；⑦专业工程的发包单位不是该工程的施工总承包或专业承包单位的，但建设单位依约作为发包单位的除外；⑧专业作业的发包单位不是该工程承包单位的；⑨施工合同主体之间没有工程款收付关系，或者承包单位收到款项后又将款项转拨给其他单位和个人，又不能进行合理解释并提供材料证明的。两个以上的单位组成联合体承包工程，在联合体分工协议中约定或者在项目实际实施过程中，联合体一方不进行施工也未对施工活动进行组织管理的，并且向联合体其他方收取管理费或者其他类似费用的，视为联合体一方将承包的工程转包给联合体其他方。

（2）违法分包

是指承包单位承包工程后违反法律法规规定，把单位工程或分部分项工程分包给其他单位或个人施工的行为。存在下列情形之一的，属于违法分包：①承包单位将其承包的工程分包给个人的；②施工总承包单位或专业承包单位将工程分包给不具备相应资质单位的；③施工总承包单位将施工总承包合同范围内工程主体结构的施工分包给其他单位的，钢结构工程除外；④专业分包单位将其承包的专业工程中非劳务作业部分再分包的；⑤专业作业承包人将其承包的劳务再分包的；⑥专业作业承包人除计取劳务作业费用外，还计取主要建筑材料款和大中型施工机械设备、主要周转材料费用的。

（3）挂靠

是指单位或个人以其他有资质的施工单位的名义承揽工程的行为。上文所称承揽工程，包括参与投标、订立合同、办理有关施工手续、从事施工等活动。存在下列情形之一的，属于挂靠：①没有资质的单位或个人借用其他施工单位的资质承揽工程的；②有资质的施工单位相互借用资质承揽工程的，包括资质等级低的借用资质等级高的，资质等级高的借用资质等级低的，相同资质等级相互借用的；③上述"（1）转包"中第③至⑨项的情形，有证据证明属于挂靠的。

5. 相关案例

（1）【案例索引】（2021）陕02民终204号铜川某煤业有限公司（以下简称某煤业公司）与段某某、刘某某建设工程施工合同纠纷案

【裁判要旨】实际施工人以发包人为被告主张权利的，人民法院应当追加转包人或者违法分包人为本案第三人，在查明发包人欠付转包人或者违法分包人建设工程价款的数额后，判决发包人在欠付建设工程价款范围内对实际施工人承担责任。

【裁判摘要】二审法院认为，本案争议的焦点为某煤业公司应否向段某某承担支付工程款责任。

《新建设工程司法解释一》规定：实际施工人以发包人为被告主张权利的，人民法院应当追加转包人或者违法分包人为本案第三人，在查明发包人欠付转包人或者违法分包人建设工程价款的数额后，判决发包人在欠付建设工程价款范围内对实际施工人承担责任。

从刘某某所打的欠条，以及刘某某与段某某之间微信记录来看，某煤业公司作为发包方将本公司的锅炉安装工程发包给刘某某，刘某某又将该工程劳务转包给段某某。段某某完成该劳务后，刘某某欠付段某某42450元工程款，该欠付工程款至今未付。

刘某某作为段某某的合同相对人，应当就欠付工程款承担支付责任；某煤业公司作为工程发包方，应当在欠付工程款范围内承担责任。但发包人在欠付工程款范围内对实际施工人承担的给付责任并非与承包方的连带责任，一审对此适用法律不当，应予变更。

（2）【案例索引】（2020）豫民终485号河南某建筑安装有限公司（以下简称某建筑安装公司）与某电力集团有限公司（以下简称某电力公司）建设工程施工合同纠纷案

【裁判要旨】实际施工人向发包人主张权利符合法律规定，但该权利的行使必须以查清发包人欠付承包人工程款的数额为前提，若发包方与承包方就案涉工程未予结算，对于发包人是否欠付承包方工程款、欠付多少无法确定，且实际施工人对案涉工程未予结算存在过错，实际施工人可待发承包双方结算后，在确定存在发包方欠付承包方工程款的情形后，另行向发包方主张权利。

【裁判摘要】关于某国有资产公司应否在欠付工程款的范围内承担本案责任问题。《新建设工程司法解释一》第四十三条规定：实际施工人以发包人为被告主张权利的，人民法院应当追加转包人或者违法分包人为本案第三人，在查明发包人欠付转包人或者违法分包人建设工程价款的数额后，判决发包人在欠付工程价款范围内对实际施工人承担责任。本案中，某建筑安装公司作为实际施工人，向涉案工程的发包人某国有资产公司主张权利符合法律规定。但该权利的行使必须以查清某国有资产公司欠付某

电力公司工程款的数额为前提，而某国有资产公司与某电力公司就案涉工程至今未予结算，某国有资产公司是否欠付某电力公司工程款、欠付多少在本案中均无法确定，且某建筑安装公司对案涉工程未予结算存在过错。此外，在本案二审审理过程中，某国有资产公司与某电力公司均明确表示某国有资产公司已经按照合同约定的支付节点支付了进度款。因此，对某建筑安装公司要求某国有资产公司在欠付工程款的范围内承担责任的上诉请求，二审法院在本案中暂不予支持。待某国有资产公司与某电力公司就案涉工程结算后，如存在某国有资产公司欠付某电力公司工程款的情形，某建筑安装公司可另行向某国有资产公司主张权利。

> **第四十四条**　实际施工人依据民法典第五百三十五条规定，以转包人或者违法分包人怠于向发包人行使到期债权或者与该债权有关的从权利，影响其到期债权实现，提起代位权诉讼的，人民法院应予支持。

1. 新旧条款对比

《新建设工程司法解释一》	《原建设工程司法解释二》
第四十四条　实际施工人依据民法典第五百三十五条规定，以转包人或者违法分包人怠于向发包人行使到期债权或者与该债权有关的从权利，影响其到期债权实现，提起代位权诉讼的，人民法院应予支持	第二十五条　实际施工人根据合同法第七十三条规定，以转包人或者违法分包人怠于向发包人行使到期债权，对其造成损害为由，提起代位权诉讼的，人民法院应予支持

本条是对《原建设工程司法解释二》第二十五条的承继和完善。新旧条文有三处变化：一是将"合同法第七十三条"修改为"民法典第五百三十五条"；二是将"到期债权"增加为"到期债权或者与该债权有关的从权利"；三是将"对其造成损害为由"修改为"影响其到期债权实现"。

2. 关联法条

《民法典》

第五百三十五条　因债务人怠于行使其债权或者与该债权有关的从权利，影响债权人的到期债权实现的，债权人可以向人民法院请求以自己的名义代位行使债务人对相对人的权利，但是该权利专属于债务人自身的除外。

代位权的行使范围以债权人的到期债权为限。债权人行使代位权的必要费用，由债务人负担。

相对人对债务人的抗辩，可以向债权人主张。

3. 条文精解

本条是关于实际施工人代位权诉讼的规定。本司法解释为实际施工人权利救济提供了两种不同的选择，分别为第四十三条"实际施工人突破合同相对性向发包人主张权利"和第四十四条"实际施工人提起代位权诉讼"。代位权是指因债务人怠于行使其债权或者与该债权有关的从权利，影响债权人到期债权实现的，债权人可以通过向法院提起诉讼的方式行使代位权，请求以自己的名义代位行使债务人对相对人的权利，从而保持债务人的责任财产，以保障其债权的实现①。本条将实际施工人对发包人的请求权引入到代位权诉讼制度中。

根据《民法典》第五百三十五条的规定，结合本条，实际施工人提起代位权诉讼的条件如下。

（1）实际施工人对转包人或违法分包人享有的债权合法。《民法典》第七百九十三条第一款规定：建设工程施工合同无效，但是建设工程经验收合格的，可以参照合同关于工程价款的约定折价补偿承包人。转包合同、违法分包合同虽无效，但如果实际施工人完成的建设工程质量合格，实际施工人依法可以取得其承建建设工程的折价补偿款。该建设工程的折价补偿款债权合法。

（2）实际施工人对转包人或违法分包人享有的债权已经到期。只有实际施工人的工程款债权已经到期且数额确定，转包人或违法分包人未履行债务时，实际施工人才能行使代位权。

（3）转包人或违法分包人怠于行使其对发包人的债权及与该债权有关的从权利，影响实际施工人到期债权的实现。如何理解本条中的怠于行使？如果转包人或违法分包人的工程款债权到期后，其通过发催收函、打电话等权利救济的方式主张权利，是否构成"怠于行使"权利。《民法典》第五百三十五条并没有对债务人"怠于行使"其权利的判断标准作出规定。《最高人民法院关于适用〈中华人民共和国合同法〉若干问题的解释（一）》（法释〔1999〕19号）第十三条规定：债务人"怠于行使"其到期债权是指债务人不履行其对债权人的到期债务，又不以诉讼方式或者仲裁方式向其债务人主张其享有的具有金钱给付内容的到期债权，致使债权人的到期债权未能实现。因此，参照该司法解释的规定，"怠于行使"应当解释为债务人在其权利到期后，未通过诉讼或仲裁的方式主张权利的行为。

当然，"代位权的行使需要在债权人债权保护与债务人诉权自由之间找到平衡点。'怠于'不能仅依债务人债权'到期'而简单判断，还要结合具体情况从主观和客观

---

① 王利明，朱虎. 中国民法典释评·合同编通则 [M]. 北京：中国人民大学出版社，2020.

方面进行分析。实践中,次债务人迟延履行债务的时间性标准较为客观,应作为'怠于'认定的主要因素,而债务人'怠于'的主观因素较为模糊,应从严掌握"。本条中的"与该债权有关的从权利"包括转包人或违法分包人债权的抵押权、质权、保证以及附属于主债权的利息、违约金、损害赔偿请求权、建设工程价款优先受偿权等,不包括专属于转包人或违法分包人自身的从权利①。

(4)转包人或违法分包人对发包人享有的权利不是专属于自身的权利。本条中的到期债权不仅应该包括转包人、违法分包人对发包人享有的建设工程价款债权,还包括转包人、违法分包人对发包人享有的非专属于转包人、违法分包人的其他债权。但这些债权专属于转包人或违法分包人自身的除外。

4. 延伸阅读

"实际施工人突破合同相对性向发包人主张权利"和第四十四条"实际施工人提起代位权诉讼"两种权利救济手段的区别。

(1)通过代位权诉讼途径能够主张建设工程价款及其从权利优先受偿权,还可以对转包人或违法分包人的其他债权主张权利。

直接起诉发包人途径中,实际施工人只能主张发包人在欠付工程款的范围内承担责任,不能主张建设工程价款优先受偿权的,也不能对转包人或违法分包人对发包人工程款债权以外的债权主张权利。

(2)代位权诉讼,强调合同相对性,层层转包、违法分包中的实际施工人无法起诉发包人;而直接起诉发包人的条件相对简单,其实际已经突破了合同相对性,并没有明确限制层层转包、违法分包中的实际施工人起诉发包人。

(3)发包人承担的付款责任性质不同。实际施工人直接起诉发包人诉讼中,发包人是在欠付工程款的范围内承担责任,如果发包人不欠付转包人或违法分包人工程款,其不需要承担责任。在代位权诉讼中,发包人即使不欠付转包人或违法分包人工程款,如有其他债务,亦需要承担责任。

5. 相关案例

(1)【案例索引】(2021)湘 3101 民初 409 号江某某与罗某某、湖南省某工程有限公司建设工程施工合同纠纷案

【裁判要旨】在下游承包方未能向实际施工人实现已确定的债权债务的情况下,

---

① 最高人民法院民法典贯彻实施工作领导小组.中华人民共和国民法典合同编理解与适用(一)[M].北京:人民法院出版社,2020.

总包方存在欠付其下游承包方工程款的情况，实际施工人可以转包人怠于向发包人行使到期债权或者该债权有关的从权利，影响其到期债权实现，提起代位权诉讼。

【裁判摘要】一审法院认为，被告罗某某欠付原告工程劳务费20000元的事实，有2018年3月14日罗某某出具的欠条及江某某中国建设银行个人账户交易明细在卷佐证，一审法院予以确认。故对原告要求被告罗某某向其支付劳务费20000元的诉讼请求，一审法院予以支持。由于原告与罗某某之间并未对欠付劳务费的给付时间进行约定，2020年2月1日罗某某要求湖南省某工程有限公司向原告转款50000元劳务费，故罗某某向原告支付劳务费的时间应确定为2020年2月1日，原告要求被告支付逾期占用的利息起算时间应从2020年2月2日起算，由于双方对欠付价款利息计付标准没有约定，按照同期同类贷款利率或者同期贷款市场报价利率计息。原告未能提供两被告之间工程价款结算清楚的证据。如原告未能向罗某某实现法院已确定其欠付原告的劳务费，在被告湖南省某工程有限公司又存在欠付罗某某工程价款的情形下，原告可作为实际施工人依据《民法典》第五百三十五条规定，以转包人怠于向发包人行使到期债权或者与该债权有关的从权利，影响其到期债权实现，提起代位权诉讼。

（2）【案例索引】（2021）黔26民终501号贵州某交通建设有限责任公司榕江分公司（以下简称某交通建设公司分公司）与文某建设工程施工合同纠纷案

【裁判要旨】实际施工人对转包人、违法分包人享有的工程价款债权有对抗发包人的效力。但该权利必须以实际施工人对转包人、违法分包人享有的工程价款债权和转包人、违法分包人对发包人的建设工程价款债权均合法有效且均未全部行使为条件。在适用该规定时，仍应遵循合同相对性原则。只有在欠付劳务分包工程款导致无法支付劳务分包关系中农民工工资时，才可以要求发包人在欠付工程价款范围内对实际施工人承担责任，不能随意扩大发包人责任范围。

【裁判摘要】《原建设工程司法解释一》第二十六条规定："实际施工人以转包人、违法分包人为被告起诉的，人民法院应当依法受理。实际施工人以发包人为被告主张权利的，人民法院可以追加转包人或者违法分包人为本案当事人。发包人只在欠付工程价款范围内对实际施工人承担责任。"《原建设工程司法解释二》第二十四条规定："实际施工人以发包人为被告主张权利的，人民法院应当追加转包人或者违法分包人为本案第三人，在查明发包人欠付转包人或者违法分包人建设工程价款的数额后，判决发包人在欠付建设工程价款范围内对实际施工人承担责任。"上述两个条文的规定，是出于保护农民工等建筑工人利益的目的，基于建设工程是建筑工人劳动物化的法理基础，赋予实际施工人对转包人、违法分包人享有的工程价款债权以对抗发包人的效力。但该权利必须以实际施工人对转包人、违法分包人享有的工程价款债权和转包人、违法分包人对发包人的建设工程价款债权均合法有效且均未全部行使为条件。在适用该规定时，仍应遵循合同相对性原则。只有在欠付劳务分包工程款导致无法支付劳务分包关系中农民工工资时，才可以要求发包人在欠付工程价款范围内对实际施工人承担责任，不能随意扩大发包人责任范围。而且在本条文规定中，把"发包人"与"转包人"和"违法分包人"进行区别以及在同一条文中作并列表述，说明该条文中的"发包人"仅是指狭义上的"发包人"即业主方，并不是广义上的"发包人"。经查，案涉工程的发包方（业主）是某县交通运输局，并不是某交通建设公司分公司。某交通建设公司分公司属于（总）承包人（或转包人）的角色。因本案中的业主方某县交通运输局并不是本案件的当事人，而且在未查明业主某县交通运输局是否已付清第一手承包人某交通建设公司分公司的工程款以及未确认吴某某尚欠文某的工程款是否完全属于"民工工资"性质的情况下，一审适用《原建设工程司法解释一》第二十六条的规定，把某交通建设公司分公司等同于"发包人"并判决其承担责任，不符合上述条文的原意及合同相对性原则。因此，某交通建设公司分公司提出的这一上诉理由成立，二审法院予以支持。如果文某认为吴某某怠于向其上手催索到期工程款，可以根据《原建设工程司法解释二》第二十五条"实际施工人根据合同法第七十三条规定，以转包人或者违法分包人怠于向发包人行使到期债权，对其造成损害为由，提起代位权诉讼的，人民法院应予支持"的规定，通过提起代位权诉讼来保护自己的权利。

第九节　生效时间条款解读（第四十五条）

第四十五条　本解释自 2021 年 1 月 1 日起施行。

《新建设工程司法解释一》	《原建设工程司法解释一》	《原建设工程司法解释二》
第四十五条　本解释自 2021 年 1 月 1 日起施行	第二十八条　本解释自 2005 年 1 月 1 日起施行。 施行后受理的第一审案件适用本解释。 施行前最高人民法院发布的司法解释与本解释相抵触的，以本解释为准	第二十六条　本解释自 2019 年 2 月 1 日起施行。 本解释施行后尚未审结的一审、二审案件，适用本解释。 本解释施行前已经终审、施行后当事人申请再审或者按照审判监督程序决定再审的案件，不适用本解释。 最高人民法院以前发布的司法解释与本解释不一致的，不再适用

本条是本司法解释生效时间的规定。《最高院关于民法典时间效力的规定》第一条规定："民法典施行后的法律事实引起的民事纠纷案件，适用民法典的规定。民法典

施行前的法律事实引起的民事纠纷案件,适用当时的法律、司法解释的规定,但是法律、司法解释另有规定的除外。民法典施行前的法律事实持续至民法典施行后,该法律事实引起的民事纠纷案件,适用民法典的规定,但是法律、司法解释另有规定的除外。"第二十条规定:"民法典施行前成立的合同,依照法律规定或者当事人约定该合同的履行持续至民法典施行后,因民法典施行前履行合同发生争议的,适用当时的法律、司法解释的规定;因民法典施行后履行合同发生争议的,适用民法典第三编第四章和第五章的相关规定。"因此,如果建设工程施工合同成立时间是 2021 年月 1 日之后,适用本解释的规定。如果合同成立于 2021 年 1 月 1 日之前,2021 年 1 月 1 日前履行合同发生争议的,适用当时的法律、司法解释的规定。2021 年 1 月 1 日后履行合同发生争议的,适用本解释的规定。

　　徐文东，经济法学硕士，安徽皖光大律师事务所。具有律师资格、税务师资格、会计资格、法律职业资格、证券从业资格、中国证监会独立董事资格。主要研究方向：合同、建筑房地产、税务风险防范及筹划等法律业务。参与国家社科基金项目"区域协调发展立法研究"（08BFX040）课题研究。在大连大学学报、淮北职业技术学院学报等国家级及省级刊物发表《中国区域协调发展立法体系研究》（国家社科基金项目"区域协调发展立法研究"（08BFX040）阶段性成果），《公司瑕疵设立制度刍议》《新型冠状病毒肺炎疫情对施工单位的影响及应对措施法律分析》等论文若干篇。合著《建设工程施工合同签订与履约管理实务》。电话（微信）：15855720671。

　　陈振荣，浙江省浦江弘哲会计师事务所主任，注册会计师、司法考试通过者、资产评估师、税务师、价格鉴证师。业务研究领域：公司财务、税务，破产管理，建设工程、合同、公司法律业务。电话（微信）：13967957585。

　　付海平，重庆坤源衡泰律师事务所合伙人、执委会委员、管委会副主任，重庆新型犯罪研究中心研究员，重庆市律协刑民交叉委员会副主任，曾在某高院工作10年，对刑事业务、建工业务兴趣浓厚。电话（微信）：13908353853、15123537778。

　　黄旭，安徽径桥（蚌埠）律师事务所律师，蚌埠市律师协会民商法专委会委员、第一届龙子湖区新的社会阶层人士联谊会会员。主要从事建设工程、民商事等法律事务，具有扎实的法学理论功底及丰富的演讲、辩论经验，服务过多家政府机关及企事业单位，积累了丰富的办案经验。电话（微信）：13329229876。

　　刘海山，福建华达律师事务所，常设中国建设工程法律论坛观察员，福建省首批建筑房地产专业律师，福建省建筑业协会法工委委员，泉州律师协会公司与投资专业委员会副主任，惠安县政协委员。电话（微信）：13808549716。

　　梁勤勤，安徽吴咸亮律师事务所律师，价格鉴证师，鲁班大讲堂讲师。主要执业领域：房地产开发、销售、投融资担保等领域有关业务及企事业法律顾问服务。发表《企业刑事合规理论与实务问题之浅析》《公司债权人补充赔偿请求权的行使》等论文，荣获第十一届安徽律师论坛优秀奖、第十七届华东律师论坛三等奖、安徽省法学民商会主题征文优秀奖等奖项，撰写《民法典背景下，建设工程项目施工环境保护法律风险及防控》一文发表在《项目管理评论》期刊。电话（微信）：13855880924。

石艳田，山东加仓律师事务所合伙人主席，曾担任法官从事民商事审判工作十余年，主要研究方向：建设工程领域民事、刑事业务和公司业务。合著《建设工程施工合同签订与履约管理实务》。电话（微信）：13706362035。

吴昊，永华（河南）工程咨询有限公司负责人。在施工单位、咨询公司、房地产、政府投资审计事务中从事工程管理、造价工作，执业 20 年，尤其擅长工程造价纠纷调解、合同合约管理，具有扎实的专业基础和多类型企业角度分析问题的实战经验。2020 年取得工程类高级工程师职称，主要研究领域为工程造价纠纷与法律适用和建设工程合规性审查业务。电话（微信）：18538568300。

王忠，安徽径桥（蚌埠）律师事务所主任，蚌埠市律协房地产与建筑工程专业委员会主任、蚌埠市政协十四届应用型智库专家、蚌埠、武汉、宁波、唐山、西宁、北海等全国十多地仲裁员，常设中国建设工程法律论坛观察员。先后荣获：安徽省第四届"优秀青年卫士"、蚌埠市首届"珠城十佳律师"、安徽省优秀律师称号；安徽省律协首次评定为"建筑房地产"专业律师。电话（微信）：13605663998。

王永朝，国家级优秀律师事务所山东正之源律师事务所专职律师，一级造价工程师。长期专注从事建设工程项目的招标投标服务、全过程造价管理、签证索赔、追索工程款及衍生业务的诉讼、仲裁及非诉讼业务，公司资产重组并购，及重大案件执行业务。电话（微信）：13589666169。

王林，现任重庆坤源衡泰（成都）律师事务所副主任、合伙人，房地产与建设工程法律实务中心副主任，常设中国建设工程法律论坛观察员。曾在某交通系统有数年的工程从业背景，律师执业 15 年，尤其擅长商务谈判、组织专题会议和培训，具有扎实的专业基础和丰富的建工案件实战经验。主要研究领域为建设工程全流程法律服务和建工重大争议解决业务，电话（微信）：13540489799。

王崇文，男，河南尊典律师事务所合伙人，尊典所建设工程专业委员会首席律师。从业二十年来专注于民商事类案件的代理事务，积累丰富的诉讼经验。擅长建设工程施工合同类诉讼与非诉讼业务。同时担任多家政府机关、建筑公司的常年法律顾问工作。商丘市律协房建委委员。电话（微信）：18537068909。

赵飞，现任北京德和衡（太原）律师事务所高级合伙人，德和衡建设工程业务中心山西大区主任，从事律师行业 23 年，曾任山西省律师协会培育培训委员会讲师、太原学院政法系客串教授、山西股权交易中心讲师、法律名家讲堂讲师、清控创新基地（太原）讲师。擅长领域：建设工程、商事领域的诉讼与仲裁、合同、公司管理和培训。电话（微信）：15581817999。

郭军亮，河南省信人工程造价咨询有限公司副总经理。曾在施工单位及造价咨询公司工作二十余年，具有法律执业资格、一级造价工程师、一级建造师及投资项目管理师等多个执业证书。擅长领域：建设工程造价纠纷处理、合同管理和工程索赔。电话（微信）：13603840085。

吴咸亮律师，上海至合律师事务所，中国计量大学兼职教授，中国行为法学会培训中心专家智库委员与客座教授，安徽省招标投标协会专家库专家，四川省法治与社会治理研究会仲裁研究中心仲裁研究员，常设中国建设工程法律论坛观察员及第十一工作组成员，中建政研集团专家委员会委员，智元法律讲堂讲师。八年警察工作经验，二十年律师工作经验。擅长专业领域为建设工程诉讼实务及刑事辩护。马鞍山、宁波、广州、武汉、青岛、九江、淮北等全国 30 多地仲裁员。编著《建设工程结算诉讼实务与案例分析》、合著《施工企业及从业人员刑事责任及风险防范》《建设工程施工合同签订与履约管理实务》。电话（微信）：13505581677，18055852677。